Mestre,

Que esta leitura lhe ajude a cumprir ainda melhor a sua missão.
E que este presente reafirme nosso compromisso em lhe atender cada vez melhor.
Sinceramente,

Equipe SER

Esta obra foi patrocinada pela

fundação lemann

www.fundacaolemann.org.br
www.lideresemgestaoescolar.org.br

AULA NOTA 10

49 técnicas para ser um professor campeão de audiência

Doug Lemov

Tradução: Leda Beck
Consultoria e revisão técnica: Guiomar Namo de Mello e Paula Louzano

Da Boa Prosa

fundação lemann

Do original Teach like a champion

Capa: equipe Livros de Safra
Ilustração da capa : Novaes

Dados Internacionais de Catalogação na Publicação (CIP)
(Câmara Brasileira do Livro, SP, Brasil)

Doug Lemov, 1967
Aula nota 10: 49 técnicas para ser um professor campeão de audiência/ Doug Lemov. ; tradução de Leda Beck; consultoria e revisão técnica Guiomar Namo de Mello e Paula Louzano. - São Paulo : Da Boa Prosa: Fundação Lemann, 2011.
Título original: Teach like a champion.
1. Eficácia no ensino 2. Rendimento escolar
I. Título.
São Paulo : Da Boa Prosa, 2011

10-13456 CDD- 371.3

Índices para catálogo sistemático:

1. Professores eficientes : Eficácia no ensino : Educação 371.3

2ª edição

Da Boa Prosa
Alguns têm algo a dizer, outros a vontade de saber

um selo da: livros de Safra
A gente aduba, planta e colhe palavras!

Livros de Safra
tel 55 11 3081-2510
www.livrosdesafra.com.br

Para Mike e Penny Lemov,
meus primeiros professores

Agradecimentos

Meu amigo e colega Norman Atkins gosta de projetos audaciosos. Ele fundou a escola North Star Academy de Newark, a escola *charter* mais bem-sucedida de Nova Jersey e provavelmente uma das melhores escolas do país, e a Uncommon Schools, rede de dezesseis (até agora!) escolas *charter* preparatórias para a faculdade em regiões carentes de Nova York e Nova Jersey. Fundou a Teacher U, programa de formação de professores na cidade de Nova York que reinventou o processo de capacitação docente, concentrando-se naquilo que obtém resultados reais em salas de aula reais. Somando tudo, até que foi uma boa década de trabalho.

Norman realiza projetos com pura força de vontade quando acredita que eles podem ajudar a eliminar a diferença de desempenho escolar entre alunos pobres e alunos de classes mais altas. E ele colocou na cabeça que um desses projetos era a "tipologia": a lista improvisada que eu andava escrevendo sobre o que professores exemplares faziam nas suas aulas. Tem de ser um livro, aconselhava-me o Norman. Eu disse "não" de muitas maneiras diferentes. Mas o Norman vivia insistindo. Para cada desculpa minha, ele sempre tinha uma solução, no geral apresentada com grande exuberância e gesticulação. No final, percebi que seria mais fácil escrever logo o livro do que resistir à vontade do Norman. E agora que você tem o resultado em suas mãos, é de bom tom que eu comece por agradecer ao Norman por sua tenacidade e fé.

Dito isto, tendo escrito este livro sobre as técnicas usadas por professores excelentes, meu ponto de partida tem de ser um grande obrigado a todos esses brilhantes professores. Parecia certo dar nomes a todos e eu comecei a fazer uma lista. O desafio foi enorme, porém, e, quando passei dos primeiros 50 nomes, me dei conta de que, se eu tivesse de nomear todos os professores com os quais aprendi ao escrever este livro, o resultado seria a um só tempo incompleto e imperdoável. Seja porque eu esqueceria alguns ou porque, em alguns casos, me sentiria estranho por agradecer a gente que mal conheci. Ironicamente, alguns dos professores mais influentes neste livro, eu observei anonimamente do fundo da sala ou mesmo em vídeo.

Então, talvez com mil perdões, tomei a difícil decisão de estender um grande obrigado a todos os professores com quem trabalhei, embora eu me sinta culpado pela ingratidão deste gesto. São tantos, especialmente os das Uncommon

Schools que, ao ensinar turma após turma de alunos a desejar, atingir e realizar, me ensinaram cada pequena percepção incluída neste livro. Meu mais profundo obrigado a todos esses campeões de audiência, unindo meu agradecimento ao de seus alunos e seus pais.

O sucesso inspirador que esses professores atingiram deve-se também à liderança de seus diretores, que criaram as condições para que eles fossem bem-sucedidos. Neste caso, devo agradecimentos a Stacey Shells, o diretor-fundador da Rochester Prep, a primeira Uncommon School ao norte do estado de Nova York, assim como a Paul Powell e David McBride, líderes pedagógicos com quem tive a sorte de trabalhar e com quem aprendi muito.

Igualmente devo muito à "equipe tipológica" da Uncommon – o pessoal cujo trabalho é assistir a horas de vídeos sobre professores e transformá-las em módulos de capacitação docente, os quais garantem o sucesso de professores iniciantes e o desenvolvimento continuado dos veteranos. Nessa equipe estão Tracey Koren, Max Tuefferd, Erica Woolway, John Costello, Melinda Phelps, Kate Yezzi e, acima de tudo, meu amigo e colega Rob Richard. O Rob, que dirige o projeto de vídeo tipológico, é meu parceiro indispensável no desenvolvimento do material para este livro e uma fonte confiável de recomendações musicais para varar a noite esboçando e editando livros.

Além disso, meus colegas diretores-executivos na Uncommon – Paul Bambrick, John King e Brett Peiser –, o diretor de operações Josh Phillips e o presidente Evan Rudall contribuíram com valiosos conselhos e percepções sobre todos os aspectos do trabalho que fazemos, inclusive os conteúdos deste livro. Sou especialmente grato a John King por sua orientação e pesquisa nos capítulos da Parte Dois sobre leitura.

Este livro e o projeto de capacitação de professores de que é parte não teriam sido possíveis sem o generoso apoio e a orientação da Corporação Carnegie de Nova York e da Fundação Família Kern. As duas organizações tiveram muita fé em mim, nas Uncommon Schools e em nossos programas. Sou profundamente agradecido a elas e, em particular, a Ryan Olson, Jim Rahn e Tália Milgrom-Elcott.

Durante os cerca de cinco anos que passei escrevendo este livro, tive um valioso apoio editorial de Sophie Brickman, Karen Lytle, Jessica Petrencsik e Jennifer Del Greco. Kate Gagon, da Jossey-Bass, achou um jeito de dar forma e refinar a confusão do projeto até transformá-la em um todo coerente. De todos os pares e colegas que me ajudaram a melhorar este trabalho ao longo dos anos, ninguém foi tão diligente e direto quanto Doug McCurry, co-presidente da Achievement First.

Finalmente, a maior dívida de todas é com minha mulher Lisa, com quem compartilho a responsabilidade e a alegria do trabalho mais importante da minha vida: criar nossos três filhos. Ela assumiu uma boa parcela da minha parte nessa tarefa, de forma que eu pudesse escrever. Agradecer a Lisa por sua ajuda com este livro é como agradecer o sol. Claro, não haveria livro sem luz para iluminar o escrever, mas o "obrigado" parece trivializar um presente dessa magnitude. Mesmo assim, é preciso tentar. Então, Lisa, obrigado pelas horas roubadas nas manhãs de domingo e nas noites de terça-feira, e por todo o trabalho extra que isso significou para você. Obrigado por discutir ideias comigo enquanto distribuía lanchinhos e bebidas no banco de trás. E, acima de tudo, obrigado pela luz.

Sumário

parte 2

AJUDAR O ALUNO A TIRAR O MÁXIMO DA LEITURA: TÉCNICAS E HABILIDADES FUNDAMENTAIS

Prefácio à edição brasileira

Este livro foi feito para facilitar a vida de quem trabalha em salas de aula. Professores de escolas públicas ou privadas, do ensino infantil ou de universidades, de português ou de artes – todos vão conseguir aproveitar as técnicas cuidadosamente observadas e aqui apresentadas por Doug Lemov.

São práticas simples, mas que pouquíssimos professores têm a oportunidade de aprender de forma sistematizada. Ao organizá-las em conjunto e apresentá-las didaticamente, o autor muitas vezes nos passa aquela deliciosa sensação que se tem quando o óbvio é enunciado: "Ah! Então era isso!". Trata-se, sem dúvida, de um guia extremamente útil para todos aqueles que diariamente enfrentam o desafio de ensinar. Por isso mesmo, útil também – quem sabe provocativo – para os que enfrentam o duplo desafio de ensinar a quem vai ensinar, os professores de futuros professores.

Ainda que o conteúdo possa atingir a uma ampla audiência, foi com foco em um público específico que a Fundação Lemann decidiu traduzir e financiar a publicação do livro de Lemov no país: os professores de escolas públicas do Brasil, que têm sob sua responsabilidade os alunos mais vulneráveis socialmente e que encaram a tarefa hercúlea de diminuir o abismo social brasileiro por meio da educação dessas crianças e jovens. Com a primeira edição totalmente subsidiada, esperamos que o livro chegue a um grande número de professores que, de outro modo, talvez não tivessem acesso a este rico material.

É importante ressaltar que, embora universais, as técnicas de Lemov foram compiladas a partir do contexto educacional americano e que a realidade das escolas brasileiras é, em muitos aspectos, diferente desse modelo. Um ponto fundamental, por exemplo, é que o autor parte da premissa de que os professores que irão aprender e aplicar as técnicas descritas no livro têm um domínio completo do conteúdo a ser ensinado, contam com um currículo claro, detalhado e rigoroso que os orienta em sala de aula, e utilizam o planejamento de maneira sistemática em seu trabalho pedagógico. Como sabemos, ainda estamos longe desse patamar mínimo no Brasil.

Lemov também baseia suas técnicas na observação de professores de escolas *charter* – escolas públicas de gestão privada, que existem nos Estados Unidos desde o início dos anos 90. Como dirige uma rede dessas escolas – as Uncommon

Schools –, Lemov as utilizou como palco de suas observações. Ainda que não encontremos paralelo desse modelo de gestão na educação brasileira, o foco de Lemov são as técnicas utilizadas por esses professores no cotidiano da sala de aula. Trata-se, portanto, de técnicas passíveis de serem reproduzidas em qualquer sala de aula.

Assim, embora o ambiente de rigor acadêmico e disciplina que inspirou este livro seja bem diferente do que vemos nas escolas brasileiras (públicas ou privadas), uma escola é uma escola: um local de construção de conhecimentos, habilidades e valores. Se estamos longe desse padrão, mais uma razão para este livro se tornar um companheiro inseparável de educadores, formadores e gestores da educação. Se cada turma, de cada escola no Brasil, chegar perto das conquistas acadêmicas que os professores exemplares retratados por Lemov conseguiram, nosso país será completamente transformado.

Para evitar a incompreensão de exemplos e aproximar o livro da experiência dos professores brasileiros, três educadoras de incontestável conhecimento sobre a realidade das escolas públicas do país trabalharam diligentemente na adaptação de trechos inteiros desta obra: Guiomar Namo de Mello, Paula Louzano e Silvia Juhas.

Para além das técnicas propriamente ditas, gostaríamos de chamar atenção para algumas reflexões mais amplas que o livro também provoca e que são de extrema importância para o debate educacional no Brasil. Quatro aspectos são especialmente significativos:

- **A escola pode e deve ampliar as oportunidades para os mais pobres.** Todos os professores observados por Lemov trabalham com alunos vulneráveis. Portanto, os professores exemplares deste livro são exatamente aqueles que conseguem resultados acadêmicos significativos nesse contexto. É por isso que Lemov defende de forma quase obsessiva que todos os alunos, sem exceção, estejam aprendendo sempre. Para o Brasil, com seu abismo educacional entre ricos e pobres, ter essas ideias como guia seria de enorme valia e de um grande poder transformador.
- **Tudo em uma escola – inclusive o uso do tempo – deve estar a serviço do aprendizado do aluno.** Por isso mesmo, nenhuma técnica tem um fim em si mesma. Elas estão todas voltadas para promover o desenvolvimento cognitivo, aprimorar habilidades, transmitir conteúdos. A preocupação do autor com o tempo é também uma preocupação com o aluno: cada minuto perdido é um minuto a menos de aprendizagem. A escola brasileira também teria muito a ganhar se apropriando desse poderoso conceito.

- **O bom é o que funciona.** Todas as técnicas listadas decorrem de observação empírica, da constatação *in loco* do que dá certo em uma sala de aula. Assim, o livro muitas vezes vai na contramão da teoria e se choca com alguns mitos educacionais. Trata-se de outra perspectiva que a educação brasileira, muito pouco ligada ao empírico, poderia aproveitar. Um dos principais mitos contestados pelo livro é o de que o professor deve deixar o aluno livre para aprender, evitando conduzi-lo. Lemov defende exatamente o contrário. As operações mentais que favorecem a apropriação ativa do conhecimento dependem de uma intervenção do professor, intencional e planejada. Ou seja, o caminho para a construção autônoma do conhecimento precisa ser estruturado e guiado pelo professor.
- **A criatividade do professor não é dom, intuição ou inspiração.** Ela se constitui no exercício das práticas que organizam o tempo e o espaço da sala de aula, como tão bem Lemov expressa nesta afirmação: *"Eles (os professores) conseguem mudar o mundo a partir de suas salas de aula não porque nasceram com poderes especiais, mas porque dominam os detalhes da arte. Estavam determinados a se tornarem artesãos e, com tempo e prática, agora são artistas".*

Por fim, mais do que qualquer outra coisa, este é um livro que atribui ao professor o papel de peça-chave no processo de ensino e aprendizagem. É um livro que busca orientar esses profissionais, justamente por acreditar na nobreza e relevância da missão diária que eles desempenham.

Compartilhamos essa visão e torcemos para que este livro possa ajudá-lo a fazer um trabalho cada vez melhor em sua sala de aula.

Boa leitura!

Ilona Becskeházy e Guiomar Namo de Mello

INTRODUÇÃO

A ARTE DE ENSINAR E SUAS FERRAMENTAS

O bom ensino é uma arte. Em outras artes – pintura, escultura, literatura –, grandes mestres alavancam seu talento com ferramentas básicas para transformar o material mais cru (pedra, papel, tinta) no patrimônio mais valioso da sociedade. Quem olharia para um cinzel, um martelo e uma lixa e imaginaria essas ferramentas produzindo o *Davi,* de Michelangelo?

A obra-prima depende do domínio e da aplicação de habilidades fundamentais, individualmente aprendidas por meio de estudo diligente. Você aprende a bater no cinzel com o martelo. Você refina essa habilidade com o tempo, aprendendo o ângulo certo para a batida e a posição correta do cinzel. Anos depois, se e quando seu trabalho chegar a um museu, os visitantes vão conversar sobre qual escola de pensamento ou qual teoria ele representa. É muito menos provável que reflitam sobre como a habilidade com o cinzel permitiu a visão da obra. Mas, embora muita gente possa ter excelentes ideias para produzir obras de arte, só a habilidade do artesão pode tornar reais essas ideias. Por trás de todo artista, há um artesão. E, se nem todo mundo que aprende a usar um cinzel vai criar um *Davi,* quem não aprender tampouco fará muito mais do que umas poucas marcas na pedra.

Quando eu estava na faculdade e viajei pelo exterior, vi os cadernos escolares de Picasso no Museu Picasso, em Barcelona. O que eu lembro melhor são os esboços nas margens das páginas. Não pense que eram blocos de desenho, não.

Eram cadernos como os de qualquer aluno: página após página de anotações de aula. Mas os esboços das margens registraram para a posteridade o rosto de um professor ou a mão do próprio Picasso segurando um lápis, com perspectiva, traço e sombra perfeitos. Eu pensava que Picasso era o rei da abstração, do simbolismo que tornava irrelevante a habilidade para desenhar realisticamente e com acuidade. Seus esboços, preenchendo as margens dos cadernos, testemunham seu domínio dos fundamentos de sua arte e sua necessidade constante de refinar suas habilidades. Mesmo nos momentos de folga das suas aulas, ele estava sempre empilhando os tijolinhos para construir sua técnica. Ele era primeiro um artesão e depois, um artista, como atestam os 178 blocos de rascunho preenchidos durante sua vida. O domínio diligente das ferramentas da arte precedeu – e talvez tenha permitido – o que veio depois.

Este livro é sobre as ferramentas da arte de ensinar. Mais especificamente, é sobre as ferramentas necessárias para o desafio mais importante do ensino: o trabalho em escolas públicas, especialmente as dos bairros periféricos, que atendem alunos nascidos na pobreza e, com frequência, diante de uma janela de oportunidade que se fecha rapidamente. Nessas escolas, o preço do fracasso é alto e os desafios são imensos. Lá, os professores trabalham numa encruzilhada onde, na maior parte dos casos, os problemas sociais são gritantes, óbvios e avassaladores. Mas é também nessas escolas que pode ocorrer – e ocorre – aquele tipo de alquimia que muda vidas. Infelizmente, essa alquimia acontece raramente e passa despercebida. Mas está presente de forma consistente, graças a um pequeno número de professores exemplares e de diretores visionários, que, juntos, conseguem construir salas de aula e escolas que têm o poder de abrir a janela da oportunidade novamente. Se você está lendo este livro e é um professor que quer melhorar sua arte, meu objetivo é dar-lhe as ferramentas para fazer isso – tornar-se um daqueles professores capazes de destravar o talento e a habilidade latentes em seus alunos e alunas, sem se preocupar com o fato de que muitos professores ou escolas tentaram fazer isso antes, sem sucesso.

Durante toda a minha carreira em escolas públicas, como professor, formador, consultor e gestor, tive o privilégio de observar inúmeros professores excelentes, muitas vezes em situações que assoberbariam a maioria de nós. Esses professores extraordinários fazem rotineiramente o que mil programas sociais consideraram impossível: eliminar a desvantagem escolar dos pobres, transformar os alunos em risco de fracassar em bons alunos, que acreditam no estudo, reescrevendo assim a equação da oportunidade. E, embora cada um desses professores seja único, sua maneira de ensinar tem certos elementos em comum. Depois de anos de observação e tendo lido a pesquisa de Jim Collins, autor de

Feitas para Durar e *Empresas Feitas para Vencer*, dois livros altamente elogiados, eu comecei a montar uma lista do que é que esses professores fazem, focando particularmente nas técnicas que diferenciam os excelentes professores não dos ruins, mas daqueles que são apenas bons. Como Collins observou, uma lista assim é muito mais relevante do que uma que mostre as diferenças entre os excelentes professores e os ruins, ou os medíocres, já que o resultado da primeira lista provê o mapa da mina da excelência. Com o tempo, minha lista cresceu tanto em número de tópicos como no nível de especificidade de cada técnica. Nem todo professor que observei usa cada uma dessas técnicas, mas, no conjunto, as que incluo neste livro emergem como as ferramentas que separam excelentes professores daqueles meramente bons. Sim, existe uma "caixa de ferramentas" para promover a igualdade no desempenho escolar, e eu tentei descrevê-la neste livro.

Devo dizer, com uma humildade reforçada a cada vez que entro na sala de aula dos colegas que descrevo neste livro, que eu não sou nenhum professor campeão de audiência. Longe disso. Minha tarefa não é inventar técnicas, mas descrever como outros as usam e o que faz com que elas funcionem. Por isso, dei nome a elas para ajudar a criar um vocabulário comum com o qual analisar e discutir a sala de aula. Mas quero ser claro: o conteúdo deste livro não é meu e, principalmente, não é uma teoria. É um conjunto de anotações de campo sobre o trabalho de mestres, alguns dos quais você conhecerá neste livro e outros que você não conhecerá, mas cuja diligência e habilidade serviram de base e inspiraram este livro.

TÉCNICAS APLICÁVEIS, CONCRETAS, ESPECÍFICAS

Quando eu era um jovem professor, as pessoas me davam montes de conselhos. Eu ia a cursos de capacitação e saía com a cabeça cheia de palavras importantes. Eles falavam de tudo que me havia levado a querer ser professor. "Tenha altas expectativas em relação a seus alunos." "Espere o máximo dos alunos todos os dias." "Ensine crianças, não conteúdos." Eu ficava inspirado, pronto para melhorar – até chegar à escola no dia seguinte. Eu me via perguntando: "Bom, e agora? Como faço isso? Que iniciativa devo tomar às 8h25 da manhã para demonstrar essas altas expectativas?".

No fim, o que realmente me ajudou a aprender a ensinar foi quando um professor mais competente do que eu me disse algo bem concreto, como isto: "Quando você quiser que eles obedeçam sua orientação, fique parado. Se você estiver andando pela classe, distribuindo materiais, parece que a orientação é menos importante do que todas as outras coisas que você está fazendo. Mostre que a sua orientação é importante. Fique parado. Eles vão responder a isso".

Com o tempo, foi este tipo de conselho aplicável, específico, concreto, muito mais do que as lembranças de que eu devia ter altas expectativas, que me permitiram de fato elevar as expectativas na minha sala de aula.

Neste livro, minha abordagem reflete essa experiência. Eu tentei descrever essas técnicas da maneira aplicável, específica e concreta que permite que você possa começar a usá-las amanhã mesmo. Digo "técnicas" e não "estratégias", mesmo que a profissão do magistério tenda a usar a última expressão. Para mim, uma estratégia é uma abordagem generalista de problemas, um jeito de informar decisões. Uma técnica é uma coisa que você pode dizer ou fazer de forma específica. Se você é um velocista, sua estratégia pode ser simplesmente correr o mais rápido que puder do começo até o final da pista; sua técnica pode ser inclinar o corpo para frente em cerca de cinco graus à medida que move suas pernas para cima e para a frente. Se você quer ser um grande velocista, praticar e melhorar essa técnica vai lhe ajudar mais do que melhorar sua estratégia. Afinal, é a técnica, não a estratégia, que faz você correr mais rápido. E, como uma técnica é uma ação, quanto mais você praticar, melhor você fica. Pensar 100 vezes na sua decisão de correr o mais rápido possível desde o começo da pista não vai melhorar seu desempenho; mas praticar 100 corridas com a posição certinha do corpo, vai. É por isso que, no fim, concentrar-se em polir e melhorar técnicas específicas é o caminho mais rápido para o sucesso, às vezes até mesmo em detrimento de filosofia ou estratégia. Minha esperança é que, com prática, você consiga apresentar-se diante de qualquer classe e aplicar as técnicas *De surpresa* (Técnica 22) e *Sem escapatória* (Técnica 1) para manter seus alunos envolvidos em uma aula que utilize as técnicas *Discurso positivo* (Técnica 43) e *Proporção* (Técnica 17). Dominá-las será muito mais produtivo do que ter firmes convicções, comprometer-se com uma estratégia e, no fim, apanhar da realidade das salas de aula nos bairros mais difíceis de nossas cidades.

COMO USAR ESTE LIVRO

Organizei esta coleção de anotações de campo sobre minhas observações de professores altamente eficazes como um manual e dividi as técnicas em duas partes.

A Parte 1 tem nove capítulos sobre técnicas essenciais que observei nas salas de aula de professores excepcionais, cujos resultados são os mais claramente eficazes, pois asseguram um ótimo desempenho mesmo de alunos mais carentes. Entre eles estão muitos dos melhores professores das Uncommon Schools, a organização da qual sou diretor-executivo, e outros das melhores escolas do país, onde tive o privilégio de poder observá-los. As técnicas estão agrupadas em capítulos organizados ao redor de temas mais abrangentes, que são relevantes para o ensino: elevar expectativas acadêmicas e comportamentais; estruturar aulas; criar uma cultura escolar forte e vibrante; e construir valores e confiança.

As 49 técnicas mencionadas no subtítulo do livro estão nos sete primeiros capítulos. Os capítulos Oito e Nove discutem outras duas questões cruciais do ensino: o ritmo da aula e o modo de fazer perguntas aos alunos. Não consegui traduzir claramente em técnicas aquilo que observei nos professores que são exemplares nestas duas questões. Portanto, as sugestões desses dois capítulos não foram numeradas. Mesmo assim, acho que serão tão úteis quanto as técnicas numeradas. Como todo o material deste livro, esses dois capítulos também surgiram da observação de excelentes professores. A Parte 2 concentra-se em técnicas e habilidades fundamentais para ensinar leitura.

A estrutura do livro permite que você escolha técnicas para melhorar aspectos específicos da sua própria forma de ensinar, uma por vez e na ordem que você quiser. Ao mesmo tempo, o leque completo das técnicas funciona em sinergia; usar uma delas torna a próxima melhor ainda e a soma é maior do que o conjunto das partes. Assim, espero que você ache tempo para ler o livro inteiro e se esforce para praticar algumas das técnicas que não selecionou inicialmente. Como alternativa, ler o livro de ponta a ponta pode ajudar você a entender mais claramente em que pontos você quer se desenvolver, seja porque você já domina um certo grupo de técnicas ou porque você gostaria de dominá-las.

Enquanto você pensa em como usar este livro, ofereço uma primeira reflexão sobre o desenvolvimento de pessoas, inclusive você. É comum adotar uma atitude do tipo "conserte-o-que-está-errado" com você mesmo e com aqueles por cujo desenvolvimento você é responsável. Mitigar os erros de alguém, inclusive os seus próprios, pode ser uma estratégia eficaz, mas a melhor opção é concentrar-se em maximizar e alavancar as qualidades. Isso também se aplica aos excelentes professores que observei ao longo do meu trabalho: eles também têm fraquezas ao ensinar, a despeito de seus fantásticos resultados. Geralmente, o que os torna excepcionalmente bem-sucedidos é um conjunto de coisas em que eles são muito bons. É plausível que o desenvolvimento das características em que você já é bom possa melhorar seu ensino, tanto quanto ou mais do que trabalhar suas fraquezas e seus defeitos. Mas é ainda mais provável que a combinação das duas abordagens produza os melhores resultados. A despeito disso, você pode cair na tentação de pular um capítulo porque você já é bom no tópico ali discutido, mas eu sugiro que você estude esse capítulo com atenção redobrada *justamente* porque você é bom nisso. Um pouquinho de polimento na sua técnica pode ser uma coisa que você aplique rápida e instintivamente, e pode tornar você excepcional – ou mais excepcional. Em outras palavras, invista também naquilo em que você já é forte. Maximizar as suas forças pode ser tão ou mais importante do que eliminar todas as suas fraquezas.

BOM É O QUE FUNCIONA

Muitas das técnicas sobre as quais você vai ler neste livro podem, à primeira vista, parecer comuns, corriqueiras, até decepcionantes. Nem sempre elas são especialmente inovadoras. Nem sempre elas são brilhantes do ponto de vista intelectual. Às vezes elas se chocam com as teorias educacionais. Mas lembre-se das realizações do insignificante cinzel. Em mãos bem treinadas, ele cria rostos que emergem da pedra e que são muito mais surpreendentes do que a ferramenta mais bonita e mais sofisticada do mundo.

Um dos problemas do ensino é que há uma tendência para avaliar o que fazemos em sala de aula com base na inteligência da iniciativa, como ela se alinha com uma filosofia mais abrangente ou até quão satisfatória ela é, não necessariamente quão eficaz é para melhorar o desempenho do aluno. As técnicas descritas aqui podem não ser glamurosas, mas funcionam. Como consequência, elas proporcionam resultados que mais do que compensam sua aparência ocasionalmente humilde.

Há indicações da eficácia dessas ferramentas não apenas no sucesso avassalador das salas de aula onde ensinam professores com quem aprendi essas técnicas, mas também em quase toda escola pública onde foram aplicadas. Nestas, geralmente há umas poucas salas de aula onde os mesmos alunos que, momentos antes, estavam fazendo a maior bagunça, de repente sentam-se, pegam seus cadernos e, magicamente, comportam-se e trabalham como verdadeiros estudantes. Em cada uma dessas classes está uma professora – uma artesã cuja atenção à técnica e à execução a diferencia da maioria de seus pares. Os dados sobre esse fenômeno, no agregado, são muito claros. A sala de aula é a unidade na qual, comprovadamente, se materializam os mais altos níveis de sucesso em escolas públicas e em redes ou sistemas de ensino. A sala de aula bem-sucedida aparece com mais frequência nos dados do que a escola bem-sucedida ou rede de escolas bem-sucedida, embora escolas e sistemas escolares controlem e gerenciem muito mais variáveis que poderiam levar ao sucesso acadêmico (por exemplo, a escolha do currículo). Isso ocorre porque é na sala de aula que a técnica varia e, embora idealmente a sua aula vá maximizar tanto a estratégia como a técnica, é só você que controla a técnica. Portanto, não importam as circunstâncias que você enfrenta em seu trabalho e não importam quais decisões estratégicas lhe foram impostas – você pode ser bem-sucedido. E isso, por sua vez, significa que você tem a obrigação de ser bem-sucedido.

Eu dei nomes às técnicas descritas neste livro. Pode parecer uma bobagem à primeira vista, mas é uma das partes mais importantes do livro. Se não houvesse a palavra *democracia,* por exemplo, seria mil vezes mais difícil obter e manter uma coisa chamada "democracia". Estaríamos eternamente mergulhados na ineficiência bem na hora em que seria mais necessário agir – "Sabe aquela coisa de que a gente estava falando outro dia? Aquela coisa de todo mundo poder dar sua opinião e participar...". Para trabalhar bem, professores e gestores também devem poder falar entre si sobre um conjunto de ideias definidas de maneira clara e objetiva. Eles precisam de um vocabulário compartilhado para que possam analisar o que acontece em suas salas de aula. Ao vocabulário que temos parece faltar tanto a especificidade como a consistência. Eu acho que nomes são importantes e vale a pena usá-los. Idealmente, esses nomes vão permitir que você fale não tanto deste livro, mas do seu próprio jeito de ensinar – e do jeito de seus colegas – com uma linguagem específica e clara.

A IRONIA DAQUILO QUE FUNCIONA

Espero que você perceba uma das maiores ironias contidas neste livro: a de que muitas das técnicas capazes de obter os melhores resultados em sala de aula continuam basicamente invisíveis para nossas teorias e nossos teóricos da educação. Considere um dos melhores mecanismos para obter um bom desempenho acadêmico entre os alunos: rotinas cuidadosamente construídas e executadas para distribuir e recolher materiais de aula. Sempre começo minhas capacitações de professores com um vídeo do meu colega Doug McCurry, fundador da escola *charter* Amistad Academy, em New Haven, no estado de Connecticut, e da rede de escolas *charter* Achievement First, duas organizações com uma reputação nacional por sua excelência nos Estados Unidos. No vídeo, McCurry ensina seus alunos a distribuir materiais no primeiro ou segundo dia de aula. Ele leva cerca de um minuto para explicar o jeito certo de fazer isso (distribuição ao longo das fileiras; começar quando ele mandar; só a pessoa passando o papel pode, se necessário, levantar de seu lugar; e assim por diante). Em seguida, os alunos praticam. McCurry cronometra a prática: "Dez segundos. Muito bem. Vamos ver se conseguimos recolher em oito segundos". Os alunos, aliás, ficam muito contentes. Eles adoram ser desafiados e adoram melhorar. Eles sorriem.

Inevitavelmente, há céticos quando mostro esse vídeo. Eles acham que não é isso que um professor deve fazer em sala de aula. Eles acham que é humilhante obrigar os alunos a fazer tarefas banais. A atividade trata os alunos como robôs, acusam. Faz lavagem cerebral, quando deveria estar libertando suas mentes. Mas eu gostaria que você considerasse tais objeções à luz de certos números. Parta da premissa que, em média, uma turma passe adiante ou recolha papéis e outros materiais 20 vezes por dia e que uma turma típica leva, em média, um minuto e 20 segundos para fazer isso. Se os alunos do McCurry conseguem fazer isso em 20 segundos, eles economizam 20 minutos por dia (um minuto a cada vez). Esse tempo extra pode ser usado para estudar as causas da Segunda Guerra Mundial ou para aprender a somar frações com denominadores diferentes. Agora multiplique esses 20 minutos diários pelos 190 dias letivos que têm as escolas americanas e você descobrirá que o McCurry acabou de ensinar seus alunos uma rotina que vai lhe render 3.800 minutos de instrução adicional ao longo do ano escolar. Isso é mais do que 63 horas ou quase oito dias adicionais de instrução – tempo suficiente para unidades inteiras sobre o feudalismo ou geometria analítica! Supondo que, tudo somado, o McCurry gaste uma hora ensinando e praticando essa rotina, seu pequeno investimento vai dar um retorno em tempo de aprendizado da ordem de cerca de 6.000%, libertando as mentes de seus alunos milhares de vezes mais.

Como o tempo é o patrimônio mais precioso da escola, a gente pode falar de outro jeito. McCurry simplesmente aumentou em 4% o recurso mais escasso de sua escola – o tempo que a escola já comprou na forma de salários de professores. Ele fez um pequeno milagre. Agora combine isso com os efeitos colaterais de adquirir fortes hábitos e rotinas: a percepção de disciplina na classe, que se transforma em realidade; e a capacidade que essa rotina tem de sempre reforçar com os alunos a ideia de que, nessa classe, se trata de fazer bem feitas até as pequenas coisas e buscar sempre melhorar. Eis uma técnica poderosa, que é comum a todas as classes e escolas de melhor desempenho que eu vi. Infelizmente, essa técnica espantosamente eficiente – tão eficiente que ela é quase um imperativo moral para que os professores a utilizem – permanece aquém da percepção dos luminares da teoria educacional. Não há uma única Faculdade de Educação nos Estados Unidos que valorize rotinas como essa em sala de aula, ainda que muitas delas possam ser valiosas.

Ou considere a técnica *Sem escapatória* (Técnica 1), também comum aos professores de alta performance. A técnica envolve voltar a um estudante que não quis ou não soube responder a uma pergunta e pedir a ele que repita a resposta correta dada por outro estudante. Você pergunta ao João quanto é seis vezes oito. Ele dá de ombros e diz: "Sei lá...". Aí você pergunta ao André quanto é seis vezes oito. O André diz que é 48 e você volta ao João: "Agora você me diz, João. Quanto é seis vezes oito?". Com isso, você elimina o incentivo para que o João nem tente. Fugir da raia (responder "sei lá") agora não vale nada, porque ele vai ter de responder no final de qualquer jeito. A técnica também expõe o João a uma simples interação que lhe mostra como funciona a aprendizagem bem-sucedida: você erra, depois acerta e vai em frente. Com o tempo, você torna o processo corriqueiro e começa a demandar mais e mais de João. O resultado é poderoso não apenas para indivíduos, mas também é decisivo para construir uma cultura de sala de aula onde o esforço substitui o dar de ombros desinteressado como norma comportamental. Para alguns, essa técnica pode ser desprezada como humilhante e ofensiva à autoestima – embora signifique exatamente o oposto, um respeito aquiescente: "Eu sei que você pode". Para outros, a questão é simplesmente banal para valer a pena discutir. De qualquer forma, a técnica *Sem escapatória* não deve encontrar muito lugar na maioria dos programas de formação de professores.

Mas não estou escrevendo este livro para participar de um debate filosófico. Meu objetivo é lhe contar como grandes professores entram em salas de aula todos os dias – em lugares como Newark, Nova Jersey; Bedford-Stuyvesant, no Brooklyn; bairros como Roxbury (na cidade de Boston) e Anacostia (na cidade de Washington)[1] – e preparam os alunos que lá encontram para o sucesso acadêmico. Estou escrevendo este livro para lhe contar como você também pode fazer isso. E estou escrevendo este livro porque é importante demais fazer esse trabalho em lugares como Newark, Bedford-Stuyvesant, Roxbury ou Anacostia. Ofereço meramente a observação de que fazer esse trabalho significa uma vontade de abraçar ideias que divergem da ortodoxia, do que tem sido ensinado ou mesmo do que é esperado.

AS TÉCNICAS EM CONTEXTO

Espero que este livro lhe ajude a controlar o poder da técnica para melhorar suas aulas. Ao mesmo tempo, é importante colocar essas técnicas no contexto. Elas podem ajudá-lo a obter os melhores níveis possíveis de desempenho do aluno, mas também são mais poderosas quando usadas em conjunto com quatro outras abordagens estratégicas (sim, estratégia afinal!) que levam a resultados. A ausência dessas estratégias diminui consideravelmente o poder das técnicas. Pode-se dizer que essas quatro práticas descrevem a abordagem estratégica mais eficiente. Muitos leitores estão provavelmente familiarizados com essas ideias. Se você é um excelente professor, provavelmente já utiliza tais ideias. Mas, considerando que este livro descreve o que torna excelente uma boa aula, eu vou parar por um momento para descrever o que torna uma aula boa, mesmo que, para alguns, pareça uma repetição.

---

[1] Notas à edição brasileira

Todos esses lugares são cidades-dormitório ou bairros carentes na Costa Leste dos Estados Unidos.

Ensinar com base nos objetivos curriculares

Professores de escolas públicas nos Estados Unidos lidam com objetivos curriculares todos os dias. A maioria faz referências intencionais, em cada aula, aos objetivos curriculares que estão buscando atingir naquele momento. No entanto, vale a pena destacar a diferença entre um professor que planeja uma aula diária e, depois, decide em que objetivos essa aula está referenciada e, de outro lado, uma professora que estabelece todos os objetivos curriculares que devem ser cobertos em um mês, traduz esses objetivos em expectativas de aprendizagem e, depois, decide as atividades mais adequadas para alcançá-las naquele dia específico. O primeiro professor começa com uma pergunta: "O que vou fazer hoje?" O segundo começa com outra pergunta: "Como vou colocar em prática o que devo ensinar aos meus alunos hoje?" A primeira questão coloca o professor em risco de se distrair com as qualidades intrínsecas da atividade: "Vai ser divertido? Estimulante? Será que ele vai conseguir usar uma técnica de que gosta?". A segunda pergunta foca o professor no resultado: exatamente o que ele quer que seus alunos sejam capazes de fazer quando a aula acabar? Os dois casos envolvem objetivos curriculares, mas o rigor da segunda abordagem tem maior probabilidade de dar resultados. Excelentes professores planejam primeiro seus objetivos, depois as avaliações e, por último, suas atividades.

Eis um bom teste. Quando os objetivos curriculares do seu plano de aula estiverem escritos em uma linguagem pouco específica (por exemplo: "os alunos lerão vários gêneros literários para compreensão e entendimento..."), isso é um indício de que você deve estar trabalhando como o professor do primeiro exemplo, ou seja, estabelecendo primeiro as atividades e depois vendo em que objetivos elas se encaixam. Quando os objetivos curriculares estão traduzidos em expectativas de aprendizagem bem específicas ("os alunos serão capazes de descrever duas características da personalidade de Capitu, personagem de Machado de Assis, e encontrar, nos capítulos que lemos, indícios claros dessas características"), isso demonstra que você começou pela identificação e adaptação dos objetivos curriculares. Repito que isto é um indício de sucesso provável. Pode parecer óbvio, mas está longe de ser uma prática disseminada.

Outro fator-chave para usar os objetivos curriculares de forma eficiente é estabelecer claramente como eles serão avaliados: quais habilidades, a que nível de complexidade e em quais formatos. Chama-se a isso currículo avaliado. Meu colega Paul Bambrick-Santoyo, das Uncommon Schools, escreveu muito bem sobre a importância de entender *currículos avaliados*. Eis um trecho de seu livro, *Driven by Data* (Orientado por Dados):

A maioria dos currículos para matemática na 7ª série tem um padrão similar a este de Nova Jersey: "Entender e usar... porcentuais em várias situações" (estado de Nova Jersey, Secretaria da Educação, 2004). Com esta orientação limitada, diz-se aos professores de matemática que ensinem os alunos a dominar o assunto, mas nem sempre está claro o que significa exatamente "dominar". Veja estas perguntas de avaliação em classe, criadas por seis diferentes professores de matemática de 7º ano para medir o domínio do currículo:

1. Quanto é 50% de 20?

2. Quanto é 67% de 81?

3. Carlos acertou 7 de 10 perguntas na prova de ciências. Qual é a porcentagem de respostas certas?

4. O jogador de basquete J. J. Redick estava prestes a bater o recorde de sua carreira em porcentagem de lances livres. No campeonato do NCAA de 2004, ele tinha encestado 97 de 104 tentativas de lances livres. Qual a porcentagem de lances livres que ele acertou?

5. O jogador de basquete J. J. Redick estava prestes a bater o recorde de sua carreira em porcentagem de lances livres. No campeonato do NCAA de 2004, ele tinha encestado 97 de 104 tentativas de lances livres. No primeiro jogo do campeonato, Redick errou os primeiros cinco lances livres. Quanto caiu o seu porcentual de acertos entre o momento imediatamente antes do primeiro jogo e depois de ele ter perdido os cinco arremessos?

6. Os jogadores de basquete Chris Paul e J. J. Redick estavam concorrendo pelo melhor porcentual de lances livres. Redick encestou 94% de seus primeiros 103 arremessos, enquanto Paul fez 47 de 51 lances livres. (a) Qual dos dois teve o melhor porcentual de cestas? (b) No jogo seguinte, Redick só fez 2 de 10 lances livres e Paul fez 7 de 10. Qual o novo porcentual de cestas de cada um depois desse jogo? Quem é o cestinha? (c) José disse que, se Redick e Chris fizerem 10 cestas cada um, o porcentual de cestas deles subiria igualmente. Isso é verdade? Por que sim ou por que não? Descreva em detalhes como você chegou à sua resposta.

Note como o nível de dificuldade aumenta a cada pergunta. Para a primeira pergunta, o aluno poderia entender 50% como metade e determinar a resposta sem sequer usar porcentagens. As questões 3-6 poderiam ser consideradas tentativas de aplicação do raciocínio crítico à realidade cotidiana, mas a questão 6 requer muito mais raciocínio crítico e entendimento conceitual do que qualquer outra questão. A despeito dessas diferenças drásticas, todas as questões são baseadas no currículo. O que nos leva ao ponto central : currículos não significam nada até você definir como vai avaliá-los.

Nem todos os professores procuram conhecer em detalhes suas responsabilidades (e depois, idealmente, como exceder essas responsabilidades em rigor e expectativas). Por isso, nem todos os professores são tão eficientes quanto poderiam ser em matéria de garantir o domínio das competências e o conhecimento de que seus alunos mais precisam. Claro, pode muito bem ser que você já faça isso. Mas se você seguir as técnicas descritas neste livro e o seu trabalho de sala de aula não estiver alinhado cuidadosamente com o currículo que de fato será avaliado, como Paul Bambrick-Santoyo descreve, você poderá estar decididamente avançando na direção errada.

Usar dados

Se você leciona em uma escola pública, provavelmente também trabalha regularmente com avaliações de aprendizagem que lhe permitem medir o progresso dos alunos de forma parecida com a avaliação padronizada, mas com mais frequência (várias vezes durante o ano), e depois analisa seus resultados[2]. A despeito da proliferação desses procedimentos de avaliação, muitos professores ainda deixam essa informação valiosa de lado quando se trata de usar dados para embasar sua prática de sala de aula.

Os professores mais eficientes no uso de dados examinam os resultados não só para saber quem acertou e quem errou, mas, principalmente, para saber por quê. Eles analisam as respostas erradas para entender como o aluno estava pensando e, como resultado, planejam sistematicamente suas ações. Eles criam um processo de transformação de resultados em reensino. Usam dados para entender não apenas como usar o tempo em classe, mas também como ensinar melhor no tempo alocado para cada tópico. Repito, pode ser que você já faça isso. O que eu acho importante notar aqui é que, caso você não faça, deveria dedicar o mesmo tempo tanto a seguir as orientações deste livro como a pensar em como você obtém e usa dados para entender seus alunos e seu próprio jeito de ensinar.

---

[2] Lemov refere-se ao sistema público de educação nos Estados Unidos, onde, além dos sistemas estaduais de avaliação, há sistemas de avaliação similares, internos às próprias escolas.

Planejamento de aula impecável

Quase todo professor escreve planos de aula. Ora, para muitos de nós, o objetivo também é satisfazer as exigências da burocracia (todo dia você tem de entregar um plano de aula para uma certa pessoa, formatado de um certo jeito), então escrevemos alguma coisa para descrever, não para planejar o que faremos em classe. Esse é o risco dos sistemas de gerenciamento baseados na obediência às regras: eles podem forçar as pessoas a obedecer as regras, mas não conseguem forçá-las a trabalhar cada vez melhor.

Ao ler este livro, é importante observar como o plano de aula é uma ferramenta poderosa nas mãos de muitos dos professores descritos aqui. Não apenas os professores mais eficazes planejam suas atividades, muitas vezes minuto a minuto, mas eles também preveem as perguntas que farão em aula com antecedência. Julie Jackson, que hoje é diretora da escola North Star Academy e é também uma das professoras mais inspiradoras que já vi em aula, disse-me que ela ensaia e decora suas perguntas para a aula do dia enquanto dirige para a escola e sobe as escadas para a sala de aula. Isso tem implicações de longo alcance. Uma delas é que, enquanto dá a aula, Julie pode concentrar-se no que os alunos estão fazendo a cada momento, não no que ela mesma vai fazer daqui a pouco. Julie é famosa pelo seu radar – dizem que nunca houve um aluno na sua classe que tenha conseguido fazer alguma coisa sem que ela visse. E, embora seus talentos inatos tenham muito a ver com isso, o fato de que ela basicamente decora seu plano de aula permite que ela dê mais atenção a checar exatamente quem está fazendo o quê. Mas a coisa não acaba aí. Depois de ter planejado suas perguntas, ela já prevê as possíveis respostas erradas de seus alunos e também as perguntas que fará se obtiver essas respostas erradas.

Não quero dizer que todo mundo pode ou deve ser igual à Julie (muitos de nós até gostariam de tentar), mas sim que o plano de aula acima e além da norma burocrática é um fator-chave para o sucesso acadêmico dos alunos. Como disse uma vez o famoso treinador de basquete Bobby Knight: "Todo mundo tem vontade de vencer, mas poucos têm vontade de se preparar para vencer".

Conteúdo e rigor

Finalmente, a escolha de material rigoroso tem importância – e esse tópico tampouco é abordado aqui. Em parte, eu descobri esse problema por meio da minha própria inexperiência. Quando comecei a lecionar inglês para 6º e 7º anos em um bairro carente, achei que tinha de escolher um material que "atraísse" meus alunos.

A maioria das minhas seleções era estereótipos: contos com temas adolescentes ou protagonistas que sofriam discriminação. Há lugar para esse tipo de livro e, por um certo tempo, não há problema nenhum em inspirar crianças com histórias escritas especificamente para elas – livros infanto-juvenis sobre gente parecida com eles. Mas, a longo prazo, é fundamental usar o conteúdo para tirar as crianças – todas elas, não só as de bairros carentes – de seu próprio e estreito cenário de experiências. Isso significa que você precisa desafiá-las com ideias fora da experiência delas. É fácil, a curto prazo, seduzir as crianças com a substituição de poesia por letras de música ou referências a um conjunto de filmes como exemplos de obras literárias em vez de um conjunto de contos ou romances, mas é insuficiente a longo prazo.

A ARTE DE USAR AS TÉCNICAS

Ao escrever este livro, reconheço e, na verdade, enfatizo, que a arte está na aplicação discricionária das técnicas. Tentei escrever este livro para ajudar artesãos a se transformarem em artistas, não porque acho que o ensinar pode ser mecanizado ou reduzido a fórmulas. Há um lugar e um tempo certo e um errado para cada uma das ferramentas apresentadas e caberá à visão e ao estilo únicos de cada professor decidir sobre a aplicação delas. Em uma palavra, esta é a arte. Nem o ensino deixa de ser bom porque o professor dominou certas habilidades específicas sistematicamente, nem *Davi* reflete menos o gênio de Michelangelo só porque o artista dominou a gramática do cinzel antes de criar a estátua. Dadas as ferramentas oferecidas aqui, acredito que os professores tomarão decisões sensíveis e independentes sobre como e quando usar as técnicas da profissão para se tornar mestres da arte de lecionar.

Você vai notar que muitas dessas técnicas são acompanhadas dos quadros "Em ação", para que você possa visualizar a aplicação das várias técnicas em sala de aula. Eu selecionei essas experiências porque são exemplos de grandes professores usando técnicas específicas de ensino que diferenciam o bom do excelente. Sugiro que você leia a descrição da técnica, leia sobre a experiência no "Em ação" e, depois, pense sobre a sua própria prática e como você poderia usar a técnica.

Ao ler as biografias dos professores a seguir, você poderá conhecer melhor cada um deles e o que pensam. Espero que esses professores lhe inspirem tanto quanto a mim.

CONHEÇA ALGUNS DOS PROFESSORES EXEMPLARES

Dúzias de professores inspiraram as anotações que se tornaram este livro. Alguns são colegas com quem trabalhei e a quem admirei por anos, alguns são profissionais que encontrei uma vez ou duas e que me receberam em suas classes ou compartilharam vídeos de suas aulas comigo. Às vezes, as anotações vieram da observação inesperada de professores particularmente talentosos. Observando todos esses professores, gradativamente acrescentei camadas de orientação prática que eu espero que tornem este livro concreto e útil.

Mesmo assim, como o trabalho é tanto deles como meu, é importante citar o nome daqueles que foram mais profundamente influentes. No mínimo, espero que vocês se surpreendam com a "normalidade" deles – como eles vão para casa todo dia, no final do dia, e encontram suas famílias, namorados e passatempos exatamente como os seus. Eles conseguem mudar o mundo a partir de suas salas de aula não porque nasceram com poderes especiais, mas porque dominam os detalhes dessa arte. Eles estavam determinados a se tornarem artesãos e, com tempo e prática, agora são artistas.

Julie Jackson

A primeira turma de Julie Jackson tinha 35 alunos e só 29 carteiras. Ela era o mais novo membro do corpo docente da Teach for America[3] em Paterson, no estado de Nova Jersey, recém-saída da faculdade. Mesmo assim, ela ganhou o prêmio de Professor do Ano. Meu colega Jamey Verilli, que na época iniciava a North Star Academy, uma nova escola em Newark, Nova Jersey, visitou a classe de Julie. Ele lembra a primeira vez que assistiu a uma aula dela: "Todos os alunos estavam trabalhando. Quando ela fazia uma pergunta, todo mundo levantava a mão. Além disso, estavam todos quietos. Eu nem acreditei". Como professora, os resultados dela também eram inacreditáveis: além de superar de longe as escolas vizinhas no teste estadual, seus alunos ficaram muito bem situados no ranking nacional.

Hoje, como a diretora-fundadora da North Star Academy de Newark, Nova Jersey, ela se tornou uma lenda. Ela passou horas sem fim preparando e ensaiando diálogos possíveis e escrevendo anotações individuais sobre cada aluno, e hoje ela inspira o mesmo tipo de dedicação no corpo docente de sua escola. A dedicação exemplar surge naturalmente em Julie. Ela deixa sua casa e seus dois filhos, Amari e Nyla, às 5h25 da manhã para tomar o ônibus com seus alunos e só volta às 8 da noite. Passa algum tempo com a família, abre o *laptop* e fica até tarde da noite respondendo emails.

---

[3] O Teach for America é uma organização não governamental criada em 1990 nos Estados Unidos como objetivo de recrutar jovens das melhores universidades do país para ensinar por dois anos em escolas de comunidades pobres.

Bob Zimmerli

Bob Zimmerli foi a primeira pessoa que minha colega Stacey Shells e eu entrevistamos quando fundamos a Rochester Prep em Rochester, no estado de Nova York. Pedimos para ele lecionar uma única aula de demonstração em uma escola onde ele nunca tinha estado, em outra cidade. Ele apareceu com apenas um lápis. Será que ele precisaria de copiadora? Não. Será que precisaria de tempo para se preparar? Não. Será que gostaria de saber alguma coisa sobre os alunos que encontraria? Não, ele estava pronto. Stacey e eu olhamos um para o outro e erguemos as sobrancelhas. Preparamo-nos para o desastre, mas, em 30 segundos de aula, já sabíamos que ele seria contratado. Mesmo sem nunca ter visto nenhuma das crianças da classe e sabendo que provavelmente nunca as veria de novo, sem nenhuma autoridade sobre eles exceto seu magnetismo pessoal, ele seduziu a classe completamente. Naquela manhã, Bob redefiniu para mim a arte de ensinar, misturando sutilmente um discurso sobre valores como humildade, respeito e diligência com uma aula sobre casas decimais, na qual cada aluno não apenas dominou com sucesso o objetivo da aula, como também se deu conta disso. Foi realmente um desempenho fascinante e, desde então, não parei de aprender com ele. E eu não sou o único a pensar assim. A despeito do fato de que mais de 80% dos alunos dependiam da merenda escolar para comer[4], os alunos de Bob atingiram os melhores resultados de matemática no distrito de Monroe (Rochester, Nova York, que inclui alguns subúrbios de elite) nos últimos dois anos.

Colleen Driggs

Vinda da cidadezinha de Holland Patent, ao norte do estado de Nova York, Colleen Driggs traz um pouco do calor humano e do senso de responsabilidade das cidades pequenas para suas aulas. Em geral, a classe dela é a primeira que os visitantes veem na escola Rochester Prep e muitos se perguntam se ela usa algum elixir mágico para manter todas as crianças engajadas e concentradas durante suas aulas de leitura. Ou é isso, ou ela "tem um talento natural". Foi só quando filmamos a Colleen em ação que começamos a entender. Em um vídeo que agora é famoso em sessões de capacitação, pudemos observá-la fazendo nada menos que quinze intervenções não verbais para manter certos alunos concentrados durante os cinco minutos em que ela deu uma aula de vocabulário. E ela fez isso sem interromper o conteúdo ou a discussão uma

[4] Nos Estados Unidos, apenas os mais pobres recebem merenda escolar gratuita. A porcentagem de alunos que recebe esse subsídio é, portanto, uma medida do nível socioeconômico dos alunos de uma escola.

única vez. Era tudo invisível, exceto para o aluno ao qual ela se dirigia. A aula propriamente dita era rica e fascinante – e o que garante o sucesso de Colleen é um trabalho sem fim. A importância dessa lição é inestimável: para professores extraordinários, a causa fundamental do sucesso não é talento inato, mas sim trabalho duro, diligência e altas expectativas.

Darryl Williams

Ele é hoje diretor da escola *charter* para meninos Brighter Choice, em Albany, no estado de Nova York, mas muitos anos atrás eu entrei nas suas classes de 3º ano não consegui tomar nota de tudo. Foi lá que vi *Sem escapatória* pela primeira vez. Ao vê-lo aplicar *Voz de comando* (Técnica 38) em um nível específico, finalmente consegui escrever a respeito desta técnica. Sua maneira de lecionar para uma classe só de meninos com índice de pobreza de 100% (essa escola dá preferência e matrícula automática a alunos desfavorecidos) tinha uma força que era ao mesmo tempo exigente e instigante. Ele chamava a atenção dos alunos, mas sua rigidez era equilibrada por um indisfarçável amor. Eles fariam qualquer coisa por ele. Vendo-o na quadra de basquete durante o recreio, entendi que carinho e rigor não são duas faces da mesma moeda, em que você escolhe uma ou outra, mas sim duas moedas diferentes. Todos nós encontramos famílias de alunos que não são nem carinhosas nem rigorosas, mas Darryl deu a volta nessa situação: ele era os dois. Quanto mais carinhoso ele era, mais rígido ele era também. Não surpreende que a escola que Darryl dirige tenha agora, como suas turmas tiveram no passado, as melhores notas de Albany.

Sultana Noormuhammad

Quando eu era professor, eu era bastante rigoroso com a disciplina e a ordem. Portanto, não estava preparado para minha primeira visita à classe de Sultana Noormuhammad na escola *charter* Leadership Prep, em Bedford-Stuyvesant, um bairro do distrito do Brooklyn, na cidade de Nova York. Ela segurava um microfone e todo mundo cantava sobre matemática. Os alunos também dançavam – provavelmente uma dança sobre matemática. Sua voz flutuava sobre as vozes felizes dos alunos com uma alegria incontida. A alegria (e a matemática) estavam por toda parte. E aí eu notei que os alunos dela prestavam mais atenção e se comportavam muito melhor do que os meus. Sejamos claros: a Sultana é tão firme quanto qualquer outro professor. Mas ela é a mestra do engajamento, do sorriso como melhor ferramenta de ensino, da alegria, porque ela simplesmente não consegue imaginar outro jeito de ser. Talvez nenhuma outra aula tenha provocado tanta autocrítica (correta) em mim. E aqui está a melhor parte: alguns anos depois, Sultana foi promovida a orientadora educacional na Leadership Prep (e está pensando em abrir sua própria escola), o que de novo sublinha a conexão entre alegria e estrutura.

Jaimie Brillante

Ela não é apenas a melhor planejadora de aulas que já conheci. Como Julie Jackson, ela planeja suas perguntas com exatidão: quais alunos ela vai abordar e o que fará se eles responderem certo ou errado. Jaimie ensina a escrever e gasta muito tempo em gramática. Sua apresentação engenhosa – como tudo funciona, como as ideias se relacionam entre si, de que maneiras o conhecimento pode ser sistematizado – resulta não apenas em excelente desempenho dos alunos, mas quase todo visitante em sua classe nota que acabou de aprender alguma regra gramatical graças à explicação de um aluno. Uma das mensagens subliminares deste livro é o poder do planejamento. Se algum professor, mais que qualquer outro, me ajudou a ver como o nível de planejamento pode dar resultados muito melhores do que antes imaginava, essa professora é a Jaimie.

Roberto de Leon

Conversei com Roberto de Leon (Rob) pela primeira vez quando vi uma camiseta do time de beisebol Orioles, da cidade de Baltimore, pendurada no encosto de sua cadeira, na classe de 3º ano da escola *charter* Excellence, em Bedford-Stuyvesant. Embora compartilhemos uma lealdade aos Orioles e a Baltimore, eu deveria ter percebido que a camiseta significava algo maior sobre o jeito do Rob lecionar. Entre na classe dele em qualquer dia e você deverá ver os alunos fantasiados com máscaras ou simplesmente mergulhados na interpretação de um personagem, com a imaginação incendiada. Depois percebi que o uniforme era apenas um dos muitos truques e fantasias que o Rob usa para dar vida à leitura. E a leitura adquire vida mesmo, ritmada pelos resultados extraordinários do Rob (mais de 90 alunos seus foram considerados proficientes em leitura na avaliação do estado de Nova York em 2008). A escola Excellence tirou o primeiro lugar na cidade de Nova York em 2008.

DEFINIR O QUE FUNCIONA

Como escolhi os professores que estudei e as escolas que visitei? E o que significa dizer que eles conseguiram fazer com que todos os seus alunos aprendessem, independentemente de sua origem social? Como a minha medida principal eram os resultados dos testes padronizados dos estados, vale a pena abordar alguns equívocos no uso dessa medida, nem que seja só para sublinhar como é exemplar o trabalho dos professores que inspiram este livro. (Em alguns casos, também usei outros instrumentos de avaliação, como as avaliações normatizadas nacionalmente, a avaliação de letramento como o DIBELS[5] e avaliações diagnósticas internas usadas na Uncommon Schools para complementar as avaliações estaduais).

Os resultados dos testes padronizados são necessários, mas não suficientes. Sem dúvida, há uma miríade de habilidades e uma base ampla de conhecimento que os alunos da educação básica precisam dominar, e muitas dessas coisas não são medidas nos testes padronizados. Mas há também um conjunto de habilidades fundamentais medidas pelos testes, que são necessárias e que muitos dos alunos carentes não dominam.

Um aluno meu, brilhante e apaixonante filho de uma mãe solteira que mal falava inglês, conseguiu chegar ao Williams College[6]. Foi um triunfo para ele e sua dedicada mãe, que contava histórias sobre emprestar livros de um colega de classe em seu Haiti nativo, de forma que ela pudesse fazer a lição de casa do lado de fora de uma loja que deixava a luz acesa à noite. Ele foi o primeiro membro de sua família a chegar à faculdade e, no seu caso, à melhor faculdade do país na área de humanidades. Durante uma visita no começo de seus estudos no Williams, ele me mostrou um ensaio que escrevera sobre Zora Neale Hurston.[7] Ele tinha abordado o assunto apaixonadamente com ideias fortes, baseado em uma prosa que, às vezes, ocultava o significado ou caía em um emaranhado sintático. A concordância entre verbo e sujeito era imperfeita. Os comentários da professora foram direto ao ponto: era difícil acompanhar a ideia. E sugeriu que meu aluno, M., levasse seu ensaio ao laboratório de redação para resolver esses problemas. Os comentários nem trataram das ideias de M. sobre Hurston. Ele tinha feito grandes esforços sociais, monetários e emocionais para chegar ao Williams. Embora sua análise de Hurston fosse boa, ele às vezes não dominava o tipo de habilidades medidas em testes padronizados (por exemplo, concordância entre verbo e sujeito), e isso o impedia de produzir

---

[5] Do inglês Dynamic Indicator of Basic Early Literacy Skills (indicador dinâmico de habilidades básicas de leitura na escolaridade inicial), DIBELS é uma prova que avalia a aquisição de habilidades de leitura da pré-escola ao 6º ano.

[6] Faculdade privada na área de Humanas, na cidade de Williamstown, estado de Massachusetts, nos Estados Unidos. Williams College é considerada a melhor faculdade nesta área nos Estados Unidos pelos rankings elaborados pelas revistas *US News*, *World Report* e *Forbes*.

[7] Zora Neale Hurston (1891-1960) foi uma folclorista, antropóloga e escritora negra estadunidense.

o tipo de trabalho que ele certamente podia produzir. Infelizmente, essa falha também permitia que a professora evitasse discutir o conteúdo do ensaio, como ela certamente fazia com estudantes que dominavam essa habilidade.

Então vamos partir do princípio de que os alunos precisam ter os dois tipos de habilidade. Eles devem poder ler e discutir Shakespeare, mas também devem poder ler um trecho que nunca viram antes e compreender o significado, a estrutura e a técnica. Eles devem ser capazes de escrever um parágrafo curto com argumentos que suportem a conclusão. Eles precisam saber resolver a equação e encontrar o x. A maioria das provas padronizadas estaduais faz um bom trabalho em termos de medir essas habilidades e, embora alguns alunos ainda despreparados para a universidade possam demonstrá-las, não existem alunos preparados para a universidade que não possam demonstrar essas habilidades.

Também vale a pena notar que os professores que são bons em matéria de ensinar o que é requerido nos testes padronizados são os mesmos que são capazes de ensinar habilidades de nível muito mais complexo. Eu sei disso porque, nas Uncommon Schools, quando analisamos os resultados dos alunos em avaliações internas muito mais difíceis do que os testes padronizados estaduais (por exemplo, avaliações de redação), há uma forte correlação tanto nos professores como nos alunos cujos resultados mostram o maior crescimento e o melhor desempenho nos dois tipos de prova. Além disso, os professores da Uncommon Schools que obtêm os melhores resultados nas avaliações estaduais são os mesmos cujos alunos obtêm os melhores resultados no vestibular e se dão bem na universidade. Em suma, o sucesso do aluno medido nos testes padronizados é uma previsão do sucesso deles não apenas na hora de entrar na universidade, mas também na vida acadêmica futura.

Finalmente, a correlação existente entre sucesso nas avaliações padronizadas e sucesso acadêmico de longo prazo deveria ser instrutiva para nós. Com frequência, encontro educadores que acreditam piamente que há um conflito entre as habilidades básicas e o raciocínio de mais alto nível. Ou seja, eles acreditam que quando você obriga os alunos a decorar a tabuada, por exemplo, você está não apenas deixando de estimular conhecimento mais abstrato e profundo, mas também está interferindo nele. Isso é ilógico e, curiosamente, é também um dos fundamentos da educação estadunidense não compartilhado pelos sistemas educacionais da Ásia, especialmente aqueles que são os sistemas escolares de melhor desempenho no mundo. Esses países costumam ver que habilidades fundamentais, como a memorização da tabuada, libertam os alunos para pensar em um nível mais alto e ter percepções mais profundas, porque não precisam usar sua capacidade de processo cognitivo em cálculos básicos. Para poder perceber que um princípio mais abstrato opera em um problema ou que há outro jeito de resolver esse problema, você não pode estar concentrado na computação básica dos números. Isso tem de ser automático, de forma que a maior parte possível de sua capacidade de processamento permaneça livre para refletir sobre aquilo que você está fazendo. Quanto melhor você for nas habilidades cognitivas de "ordem inferior", melhor você será nas habilidades de "ordem superior".

Então, como são as notas dos alunos dos professores que inspiraram este livro? Como a maioria dos professores que estudei trabalha na minha organização – a Uncommon Schools –, vou começar minha resposta por explicar quais são os resultados gerais da Uncommon. Temos dezesseis escolas no Brooklyn (distrito da cidade de Nova York), em Newark (cidade do estado de Nova Jersey) e em Rochester e Troy, no norte do estado de Nova York. Nossa população é quase inteiramente de minorias raciais e pobre (os dados mudam sempre, mas o índice de pobreza dos nossos alunos é de 80% ou mais, até de 98%). Nossos alunos são sorteados nos distritos escolares em que trabalhamos, têm um índice de pobreza superior ao dos distritos onde os escolhemos e, contrariamente ao mito, são quase sempre os piores, não os melhores alunos desses distritos (uma das principais razões pelas quais os pais inscrevem seus filhos para o sorteio é que seus filhos estão lutando e estão cada vez mais em risco nas escolas de onde vêm; eles querem sair dessas escolas tanto quanto eles querem vir para as escolas *charter)*.

Em 2009, 98% de nossos alunos passaram no teste de matemática do estado de Nova York e 88% passaram no teste de inglês[8]. Como a nossa missão é eliminar a desigualdade no desempenho escolar, nosso conselho administrativo requer que nos comparemos ao outro lado do fosso da desigualdade no desempenho escolar: a média branca do estado (conhecida pela sigla, em inglês, de SWA), ou seja, a nota média de todos os alunos brancos do estado, que costuma ser superior à média geral do estado. Reconhecemos as limitações desse parâmetro como medida comparativa, mas ele é a medida genuinamente aceita por formuladores de política pública e patrocinadores de projetos educacionais nos Estados Unidos. Portanto, usamos esse parâmetro mesmo para declarar o óbvio: raça não é sinônimo de pobreza, e muitas famílias brancas pobres estão no nível mais baixo no mapa da desigualdade no desempenho escolar, enquanto muitas famílias negras e hispânicas lutam para garantir que seus filhos cheguem a nada menos que Yale[9]. Como demonstram os números que seguem, nossas escolas não apenas superam os distritos escolares onde estamos

---

[8] Alunos no estado de Nova York devem passar em provas estaduais padronizadas para receberem o diploma de ensino médio.

[9] A Universidade Yale, em New Haven, no estado de Connecticut, é uma das oito mais antigas dos Estados Unidos e uma das 10 melhores universidades do mundo.

localizados e a média de todos os alunos no estado, mas de fato superam até a SWA. Depois de alguns anos com nossos professores, alunos pobres e de minorias raciais, que vieram de distritos com baixo desempenho, superaram o desempenho dos alunos de classes sociais mais altas. Todos nós que fazemos esse trabalho sabemos quão frágil é esse sucesso e como é difícil sustentá-lo, então não vou me gabar sobre nossa organização. Dito isto, meu enorme respeito pelo trabalho dos nossos professores supera qualquer reticência aqui e eu digo que os professores da Uncommon, pelo menos até agora, eliminaram a diferença social no desempenho escolar.

Mas claro que os professores que mais inspiraram este livro, os da Uncommon e de escolas e grupos de escolas similares, como a escola *charter* Roxbury Prep, as escolas do Programa Knowledge Is Power (KIPP) e o Achievement First, não são professores típicos mesmo nessas escolas que eliminam a desigualdade. Eles são os melhores entre os melhores. Portanto, seus resultados são ainda melhores. Na Rochester Prep, a equipe de matemática, dirigida por Bob Zimmerli e Kelli Ragin, garantiu a proficiência de 100% dos alunos de 6º e 7º anos, superando todos os distritos escolares da região, inclusive os distritos dos bairros ricos. A equipe de Linguagem, dirigida por Colleen Driggs, Jaimie Brillante, Patrick Pastore e a diretora na época, Stacey Shells, não apenas igualaram o feito de 100% de proficiência no 7º ano, como também conseguiram que 20% dos alunos alcançasse o nível mais alto de proficiência no teste (nível avançado). Como comparação, menos de 1% dos alunos do Distrito Escolar da Cidade de Rochester, do qual a Rochester Prep tirou seus alunos dois anos antes, conseguiram notas no nível avançado. Se o parâmetro é a excelência e não apenas a proficiência adequada, os resultados da equipe de Linguagem da Rochester Prep superaram em 20 vezes o índice do distrito *(veja as Figuras I.1 e I.2)*.

Embora seja provavelmente verdade em todas as disciplinas, é especialmente verdade em linguagem que equipes sequenciais de professores excepcionais tendem a alcançar os resultados mais espetaculares. Por "sequencial", quero dizer professores consistentemente eficazes e alinhados em relação ao método de instrução, que passam suas turmas de um para outro ao final do ano escolar. No caso da Rochester Prep, os membros da equipe de linguagem – Colleen, Jaimie, Patrick e Stacey e outros colegas – estão altamente alinhados em termos de metodologia, não apenas usando técnicas parecidas com as deste livro, mas também pegando emprestadas adaptações e dicas um do outro, em um círculo virtuoso de aperfeiçoamento (para professores) e de consistência (para alunos). Olhar para os resultados obtidos por alunos de 7º ano, depois que o grupo todo ensinou esses alunos, oferece um retrato claro da capacidade de um conjunto de professores para garantir o sucesso escolar dos mais pobres.

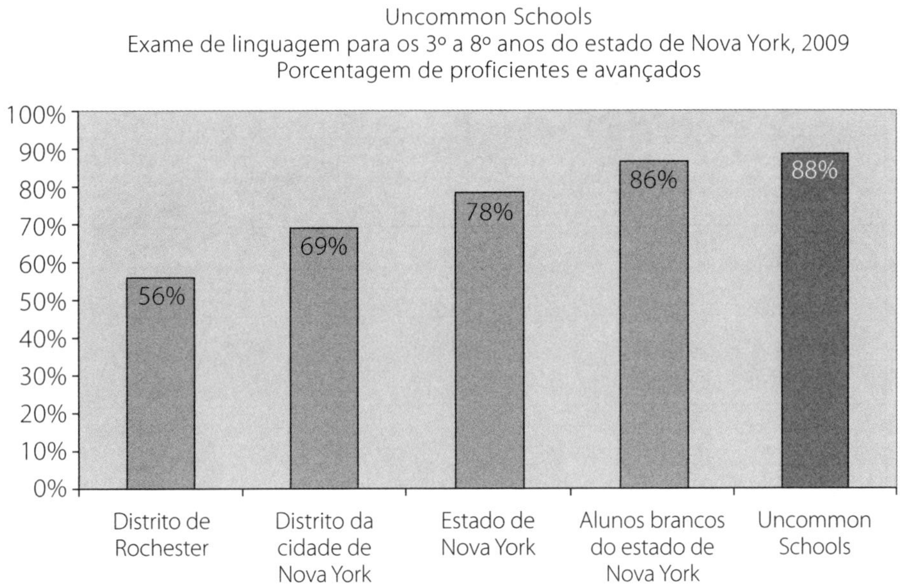

FIGURA I.1. Resultados acumulados, 3º a 8º anos, linguagem
Fonte: Secretaria de Educação do estado de Nova York

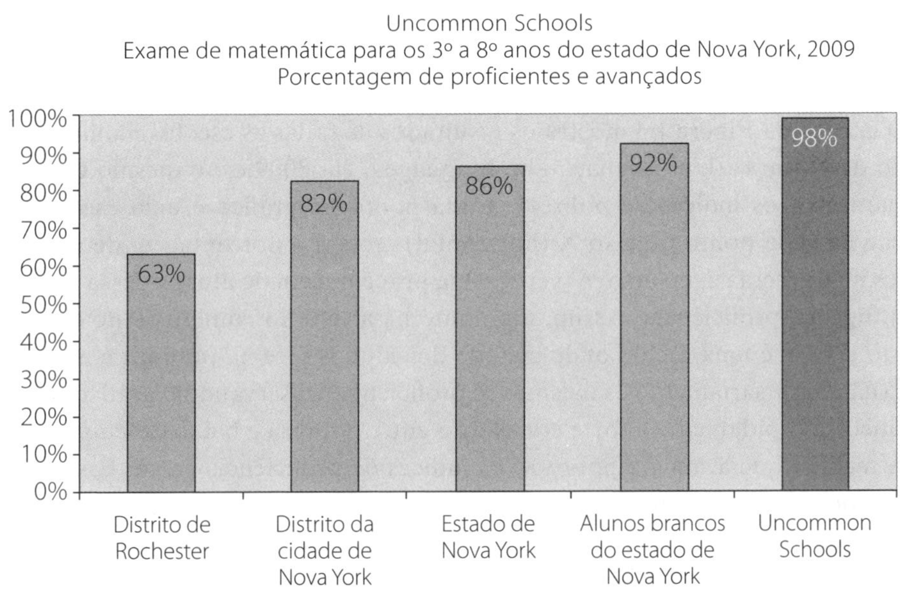

FIGURA I.2. Resultados acumulados, 3º a 8º anos, matemática
Fonte: Secretaria de Educação do estado de Nova York

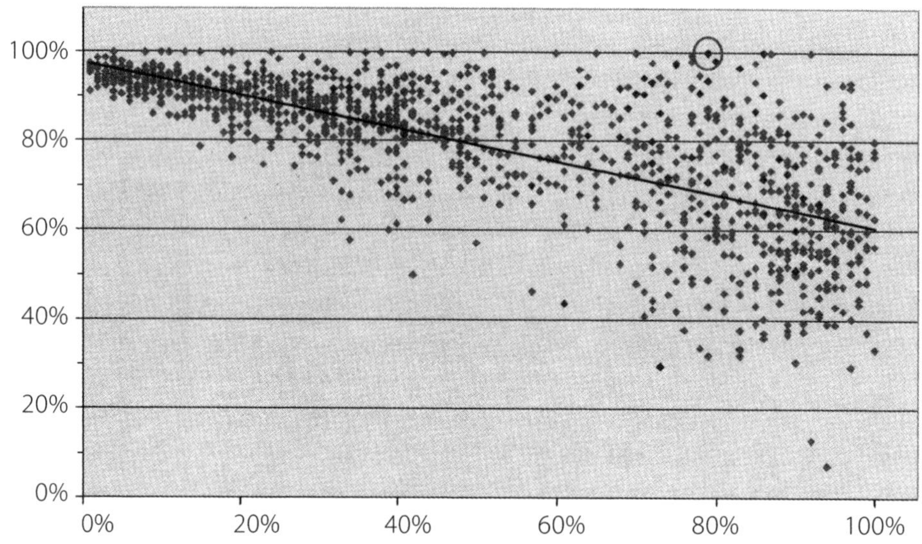

FIGURA I.3. 7º ano, estado de Nova York, Linguagem: FRPL versus proficiência

Nota: FRPL significa *Free and Reduced Price Lunch* (almoço gratuito e de preço reduzido), que é a medida-padrão de pobreza no setor de educação nos Estados Unidos.

Fonte: Análise pela Uncommon Schools dos dados da Secretaria de Educação do estado de Nova York.

O gráfico na Figura I.3 mostra os resultados de todas as escolas públicas no estado de Nova York na avaliação de Linguagem em 2009 e, ao mesmo tempo, compara com os índices de pobreza. Cada ponto no gráfico é uma escola. A posição de cada ponto no eixo X (horizontal) mostra a porcentagem de alunos pobres nessa escola e, no eixo Y (vertical), a porcentagem de alunos dessa escola que atingem a proficiência. Assim, um ponto na altura do número 50 no eixo X e 50 no eixo Y é uma escola onde metade dos alunos vive na pobreza e metade deles (não necessariamente os mesmos) é proficiente. Observando o gráfico, você reconhecerá rapidamente a forte correlação entre pobreza e baixo desempenho.

À medida que avança a pobreza, os índices de proficiência caem. Essa correlação pode ser quantificada com uma linha – a linha diagonal por meio do gráfico – que representa a menor distância entre todos os pontos do gráfico. Os estatísticos diriam que a linha mostra o nível previsto de proficiência para uma escola em qualquer ponto da escala de pobreza. Essa análise é boa porque permite ver um modelo claro e preciso do desempenho acadêmico em escolas em que quase todos os alunos vivem na pobreza, com base em resultados reais de todas as escolas públicas no estado de Nova York. Ou seja, a linha oferece um retrato muito mais preciso do que a SWA, que mede a diferença de desempenho segundo a raça dos alunos (embora só funcione para um único teste). Portanto, no gráfico, se uma escola está claramente localizada no lado privilegiado da desigualdade, ou seja, uma escola onde todos os alunos vivem acima da linha de pobreza, poder-se-ia prever um índice de proficiência da ordem de 96%. O resultado de 100% da Rochester Prep *(veja o ponto marcado por um círculo)* vai além. Excelência dos professores, como os da Rochester provaram, é um fator forte o suficiente para acabar com a diferença social no desempenho escolar. Se você está se perguntando sobre as outras escolas Uncommon, a Williamsburg Collegiate, outra escola que tinha o 7º ano em 2009, conseguiu um índice de 98,2% de proficiência com um índice de pobreza semelhante.

PARTE 1

Aula Nota 10: as técnicas essenciais

CAPÍTULO UM

CRIAR ALTAS EXPECTATIVAS ACADÊMICAS

Um dos resultados mais consistentes na pesquisa acadêmica é a de que ter altas expectativas em relação aos alunos pode servir como motor para o sucesso escolar, mesmo entre aqueles que não têm uma trajetória de bom desempenho acadêmico. Muitos estudos foram feitos para testar, confirmar ou desmentir a famosa pesquisa "Pigmaleão". Este estudo selecionou aleatoriamente alunos com desempenho acadêmico semelhante e compôs duas turmas diferentes. Para uma parte dos professores foi dito que a classe era formada por excelentes alunos; ao outro grupo de professores informou-se que os alunos não estavam interessados em aprender. As classes dos professores do primeiro grupo tiveram desempenho melhor que as do segundo. Supõe-se que o resultado se deva à diferença nas expectativas dos professores em relação a seus alunos, em uma espécie de profecia autorrealizada.

Um dos problemas com as pesquisas sobre altas expectativas é que, com frequência, inclui-se nessa definição um amplo leque de ações, crenças e estratégias operacionais. Por exemplo, um dos estudos incluiu na definição de *altas expectativas* o aumento do tempo dedicado às tarefas em disciplinas acadêmicas. Isso é certamente uma boa política, mas, no caso de um estudo, é difícil separar o efeito de melhor uso do tempo em sala de aula do conceito mais amplo de *altas expectativas*. Além disso, é difícil transformar esse conceito em uma ação específica em sala de aula.

Concretamente, o que fazem os professores que obtêm resultados excepcionais para demonstrar altas expectativas em relação aos seus alunos? Este capítulo vai mostrar cinco técnicas utilizadas pelos professores para aumentar as expectativas e transformar uma boa aula em uma aula excelente.

Técnica 1
SEM ESCAPATÓRIA

Uma coisa é comum entre os professores exemplares: a vigilância para manter a expectativa de que não tentar é inaceitável. Em uma turma de alto desempenho escolar, todo mundo aprende. Logo, as expectativas dos professores são altas até para os alunos que não têm altas expectativas em relação a si mesmos. Um componente-chave da cultura de uma turma desse tipo é o desenvolvimento, por certos alunos, de um método para fugir da raia: murmurar "sei lá" em resposta a uma pergunta ou talvez simplesmente dar de ombros, na esperança de que o professor deixe o aluno em paz. Foi para esse tipo de situação que nasceu *Sem escapatória,* que, como muitas outras técnicas deste livro, logo encontrou uma aplicação adicional como ferramenta para ajudar alunos que estão querendo aprender, mas que, de fato, ao serem perguntados, não sabem a resposta. *Sem escapatória* ajuda tanto no caso desses últimos como no caso daqueles que estão tentando fugir da situação de aprendizagem. Na essência dessa técnica está a crença de que uma sequência que começa com um aluno incapaz de responder (ou sem vontade de responder) deve terminar, sempre que possível, com esse aluno dando a resposta certa, mesmo que ele apenas repita essa resposta certa. Só então a sequência estará completa.

IDEIA-CHAVE

SEM ESCAPATÓRIA

Uma sequência que começa com um aluno incapaz de responder a uma pergunta deve terminar, sempre que possível, com esse aluno respondendo a pergunta.

Sem escapatória pode ser muito simples. É o primeiro dia de aula e você está revisando a tabuada com seus alunos de 5º ou 6º ano. Você pergunta ao Marcos quanto é 3 vezes 8. Ele olha para você de soslaio e murmura: "Sei lá". E vira a cabeça devagarzinho para olhar pela janela. É um momento crítico. Os alunos usam essa abordagem com muita frequência para afastar o professor quando sua falta de vontade de tentar, falta de conhecimento ou uma combinação dos dois faz com que se sintam inseguros ou resistentes. E o pior é que funciona. Alunos relutantes logo percebem que "sei lá" é a fórmula mágica para escapar do trabalho. Muitos professores simplesmente não sabem o que dizer. O resultado é um grande incentivo para que os alunos digam "sei lá" quando questionados. Se você não está com vontade de trabalhar muito, essas duas palavrinhas podem lhe livrar de um bocado de esforço. Assim, se o Marcos conseguir provar que você não pode obrigá-lo a participar, você vai passar o ano inteiro desviando dele cuidadosamente (um sinal de fraqueza), enquanto os outros alunos veem que o Marcos faz o que ele quer e o Marcos não aprende nada – uma situação em que todos perdem.

Alunos relutantes logo percebem que "sei lá" é a fórmula mágica para escapar do trabalho.

Se você usar *Sem escapatória* nessa situação, você vira para outro aluno, o Douglas, e faz a mesma pergunta. Se ele responder corretamente 24, aí você volta ao Marcos: "Agora você me diz, Marcos: quanto é 3 vezes 8?". Marcos acabou de descobrir – sem que você precisasse parar e fazer um longo discurso, provavelmente inútil – que, na sua aula, ele vai ter de trabalhar de qualquer jeito. Não tem escapatória. Mais tarde, vamos tratar de situações mais difíceis, nas quais você deve estar pensando agora: E se o Marcos não responder quando você voltar a ele? E se o Douglas não responder? Por enquanto, o mais importante é entender o poder e a necessidade de voltar a perguntar ao aluno que não quer nem tentar. *Sem escapatória* é usada no momento em que você vira e faz a mesma pergunta pela segunda vez ao aluno que não quis responder.

Sem escapatória também é poderoso em situações em que o aluno quer responder, mas não sabe. Na classe do Darryl Williams, por exemplo, o aluno João não conseguiu identificar o sujeito da oração "Minha mãe está feliz". Primeiro, João tentou adivinhar: "Feliz?". Darryl perseverou, repetindo a pergunta, como muitos professores fariam: "Qual é o sujeito?". Como o aluno ainda não conseguisse responder, Darryl perguntou à classe: "Quando eu pergunto qual é o sujeito, do que estou falando?". Um outro aluno explicou: "Você está perguntando sobre quem ou sobre o que a sentença fala". Darryl voltou ao João e repetiu: "Quando pergunto qual é o sujeito, estou perguntando sobre quem ou sobre o que a sentença fala. Qual é o sujeito?". Desta vez, João respondeu corretamente: "Mãe". Como em todas as outras sequências do tipo *Sem escapatória*, essa sequência começou com um aluno incapaz de responder e terminou com o mesmo aluno dando a resposta certa. A resposta do segundo aluno não substituiu a do primeiro; deu apoio. E João se viu respondendo corretamente a uma pergunta cuja resposta ele ignorava momentos antes. Ele experimentou o sucesso e praticou um dos processos fundamentais da aprendizagem: errar e depois acertar.

Mas vamos agora pensar no que você faria se as coisas não fossem tão bem. E se o João ainda não conseguisse responder? Pior: e se ele desse de ombros e murmurasse "sei lá", com uma certa arrogância? Se o João não respondesse, Darryl poderia insistir, perguntando para outro aluno: "Bom, nesse caso, isso quer dizer que o sujeito é o quê?". Se o outro aluno responder "o sujeito é mãe", aí o Darryl pode voltar ao aluno inicial e perguntar: "Bom, João, agora você me diz: qual é o sujeito da sentença?". Como ele só tem de repetir a resposta, é praticamente impossível que João tente escapar de novo e, assim, mantenha a ilusão de que ele não consegue responder. A probabilidade de que ele responda é muito alta, a não ser que tenha uma atitude refratária *(veja o quadro abaixo)*. Se ele não responder, significa que está desafiando o professor e, portanto, você deve reagir, estabelecendo uma consequência e dando uma explicação: "João, você não precisa saber a resposta certa na minha aula. Mas eu espero que você tente. Vamos conversar no intervalo".

> O comportamento dos alunos pode ser oportunista e refratário, do tipo "não sou obrigado, então vou fazer do meu jeito mesmo". Um número muito menor de alunos vai persistir nesse comportamento quando você tiver sido claro sobre o que espera deles. Cada vez menos alunos insistirão nesse comportamento inadequado, na medida em que você persistir. Vamos discutir isso melhor em *O que fazer*.

Antes de voltar ao João, uma firme repetição de *Sem escapatória* pode ser ainda mais eficiente: "Diga a ele novamente, Davi. Qual é o sujeito?". Ou você mesmo pode repetir a resposta: "João, o sujeito da sentença é mãe. Agora você me diz. Qual é o sujeito?". Independentemente da abordagem que você adotar, a sequência sempre termina com o primeiro aluno repetindo a resposta certa: "O sujeito é mãe".

No caso de Marcos, se o Douglas não responder e tentar imitar a apatia do Marcos, você mesmo pode dar a resposta: "Classe, 3 vezes 8 é 24. Douglas, qual é a resposta? Muito bem. Agora você, Marcos". Logo vamos ver algumas das variações mais difíceis de *Sem escapatória*. Mas, antes, quero sublinhar como essa técnica lhe permite garantir que todos os seus alunos se sintam responsáveis pelo aprendizado. Ela estabelece um tom de responsabilidade estudantil, honrando e validando os alunos que sabem a resposta, ao permitir que eles ajudem seus colegas de maneira pública e positiva.

Também quero sublinhar que os exemplos que dei acima, e que são os piores casos, são bastante raros. O tom de *Sem escapatória* na maioria das classes é surpreendentemente positivo e acadêmico. Usá-lo dá poder a você para levar todos os alunos a dar o primeiro passo, não importa quão pequeno seja. Esta técnica lembra os alunos de que você acredita na capacidade deles de aprender. E o resultado é que os alunos ouvem a si mesmos dando a resposta certa. Com isso, eles se tornam cada vez mais familiarizados com o sucesso escolar. *Sem escapatória* torna esse processo normal para os estudantes que mais precisam dele.

EM AÇÃO

SEM ESCAPATÓRIA

Darryl Williams, da escola *charter* Brighter Choice para meninos, em Albany, no estado de Nova York, demonstra *Sem Escapatória* duas vezes. Na primeira vez, ele pede a um aluno para ler a palavra *analisar*[10]. Quando o aluno não consegue, Darryl insiste, dando uma pista até o aluno pronunciar o "s" com som de "z". Como o próprio Darryl observa, parte do objetivo do dia é entender algumas regularidades ortográficas como o uso do "s" e "ss". Portanto é importante parar para ajudar o aluno na leitura, como ele faz.

Na segunda vez, quando o aluno enrosca na palavra *perfeito*, Darryl pede a outro aluno que leia e depois volta ao primeiro: "Agora leia, Jair". Nesse caso, não valia a pena parar a aula para discutir o erro, já que a dificuldade do aluno tinha menos relação com o objetivo da lição do dia. De qualquer forma, Darryl conseguiu estabelecer claramente o senso de responsabilidade em sua sala de aula.

Há quatro formatos básicos para *Sem Escapatória*. Em seguida, apresento exemplos; cada um deles mostra uma variação da sequência de João na classe do

---

[10] O exemplo foi adaptado para uma regularidade ortográfica brasileira: o uso do "s" e "ss". Na edição original deste livro, Darryl Williams usa, naturalmente, exemplos em inglês: a leitura de sufixos quando os verbos são conjugados no passado (*"acted"*).

Darryl. Os quatro casos têm uma coisa em comum: a sequência começa com o aluno incapaz de responder e termina com o mesmo aluno dando a resposta certa. Isso garante que todo mundo caminhe junto em direção à aprendizagem efetiva.

Formato 1: Você dá a resposta, o aluno repete a resposta.

Professor: João, qual é o sujeito?

João: Feliz.

Professor: João, o sujeito é mãe. Agora você me diz. Qual é o sujeito?

João: O sujeito é mãe.

Professor: Muito bem. O sujeito é mãe.

Formato 2: Outro aluno dá a resposta; o primeiro aluno repete a resposta.

Professor: João, qual é o sujeito?

João: Feliz.

Professor: Quem pode dizer ao João qual é o sujeito da sentença?

Aluno 2: Mãe.

Professor: Muito bem. Agora você, João. Qual é o sujeito?

João: O sujeito é mãe.

Professor: Isso mesmo, o sujeito é mãe.

Uma variação deste método é pedir à classe toda, em vez de a um único aluno, para dar a resposta certa (usando a Técnica 23, *Em coro*) e depois pedir ao primeiro aluno que repita.

Professor: João, qual é o sujeito?

João: Feliz.

Professor: Vou contar até dois e todo mundo me diz qual é o sujeito da sentença. Um, dois...

Classe: Mãe!

Professor: O quê?

Classe: Mãe!

Professor: João. Qual é o sujeito?

João: Mãe.

Professor: Boa, João.

- **Formato 3:** Você dá uma pista; seu aluno usa-a para descobrir a resposta.

Professor: João, qual é o sujeito?

João: Feliz.

Professor: João, quando eu pergunto qual é o sujeito, estou perguntando de quê ou de quem a sentença está falando. Agora, João, veja se isso lhe ajuda a encontrar o sujeito.

João: Mãe.

Professor: Boa, João. O sujeito é mãe.

- **Formato 4:** Outro aluno dá a pista; o primeiro aluno usa-a para descobrir a resposta.

Professor: João, qual é o sujeito?

João: Feliz.

Professor: Quem pode dizer ao João o que quero saber quando pergunto qual é o sujeito?

Aluno 2: Você quer saber do que ou de quem a sentença está falando.

Professor: Sim, estou perguntando do que ou de quem a sentença está falando. João, qual é o sujeito?

João: Mãe.

Professor: Muito bem, João. O sujeito é mãe.

Uso a palavra pista para indicar uma dica que *oferece mais informação útil ao aluno, de um jeito que o induz a seguir o processo correto de raciocínio.* Uma simples dica, em comparação, poderia oferecer qualquer informação. Se eu pergunto "Alguém pode dar uma dica ao João para ajudá-lo a descobrir o sujeito?", um aluno pode dizer "Começa com a letra *m*". Esta dica com certeza ajudaria o João a adivinhar a resposta correta, mas ele não aprenderia nada que o ajudasse a resolver a questão da próxima vez.

Quando você pede aos alunos para darem uma pista, trate de deixar claro que tipo de pista seria útil. Três pistas são particularmente úteis:

- O lugar onde a resposta pode ser encontrada:
  "Quem pode dizer ao João onde ele encontra a resposta?"
- O passo do processo que é necessário no momento:
  "Quem pode dizer ao João qual é a primeira coisa que ele tem de fazer agora?"
- Outro nome para o termo problemático:
  "Quem pode dizer ao João o que quer dizer denominador?

Como você decide qual tipo de *Sem escapatória* usar? Como regra geral, sequências em que os alunos usam pistas para responder perguntas são mais rigorosas do que aquelas em que os alunos meramente repetem respostas dadas pelos outros. Portanto, são preferíveis as sequências em que os alunos fazem a maior parte do trabalho intelectual e de narração. Por outro lado, tampouco é possível parar e dar pistas com rigor acadêmico a todo aluno que tropeça em uma pergunta. Você não teria tempo para mais nada. E, se você fizer isso, estará se arriscando a perder o ritmo da aula e permitir que os alunos a controlem, fingindo ignorância o tempo todo para tirar você do plano de aula. Um bom jeito de encontrar o equilíbrio entre dar pistas (lentas, mas rigorosas) e dar respostas (rápidas, mas superficiais) é não perder de vista o seu objetivo de aula. Quanto mais próxima do objetivo da aula for uma pergunta sua, provavelmente mais vale a pena usar *Sem escapatória* de forma lenta e cognitivamente rigorosa. Se a pergunta é sobre um ponto periférico, acelere e peça a resposta certa a outro aluno, depois peça a repetição pelo aluno que não sabia e vá em frente.

Independentemente do equilíbrio que você consiga obter, os alunos da sua classe vão entender que, quando dizem que não sabem ou quando respondem incorretamente, há uma alta probabilidade de terem de concluir a interação demonstrando sua responsabilidade e sua habilidade para identificar a resposta correta.

Técnica 2
CERTO É CERTO

Certo é certo trata da diferença entre parcialmente correto e totalmente correto – entre bastante bom e 100%. A função do professor é estabelecer um padrão de exatidão nunca inferior a 100%. Há uma alta probabilidade de que o aluno pare de tentar quando ouve a palavra *certo* (ou *sim* ou *isso mesmo* ou qualquer outra expressão similar). Portanto, há um grande risco de chamar de certo o que não é completamente certo. Quando você encerra o assunto e diz à aluna que ela está certa, ela pode ser levada a pensar, erradamente, que é capaz de fazer algo que, na verdade, não é.

IDEIA-CHAVE

CERTO É CERTO

Estabeleça e exija um padrão de exatidão na sua aula.

Muitos professores reagem a respostas quase certas de seus alunos arredondando a informação. Ou seja, eles vão repetir a resposta da aluna e acrescentar algum detalhe para torná-la completamente correta, embora a aluna não tenha oferecido (e talvez não reconheça) o fator diferenciador. Imagine que um professor pergunte a uma aluna, no começo da leitura de Romeu e Julieta, como os Capuleto e os Montecchio[11] se dão. "Eles não se dão muito bem, não", ela dirá. Uma resposta que a maioria dos professores, assim espero, desejaria ver um pouco mais elaborada antes de ser declarada certa. "Certo", diz o professor. "Eles não se gostam e têm brigado por gerações e gerações." Mas é claro que a aluna não incluiu o detalhe adicional. Esse é o "arredondamento". Às vezes, o professor vai até dar crédito à aluna pelo arredondamento, como se ela tivesse dito o que não disse, mas que o professor desejava que ela dissesse: "Certo, o que a Karina disse foi que eles não se gostam e que eles estão brigando há gerações. Muito bem, Karina". Desse modo, o professor estabeleceu um baixo padrão de precisão e explicitamente disse à classe que eles podem estar

[11] Os Capuleto são a família de Julieta e os Montecchio, a de Romeu.

certos mesmo quando não estão. Mais importante ainda, ele interrompeu o raciocínio dos alunos, fazendo o trabalho cognitivo que eles mesmos poderiam estar fazendo (por exemplo: "Então, isso é recente? Uma briguinha temporária? Quem pode acrescentar mais alguma coisa à resposta da Karina?").

Quando as respostas são quase corretas, é importante dizer aos alunos que eles estão quase lá, que você gosta do que já fizeram, que estão chegando perto da resposta certa, que fizeram um bom trabalho ou que começaram bem. Você pode repetir a resposta do aluno de volta para ele, de forma que ele ouça, note que está faltando alguma coisa e talvez a corrija. Por exemplo: "Você disse que os Capuleto e os Montecchio não se dão bem". Ou você pode esperar, ou provocar, ou encorajar, ou elogiar de outros jeitos para dizer aos alunos o que está faltando, ou perguntar quem pode ajudar a classe a chegar lá, até você conseguir levar os alunos a uma versão da resposta correta que seja rigorosa o suficiente para uma aprendizagem efetiva. "Karina, você disse que os Capuleto e os Montecchio não se dão bem. Você acha que essa resposta realmente define a relação entre eles? Você acha que eles descreveriam assim essa relação?"

Insistindo no certo, você cria a expectativa de que suas perguntas e as respostas são mesmo importantes. Você mostra que acredita que seus alunos podem dar respostas tão certas quanto qualquer aluno em qualquer outro lugar. Você mostra a diferença entre o ordinário e o acadêmico. Essa fé na qualidade da resposta certa manda uma mensagem poderosa aos seus alunos, que vai guiá-los por muito tempo depois de eles deixarem a sua classe.

EM AÇÃO

CERTO É CERTO

Annette Riffle, da escola *charter* North Star Academy, demonstra o *Certo é certo* perguntando a uma aluna como funcionam as regras de pares ordenados em um gráfico – em que a coordenada *x* sempre vem antes. A aluna diz que "o eixo *x* tem de vir antes e depois vem o eixo *y*". A maioria dos professores diria que é uma resposta correta, mas Annette insiste para que a aluna responda perfeitamente certo e diga "coordenadas" em vez de "eixos". Na segunda tentativa, ela consegue que a aluna inclua os termos corretos na sua resposta.

Ao longo dos anos, testemunhei muitos professores lutando para obter a resposta certa. Em uma visita a uma classe de 5º ano, um professor pediu aos alunos para definir península. Um aluno levantou a mão e ofereceu esta definição: "É tipo quando a água faz uma entrada na terra". "Certo", disse o professor, tentando reforçar a participação, já que poucos tinham levantado a mão. Depois, acrescentou: "Bom, na verdade, a península é onde a terra entra na água, o que é um pouco diferente". Seu prêmio para o aluno pelo esforço foi dar a ele uma informação equivocada. O que o aluno ouviu é que uma península é basicamente o que ele disse (estava "certo"), mas com uma pequena diferença que, no fundo, ele nem precisa lembrar. Enquanto isso, pode apostar que os outros alunos tampouco aprenderam a diferenciar baías e penínsulas.

Uma resposta melhor teria sido esta: "Quando a água entra na terra, isso é uma baía. Mas uma península é feita de terra. Quem pode me dizer o que é uma península?". Assim, a sequência terminaria com o tipo de definição dada aos alunos quando o professor acredita em uma aprendizagem efetiva: "Uma península é um acidente geográfico em que a terra é cercada de água por três lados. Escrevam isso nos seus cadernos, por favor. Uma península é um acidente geográfico em que a terra é cercada de água por três lados".

Embora, como professores, sejamos os defensores das respostas certas e da exatidão, há de fato quatro possibilidades de nos arriscarmos a escorregar e aceitar o quase-certo. Há, portanto, quatro formas de utilizar a técnica *Certo é certo:*

1. **Vá até o fim.** Grandes professores elogiam os alunos por seu esforço, mas nunca confundem esforço com domínio da matéria. Uma resposta certa inclui o sinal de menos na frente do número. Não pode ser: "Certo! Só que você precisa colocar o sinal de menos na frente". Quando você pede a definição de um substantivo e ouve a resposta "pessoa, lugar ou coisa", não prejudique seus alunos por não reconhecer que a resposta está incompleta: um substantivo é uma pessoa, um lugar, uma coisa ou uma ideia.

O melhor jeito de abordar uma situação desse tipo – e manter um tom positivo em sua classe – é usar uma linguagem simples e positiva, que expresse a sua satisfação com o que o aluno fez e também sua expectativa de que ele avance mais um pouco. Eis algumas frases para fazer isso:

- "Gosto do que você disse. Você pode dizer mais alguma coisa?"
- "Estamos quase lá. Você pode completar a resposta?"
- "Eu gosto de quase tudo..."
- "Você pode desenvolver essa ideia um pouco mais?"

- "Está certo, mas tem alguma coisa além disso...
- "O Michel bateu um bom escanteio. Quem pode fazer o gol?"

Outra resposta efetiva é repetir as palavras do aluno para ele, enfatizando as partes incompletas, se necessário:

- "Uma península é *água* entrando na *terra?*"
- "Você disse que um substantivo é uma pessoa, um lugar ou uma coisa."
- "Você disse que um substantivo é uma pessoa, um lugar ou uma coisa, mas *liberdade* é um substantivo, e não é gente, nem lugar, nem coisa..."
- "Você disse que primeiro resolveria o expoente e depois resolveria o que está entre parênteses."

2. **Responda à pergunta.** Os alunos aprendem rapidamente na escola que, quando eles não sabem a resposta certa para uma pergunta, normalmente conseguem se safar se responderem uma pergunta diferente. Especialmente se fizerem algum comentário verdadeiro e apaixonado sobre o mundo em geral. Quando não conseguem identificar o cenário da história, oferecem um comentário geral sobre o tema da injustiça no romance: "Isso me lembra a favela onde moro...". A maioria dos professores não é capaz de ignorar um aluno falando das questões de justiça e igualdade, mesmo se a pergunta foi sobre o cenário do livro. Com o tempo, os alunos percebem isso.

Se você é do tipo Certo é certo, sabe que está errada a resposta "certa" a qualquer pergunta diferente daquela que você fez.

Mas, se você é um professor do tipo *Certo é certo,* sabe que está errada a resposta "certa" a qualquer pergunta diferente daquela que você fez e vai insistir para que a aluna responda a pergunta feita por você, não a pergunta que ela gostaria que você fizesse ou a pergunta que ela achou que você fez. Você pode dizer alguma coisa assim: "Vamos falar disso daqui a pouco, Daniela. Mas agora eu quero saber sobre o cenário".

Outra situação em que os alunos respondem uma pergunta diferente da que você fez é quando eles misturam informações diferentes sobre o mesmo tópico. Por exemplo, você pede uma definição ("Quem pode me dizer o que é uma palavra composta?") e o aluno responde com um exemplo ("Guarda-chuva é uma palavra composta!"). Ou você pede a descrição de um conceito ("Quando a gente fala da área de uma figura geométrica, do que estamos falando? Quem pode me dizer o que é área?") e o aluno responde com a fórmula para calcular a área de uma figura geométrica ("Comprimento vezes largura"). No calor da batalha, é difícil se dar conta de que estas são as respostas certas para outras perguntas. E, quando você prestar atenção nisso, vai perceber que esse tipo de diálogo é muito mais comum do que imagina.

Se você pede uma definição e recebe um exemplo, diga: "Karina, isso é um exemplo. Eu quero a definição". Afinal de contas, é importante saber a diferença entre uma definição e um exemplo.

3. **Resposta certa no tempo certo.** Às vezes, os alunos querem mostrar que sabem muito e atropelam suas perguntas, mas é arriscado aceitar respostas fora de ordem. Por exemplo: você está ensinando as etapas para resolver um problema e um aluno a quem você pergunta qual é a etapa 3 resolve dar logo a solução do problema. Agora é você que tem um problema. Aceitar a solução antes que você explique todas as etapas necessárias para resolver o problema vai impedir que o resto da classe tenha um entendimento completo do processo. É tentador pensar assim: "Que bom que a classe está aprendendo tão rápido!" Mas não está. É só um aluno. E, além disso, ensinar um processo necessário para solucionar o problema é mais importante do que mostrar a solução final do problema. Assim, se você responde favoravelmente ao aluno que chega logo ao final, você deixa de dar ao resto da classe a oportunidade de aprender. Em vez disso, considere a possibilidade de responder alguma coisa nesta linha: "Eu não perguntei qual é a solução do problema. Eu perguntei sobre a próxima etapa. O que a gente deve fazer agora?".

Por outro lado, se você está perguntando o que motiva as ações de um personagem no início de um capítulo, prepare-se para resistir a respostas que discutem – mesmo que sejam muito boas – os eventos mais dramáticos do final do capítulo, especialmente se o ponto da discussão da primeira parte é justamente entender o final quando você chegar lá. Se for mesmo possível pular direto para o fim e mesmo assim entender o tópico da aula, você deve se perguntar por qual razão está perdendo tempo com a primeira parte! A resposta, claro, é porque a primeira parte é importante. O ponto, aqui, é proteger a integridade da sua aula – não pule adiante só porque um aluno deu uma resposta "certa" e instigante na hora errada.

4. **Use vocabulário técnico.** Os bons professores levam os alunos a dar respostas certas com termos comuns: "Volume é a quantidade de espaço que alguma coisa ocupa". Professores exemplares exigem o uso de vocabulário técnico preciso: "Volume é o número de unidades cúbicas de espaço ocupadas por um objeto". Esta resposta expande o vocabulário do aluno e constrói uma aprendizagem efetiva, competências que lhe serão úteis no futuro.

EM AÇÃO

CERTO É CERTO

Jason Armstrong, professor de matemática na escola *charter* Roxbury Prep, de Boston, usa três subtécnicas de *Certo é certo* com um grupo de alunos de 6º ano. É difícil não perceber como o uso das técnicas eleva as expectativas acadêmicas rápida e decisivamente:

Jason: Hoje nós vamos estudar volume. Em seguida, vamos fazer algumas atividades com volume e, depois, com área. Para começar, alguém pode me dar uma definição de volume? Mark?

Mark: Volume é comprimento vezes largura vezes altura.

Jason: Você está me dizendo como resolver um problema de volume. Se você diz "comprimento vezes largura vezes altura", você está me dando um cálculo. O que eu preciso saber – e você provavelmente sabe isso também, Mark – é o que é volume [um exemplo perfeito de "responda minha pergunta"]. O que é essa quantidade? Yolanda?

Yolanda: Volume é a quantidade de cubos quadrados que alguma coisa tem.

Jason: Está bem, mas quero refinar o que você disse – "a quantidade de cubos". O que a gente deveria dizer? Qual é a definição técnica, em vez de cubos? O que você ia dizendo, Wes?

Wes: A quantidade de centímetros cúbicos que um prisma retangular ou uma figura tridimensional tem.

Jason: Certo, qualquer figura tridimensional. Mas eu não quero simplesmente dizer centímetros cúbicos, porque não são necessariamente centímetros. Podem ser polegadas; podem ser metros; podem ser jardas... [Exemplo clássico de insistir na resposta completamente correta. Tantos professores teriam aceito as respostas dadas até aqui!]

Wes: Unidades cúbicas.

Jason: [Escrevendo na transparência do retroprojetor] Então é a quantidade de unidades cúbicas que um objeto tem... e, Dante, eu sei que você sabe a outra palavra. Qual é a outra palavra, em vez de "tem"?

Dante: Ocupa.

Jason: Isso. Ocupa. Volume é a quantidade de unidades cúbicas que um objeto ocupa. [Ele conclui marcando bem o vocabulário técnico, ocupar. Está explicado por que os alunos de Armstrong tiram as melhores notas de matemática no estado de Massachusetts?]

Técnica 3
PUXE MAIS

Quando os alunos finalmente dão a resposta completamente correta, muito compreensivelmente o professor é tentado a dizer "muito bem" ou "isso mesmo" ou repetir a resposta certa – e pronto. Mas o aprendizado pode e deve continuar depois de obtida a resposta certa. Muitos dos professores exemplares reagem a respostas certas pedindo aos alunos que respondam uma pergunta diferente ou mais difícil, ou os questionam para se assegurarem de que a resposta correta pode ser dita de outra maneira e que os alunos de fato compreenderam o tema. A técnica de premiar respostas certas com mais perguntas é chamada *Puxe mais*.

IDEIA-CHAVE

PUXE MAIS

A sequência do aprendizado não acaba com a resposta certa; premie respostas certas com mais perguntas, que estendem o conhecimento e testam a confiabilidade das respostas. Esta técnica é especialmente importante para trabalhar com alunos que têm ritmos diferentes de aprendizagem.

Esta técnica gera dois benefícios principais. Primeiro, ao usar *Puxe mais* para verificar se o entendimento pode ser repetido, você evita a falsa conclusão de que o aluno domina a matéria sem antes eliminar a possibilidade de que a resposta certa tenha sido resultado de sorte, coincidência ou conhecimento parcial. Em segundo lugar, quando os alunos de fato dominaram partes de uma ideia, o uso de *Puxe mais* permite que você lhes ofereça maneiras estimulantes de avançar, aplicando seu conhecimento em novos cenários, pensando por si mesmos e raciocinando sobre questões mais difíceis. Isso os mantém engajados e envia para a classe a seguinte mensagem: o prêmio por bom desempenho é mais conhecimento.

A propósito, isso também ajuda a resolver um dos desafios mais complicados em classe: trabalhar com alunos que têm diferentes níveis de habilidade ou ritmos de aprendizagem. Às vezes, achamos que é preciso dividir os alunos em grupos diferentes para trabalhar os diferentes níveis de habilidade ou

Fazer perguntas frequentes, rigorosas e dirigidas a diferentes alunos, à medida que vão demonstrando maior domínio da matéria, é uma ferramenta poderosa e simples para trabalhar com alunos que têm diferentes níveis de habilidade e ritmos de aprendizagem.

ritmos de aprendizagem, dando a eles atividades diversificadas, o que nos impõe gerenciar um ambiente de grande complexidade. Neste cenário, os alunos acabam tendo liberdade tanto de comentar o último episódio de Big Brother como de discutir o conteúdo das aulas com profundidade. Fazer perguntas frequentes, focadas e rigorosas, à medida que os alunos demonstram domínio da matéria, é uma ferramenta poderosa e muito mais simples para ensinar alunos com diferentes níveis de habilidade e ritmos de aprendizagem. Talhando as perguntas sob medida para certos alunos, você pode encontrar onde está a dificuldade de cada um e ajudá-lo a superá-la de maneira adequada ao nível que ele já dominou.

Há muitos tipos específicos de pergunta *Puxe mais*, que são especialmente eficazes:

▸ **Pergunte *como* ou *por quê*.** O melhor jeito de testar se os alunos conseguem responder corretamente de forma consistente é saber se eles são capazes de explicar como chegaram à resposta. Cada vez mais, as provas padronizadas fazem essas perguntas explicitamente – mais uma razão para você pedir aos seus alunos que pratiquem a narrativa de seu processo de raciocínio.

Professor: Qual a distância de São Paulo a Blumenau?
Aluno: Seiscentos quilômetros.
Professor: Como você chegou a essa distância?
Aluno: Eu medi três centímetros no mapa e somei 200 mais 200 mais 200.
Professor: Como você sabe que deve usar 200 quilômetros para cada centímetro?
Aluno: Eu olhei na escala da legenda do mapa.

▸ **Peça uma variante da resposta.** Com frequência, há múltiplas maneiras de responder uma pergunta. Quando um aluno resolve o problema de um jeito, é uma grande oportunidade para garantir que ele possa usar todas as estratégias disponíveis.

Professor: Qual a distância de São Paulo a Blumenau?

Aluno: Seiscentos quilômetros.

Professor: Como você chegou a essa distância?

Aluno: Eu medi três centímetros no mapa e somei 200 mais 200 mais 200.

Professor: Como você sabe que deve usar 200 quilômetros para cada centímetro?

Aluno: Eu olhei na escala da legenda do mapa.

Professor: Tem algum jeito mais fácil do que somar três vezes?

Aluno: Eu podia ter multiplicado 200 por 3.

Professor: Se você fizesse isso, qual seria o resultado?

Aluno: Seiscentos.

Professor: Muito bem. Esse é um jeito melhor.

◗ **Peça uma palavra melhor.** Em geral, os alunos começam a entender um conceito usando a linguagem mais simples possível. Para reforçar o desenvolvimento do vocabulário, um objetivo crucial do letramento, é preciso oferecer aos alunos oportunidades para usar palavras mais específicas e também novas palavras, com as quais estão adquirindo familiaridade.

Professor: Por que a Sofia gritou, Janice?

Aluna: Gritou porque a água estava fria quando ela mergulhou.

Professor: Dá para usar uma palavra diferente de *fria,* uma palavra que mostre quão fria a água estava?

Aluna: A Sofia gritou porque a água estava gelada.

Professor: Está bem, mas que tal usar uma das palavras do vocabulário que estamos aprendendo?

Aluna: A Sofia gritou porque a água estava gélida.

Professor: Muito bem.

◗ **Peça provas.** À medida que os alunos amadurecem, eles são cada vez mais solicitados a construir e defender suas estratégias e a sustentar opiniões entre múltiplas respostas possíveis. Isso acontece principalmente na área de humanas. Quem garante qual é o tema do romance ou o que o autor queria mostrar em uma certa cena? Ao pedir aos alunos que descrevam trechos que sustentem suas conclusões, você reforça o processo de construção e sustentação de sólidos argumentos na vida real, onde as respostas certas não são tão fáceis. Com isso, você evita reforçar argumentos frágeis e subjetivos. Você não precisa dizer que não concorda – simplesmente peça provas.

Professor: Como você descreveria a personalidade do Dr. Jones? Quais são as características dele?

Aluno: Ele é rancoroso.

Professor: E o que significa rancoroso?

Aluno: Rancoroso quer dizer que ele é amargo e quer deixar todo mundo infeliz.

Professor: Muito bem. Então leia para mim duas sentenças da história que mostram que o Dr. Jones é rancoroso.

Peça aos alunos que integrem competências diferentes. No mundo real, raramente as perguntas se referem a um único tipo de conteúdo. Para preparar os alunos para isso, tente avançar a partir de uma resposta certa, pedindo que integrem a ela conhecimentos novos, aprendidos recentemente.

Professor: Quem pode usar o verbo *caminhar* em uma sentença?

Aluno: "Caminhei pela rua".

Professor: Dá para usar algum detalhe, de forma a mostrar mais sobre o significado de *caminhar?*

Aluno: "Caminhei pela rua para comprar balas em uma loja".

Professor: Dá para colocar um adjetivo que qualifique rua?

Aluno: "Caminhei pela rua larga para comprar balas em uma loja".

Professor: Muito bem. Você pode colocar um sujeito composto na sua sentença?

Aluno: "Meu irmão e eu caminhamos pela rua larga para comprar balas em uma loja".

Professor: E você consegue colocar isso no pretérito imperfeito?

Aluno: "Meu irmão e eu caminhávamos pela rua larga para comprar balas em uma loja".

Professor: Fiz perguntas muito difíceis, Bruno, e veja só como você respondeu bem!

▶ **Peça aos alunos que apliquem o mesmo conhecimento a um caso diferente**. Quando os alunos aprenderem algo novo, pense em pedir a eles que apliquem o novo conhecimento a um caso mais difícil.

Professor: Então, qual é o protagonista da história que acabamos de ler, *Bolsa Amarela?*

Aluno: É uma menina chamada Raquel.

Professor: Muito bom. Vejo que você sabe o que é protagonista. Você se lembra do protagonista de *Meu Pé de Laranja Lima?*

Aluno: Um menino chamado Zezé.

Professor: Como você sabe que era ele o protagonista?

Aluno: Porque ele era o personagem principal do livro.

Professor: Muito bem. Filmes também têm protagonistas?

Aluno: Têm, sim.

Professor: Boa. Eu vou dizer o nome de um filme e você me diz quem é o protagonista.

EM AÇÃO

CERTO É CERTO E PUXE MAIS

A professora Leah Bromley, da escola North Star Academy, usa *Certo é certo* e *Puxe mais* ao pedir a um aluno que tire uma conclusão a partir de um conjunto de dados que comparam declive e profundidade de um córrego. O aluno responde: "Um declive diferente afeta a profundidade do córrego". Leah observa que a resposta está quase certa, mas ainda faltam detalhes: "Preciso de alguém que consiga ser mais específico". Para serem precisos, os alunos precisam explicar qual é o efeito: "Quanto mais agudo o declive, mais profundo é o córrego". Ao conseguir uma resposta completamente "certa", Leah começa a *Puxar mais*. Primeiro, faz uma pergunta para ter certeza de que os alunos podem aplicar a mesma relação ao contrário: "Qual é o oposto disso?" Depois, pede aos alunos que avancem e usem a palavra "erosão". Nesse caso, ela está pedindo à classe que avance para um vocabulário mais rigoroso. Então, depois de outro *Certo é certo* (em que a resposta tem de ser mais concisa para ser considerada correta), ela "puxa mais" e pede aos alunos que expliquem porquê.

Todo esse trabalho cognitivo – descrever o oposto do fenômeno, usar vocabulário melhor e explicar por quê – ocorre depois de ela conseguir uma resposta certa de todos os alunos. A resposta certa é só o começo.

Puxe mais obriga os alunos a estarem atentos: explicar seu raciocínio ou aplicar o conhecimento de um jeito novo. Mas não é suficiente fazer um monte de perguntas difíceis. Em uma classe de 5º ano, a professora pediu a uma aluna que fizesse uma frase com a palavra *paixão,* que estava no vocabulário estudado. "Tenho paixão por cozinha", disse a aluna. "Quem mais pode usar *paixão* em uma frase?", insistiu a professora. "Tenho paixão por basquete", respondeu um menino. A professora aceitou a resposta com um menear da cabeça, mas deveria ter puxado mais. Esta era uma oportunidade para testar se o aluno realmente entendia como usar a palavra ou estava só copiando o exemplo anterior. Em vez disso, a professora simplesmente perguntou: "Mais alguém?". Quatro ou cinco alunos metodicamente usaram a mesma estrutura, mas substituíram o objeto da paixão por outro – "Tenho paixão por dança", "Tenho paixão por bicicleta" –, transformando a coisa toda em um exercício de cópia banal de um conceito básico e, em última análise, baixando as expectativas.

Pense em todas as maneiras que a professora poderia ter "puxado mais" com seus alunos, utilizando o mesmo tempo que ela usou para realizar a atividade escolhida:

- "Será que você pode refazer a sentença com o mesmo significado, mas começar com a palavra *cozinhar?*"
- "Qual é a forma adjetiva de *paixão?* Você pode refazer a sentença usando *paixão* na forma adjetiva?"
- "Se a Maria tem paixão por cozinhar, que tipos de coisa você esperaria encontrar na casa dela?"

- "Qual seria a diferença entre dizer 'eu era apaixonada por cozinha' e 'eu era fanática por cozinha'?"
- "Qual é o oposto de ter uma paixão por alguma coisa?"

Técnica 4
BOA EXPRESSÃO

> *A sentença completa é a arma que derruba a porta para a aprendizagem efetiva.*

Na escola, o meio é a mensagem: para serem bem-sucedidos, os alunos precisam expressar seu conhecimento de várias formas, sempre de maneira clara e eficiente, atendendo à demanda da situação ou mesmo da sociedade. O que conta não é só o *que* os alunos dizem, mas *como* eles comunicam o que sabem. A sentença completa é a arma que derruba a porta para a aprendizagem efetiva. As redações necessárias para entrar na faculdade (e todo trabalho escrito no curso superior) demandam sintaxe fluente. As entrevistas para emprego requerem concordância entre o sujeito e o verbo. Use *Boa expressão* para preparar seus alunos para o sucesso, exigindo sentenças completas e gramática proficiente sempre que puder.

Professores que entendem a importância desta técnica confiam em algumas expectativas básicas de formato:

- **Boa gramática.** Sim, você deve corrigir gíria, uso de sintaxe e gramática na classe, mesmo que acredite que a divergência da norma culta é aceitável – até normal em algumas circunstâncias – ou mesmo que o uso inadequado se enquadre no dialeto do aluno. Mais precisamente, corrija mesmo que você acredite que a expressão é normal dentro do que você acha que é o dialeto do aluno. Na verdade, pode ser que você não saiba como a família ou a comunidade de um aluno falam ou o que elas veem como normal e aceitável. E há casos de jovens que adotam dialetos ou resolvem falar de um jeito diferente de como seus pais falam ou querem que os filhos falem.

Para explicar o vasto discurso sociológico sobre o que é a norma culta – se é a única forma certa de linguagem ou mesmo se está de fato correto –, professores exemplares aceitam uma premissa muito mais limitada, mas prática: é a "linguagem da oportunidade", o código que indica preparo e proficiência para uma audiência – a mais ampla possível. É o código que revela facilidade com as formas da linguagem em que se trabalha, se estuda e se fazem negócios. Nessa linguagem, sujeitos e verbos concordam, o uso é tradicional e as regras são estudadas e respeitadas. Se os alunos quiserem usar a "linguagem da oportunidade" só na escola, tudo bem. Diga o que quiser a seus alunos sobre o modo como eles falam fora da sala de aula. Mas uma das maneiras mais rápidas de ajudar seus alunos é tomar a firme decisão de os preparar para competir por empregos e por vagas nas universidades, pedindo-lhes que corrijam sua linguagem em classe. Pode haver um lugar e uma hora para discutir com eles o discurso sociológico mais amplo sobre formas dialetais – em que circunstâncias pode ser aceitável usar o dialeto, quem determina o que está certo, quanta subjetividade há nessa determinação, quais são as implicações mais amplas de alternar códigos e assim por diante. Considerando a frequência dos erros grosseiros feitos pelos alunos e o custo potencial de permitir que esses erros persistam, encontre técnicas simples e minimamente invasivas para identificar e corrigir erros com o mínimo de distração. Assim, você pode corrigir de maneira consistente e transparente. Dois métodos muito simples são particularmente úteis:

- *Identifique o erro.* Se um aluno cometer um erro gramatical, simplesmente repita o erro em tom de pergunta: "Nós estava andando pela rua?" "A gente vamos para casa?". Depois deixe o aluno se corrigir sozinho. Se ele não consegue, use o método abaixo ou use rapidamente a sintaxe correta e peça que ele repita.

- *Comece a correção.* Quando um aluno comete um erro gramatical, comece a dizer a sentença corretamente e deixe que ele complete. Nos exemplos acima, você diria "nós estávamos..." ou "a gente vai..." e deixaria o aluno completar.

Complete a sentença. Esforce-se para dar a seus alunos a maior prática possível em pronunciar sentenças completas de improviso. Para fazer isso, você pode usar muitas estratégias quando os alunos respondem à suas perguntas com fragmentos de linguagem ou com apenas uma palavra.

Você pode dizer as primeiras palavras de uma sentença completa para mostrar à classe como começar frases:

Professor: Jaílson, quantos bilhetes há na cesta?

Jaílson: Seis.

Professor: Há seis...

Jaílson: Há seis bilhetes na cesta.

Outro método é lembrar os alunos antes de eles começarem a responder:

Professor: Quem pode me dizer, em uma sentença completa, qual é o cenário da história?

Aluno: O cenário da história é a cidade de Los Angeles no ano de 2013.

E um terceiro método é lembrar os alunos depois, com uma indicação simples e sem perturbar o andamento da aula:

Professor: Em que ano nasceu Júlio César?

Aluno: 100 a.C.

Professor: Sentença completa.

Aluno: Júlio César nasceu no ano 100 antes de Cristo.

Alguns professores usam um código do tipo "como um professor" para lembrar os alunos de usar sentenças completas. Por exemplo: "Quem pode responder como um professor?".

EM AÇÃO

BOA EXPRESSÃO

Darryl Williams, da escola *charter* para meninos Brighter Choice, usa *Boa expressão* ao reforçar ativamente a "linguagem da oportunidade", corrigindo sentenças como "a gente *estamos indo*" ou "estaremos mandando"[12]. Darryl usa duas estratégias para fazer isso. No primeiro caso, ele "reforça" o erro, repetindo "a gente estamos indo?" como pergunta e levando o aluno a se corrigir. No segundo caso, ele oferece o começo da sentença – "a gente..." – e o aluno completa: "vai". Nos dois casos, Darryl é eficiente, não perde tempo e mantém um tom neutro, sem julgar o aluno.

[12] O exemplo foi adaptado para um erro frequente nas salas de aula brasileiras: o gerundismo. Na edição original deste livro, Darryl usa, naturalmente, exemplos em inglês: "it gots to be" e "it got a –ed".

Linguagem audível. Não faz sentido discutir as respostas de 30 pessoas se apenas um punhado delas pode ouvir você. Se algo é tão importante que precisa ser dito em voz alta na aula, então é importante que todo mundo ouça. Senão a discussão em classe e a participação dos estudantes parecem irrelevantes, uma conversa acidental. Deixe claro que os alunos devem ouvir seus colegas, fazendo com que os colegas falem alto. Aceitar uma resposta inaudível sugere que o que o colega falou não tem muita importância.

Talvez o jeito mais eficiente de reforçar essa expectativa seja com um toque rápido e firme, que crie o mínimo possível de distração daquilo que está sendo discutido em classe. Dizer "voz" a alunos cuja voz é inaudível é três vezes preferível a uma interrupção de cinco segundos para dizer: "Maria, não dá pra ouvir você no fundo da classe. Você pode falar mais alto, por favor?". Primeiro, é mais eficiente. Na linguagem empresarial, dizemos que tem um baixo custo de transação. Custa quase nada em termos da *commodity* mais preciosa da aula: tempo. Na verdade, um professor exemplar chega a lembrar três ou quatro alunos de falar mais alto com o seu "voz" utilizando o mesmo tempo que outro professor usaria para lembrar um único aluno, como no exemplo acima com Maria.

> O custo da transação refere-se à quantidade de recursos empregados para realizar uma troca – seja econômica, seja verbal ou de qualquer outro tipo. O seu objetivo é fazer cada intervenção necessária com o mínimo de distração da tarefa em andamento e o mínimo de tempo.

Em segundo lugar, ao dizer simplesmente "voz", em vez de fazer um longo discurso sobre o que você espera do aluno, você sugere que não é preciso explicar por que o aluno deve falar alto em classe. A razão é evidente e o lembrete deixa claro que falar alto é algo que se espera do aluno, não um favor. Em terceiro lugar, ao informar o aluno sobre o que ele deve fazer, em vez de censurá-lo por ter feito algo errado, o professor evita o desgaste em sua relação com a classe e pode, se necessário, usar o lembrete "voz" tantas vezes quanto preciso para tornar a expectativa previsível e mais efetiva para mudar o comportamento. Esta última observação merece mais comentários. Uma vez, vários colegas e eu assistimos à aula de um professor. Quatro ou cinco vezes durante a aula, o professor teve de chamar a atenção dos alunos para falarem mais alto. Mas usou o termo "mais alto" em vez de "voz". O uso de "mais alto" parecia enfatizar a falta de alguma coisa; enfatizava constantemente que a classe não estava atendendo às expectativas e, portanto, o professor estava "narrando o negativo", uma ideia sobre a qual você lerá em *Enquadramento positivo* (Técnica 43). "Voz", em contraste, reforça a expectativa de uma maneira rápida, que diz aos alunos o que eles devem fazer. Meus colegas também notaram que alguns professores usam o termo "voz" com uma elegância que não pode ser alcançada com a expressão "mais alto", por exemplo. "Jaílson, você pode usar sua voz para me dizer como encontrar o mínimo múltiplo comum?" ou "Preciso de alguém com voz que me diga o que devo fazer em seguida!".

- **Complete a unidade.** Nas aulas de matemática e ciências, substitua "números nus" (sem unidades) por números "vestidos". Se você pergunta qual é a área de um retângulo e o aluno responde "12", peça as unidades – 12 o quê? Centímetros? Metros? Ou simplesmente note que o número precisa "ser vestido" ou "parece meio pelado".

IDEIA-CHAVE

BOA EXPRESSÃO

Não é só o que os alunos dizem que conta, mas como eles comunicam o que sabem. Para ter sucesso, os alunos devem expressar seu conhecimento na "linguagem da oportunidade."

Técnica 5
SEM DESCULPAS

Às vezes, ainda que inadvertidamente, baixamos as expectativas de aprendizagem dos alunos pela forma como nos referimos a essas expectativas. Se não prestamos atenção, podemos pedir desculpas por ensinar alguns conteúdos que são importantes e até pedir desculpas diretamente aos alunos por isso. Você não fará isso se usar *Sem desculpas*.

DESCULPAS PELO CONTEÚDO

Quando eu voltei à faculdade no meu 3º ano, depois de ter passado um semestre estudando fora, não sobravam muitas matérias opcionais para escolher e eu acabei no curso de poetas românticos britânicos, da professora Patrícia O'Neill. Eu não conseguia imaginar nada menos interessante e considerei várias ações drásticas. Trocar de faculdade? Procurar um dos diretores do programa e pedir ajuda de joelhos? Ah, mas eu estava muito ocupado com outros interesses para ir atrás disso e acabei na classe mais interessante e envolvente dos meus quatro anos de faculdade. A professora Patrícia conseguiu me convencer de que o futuro da humanidade dependia de que eu ficasse acordado à noite para ler William Wordsworth[13]. Ela mudou definitivamente meu modo de pensar e de ler. Imagine: se eu fosse minimamente organizado, eu nunca escolheria o curso dela. Suspeito que a maioria dos leitores teve uma experiência similar e descobriu que a coisa supostamente menos interessante pode mudar sua vida nas mãos de um professor talentoso.

A lição? Não existe conteúdo chato. Nas mãos de um professor talentoso, que acha um jeito de chegar até você, qualquer conteúdo se torna estimulante, interessante e inspirador, mesmo quando nós, como professores, duvidamos que sejamos capazes de fazer isso acontecer. Às vezes, essa dúvida nos põe em risco de minar a aula – quando a gente dilui o conteúdo ou se desculpa por ensinar esse tópico. Há quatro situações em que nos arriscamos a pedir desculpas por ensinar:

Acreditar que um conteúdo é chato acaba por tornar o conteúdo chato mesmo.

Acreditar que vai ser chato. Pedir desculpas é dizer “gente, eu sei que isso é chato, mas vamos tentar” ou mesmo “pode ser que vocês não achem isto nada interessante”. Pense um pouco sobre essa presunção de que seus alunos vão achar alguma coisa chata, só porque ela é genuinamente desinteressante para você. Milhares de contadores adoram seu trabalho e acham que é fascinante, independentemente de alguém achar de antemão que eles iam gostar ou não. Alguém soube acordá-los para as poucas alegrias da contabilidade. Todo ano, milhares de alunos orgulham-se e alegram-se ao estudar gramática. Acreditar que um conteúdo é chato acaba por tornar o assunto chato mesmo. Há professores que constroem aulas excelentes, estimulantes e animadas com algum assunto que outro professor considera chatíssimo. Nossa obrigação é achar um jeito de tornar envolvente tudo que ensinamos e nunca pressupor que os alunos são incapazes de apreciar o que não seja instantaneamente cativante. Fazer isso só mostra a falta de fé no poder da educação.

Lavar as mãos. Um professor que atribui o aparecimento de certos conteúdos em sua classe a alguma entidade externa – à diretoria da escola, à Secretaria de

[13] William Wordsworth foi um poeta romântico inglês do século 19.

Educação ou a algum "eles" abstrato – está lavando as mãos. E diz o seguinte: "Este material cai na prova, então temos de aprender"; ou "eles dizem que temos de ler isto, então...". Se está "na prova", então é provavelmente "parte do currículo" (essa é uma descrição simplista de currículo). Um jeito melhor de lidar com o assunto é reconhecer que deve haver alguma razão para o conteúdo "chato" ser parte do currículo – e começar por uma reflexão sobre a lógica por trás dessa inclusão.

- **Tornar "acessível".** Tornar o material acessível é aceitável – até preferível – quando ajuda a conectar os alunos a um rigoroso conteúdo acadêmico; não é tão bom quando dilui o conteúdo ou afrouxa os padrões de qualidade. É bom usar música contemporânea para introduzir a ideia do soneto. Não é bom substituir sonetos por música contemporânea nas aulas de poesia.

Em vez de desculpar-se pelo conteúdo, tente as seguintes alternativas:

- "Este material é legal porque é um desafio!"
- "Muita gente só consegue entender isto na faculdade. Mas vocês vão entender agora. Legal!"
- "Isto vai ajudar muito vocês a dar certo na vida" (por exemplo: "entender gramática").
- "Isto fica cada vez mais interessante à medida que vocês vão entendendo melhor."
- "Nós vamos nos divertir fazendo isto."
- "Muita gente tem medo disto. Quando vocês entenderem, saberão mais do que a maioria dos adultos."
- "Tem uma grande história por trás disto!"

O conteúdo é uma das coisas mais vulneráveis a presunções e estereótipos. O que acontece, por exemplo, se a gente presume que os alunos não vão apreciar livros escritos por autores de outras etnias? Mais especificamente, o que significa se a gente presume esse tipo de coisa sobre alunos que pertencem a minorias? Será que achamos que grandes romances atravessam fronteiras só para algumas crianças? Pense na descrição do escritor Ernest Gaines sobre os autores que o inspiraram a escrever. Ernest escreveu alguns dos romances mais elogiados do século 20, entre eles *Autobiography of Miss Jane Pittman, A Lesson Before Dying* e *A Gathering of Old Men*[14]. Ele cresceu pobre na área rural do estado de Louisiana, no sul dos Estados Unidos, na mesma terra que sua família vinha cultivando há gerações. Era o mais velho de doze irmãos e foi criado pela tia – o

[14] As obras de Ernest Gaines, reputado autor negro estadunidense nascido em 1933, não foram traduzidas para o português.

tipo de criança a quem alguém poderia atribuir uma visão limitada do mundo, provavelmente sem perguntar, e a quem raros professores prescreveriam uma dieta de romances russos do século 19. Mas Ernest recorda: "Minhas primeiras influências foram (...) escritores russos como Tolstói, Turgenev e Chechov. Acho que também fui influenciado pela tragédia grega, mas não por Ellison ou qualquer outro autor negro. Muito cedo eu soube o que queria escrever. Eu só precisava encontrar um jeito de fazer o que eu queria (...) e os escritores que citei me mostraram o caminho".

Preciso dizer que adoro Ralph Ellison[15], tanto quanto Ernest Gaines, e que não estou sugerindo que não ensinemos o trabalho dele (a *todos* os alunos, por sinal). Mas imagine a perda para Ernest – e para todos nós – se o professor que colocou Tolstói nas mãos dele pela primeira vez, transformando em labareda a faísca do gênio, tivesse olhado para a cor da pele dele e presumido que ele não se interessaria por nada tão alheio à sua condição.

USAR OS ALUNOS COMO DESCULPA

Presumir que algum conteúdo é muito difícil ou técnico para alguns alunos é uma armadilha perigosa. Na primeira escola que fundei, os alunos carentes que matriculamos aprendiam chinês como segunda língua. Não só os visitantes ficavam chocados ("Você vai ensinar chinês para estas crianças???"), mas até os pais das crianças duvidavam ("Ela não vai prestar a menor atenção..."). Mas milhões de pessoas, algumas delas muito mais pobres do que nosso aluno mais pobre, aprendem chinês todo ano. E, no fim, todo aluno da minha escola aprendeu chinês, para alegria de seus pais e deles mesmos. Há um prazer especial em destruir falsas expectativas e muitos dos nossos alunos negros e hispânicos tinham um prazer especial em falar chinês quando achavam que as pessoas ao redor deles não esperavam que eles fossem capazes disso. Este é um bom lembrete de que não é verdade que "eles" não vão realmente aprender um certo conteúdo – por exemplo, sonetos ou outras formas de poesia tradicional – e que, portanto, é melhor ensinar poesia com letra de *funk*. O que vai acontecer quando eles cursarem Introdução à Literatura na faculdade, sem nunca terem lido um poema escrito antes de 1900? As crianças respondem aos desafios: pedem condescendência só quando as pessoas são condescendentes com elas.

Não usar a condição socioeconômica dos alunos como desculpa é fundamental, não apenas na introdução e no desenvolvimento de novos conceitos,

[15] Ralph Ellison (1914-1994) foi novelista, crítico literário, pesquisador e escritor nos Estados Unidos.

mas também na forma de reagir à resposta deles a esses conceitos. Fique ao lado deles, diga-lhes que você está com eles e passe constantemente a mensagem "eu sei que você pode" – isso melhora a percepção que os alunos têm de si mesmos.

Em vez de usar seus alunos como desculpa para evitar ensinar algo novo, tente as seguintes alternativas:

- "Esta é uma daquelas coisas que vocês vão ficar muito orgulhosos de saber."
- "Quando você entrar na faculdade, estará sabendo muito mais que seus colegas..."
- "Não se assuste com isto. Há umas palavras esquisitas, mas, quando você souber o que elas significam, você vai tirar de letra."
- "Isto aqui é difícil mesmo. Mas ainda não vi nada que vocês não pudessem fazer quando decidem fazer."
- "Eu sei que vocês podem fazer isto. Vou ajudá-los a interpretar esta questão."
- "Tudo bem ficar confuso na primeira vez que estudamos isto. Vamos tentar de novo."

? REFLEXÃO E PRÁTICA

1. O capítulo apresentou cinco técnicas para elevar as expectativas acadêmicas na sua classe: *Sem escapatória, Certo é certo, Puxe mais, Boa expressão* e *Sem desculpas*. Qual delas será a mais intuitiva para você implementar na sua classe? Qual será a mais difícil e o que a torna difícil?

2. *Sem escapatória*. Há muitas razões pelas quais um aluno pode tentar escapar de uma pergunta sua. Por exemplo:
   - O aluno está testando ou desafiando você.
   - O aluno prefere não ser notado na classe.
   - O aluno não sabe mesmo a resposta.
   - O aluno está envergonhado porque não sabe a resposta.
   - O aluno não ouviu quando você perguntou.
   - O aluno não entendeu o que você perguntou.

   Quantas outras possíveis razões você pode acrescentar a esta lista? Como a lista poderia levar você a possivelmente alterar a sua abordagem ao usar o *Sem escapatória?*

3. *Puxe mais*. Ter uma lista de frases pensadas com antecedência é uma das chaves para responder eficientemente a respostas "quase certas" – elogiando o esforço mas exigindo respostas de alta qualidade. Depois

de pensar em qual das frases seguintes mais combina com seu estilo de lecionar, tente escrever quatro ou cinco frases suas.

- "Gostei do que você fez até aqui. Você consegue ir até o fim?"
- "Estamos quase lá. Você consegue achar a última peça?"
- "Eu gosto de quase tudo que você disse."
- "Dá para continuar explorando esse assunto?"
- "Muito bem, mas tem algo além disso..."
- "O Joel bateu o escanteio. Quem pode fazer o gol?"

4. Eis uma lista típica de perguntas feitas em classe, acompanhada do objetivo de cada aula:
   - 6 + 5 = ? *Objetivo:* os alunos saberão fazer contas simples – adição, subtração, multiplicação e divisão.
   - Quem pode usar a palavra *realizar* em uma sentença? *Objetivo:* os alunos poderão aumentar seu vocabulário por meio de práticas que explorem o uso de sinônimos, antônimos e diferentes partes do discurso.
   - Qual você acha que é a lição do conto *Os três porquinhos*? *Objetivo:* os alunos saberão explorar a moral da história e o gênero das fábulas em geral.
   - Cite um poder da República. *Objetivo:* os alunos poderão entender os três poderes da República, e como eles se relacionam entre si e também entenderão atualidades.
   - Tente pensar em 10 perguntas do tipo *Puxe mais* que você poderia fazer para um dos temas levantados – aquele mais próximo do conteúdo que você ensina. (Esta é uma grande atividade para fazer com outros professores.)

5. *Boa expressão:* da próxima vez que você assistir à aula de um colega, adivinhe quantas vezes você vai ouvir respostas que:
   - Consistem de uma única palavra ou um fragmento de sentença
   - Usam a sintaxe errada
   - São inaudíveis

   E aí conte quantas vezes essas respostas ocorrem enquanto você observa a aula. O número foi superior ou inferior ao que você esperava? Por quê?

6. *Sem desculpas:* Tente imaginar o conteúdo mais chato possível (para você) que você poderia ter de ensinar. Agora faça um plano por escrito dos primeiros cinco minutos de sua aula, de forma a tornar o assunto estimulante e envolvente para os alunos.

CAPÍTULO DOIS

PLANEJAR PARA GARANTIR UM BOM DESEMPENHO ACADÊMICO

As cinco técnicas de planejamento neste capítulo foram projetadas para ser colocadas em prática antes de você entrar na sala de aula. Elas são um pouco diferentes das outras técnicas deste livro, porque a maior parte não é para ser executada diante dos alunos. Pouca gente vai ver você usar estas técnicas. Mas elas são a base para o seu sucesso dentro da sala de aula. Portanto, estão intimamente ligadas às outras técnicas listadas neste livro. Para dizer o óbvio, estes cinco tipos específicos de planejamento são cruciais para um ensino eficaz.

Técnica 6
COMECE PELO FIM

Quando comecei a lecionar, eu me perguntava, na hora de planejar: "O que eu vou fazer amanhã?". A pergunta revela pelo menos duas falhas no meu método de planejamento – sem contar as minhas respostas à pergunta, muitas vezes dúbias.

A primeira falha é que eu buscava uma atividade para realizar com meus alunos no dia seguinte – não buscava um objetivo, aquilo que gostaria que meus alunos aprendessem ou pudessem fazer ao final da aula. É muito melhor começar ao contrário, ou seja, pelo fim: pelo objetivo. Ao estabelecer o objetivo primeiro, você substitui a pergunta "O que meus alunos vão fazer hoje?" por "O que meus alunos vão entender hoje?". A resposta para a última pergunta é mensurável; para a primeira, não. O único critério que determina o sucesso de uma atividade não é se você consegue realizá-la ou se as pessoas parecem ter vontade de participar, mas sim se você atingiu um objetivo que possa ser avaliado. Em vez de pensar em uma atividade ("Vamos ler o livro *O Sol É para Todos*"[16]), definir seu objetivo força você a se perguntar o que seus alunos vão ganhar com a leitura. Será que eles vão entender e descrever a natureza da coragem, como o livro mostra? Será que eles vão descrever como em certos casos a injustiça prevalece, como o livro mostra? Ou talvez eles usem *O Sol É para Todos* para descrever como se constroem os personagens por meio de palavras e ações.

Por que você está ensinando esse conteúdo? Qual é o resultado que você espera? Como esse resultado se relaciona com o que você vai ensinar amanhã e com o que seus alunos precisam saber para continuarem aprendendo nos anos subsequentes?

Em suma, há muitas coisas boas que você pode fazer em classe e muitos jeitos diferentes de tratar cada uma delas. Sua primeira tarefa é escolher a lógica mais produtiva: por que você está ensinando esse conteúdo? Qual é o resultado que você espera? Como esse resultado se relaciona com o que você vai ensinar amanhã e com o que seus alunos precisam saber para continuarem aprendendo nos anos subsequentes?

A segunda falha da minha abordagem é que, normalmente, eu me perguntava o que fazer na noite anterior à aula. Além de ser um óbvio sinal de procrastinação, isso também indicava que eu estava planejando minhas aulas isoladamente, uma por vez, talvez cada uma delas vagamente relacionada com a anterior – mas certamente sem refletir uma progressão intencional no propósito das minhas aulas. Das duas falhas, esta é a mais perigosa. Eu podia curar a procrastinação e planejar todas as minhas aulas na sexta-feira anterior, por exemplo. Mas, enquanto eu não começasse a pensar nas minhas aulas como partes de uma unidade maior ou desenvolvesse ideias que caminhassem deliberada e lentamente em direção ao domínio de conceitos maiores, eu estaria simplesmente patinando no mesmo lugar. Na verdade, se planejasse todos os meus objetivos (e só eles) para o trimestre inteiro com antecedência e deixasse para o último minuto o planejamento de cada aula, eu me sairia muito melhor do que se planejasse, na semana anterior, um conjunto de aulas definidas apenas pelas atividades.

---

[16] Romance de grande sucesso publicado em 1960 nos Estados Unidos, que rendeu à autora, Harper Lee, o Prêmio Pulitzer de 1961.

Grandes aulas começam com o planejamento e especificamente com o *planejamento da unidade:* planejar uma sequência de objetivos, um ou talvez dois por aula, para um longo período de tempo (digamos, seis semanas). Planejamento de unidade significa metodicamente perguntar-se como a aula de hoje é construída sobre a de ontem e como ela prepara para a de amanhã, e como essas três aulas se encaixam em uma sequência maior de objetivos que levam ao domínio da matéria. Logicamente, então, planejar também implica mudar os planos: se você sabe que não conseguiu atingir o objetivo do dia, do qual depende a aula de amanhã, você deve voltar atrás e dar o mesmo conteúdo novamente, para se assegurar de que os alunos dominem o assunto antes de seguir adiante. Para ter certeza disso, grandes professores que utilizam a técnica *Comece pelo fim* muitas vezes começam suas aulas recordando tudo que eles acham que a classe ainda não aprendeu da aula do dia anterior.

O plano de aula vem depois do processo de planejamento da unidade e consiste em:

1. Refinar e aperfeiçoar o objetivo com base no resultado da aula anterior – se a classe atingiu o objetivo de ontem.
2. Planejar uma curta avaliação diária, que vai determinar se o objetivo foi atingido.
3. Planejar a atividade, ou melhor, uma série de atividades que levem ao domínio do objetivo.

Usar esta sequência de plano de aula – objetivo, avaliação, atividade – organiza o seu planejamento. Ajuda a garantir que o seu critério não será "Minha aula é criativa?" ou "Estou usando bem as estratégias?", e sim "Será que minha aula é a maneira melhor e mais rápida de atingir o objetivo?".

Não subestime a importância disto. Critérios falhos de aula prevalecem e são um dos grandes problemas do ensino. Os professores gostam de ser respeitados e admirados por seus pares e, quando eles elogiam as aulas dos colegas, provavelmente vão elogiar um projeto inteligente ou o uso fiel de métodos recomendados, como o trabalho em grupo, quaisquer que sejam os resultados. Com critérios efetivos ("Esta aula atingiu seu objetivo?"), você pode avaliar e refinar constantemente sua estratégia e sua técnica, em vez de tatear no escuro.

Em resumo, *Comece pelo fim* significa:

1. Progredir do planejamento da unidade para o plano de aula.
2. Usar um objetivo bem definido para estabelecer a meta de cada aula.
3. Determinar como você vai avaliar a sua eficácia para atingir a meta.
4. Decidir sua atividade.

Técnica 7
QUATRO CRITÉRIOS

Dada a importância dos objetivos para conseguir foco, organização e mensurabilidade, é importante pensar sobre o que torna um objetivo útil e eficaz. Meu colega Todd McKee engenhosamente alinhou *Quatro critérios* para criar objetivos eficazes. Suas chances de obter uma boa meta aumentam muito se você conseguir que seus objetivos respondam a estes critérios:

- **Viável.** Um objetivo eficaz deve ser viável, ou seja, deve ter um tamanho e um escopo que caibam em uma única aula. Não que você não queira que seus alunos aprendam a fazer análises críticas abrangentes, ricas e profundas de personagens literários, por exemplo, mas estabelecer que eles aprenderão isso em uma única aula de uma hora é uma meta claramente inviável. Na verdade, para ensinar análise de personagens literários serão necessárias semanas de aulas. Ter um objetivo para uma aula não impede o professor de falar de outras coisas durante a aula, como se acredita por aí. É claro que você deve discutir, durante suas aulas, como você faria análises eficazes para entender melhor a natureza de um personagem em uma história, trabalhando para que os alunos aprendam e dominem o tema, o enredo, o uso de informações do texto e assim por diante. De fato, ao fazer isso, e sabendo que seus alunos podem fazer isso, você reforça sua eficácia na busca dos objetivos.

Saber quão rápido seus alunos assimilam a informação permite a você definir se vai precisar de duas ou de três semanas para que eles dominem a nova habilidade.

Voltando ao exemplo da análise de personagens, uma parte fundamental do processo para fazê-la direito é desenhar mentalmente cada aspecto necessário para dominar essa habilidade. Assim, você vai ter de trabalhar diferentes aspectos a cada dia para que seus alunos realmente aprendam. Você pode começar identificando palavras e ações que dão indícios sobre as características que compõem o personagem, em seguida analisar cada um desses trechos, reunir depois todos os indícios contidos no texto e analisá-los conjuntamente no final. Ou talvez você queira começar com a análise de personagens mais simples e depois evoluir para os mais complexos. De qualquer forma, seria um erro usar o mesmo objetivo amplo todos os dias por três semanas, enquanto você trabalha nessa habilidade complexa. Você tem mais chances de sucesso se construir uma série de objetivos diários intermediários, estabelecendo metas realistas para cada dia. Dessa forma, você não apenas tornará o seu trabalho mais estratégico, mas também terá uma noção cada vez melhor daquilo que seus alunos conseguem aprender a cada dia. Saber quão rápido eles assimilam a informação permite a você definir se vai precisar de duas ou de três semanas para que eles dominem a nova habilidade.

Mensurável. Um objetivo eficaz deve ser escrito de forma que o seu sucesso em alcançá-lo possa ser medido, idealmente, logo depois da aula. Com essa avaliação, você mesmo pode entender o que funcionou e o que não funcionou na implementação do seu plano de aula. Os melhores professores finalizam a aula com um passo lógico a mais: eles avaliam toda aula com um arremate – uma atividade curta, uma pergunta ou um conjunto delas, que os alunos devem completar e lhe entregar antes de sair da sala *(veja a Técnica 20)*. Mesmo que você não faça uso do arremate, é importante estabelecer um objetivo explicitamente mensurável para sua aula.

Estabelecer objetivos de aula mensuráveis organiza outros aspectos de seu trabalho. Obriga a uma revisão de ideias preconcebidas, por exemplo. Se o seu objetivo é que os alunos saibam, entendam ou pensem sobre alguma coisa, como você vai saber que eles chegaram lá? Pensamentos não são mensuráveis, a menos que sejam expressos ou aplicados. Sua aula inclui essa possibilidade? Suas aulas são estruturadas a partir de um equilíbrio de métodos para expressar ou aplicar o conhecimento aprendido? Além disso, se o seu objetivo é que seus alunos sintam, pensem ou acreditem em alguma coisa, será que isso é apropriado? Será que basta ler e entender poesia, sem necessariamente apreciar ou mesmo gostar? Os alunos são avaliados por aprender habilidades que os ajudam a pensar sozinhos ou por aceitar o juízo e o gosto de outrem?

Eu mesmo sou um excelente estudo de caso. Embora tenha um mestrado em Literatura Inglesa, eu não gosto de poesia. Na verdade, em geral eu até acho que é ilegível. Lamento dizer (a todos os meus fantásticos professores) que eu quase nunca atingi o objetivo de amar um poema. Não obstante, como aprendi a analisar e sustentar ideias sobre poesia e aprendi a analisar criticamente o trabalho dos outros, acabei tornando-me um melhor pensador e escritor e, de vez em quando (muito de vez em quando, diria minha mulher), uma pessoa mais sensível. No fim, estou mesmo feliz por ter estudado e lido poemas nas minhas aulas de literatura. Meus professores cobravam aquilo que podiam controlar (a qualidade do meu argumento e a solidez dos meus pontos de vista), não o que não podiam controlar (se eu gostava ou não de ler aquelas coisas). Embora eles amassem o que me ensinavam, fazer-me sentir o mesmo amor era algo que estava fora do controle deles; então foi excluído como objetivo, ainda que fosse a sua motivação – uma ironia, claro, mas uma ironia útil.

- **Definidor.** Um objetivo eficaz deve ser elaborado para guiar a atividade, não para justificar a escolha de uma atividade. A lógica por trás disso está descrita em *Comece pelo fim.* Preste atenção, porém, em como muitos professores que acreditam planejar suas aulas a partir do objetivo, na verdade, começam pela atividade ("Hoje vamos jogar Show do Milhão!" ou "Hoje vamos ler *Iracema*") e depois pespegam um objetivo a ela. É fácil identificar esses professores porque os objetivos deles parecem com os parâmetros curriculares oficiais (que são coisa diferente e muito mais abrangente) e, às vezes, são até copiados de documentos do governo, sem nenhuma alteração: "Os alunos vão ler e compreender vários textos". Para repetir o óbvio mais uma vez, você precisa digerir os parâmetros curriculares e transformá-los em uma série estratégica de objetivos diários de forma a atingir, no final, o aprendizado mais abrangente possível por meio da aprendizagem das partes que o compõem.

- **Prioritário.** Um objetivo eficaz deve concentrar-se no que é mais importante no caminho para o aprendizado efetivo do currículo – e nada mais. Ele deve simplesmente descrever o próximo passo montanha acima.

IDEIA-CHAVE

QUATRO CRITÉRIOS

Como diz meu colega Todd McKee, um grande objetivo de aula (e, portanto, uma grande aula) deve ser viável, mensurável, definidor e prioritário na marcha para o aprendizado efetivo do currículo.

Os objetivos a seguir não atendem a pelo menos um dos *Quatro critérios:*

- *Os alunos poderão somar e subtrair frações com denominadores iguais e diferentes.* Este objetivo não é viável. Ele contém pelo menos quatro objetivos diferentes para quatro dias diferentes (e provavelmente quatro semanas diferentes): somar frações com denominadores comuns, subtrair frações com denominadores comuns, somar frações com denominadores diferentes e subtrair frações com denominadores diferentes. Realisticamente, este objetivo é um tópico curricular – e dos grandes – e deveria ser o tema de planejamento de uma unidade.

- *Os alunos vão apreciar várias formas de poesia, inclusive sonetos e poesia lírica.* O que significa apreciar? Como você vai saber se eles "apreciaram"? Será que os alunos podem entender T.S. Eliot e não gostar dele ou eles devem assimilar os gostos do professor também? Este objetivo não é mensurável. E provavelmente tampouco é viável.
- *Os alunos vão assistir cenas do filme* As Bruxas de Salem. Isto é uma atividade, não um objetivo. Portanto, não é definidor. Mostrar o filme baseado na peça *As Bruxas de Salem*, de Arthur Miller, pode fazer da aula um sucesso absoluto ou uma tremenda perda de tempo, dependendo do objetivo. A intenção é comparar o filme *As Bruxas de Salem* com o livro *The Witch of the Blackbird Pond* (A Bruxa da Lagoa do Pássaro Preto), de Elizabeth George Speare[17]? Se é isso que os alunos vão fazer, por quê? Para aprender o quê? Vão comparar a descrição da feitiçaria colonial nas duas histórias? Se vão, com que propósito? Por exemplo: será que eles vão entender melhor a perspectiva de Speare sobre feitiçaria ao compará-la com outra história contemporânea? Se é isso que vai acontecer, então é isso que deve ser descrito no objetivo: *entender melhor a perspectiva do autor sobre feitiçaria no período colonial da história dos Estados Unidos, por meio da comparação com outra descrição contemporânea.*
- *Os alunos vão montar um cartaz para celebrar o Dia de Tiradentes.* Este objetivo não é "prioritário". Saber fazer cartazes não ajuda os alunos a entender o conteúdo relacionado a Tiradentes. Compreendê-lo é com certeza muito importante, e essa compreensão pode até ser refletida em um cartaz. Mas um professor exemplar só consideraria útil fazer um cartaz se este fosse o melhor jeito de garantir ou reforçar o aprendizado. O objetivo, neste caso, deveria ser relacionado a Tiradentes.

Técnica 8
DEIXE CLARO

Quando seu objetivo estiver completo, *Deixe claro* para todos qual é esse objetivo: escreva-o no quadro-negro todos os dias, em linguagem simples, de forma que qualquer um que chegue à classe, tanto alunos como colegas e gestores, possa identificar seu propósito nesse dia.

---

[17] Elizabeth George Speare (1908-1994) notabilizou-se como escritora infanto-juvenil nos Estados Unidos, especialmente no gênero da ficção histórica.

Escrever seu objetivo é importante para os alunos porque eles devem saber o que estão fazendo. Sabendo, vão trabalhar deliberadamente em direção à meta. No exemplo de *As Bruxas de Salem,* os alunos vão prestar mais atenção ao filme se souberem o que estão procurando. Você pode ir além e introduzir o objetivo na própria conversa em classe. Pode sublinhar a importância dele ao pedir aos alunos que discutam, revisem, copiem ou leiam o objetivo, como um hábito cotidiano, no começo ou no fim da aula. Pode até criar o hábito de pedir aos alunos para contextualizar o objetivo, dizer por que ele é importante, conectá-lo com a aula do dia anterior e assim por diante.

O feedback dos observadores é sempre mais útil quando a pessoa sabe o que você está tentando fazer – se, em vez de um abstrato "boa aula", ela puder dizer que a aula foi boa porque você se aproximou (ou não) do objetivo.

Deixar o objetivo claro para observadores – seus colegas professores ou seu supervisor – é importante porque eles poderão dar *feedback* e porque o *feedback* dos observadores é sempre mais útil quando a pessoa sabe o que você está tentando fazer: se, em vez de um abstrato "boa aula", ela puder dizer que a aula foi boa porque você se aproximou (ou não) do objetivo.

Um observador que acha que você deveria estar discutindo melhor o desenvolvimento de personagens literários em *As Bruxas de Salem* pode ou não estar certo – passar mais tempo no desenvolvimento de personagens literários é uma decisão que depende do seu objetivo. É de seu interesse disciplinar seus observadores para focar naquilo que atende melhor ao objetivo. Caso contrário, os conselhos deles e a avaliação que fazem de sua aula vão obedecer critérios idiossincráticos – como quando seu diretor assiste à sua aula e insiste que você deveria enfatizar mais o desenvolvimento de personagens literários porque, afinal, é isso que ele faz normalmente com a peça *As Bruxas de Salem.*

Técnica 9
O CAMINHO MAIS CURTO

Quando você consegue pensar em mais de uma atividade possível para melhor atingir seu objetivo, sua norma deveria ser algo como a máxima do filósofo inglês William Ockhan: "Se em tudo o mais forem idênticas as várias explicações de um fenômeno, a mais simples é a melhor". Escolha a rota mais direta de um ponto a outro, *O caminho mais curto* até o objetivo. Substitua a solução complexa sempre que se possa obter um resultado melhor a partir de alguma atividade menos intelectualizada, menos vanguardista ou menos engenhosa. Use o que os dados lhe disserem que funciona melhor, mas, quando estiver em dúvida, adote métodos comprovados, diretos, confiáveis, especialmente *Eu/Nós/Vocês (veja Capítulo Três)*. Parece óbvio, mas, em uma atividade como o magistério, em que os profissionais se acostumaram ao longo dos anos a tatear no escuro – ou seja, sem ter critérios objetivos para medir a eficiência de suas aulas –, emergiu uma cultura de critérios que não são baseados no domínio do conteúdo, mas em noções genéricas de filosofia ou psicologia. As pessoas perguntam, ao observar uma aula: *Qual a concepção pedagógica por detrás dessa aula? Quão criativo é o plano de aula? Quão democrático foi o clima da aula? Quão divertida foi essa aula? Quão participativos foram os alunos?* Se você prestar atenção, vai ouvir constantes referências implícitas e explícitas a esse tipo de critério nas conversas entre os professores: "Adorei sua aula; as etapas estavam tão bem organizadas e havia tanta interação entre os alunos". Parte-se do princípio de que as duas coisas – a concepção pedagógica e a participação dos alunos – são intrinsecamente positivas por si só, quer atinjam o objetivo da aula ou não, quer exijam o dobro do tempo (ou mais) para atingir o mesmo objetivo.

Repito: o critério é alcançar o domínio do que está previsto no objetivo e o que quer que leve você até lá de forma melhor e mais rápida. Que o professor use trabalho em grupo, abordagens multissensoriais, inquirição aberta, seminários, discussões ou palestras não é bom nem ruim, exceto na sua relação com o objetivo proposto. Use o caminho mais curto e jogue no lixo todos os outros critérios.

O caminho mais curto não significa necessariamente que o caminho mais curto que você escolhe será a abordagem preferencial ao longo de 45 minutos ou por uma hora e 45 minutos. Geralmente, os melhores professores tendem a tornar suas aulas mais estimulantes por meio da alternância de uma série de atividades, com uma variedade de tons e ritmos, método que é melhor discutido na seção sobre ritmo no Capítulo Oito. Durante a mesma aula, eles podem ser muitas vezes dinâmicos e espirituosos ou reflexivos e ponderados. O terreno muda o tempo todo, mesmo no caminho mais curto entre dois pontos.

Técnica 10
PLANEJE EM DOBRO

Os melhores planos de aula são os que trabalham um dos objetivos de uma sequência cuidadosamente planejada de objetivos. Eles devem definir como avaliar seu resultado antes de escolher as atividades que levam do ponto A ao ponto B. Grandes professores costumam até planejar suas perguntas e, como Julie Jackson, da North Star Academy, memorizá-las no caminho para a escola ou para a sala de aula. Mas há um último elemento para planejar uma aula eficaz, que é geralmente esquecido e que é especialmente poderoso: *Planeje em dobro.*

Muitas vezes os professores esquecem de planejar o que os alunos vão fazer a cada etapa do processo. O que eles vão fazer enquanto você analisa as principais causas da Guerra do Paraguai?

A maioria dos planos de aula concentra-se no que você, o professor, estará fazendo – o que você vai dizer, explicar e modelar, o que você vai distribuir e recolher, o que vai passar de lição de casa. Muitas vezes os professores esquecem de planejar o que os alunos vão fazer a cada etapa do processo. O que eles vão fazer enquanto você analisa as principais causas da Guerra do Paraguai? Vão anotar? Onde? Em uma folha de atividade? No caderno? E depois? Eles terão de rever essas notas e escrever um resumo de uma frase? Enquanto você explica a diferença entre números primos e números compostos, o que eles vão fazer? Ouvir com muita atenção? Anotar? Tentar memorizar três diferenças básicas? Olhar e ouvir, mas responder a perguntas ocasionais para toda a classe (do tipo "O que é que os números primos *não são?*")?

Pensar a respeito e planejar as atividades dos alunos é crucial. Ajuda você a ver a aula pela perspectiva deles e a mantê-los engajados de forma produtiva. Também ajuda a lembrar que é importante que você e os alunos mudem o ritmo de vez em quando, lançando mão de várias atividades diferentes durante a aula – escrever, refletir, debater. Um bom jeito de começar é fazer um planejamento em dobro: planeje suas aulas usando uma tabela com "você" de um lado e "eles" de outro. Não conheço muitos professores que continuem usando esse sistema quando se habituam a ele (o "eles" acaba naturalmente incluído no planejamento). Mas vale a pena disciplinar-se para fazer assim, de maneira a chamar sua atenção para a necessidade de manter seus alunos ativamente engajados.

IDEIA-CHAVE

PLANEJE EM DOBRO

Planejar o que seus alunos vão fazer em cada etapa da aula é tão importante quanto planejar o que você vai fazer e dizer.

Técnica 11
FAÇA O MAPA

Há uma última parte para um planejamento efetivo, que quase todo professor já usa. O problema é que, às vezes, os professores esquecem que a estão usando ou a usam uma vez por ano e depois esquecem completamente de ajustá-la ou adaptá-la. Estou me referindo ao controle e planejamento do ambiente físico da sala de aula, que deveria apoiar o objetivo específico de cada aula em vez de apoiar a "média" de todas as aulas ou, pior, apoiar crenças ideológicas sobre como a sala de aula deve ser. Eu chamo essa última peça de *Faça o mapa.*

Em muitas salas de aula, os professores sentam seus alunos em grupos, um de frente para o outro, porque acreditam que os alunos devem socializar e interagir na escola. Esta é uma crença geral (na verdade, excessivamente generalizada) sobre a natureza e a filosofia da escolaridade. Com exceção do fato de que alguns professores realinham as carteiras para as provas, esse desenho da sala de aula raramente muda, mesmo que muitos momentos importantes da aula envolvam, por exemplo, tomar notas sobre o que o professor escreve no quadro. Interagir é importante, mas o melhor momento para isso certamente não é aquele em que os alunos devem produzir um registro escrito de informações chave. Com as carteiras agrupadas, boa parte dos alunos agora precisa olhar sobre os próprios ombros, para ver a informação que lhes será cobrada em breve, e depois virar novamente para escrever no caderno à sua frente. Nesse tipo de aula, os alunos têm de ignorar os colegas sentados diretamente à sua frente para poder concentrar-se no professor, que, em muitos casos, está às suas costas. A disposição das carteiras criou um forte desestímulo e tornou muito mais difícil atingir o objetivo primário da aula, em nome da teoria que valoriza a interação.

Em vez de se perguntar se os alunos devem interagir na escola, um professor com essa configuração de sala de aula poderia se perguntar o seguinte:

- *Quando* os alunos devem interagir na escola?
- *Como* os alunos devem interagir na escola? (Há muitos jeitos e não é preciso muita imaginação para se dar conta de que vale a pena evitar usar vários ao mesmo tempo.)
- A disposição das carteiras em classe deveria sinalizar e incentivar exatamente *o quê* e sobre que tipos de interação?
- *Quais tipos* de interação apoiam quais objetivos de aula?
- *De que outros jeitos* os alunos podem ser organizados para interagir, sem necessariamente organizar a sala de aula ao redor dessa única ideia todos os dias?

Pode ser que o professor queira os alunos em grupos, de frente uns para os outros, só em algumas aulas. Pode ser que o professor deseje interação só em partes da aula. Pode ser que, em uma disposição em fileiras, solicitar aos alunos que se virem e conversem uns com os outros para discutir uma ideia atinja o objetivo, sem que seja preciso estruturar a sala de aula de forma que alguns alunos sempre estejam de costas para o professor. Estou revelando meu próprio viés aqui, com respeito ao desenho da sala de aula, mas você não precisa concordar comigo para usar esta técnica. *Faça o mapa* significa incluir o planejamento do espaço físico no seu plano de aula.

De fato, sou um grande fã das fileiras como estrutura-padrão da sala de aula – especificamente três colunas de pares de carteiras *(veja a Figura 2.1)* –, principalmente porque muitos dos professores que observo usam essa configuração. É um esquema enxuto e organizado, que estabelece o quadro e o professor como foco principal dos alunos. Permite que o professor fique diretamente ao lado de qualquer aluno que ele queira ou que dele precise durante a aula, para verificar o trabalho ou se assegurar de que o aluno está trabalhando no que deve. Dá a cada aluno um lugar para escrever que, na maioria dos casos, está diretamente entre eles e aquilo sobre o que devem escrever. Professores que querem ver mais interação direta entre os alunos pedem que estes "olhem para quem está falando" ou pedem que virem suas cadeiras conforme a situação ou, ainda, pedem que movam suas carteiras rapidamente para uma outra formação.

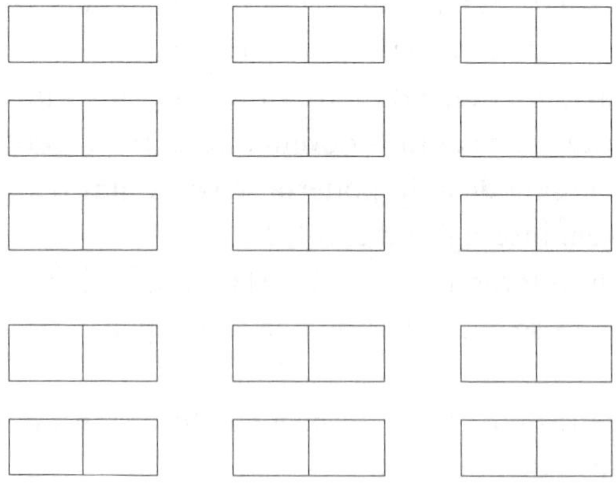

FIGURA 2.1 Colunas e fileiras com pares de carteiras

Independentemente do esquema que você use, onde colocar as carteiras é tão importante quanto determinar os "corredores" e as "fileiras". Na verdade, enquanto está dando a aula, você deve poder chegar a qualquer lugar da sala sem precisar pronunciar uma palavra (preferivelmente à distância de 30 centímetros de qualquer aluno, de maneira que você possa cochichar ao ouvido dele sem precisar curvar-se sobre outro aluno). Se você precisar dizer "com licença" para que um aluno empurre a cadeira ou mude a mochila de lugar, de forma que você possa chegar onde quer, você estará basicamente pedindo autorização. Você vai ter de interromper sua aula para chegar aonde quer na sala. Com isso, você terá cedido controle da sala de aula e inviabilizado o seu acesso a todas as partes da sala. Isso limita a sua capacidade de cobrar elevados padrões acadêmicos e de comportamento de seus alunos. Portanto, independentemente da disposição de carteiras que você escolha, pense seriamente sobre fileiras e corredores também.

Finalmente, também é importante planejar as paredes. A primeira regra básica para as paredes das melhores salas de aula é que elas devem ajudar, não atrapalhar. Isso quer dizer que é melhor evitar um amontoado de material afixado nas paredes e evitar também a superestimulação. Algumas coisas cruciais devem estar penduradas e não devem estar muito próximas do quadro-negro, de forma a não distrair os alunos. O melhor é pendurar coisas que também sejam ferramentas úteis: lembretes das etapas-chave para somar frações; exemplos de temas comuns; os tipos de conflito em uma história; imagens representando palavras recentemente incluídas no vocabulário da classe; regras para o uso do banheiro; começo de frases para concordar ou discordar de um colega durante um debate. Quando você ensina uma habilidade-chave, pendurar na parede uma ferramenta útil imediatamente depois da aula vai ajudar os alunos a revisar e a usar a nova habilidade com mais frequência. Embora a maioria dos professores seja quase sempre aconselhada a pendurar nas paredes o trabalho dos alunos, pendurar ferramentas desse tipo é pelo menos tão importante quanto.

Isso não significa que você não deva pendurar nenhum trabalho de aluno. Deve, sim. Mas pendure trabalhos exemplares e que sirvam de modelo para outros alunos. Ao expor à classe esses trabalhos selecionados, o professor também tem uma contribuição importante a dar. Será que você pode fazer comentários no trabalho pendurado, alinhados com os objetivos de aprendizado? Será que você pode substituir a anotação "bom trabalho!" na margem da tarefa do aluno por "bom trabalho por ter começado seu parágrafo com um tópico frasal claro" ou mesmo "Belo tópico frasal – dá uma clara ideia do principal assunto do parágrafo"? Se puder fazer isso, vai ajudar outros alunos a reproduzir o sucesso acadêmico.

? REFLEXÃO E PRÁTICA

As atividades abaixo ajudarão você a pensar e praticar as técnicas deste capítulo:

1. Escolha uma expectativa de aprendizagem do seu município ou estado. Antes de analisá-la, tente adivinhar quantos objetivos você realmente precisaria para que seus alunos a dominassem. Agora, divida essa expectativa em uma série de objetivos viáveis e mensuráveis, que tenham uma sequência lógica, da introdução da ideia ao domínio completo do assunto. Em seguida, tente aumentar ou diminuir o número de dias letivos disponíveis em 20%. Como isso muda seus objetivos?

2. Examine o projeto pedagógico da sua escola, com destaque para seus objetivos. Dê notas mais altas àqueles que obedecem os *Quatro critérios*. Conserte os que você puder e depois pergunte-se como é possível melhorar o modo como o projeto pedagógico da escola estabelece, expressa e formaliza por escrito esses objetivos.

3. Pense em uma aula que você deu recentemente e faça de conta que você é um de seus alunos. Relate tudo o que você teria feito como aluno durante essa aula, começando cada item com um verbo de ação: "ouvi" ou "escrevi", por exemplo. Se quiser ousar um pouco, submeta seu relato a seus alunos e peça que o avaliem. Mais ousado ainda seria pedir aos seus alunos que fizessem uma lista do que estavam fazendo durante essa aula.

4. Faça um plano de ação para a configuração das carteiras em sala de aula:
   a. Qual deveria ser o esquema-padrão e quais seriam os outros esquemas mais comuns? Você vai usá-los com frequência suficiente para justificar treinar seus alunos para mudar as carteiras de um esquema para outro?

   b. Quais são as cinco coisas mais úteis e importantes que você poderia pendurar nas paredes da sala de aula para ajudar seus alunos a fazer o trabalho deles? Essas coisas já estão lá?

   c. Que coisas estão nas paredes e não precisam estar lá? Liste cinco que deveriam ser retiradas.

CAPÍTULO TRÊS

ESTRUTURAR E DAR AULAS

Nas aulas dos professores exemplares em que este livro se baseia há uma progressão recorrente cuja melhor descrição é *"Eu/Nós/Vocês"*. (Até onde sei, foi Doug McCurry, fundador da escola charter Amistad Academy, que cunhou esta expressão. Outros professores usam as expressões "instrução direta", "prática guiada" e "prática independente" para descrever o que Doug quer dizer.) Este nome indica uma aula em que a responsabilidade pelo conhecimento e pela capacidade de aplicá-lo é gradualmente transferida do professor para o aluno. A progressão começa com a etapa *"Eu"*, em que o professor passa adiante, da maneira mais direta possível, as informações-chave ou a estrutura do processo que está sendo ensinado ao orientar os alunos por meio de exemplos ou de aplicações desse conhecimento. Na etapa *"Nós"*, o professor inicialmente pede ajuda a seus alunos em alguns momentos-chave e depois, gradualmente, permite que eles resolvam problemas interferindo cada vez menos na tarefa. Finalmente, na etapa *"Vocês"*, ele dá aos alunos múltiplas oportunidades de praticar sozinhos. Em outras palavras, o *Eu/Nós/Vocês* é, na verdade, um processo de cinco etapas:

Etapa	Segmento da aula	Quem está com a bola?	Frase típica
1	*"Eu"*	Eu	"O primeiro passo para somar frações com denominadores diferentes é tornar os denominadores iguais."
2	*"Nós"*	Eu faço; você ajuda	"Muito bem, agora vamos tentar. Rafael, como se faz mesmo para tornar os denominadores iguais?"
3	*"Nós"*	Você faz; eu ajudo	"Muito bem, Camila, você nos orienta. Qual é a primeira coisa que eu devo fazer?"
4	*"Vocês"*	Você faz...	"Agora que resolvemos este exemplo, tentem fazer um sozinhos."
5	*"Vocês"*	E faz... e faz... e faz	"Bom, estamos começando a entender isto. Há mais cinco exemplos no material distribuído. Veja quantos vocês conseguem resolver corretamente em seis minutos. Vamos lá?"

Note que a mudança de uma etapa para a outra ocorre apenas quando os alunos estiverem prontos para avançar com essa independência adicional – não antes disso. Chegar ao *"Nós"* e ao *"Vocês"* o mais rápido possível não é necessariamente a melhor estratégia e pode reduzir a marcha mais adiante.

A fórmula pode parecer óbvia para alguns, mas em muitas salas de aula as coisas não se passam dessa forma. Os alunos são frequentemente liberados para trabalhar sozinhos antes de estarem efetivamente prontos, sendo solicitados a resolver um problema antes de terem aprendido a fazê-lo sozinhos ou a deduzir a melhor solução, quando ainda têm poucas chances de fazer isso de maneira eficiente e eficaz. Em muitos casos, eles acabam praticando, sozinhos e com grande diligência, uma determinada tarefa do jeito errado. Refletem sobre "grandes problemas" antes de saberem o suficiente para fazer isso de forma produtiva. Em outras salas de aula acontece o contrário. Os alunos tornam-se excelentes na arte de ver o professor demonstrar o domínio do conteúdo e nunca aprendem a resolver os exercícios sozinhos. Há muito trabalho sendo feito na sala de aula, mas todo ele é feito pelos adultos. A resposta, evidentemente, não é escolher entre esses extremos: instrução centrada somente no professor ou apenas na atividade independente do aluno. É preciso entender como evoluir de um para o outro.

Conduzir essa evolução não é fácil. Os fatores-chave para dar uma aula efetiva do tipo *"Eu/Nós/Vocês"* incluem não apenas a maneira e a sequência em que o trabalho cognitivo é apresentado aos alunos, mas também a velocidade com a qual o trabalho cognitivo lhes é entregue. Esta última parte requer que você verifique o tempo todo o nível de compreensão do conceito trabalhado que seus alunos estão alcançando, uma questão discutida ao longo deste capítulo.

EU/NÓS/VOCÊS: VISÃO GERAL

Técnicas *"Eu"*

- Técnica 12 – O *gancho:* quando necessário, use uma breve e envolvente introdução para estimular os alunos a aprender.
- Técnica 13 – *Dê nome às etapas:* quando possível, dê ferramentas de solução aos alunos – etapas específicas para trabalhar ou resolver problemas do tipo que você está apresentando. Normalmente, isso envolve dividir uma tarefa complexa em várias etapas específicas.
- Técnica 14 – *Quadro = Papel:* Apresente para seus alunos um modelo de como selecionar as informações que precisarão lembrar de suas aulas; assegure-se de que eles têm uma cópia exata daquilo de que vão precisar.
- Técnica 15 – *Circule:* movimente-se pela classe para envolver os alunos na aula e engajá-los no trabalho.

Mais ideias sobre um bom *"Eu"*

- Inclua tanto modelagem (mostrar como fazer alguma coisa) quanto explicação (dizer como fazer alguma coisa).
- Inclua interação com os alunos mesmo quando você está no comando (você pode fazer perguntas e dialogar com os alunos durante a fase *"Eu"*).
- Preveja: Kate Murray, uma professora exemplar de Boston, me disse uma vez: "Eu soube que estava me tornando uma professora quando comecei a conseguir saber de antemão onde meus alunos errariam e quais seriam seus erros mais comuns. Dei-me conta, então, de que podia me planejar para lidar com eles. Eu poderia lhes dizer o que iria confundi-los antes mesmo que chegassem ao ponto da dúvida, de forma que eles estivessem alertas para o perigo. Eu podia impedir que eles tropeçassem ou pelo menos ajudá-los a reconhecer quando isso acontecesse. Desde então, meu processo de planejamento inclui um diálogo comigo mesma sobre 'o que os alunos

podem errar'. Assim, planejo ensinar-lhes todos os possíveis riscos e incluo isso nos meus planos de aula." Amém.

Técnicas *"Nós"*

- Técnica 16 – *Divida em partes:* uma das melhores maneiras de recapitular um conceito já ensinado é dividir uma ideia complexa em várias partes para abordar o que não foi compreendido pelos alunos.
- Técnica 17 – *Proporção:* o objetivo de *"Nós"* é exigir mais e mais trabalho cognitivo dos alunos. Especialmente úteis são, por exemplo, práticas como fingir ignorância – "Gente, eu fiz isso certo?", "Espere aí, não consigo lembrar o que vem em seguida..." – ou desmembrar uma pergunta em várias outras.
- Técnica 18 – *Entendeu?:* acostume-se a estabelecer quando e se os alunos estão prontos para mais responsabilidade e quando precisam que o conceito seja apresentado novamente.

Técnicas *"Vocês"*

- Técnica 19 – *Mais uma vez*
- Técnica 20 – *Arremate*
- Técnica 21 – *Tome posição*

Algumas ideias para um *"Vocês"* efetivo

- Repetição é importante. Os alunos precisam praticar e praticar. Alguns aprendem a nova habilidade na terceira vez que fazem; outros só vão aprender na décima vez. Muito poucos aprendem logo na primeira ou na segunda vez.
- Continue até que eles possam fazer sozinhos. No final da prática independente, os alunos devem poder resolver completamente sozinhos os problemas no nível de complexidade em que serão avaliados.
- Use múltiplas variações e formatos. Os alunos devem ser capazes de responder perguntas em formatos diferentes, com um número significativo e plausível de variações e variáveis.
- Aproveite oportunidades para enriquecimento e diferenciação. À medida que alguns alunos demonstrem domínio do conteúdo mais rapidamente do que outros, tenha problemas adicionais já prontos para eles, de forma a levá-los para o próximo nível.

Técnica 12
O GANCHO

Se você consegue apresentar um conceito de um jeito que inspira e estimula, e consegue fazer com que seus alunos deem voluntariamente o primeiro passo na busca do conhecimento, isso significa que não há conteúdo que não possa ser trabalhado com entusiasmo, envolvimento e aprendizado efetivo entre seus alunos. A Técnica *O gancho* – um curto momento introdutório, que captura tudo que há de interessante e envolvente na matéria e coloca isso bem diante da classe – é uma maneira de fazer isso. Pode ser uma breve historinha, uma adivinha, uma fotografia do assunto que será discutido na aula. Esse tipo de coisa traz à vida os pés de ervilha de Gregor Mendel e faz com que a segunda lei do movimento de Newton pareça a coisa mais importante do mundo. *O gancho* não é um plano para simplificar o material; em vez disso, ele prepara os alunos para compreenderem o conceito apresentado no nível que lhes será exigido. Não é uma aula inteira de acrobacias circenses, nem mesmo uma hora divagando ao redor de *Romeu e Julieta* para tornar a história "contemporâ nea", mas os cinco minutos que abrirão as portas do drama elisabetano. Você pode não precisar d'*O gancho* para todas as aulas e não deve confundir duração no tempo com eficiência: um gancho de 10 segundos pode ser tão bom ou melhor do que um gancho de três minutos.

O gancho – *um curto momento introdutório, que captura tudo que há de interessante e envolvente na matéria e coloca isso bem diante da classe – é uma maneira de inspirar e engajar os alunos.*

Depois de assistir a dúzias de professores fisgarem seus alunos com todo tipo de conteúdo possível e imaginável, dividi os tipos de gancho nas categorias detalhadas abaixo, mas compreendo que há com certeza um milhão de boas ideias para gancho que não se encaixam em nenhuma destas categorias:

- *História.* Conte uma história rápida e envolvente que leve diretamente ao conteúdo. Bob Zimmerli introduz longas divisões com a história de um grupo de crianças que fica em casa sem os pais e tomam conta de si mesmas. O sinal de divisão é a casa e eles se amontoam à porta enquanto os números se aproximam e batem, a partir da posição do divisor. O momento-chave (quando abrir a porta) revela as regras da divisibilidade.

- *Analogia.* Ofereça uma analogia interessante e útil que tenha conexão com a vida dos alunos. Por exemplo, como vi recentemente um professor fazer, é possível comparar ligações simples em Química aos alunos escolhendo parceiros para a festa junina da escola.

- *Suporte.* Você pode usar um bom adereço: uma jaqueta que o principal personagem de uma história usaria (ou que nunca poderia ter usado: "Quem pode me dizer por quê???") ou um globo e uma lanterna para demonstrar a rotação da Terra.

- *Mídia.* Uma imagem ou um trecho de música ou vídeo (muito curto) pode melhorar seu gancho. No entanto, deve ser cuidadosamente planejado para apoiar seu objetivo de aula, não para distrair dele. Você também pode assumir o papel de um personagem do livro ou da história. Isso também deve ser usado com cuidado, porque você pode facilmente se animar e acabar se distraindo, e se não for disciplinado, perderá muito tempo.

- *Status.* Descreva algo grandioso: as razões por que Monteiro Lobato, Camões ou Fernando Pessoa são tão apreciados. Ou diga que hoje você vai começar a ler os textos "do autor que muitos acreditam ser o maior de sua geração" ou "um dos melhores escritores infantis" ou "um dos grandes escritores sobre o amor e as relações humanas" ou "o maior escritor da língua portuguesa".

- *Desafio.* Dê aos alunos uma tarefa muito difícil e deixe-os tentar resolver. ("Veja se você consegue traduzir este trechinho de Camões para o português contemporâneo." E dê um exemplo.) Se você não consegue pensar em nada especialmente interessante, um bom *Bate-rebate* (Técnica 24) é um grande desafio e funciona perfeitamente. De fato, em muitas escolas, os professores usam *Bate-rebate* como substituto quando não conseguem encontrar um bom gancho para a aula.

Aqui estão dois exemplos:

- Em uma recente manhã de setembro, Jaimie Brillante perguntou a seus alunos quem sabia o que era uma sentença completa. Todos levantaram as mãos. Ótimo, ela disse, e deu a eles cinco palavras, pedindo que tentassem fazer a melhor sentença possível com elas em apenas dois minutos. No fim, as cinco palavras não podiam formar uma sentença completa. Depois de alguns minutos de quebra-cabeças,

Jaimie pediu que os alunos descobrissem o que estava faltando. Resposta? O sujeito. O desafio fisgou os alunos por toda a hora de aula que se seguiu.

- Quando Bob Zimmerli ensina valor posicional a seus alunos de 5º ano, ele conta uma história sobre um hipotético amigo dele, chamado "Deci", durante toda a aula. As casas à direita da casa de Deci são chamadas décimos, centésimos e milésimos; as casas à esquerda são chamadas unidade, dezena e centena. Há uma história sobre o Deci descendo a rua para ir a uma lanchonete e passando por várias casas na rua dos centésimos e dos milésimos, dizendo em voz alta os nomes à medida que avança. Antes que se deem conta de que estão aprendendo matemática, os alunos já estão completamente seduzidos.

Como nestes exemplos, um bom gancho tem tipicamente as seguintes características:

- *É curto.* É a introdução, não a aula toda, serve para seduzir os alunos em poucos minutos.
- *Abre a porta.* Uma vez que o tom da aula foi dado, ele abre rapidamente espaço para a parte mais instrutiva da aula.
- *É dinâmico e otimista.* Baseia-se, por exemplo, no que é grandioso em Camões, não no que é difícil ou assustador, a menos que isso também seja grandioso.

Uma última ideia sobre *O gancho:* você não precisa de um para cada aula. Colleen Driggs gosta de usar *O gancho* na primeira aula de um certo tópico. À medida que ela avança pelas próximas três ou quatro aulas seguintes sobre o mesmo tópico, com objetivos que, ao se desenvolverem, aumentam o entendimento sobre o assunto, ela passa para outra técnica.

Técnica 13
DÊ NOME ÀS ETAPAS

Por que geralmente os melhores técnicos foram atletas quase bons ou nem tão bons, enquanto os atletas mais talentosos raramente conseguem ser bons técnicos? Por que os atores mais brilhantes e sofisticados não conseguem ajudar outros atores a se tornarem brilhantes e raramente conseguem explicar como fazem o que fazem? E por que há atores medíocres que conseguem desenvolver o talento de outros?

Talvez a explicação seja: craques normalmente não precisam prestar atenção meticulosa a "qual é o próximo passo" ou o "como-fazer" de cada etapa. O que os torna brilhantes – uma compreensão intuitiva e imediata sobre como lidar com um problema no palco, na quadra ou no campo – também impede os mais talentosos de reconhecerem como o resto de nós (para quem a intuição não vem rapidinho) aprende. O resto de nós, que não consegue ver uma demonstração uma vez e depois repeti-la do começo ao fim, vai provavelmente pegar as tarefas mais complexas e dividi-las em várias etapas. Nós andamos devagarzinho em direção ao domínio do conteúdo e precisamos lembrar o tempo todo qual é o próximo passo.

Nós andamos devagarzinho em direção ao domínio do conteúdo e precisamos lembrar o tempo todo qual é o próximo passo.

Um dos meus técnicos de futebol tinha sido um craque como jogador. Como técnico, ele ficava nas laterais do campo e gritava: "Defesa, pessoal! Defesa!". Nós já sabíamos que estávamos em posição de defesa, e também sabíamos que não estávamos jogando particularmente bem. A ideia dele de treinamento era dar dicas tipo "Não vá lá, Douglas!". Quando comecei a jogar com outro técnico, dei-me conta de como um técnico pode também ser um professor. O outro técnico dividiu a defesa em uma série de etapas: primeiro, posicione-se cada vez mais perto do jogador que você está marcando, à medida que ele se aproxima do jogador com a bola; segundo, tente tomar a bola dele somente se tiver certeza de que consegue ficar com ela; terceiro, se o jogador adversário estiver de costas para o gol, o impeça de se virar com a bola; quarto, tente levar o jogador para as laterais se ele estiver com a bola e tiver conseguido virar para o gol; quinto, se for necessário, mate a jogada; e sexto, se nada disso der certo, mantenha sua posição entre o adversário e o gol.

Ele concentrava seu treinamento (antes, não durante o jogo!) em nos lembrar sobre o próximo passo. Se o jogador que estou marcando conseguisse a bola, o técnico me lembrava: "Não deixe ele virar!". Se eu deixasse o jogador virar (o que acontecia quase sempre), ele dizia: "Leve para a lateral". Se não desse certo, como na maioria das vezes, ele dizia: "Se necessário...", um lembrete de que manter minha posição entre o jogador adversário e o gol era mais importante do que ganhar a bola. Por muitos anos depois de jogar para esse técnico, eu ainda lembrava suas etapas ("Se necessário") quando eu jogava. Uma vez perguntei a ele como ele teve a ideia de ensinar desse jeito. Sua resposta foi reveladora: "Porque esse foi o único jeito de eu aprender".

Se você está ensinando algo relacionado à sua área de maior habilidade e paixão, você provavelmente tem mais intuição a respeito (natural ou aprendida) do que seus alunos e pode ajudá-los a aprender ao dividir habilidades complexas em tarefas menores, construindo, assim, o conhecimento de forma sistemática. Professores exemplares têm o hábito de dar nome às etapas (saber como fazer isso deve resultar da intuição de craque deles). Eles transformam em fórmulas: as cinco etapas para combinar sentenças com o mesmo sujeito; as cinco etapas para arredondar números depois da vírgula; as seis partes de uma boa redação. Seus alunos aprendem as etapas, referem-se a elas à medida que vão desenvolvendo competências e, finalmente, deixam as etapas de lado, quando já estão tão familiarizados com a fórmula, que esquecem que a estão seguindo. Talvez eles até acrescentem suas próprias variações e seus floreios. Para muitos, este é o caminho para se tornar muito bom naquilo que aprendeu.

Professores exemplares ajudam seus alunos a aprender habilidades complexas ao dividi-las em etapas mais simples e, muitas vezes, dando a cada etapa um nome, de forma que possa ser facilmente lembrada. Isso dá ao processo uma progressão consistente, muitas vezes parecida com a progressão de uma história. Não há apenas cinco etapas para combinar sentenças com o mesmo sujeito – as etapas têm nome, têm um mnemônico legal para ajudar os alunos a lembrar delas em ordem e são penduradas nas paredes da classe, de maneira que possam ser usadas e mencionadas muitas vezes.

Eis quatro componentes-chave ou subtécnicas, que são com frequência parte integrante das classes que utilizam *Dê nome às etapas:*

1. **Identifique as etapas.** Ao ensinar o processo, torne transparentes para os estudantes as habilidades complexas. Por exemplo, Kelli Ragin não se limita a ensinar seus alunos a arredondar o número que está depois da vírgula; ela ensina cinco etapas para arredondar o que está depois da vírgula:

a. Sublinhe o número que está no lugar para o qual você quer arredondar o valor depois da vírgula.
b. Faça um círculo em torno do número que está à direita daquele que você sublinhou.
c. Se o número com o círculo é quatro ou menos, o número sublinhado permanece o mesmo; se o número com o círculo é cinco ou mais, o número sublinhado ganha mais um.
d. Todos os números à esquerda do número sublinhado permanecem os mesmos.
e. Todos os números à direita do número sublinhado tornam-se zeros.

Kelli chama de "Regras e ferramentas" a parte da aula onde ela ensina essas etapas. Quando ela nomeia as etapas, ela toma cuidado para ficar em um número limitado, porque as pessoas têm dificuldade para lembrar mais de sete itens numa sequência – portanto, ter mais de sete etapas é uma receita para a confusão. Se você dividir os processos em etapas demais, o mais provável é que seus alunos não lembrem de nenhuma. Kelli também economiza palavras deliberadamente para descrever as etapas. À medida que ensina o arredondamento, ela acrescenta detalhes mais complicados, mas a parte que ela quer mesmo que os alunos lembrem é deliberadamente enxuta e concentrada.

Um professor que examina com cuidado um processo como o do arredondamento e o divide em etapas sequenciais está construindo um andaime para seus alunos. Esse andaime é poderoso e, com ele, os alunos podem resolver qualquer problema semelhante. Ele serve como um mapa a ser consultado caso os alunos não consigam resolver o problema, especialmente se tiverem anotado as etapas como Kelli indica. Isso significa que eles também têm apoio para fazer a lição de casa, não importa onde estejam ou quando a façam. Enfim, ter etapas claras e concretas para seguir permite que Kelli pendure-as nas paredes da classe como um lembrete. E isso torna as paredes funcionais, não apenas decorativas ou motivadoras.

Algumas escolas não param aí, na identificação das etapas para certas habilidades específicas; elas criam etapas implícitas em práticas e métodos mais abrangentes, como, por exemplo, o que fazer quando você empaca em um problema ou o que fazer quando você está lendo e não entende uma sentença.

2. **Etapas que "pegam".** Uma vez identificadas as etapas, dê-lhes nomes (se possível). Este é o primeiro passo para torná-las fáceis de memorizar , de forma que elas "peguem" entre os alunos. Outro truque para ajudar a "pegar" é criar uma história ou um dispositivo mnemônico para os nomes das suas etapas.

Uma professora que estava tentando ajudar seus alunos a dominar a habilidade de deduzir do contexto o significado de palavras ou expressões desconhecidas criou estas etapas:

a. Descubra o contexto geral da palavra. Parece que ela tem a ver com o quê? Palavras ligadas a cozinhar? Ligadas a esporte? A dinheiro? À felicidade? À tristeza?

b. Procure se o significado da palavra aparece de outro jeito na sentença, talvez dentro de um aposto.

c. Localize palavras relacionadas. *E, mas e porque* revelam como uma palavra se relaciona com outras: "Eu tentei levantar, mas caí da carroça". O *mas* revela que "cair" é o contrário de "levantar" neste contexto.

Para tornar essas regrinhas fáceis de memorizar, e as deixá-las o mais fácil e simples possível de lembrar, essa professora acrescentou um mnemônico. Reduziu cada regra a uma palavra e usou a letra inicial de cada palavra para formar um acrônimo:

Contexto

Aposto

Relacionado (palavras relacionadas)

O resultado foi o acrônimo CAR (carro, em inglês). Para que a ideia do "carro" pegasse, ela também criou uma frase: "Para achar as pistas, você tem de dirigir o carro!" Ela treinou seus alunos em *Todos Juntos* (Técnica 23) para lembrá-los do que fazer. Quando ela dizia a primeira parte da sentença, a classe respondia com a segunda parte:

Professora: Parece que precisamos de umas pistas aqui. E, para achar as pistas, classe???

Alunos: Você tem de dirigir o carro!

Para que ficasse mais divertido e para que as etapas se tornassem ainda mais fáceis de memorizar, ela usava muitas metáforas durante a aula. Quando uma palavra diferente aparecia em um texto, e ela queria que seus alunos deduzissem o significado, ela dizia: "Quem quer dirigir?" ou "Acho que estou ouvindo um motor...".

Na sua aula de arredondamento, Kelli usava uma variação interessante. Ela percebeu que as etapas mais importantes de lembrar eram se o número com círculo era maior ou menor que quatro, ou se era cinco ou mais. Então ela escreveu uma cançãozinha para que todos decorassem a etapa. Uma adaptação dessa canção ao português usaria a música de *Ciranda, Cirandinha:*

Ciranda, cirandinha,
vamos lá arredondar.
Se tirar uma casinha,
que número vai ficar?
Se for menor que quatro,
deixa tudo como está.
Se for maior que cinco,
pega um pra acrescentar.

Quando seus alunos de 5º ano cantam a música, Kelli usa um chapéu de vaqueiro, que está relacionado com a letra da canção em inglês (em português, o professor poderia estender as mãos, como formando uma roda, uma ciranda). Com o tempo, as crianças se habituam e então, em caso de dúvida, basta a professora apontar para o chapéu e todo mundo já sabe o que fazer.

3. **Devagar e sempre.** Ao planejar suas aulas, é essencial dar nome às etapas e torná-las fáceis de memorizar. Também é importante entender que o projeto das etapas pode ser uma parte-chave do ensino. Para fixar uma aula na memória podemos, a partir de um ou muitos exemplos, derivar as regras com os alunos, por meio de inquirição estruturada. Por exemplo, na sua primeira aula sobre arredondamento, antes que ela dissesse aos seus alunos o que fazer quando uma série de dígitos ocorrem

em sequência, Kelli dá aos alunos um problema desafiador. Esse desafio se torna a base para sua próxima aula, onde ela deriva as etapas para lidar com tais problemas. Ela não improvisa isso. As etapas de "resposta" a que seus alunos chegaram para resolver o desafio foram cuidadosamente planejadas com antecedência.

4. **Use duas escadarias.** Uma vez que os alunos sabem as etapas, a classe pode ter duas conversas paralelas ocorrendo ao mesmo tempo: como encontrar a solução para esse problema e como encontrar a solução para qualquer problema parecido com esse. Ou seja, os alunos podem narrar o processo ou o problema e o professor alterna perguntas sobre um ou outro, como nesta sequência de uma aula sobre multiplicação de frações:

Professor: Qual é o próximo passo, Paulo? [processo]

Paulo: Multiplicar os numeradores.

Professor: Muito bem. E quais são os numeradores? [problema]

Paulo: Os numeradores são 4 e 1.

Professor: Isso. Então, Carolina, o que precisamos fazer em seguida? [processo]

Carolina: Precisamos multiplicar os denominadores.

Professor: E o denominador é...? [problema]

Carolina: O denominador é o 2.

Professor: Então acabou, não é, Conrado? [processo]

Conrado: Não, ainda tem de reduzir.

Professor: Perfeito. Então qual é a solução? [problema]

Conrado: A solução é 2.

Geralmente, você pode tirar vantagem dessa dinâmica ao ajustar os papéis de cada um, às vezes pedindo à aluna que se concentre na explicação do processo enquanto faz as contas, às vezes pedindo que ela faça as contas, mas lembrando a todos do processo, e às vezes fazendo as duas coisas ao mesmo tempo. Ou você pode pedir a um aluno que se concentre no processo e a outro que se concentre no problema. Às vezes, você pode resolver um problema e pedir aos alunos que expliquem o que você está fazendo e por quê. Você pode às vezes cometer erros e pedir aos alunos que expliquem onde você errou ou que sugiram um jeito melhor de resolver o problema. Em suma, ensinar as etapas torna o processo compreensível, consistente e fácil de seguir.

Técnica 14
QUADRO = PAPEL

Geralmente, os alunos aprendem como ser alunos tanto quanto aprendem conteúdos e habilidades, e os processos e práticas de ser aluno também devem ser assimilados por meio de modelos. Isso inclui um dos aspectos mais cruciais e complexos do ser aluno: aprender a tomar notas e conservar um registro do próprio conhecimento. O melhor ponto de partida é você ter como expectativa inicial que seus alunos façam, com suas anotações, uma réplica exata dos resumos que você faz no quadro (daí o nome desta Técnica: *Quadro = Papel)*.

À medida que os alunos se desenvolvem, eles podem começar a aprender como tomar decisões intencionais sobre *o quê* e como registrar para consulta futura. Mas este processo deve esperar que eles dominem a capacidade de registrar corretamente o que realmente interessa. A melhor maneira de desenvolver esta habilidade com eles é expor no quadro negro (ou na folha do projetor, etc.) exatamente aquilo que você quer que eles registrem e entregar-lhes um formulário com lacunas a ser preenchidas. Quando você preenche uma lacuna, eles também preenchem. Você completa os trechos em branco das notas que apresentou no quadro e diz: "Quero que os seus formulários fiquem igual ao que está aqui".

O Sistema Muscular

Seu sistema muscular é feito de músculos e tendões.

Músculos puxam seus ossos para fazer você se mexer.

Há dois tipos de músculo no sistema muscular: músculos voluntários e involuntários. Você só tem controle de movimentos de seus músculos voluntários.

Eis aqui três exemplos de músculos voluntários:
seus braços
suas mãos
seu nariz

Eis aqui três exemplos de músculos involuntários:
seu coração
seus olhos (piscar)
seus pulmões (respirar)

Existem 630 músculos no corpo humano. Arredondando para a centena mais próxima, são cerca de 600 músculos.

Escreva uma sentença abaixo, descrevendo o fato mais interessante sobre o seu sistema muscular:
Quando seu coração bate, isso é um músculo.

Reescreva sua sentença abaixo, acrescentando uma das coisas que o professor pedir:
Quando seu coração bate é um exemplo de um músculo involuntário.

FIGURA 3.1 Amostra de excelentes anotações.

A Figura 3.1 mostra o formulário que uma professora de 3º ano usou – e projetou no quadro – em uma aula sobre o sistema muscular. Os alunos preencheram exatamente a mesma informação no papel, em suas carteiras. Assim, ela ensinou não apenas sobre músculos, mas também sobre como anotar uma aula e organizar a informação. Compare com a Figura 3.2, que mostra as notas feitas por um aluno em outra classe, onde o professor instruiu os alunos a "anotar direitinho em seu caderno".

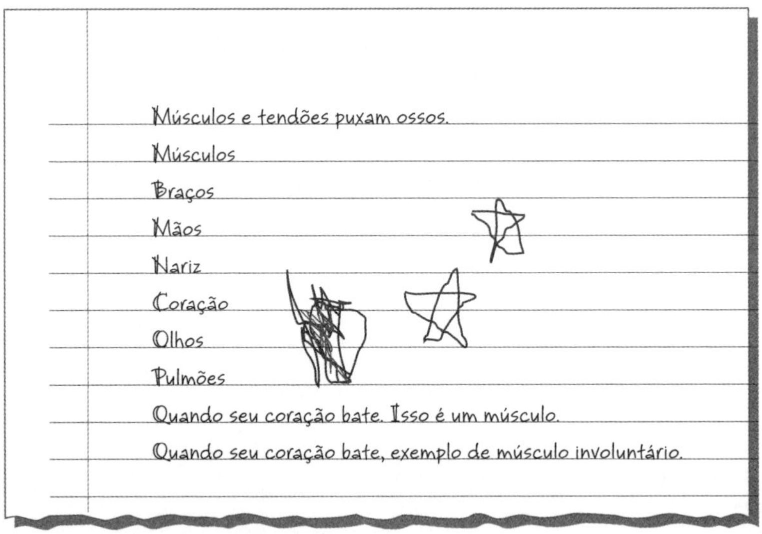

FIGURA 3.2. Amostra de anotações de má qualidade, feitas por um aluno.

Lentamente, os alunos devem progredir na quantidade de notas tomadas por eles sem orientação expressa do professor, preenchendo sozinhos passagens cada vez mais longas dos formulários e finalmente tomando notas em seus cadernos, enquanto você escreve termos e definições no quadro exatamente como quer que eles anotem. À medida que você introduz a habilidade de tomar notas, oriente os alunos ao longo do processo, dizendo a eles como titular a folha, quando pular uma linha, como fazer subtítulos e intertítulos. Quando eles aprenderem a fazer isso, você pode gradualmente começar a abrir mão da sua responsabilidade pela exatidão das notas e deixar que os alunos façam isso por si mesmos – mas tenha em mente que pode levar anos até que eles estejam realmente prontos para assumir inteira responsabilidade por uma peça tão crucial no processo de aprendizado.

Técnica 15
CIRCULE

Circule é uma técnica que consiste em se mover estrategicamente pela sala durante a aula. (Não é relevante apenas para a porção *"Eu"* da aula, mas como é crucial pensar sobre isso desde o começo, vou tratar disso aqui.) Como profissionais, estamos sempre falando em "proximidade" – chegar perto dos alunos para reforçar seu envolvimento na aula e eliminar problemas disciplinares – mas, com frequência, os professores esperam que a proximidade funcione magicamente por si só. Sabem que devem se mover em direção às áreas mais problemáticas da sala, mas nem sempre têm autoconfiança em relação aos benefícios desse movimento ou em relação a saber exatamente o que fazer quando chegarem à área problemática, se a simples proximidade se revelar insuficiente para resolver o problema. Há muito mais para saber sobre como se mover pela sala de aula, para além da mera proximidade:

- **Rompa a barreira.** A "barreira" de sua sala de aula é a linha imaginária que atravessa a classe de um lado a outro, paralelamente e a cerca de dois metros à frente do quadro, normalmente onde ficam as primeiras carteiras de alunos. Muitos professores hesitam ou demoram muito a "romper a barreira", caminhar para além dessa fronteira imaginária e circular pelos corredores e fileiras entre as carteiras.

Mas é importante tentar romper a barreira nos primeiros cinco minutos de cada aula. Você quer deixar claro para os alunos que aquele espaço é seu e que é normal você ir a qualquer momento para aonde quiser na sala. Além disso, você deve romper a barreira antes que um problema de comportamento exija que você o faça. Isso mostrará que você vai onde quer como resultado de suas decisões pedagógicas, e não como resultado do comportamento dos alunos. Se não fizer isso, você corre o risco de permitir que o território para além da "barreira" seja propriedade de seus alunos.

Outro aspecto igualmente importante: se você se movimentar pela classe toda para estabelecer proximidade somente quando ocorrer um incidente disciplinar, a ação será altamente visível para todos e você estará essencialmente dizendo aos alunos que as coisas não estão bem e que eles conseguiram tirar você do seu roteiro. Nesse caso, também aumenta o nível de atenção para o que você faz quando rompe a barreira. Dessa forma, a sutileza necessária para fazer correções que não interrompam a instrução (por exemplo, via proximidade) torna-se quase impossível. No entanto, se você está sempre rompendo a barreira, conseguirá corrigir muito discretamente, sem interromper a aula, e prosseguir com o que parecerá uma rotina corriqueira.

Romper a barreira significa que você vai aonde quer como resultado de suas decisões pedagógicas, e não como resultado do comportamento dos alunos.

Acesso total. Romper a barreira não basta: você deve ter acesso total a toda a sala de aula. Você deve poder simples e naturalmente colocar-se ao lado de qualquer aluno e deve poder chegar a qualquer lugar da sala com facilidade, sem interromper a aula. Este é o único jeito de apropriar-se do espaço físico. Se você não conseguir, os alunos vão rapidamente estabelecer uma zona "proibida", que eles sabem estar isolada de sua influência. Se, para chegar a algum lugar da sala, for necessário arrastar múltiplas mochilas e cadeiras, então a propriedade da sala já foi cedida. Se você tiver de dizer "com licença" para circundar cadeiras, mochilas e carteiras para chegar ao fundo da sala, você estará pedindo autorização aos seus alunos para ocupar aquele espaço. Isso significa que o espaço é deles, não seu. E esse é um preço que nenhum professor pode pagar. Mantenha as passagens entre as carteiras largas e livres; ache um lugar melhor para as mochilas do que atrás das cadeiras; sente seus alunos em pares, de forma que você possa colocar-se ao lado de qualquer um deles a qualquer momento.

Intervenha quando circular. Não basta só estar lá; você tem de trabalhar a sala. Se você está ensinando ativamente (nas porções "Eu" ou "Nós" da aula), faça intervenções frequentes enquanto circula, tanto verbais como não verbais (a mão sutilmente no ombro do Emerson, para lembrá-lo de se sentar; "confira a ortografia" para Susana ao ver as anotações dela). Não há nada mais embaraçoso do que um professor caminhando na direção de um aluno, com a esperança de cessar um certo comportamento, e se dar conta, ao chegar lá, que a simples proximidade não bastou. Interações privativas e em voz baixa com alguns alunos, enquanto você circula pela sala, darão espaço para você responder a este problema de mau comportamento, utilizando as ferramentas descritas em *Padrão 100%, O que fazer e Voz de comando* (Técnicas 36 a 38). É igualmente importante oferecer reforço positivo enquanto você circula, também aqui com intervenções tanto verbais como não verbais (sinal de positivo para o Miguel; "Gosto disso" para a Jasmim, ao olhar suas anotações) e sempre de forma construtiva. Enfim, ler, avaliar e responder ao trabalho do aluno no momento em que acontece são medidas indispensáveis para verificar compreensão do conteúdo e estabelecer o tom de engajamento esperado. Ambos são cruciais para sua habilidade de oferecer apoio e rigor acadêmicos ("Tente de novo, Carlos"; "Certinho, Jair!"; "Você não me mostrou a terceira etapa").

▶ **Mova-se sistematicamente.** Busque oportunidades para circular sistematicamente – ou seja, universal e impessoalmente –, mas de forma não previsível. Isso não apenas exerce uma pressão de responsabilidade sobre todos os alunos, mas também permite que você exerça uma pressão nos alunos que mais lhe desafiam sem revelar a eles que estão desafiando você. Se você anuncia para a classe "Quero todo mundo olhando para mim agora" e marcha diretamente para o João, seu aluno mais difícil, você estará dizendo ao João que você teme que ele não obedeça e que talvez você não consiga controlá-lo. Pode ser que ele obedeça desta vez, mas por dentro ele estará rindo de você, sabendo que você se atrapalhou. Se você descer cada corredor entre carteiras preventivamente, pedindo a cada aluno alternadamente que olhe para você e cruzando olhares com ele, com certeza você chegará a João sem tornar visível para ele a sua ansiedade. Claro, haverá ocasiões em que ele não fará o que você quer e você terá de ir diretamente a ele. Mas, quando você está pedindo alguma coisa específica a toda a classe, dê o melhor de si para tratar o João como qualquer outro membro do grupo: mova-se sistematicamente.

Note, porém, que sistemático não é a mesma coisa que previsível. Se você sempre seguir uma ordem previsível de interações enquanto circula, alunos saberão quando você chegará até eles e vão reagir de acordo. Evite usar o mesmo circuito sempre (da esquerda para a direita; girar em volta da sala). Varie o seu caminho e pule alguns alunos inesperadamente (ao mesmo tempo em que investe pesado em outros) enquanto circula.

▶ **Posição de comando.** Enquanto circula, sua meta deve ser olhar os alunos de frente pelo maior tempo possível. Assim você pode ver o que está ocorrendo ao redor em um piscar de olhos e com um custo mínimo de transação. Você pode erguer seus olhos do trabalho de um aluno e voltar a ler em uma fração de segundo. Se estiver de costas, porém, você dará espaço a comportamentos oportunistas. Pense em você como a Terra, que gira sobre dois eixos ao mesmo tempo, tanto girando em torno do Sol como girando sobre si mesma. Isso vai exigir que você pense de que lado dos alunos você fica enquanto circula. Tem de pensar também em tirar o trabalho de um aluno de sua carteira e sutilmente reorientar seu rosto para encarar a maior parte da classe enquanto você lê. Em segundo lugar, aproveite os pontos cegos dos alunos. A posição mais poderosa em que você pode estar com relação a outra pessoa é aquela em que você a vê e ela sabe que você a vê, mas não pode ver você. Ficar em pé imediatamente atrás de um aluno para ler o que ele fez ou ficar no fundo da sala de aula enquanto a classe discute um assunto qualquer constrói um forte controle sobre o ambiente em sala de aula, de modo a focar toda a classe no aprendizado.

EM AÇÃO

CIRCULE

Domari Dickinson, da escola Rochester Prep, utiliza a técnica *Circule*, interagindo com seus alunos de 7º ano ativamente (fazendo perguntas e oferecendo lembretes) e também passivamente (pegando trabalhos e lendo silenciosamente, usando a proximidade).

Domari é também a mestre do não-verbal. Enquanto ela lê o trabalho de um aluno, ela tipicamente fica atrás do aluno, eliminando a distração que suas ações poderiam oferecer e também mantendo o aluno em suspense por estar atrás dele, onde ele não a pode ver, mas sabe que ela está lá. Ao circular pela sala, ela vira o rosto para a maioria da classe enquanto lê, de forma que pode verificar como estão se comportando com um simples levantar do olhar.

Técnica 16
DIVIDA EM PARTES

Divida em partes é uma ferramenta muito importante para a aprendizagem, mas, como é principalmente uma estratégia de reação, utilizá-la pode ser um desafio. Esta técnica deve ser usada no momento em que a resposta incorreta a uma pergunta acontece, ou seja, como reação a um erro do aluno. A maioria dos professores reconhece que, quando um aluno erra, a simples repetição da pergunta dificilmente vai ajudar, a menos que você ache que ele não ouviu. Mas o que fazer, em vez disso? Assim que reconhecem um erro – ou um chute –, os professores exemplares dividem o conteúdo original em uma série de conceitos menores e mais simples. Então eles voltam e fazem uma pergunta ou apresentam informação conectada àquela parte do conteúdo que parece ter causado o erro, construindo, assim, o conhecimento do aluno a partir de um ponto de entendimento parcial.

Considere um simples exemplo. Um aluno está com dificuldades para escrever a palavra "emprego". Hesitante, ele disse: "Não sei se 'emprego' é com *m* ou com *n*". A reação do professor foi escrever a palavra no quadro deixando um espaço entre o *e* e o *p*: "Esta é a palavra que você está tentando escrever". Fez uma breve pausa e grifou a letra *p*. Fez outra breve pausa, para ver se o aluno se lembrava da regra. Como o aluno ainda não conseguia responder, o professor continuou a relembrar os passos do conceito e disse: "Usamos *m* ao em vez do *n* em dois casos. Você se lembra quais são eles?" Esta intervenção foi eficiente. Nesse momento o aluno lembra que havia aprendido uma regra para o uso do *m* e do *n*, e escreve a palavra corretamente.

O professor conseguiu focar o problema e levou o aluno a usar seu conhecimento anterior para chegar a uma solução bem-sucedida, sem que o professor tivesse de dar a resposta. Ele poderia ter dito simplesmente que *emprego* se escreve com *m*. Teria sido muito mais rápido, sem dúvida, mas o aluno teria pouco ou nenhum trabalho cognitivo a fazer – e sua falha teria sido enfatizada, o que é muito diferente de destacar o sucesso (tanto em termos de o aluno acertar no final, como em termos de ele usar conhecimento que já tinha para resolver o problema).

Você nunca sabe exatamente quão grande é a distância entre o nível de conhecimento do aluno e o conhecimento necessário para dominar o conceito e resolver o problema.

Vale a pena notar em quantos níveis diferentes a questão poderia ter sido dividida, pois determinar o grau de divisão de um problema ou de uma pergunta é uma decisão crucial. Você nunca sabe exatamente quão grande é a distância entre o nível de conhecimento do aluno e o conhecimento necessário para dominar o conceito e resolver o problema. Na maioria dos casos, você deve dar a menor dica possível e mesmo assim capacitar seu aluno a acertar a resposta. Isso vai levar o aluno a usar o que ele sabe ao máximo. Também vale a pena pensar sobre alguns dos jeitos mais sutis de dividir uma informação. Por exemplo: no caso do aluno que tem dificuldade para escrever a palavra *emprego*, a simples escrita da palavra no quadro, com o espaço entre o *e* e o *p*, uma dica mínima, poderia ter resolvido o problema. Ver a palavra em um novo contexto (no quadro, onde talvez ele a tenha visto antes) poderia ter ativado sua memória.

Dar uma dica tão pequena, porém, é o ponto-chave de *"Divida em partes"*. Enquanto uma meta é dividir as coisas ao mínimo grau possível, outra é fazer isso rapidamente, gerenciando tempo e ritmo. Adicionar meticulosamente uma fina camada de conhecimento a cada dica sutil anterior seria a solução perfeita para levar os alunos a fazer a maior quantidade possível de trabalho cognitivo. Mas isto reduziria a instrução a uma série de exercícios aborrecidos e desperdiçaria tempo que poderia ser usado de forma mais produtiva. A Figura 3.3 ilustra este desafio.

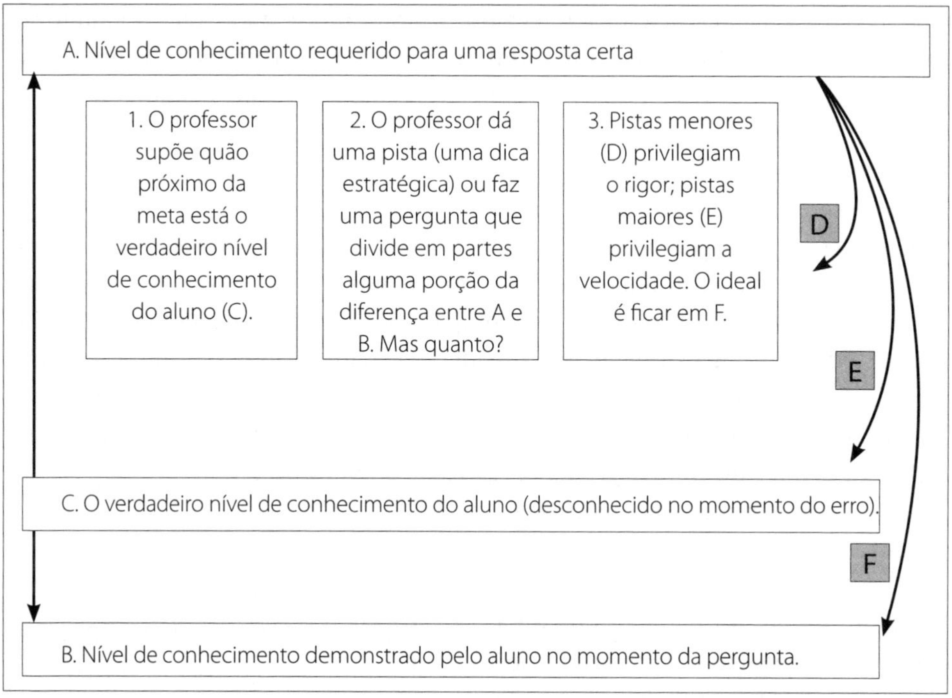

FIGURA 3.3 Como funciona o *Divida em partes*.

Como a figura sugere, *"Divida em partes"* é uma técnica complexa e cheia de desafios. Uma das melhores maneiras de garantir o sucesso com ela é preparar o uso da técnica já como parte do processo de planejamento da aula, antecipando pontos potenciais de problema e tentando prever tanto os possíveis erros dos alunos quanto as suas possíveis pistas. Outra solução é usar técnicas de acompanhamento recorrentes, que, além de ter bastante sucesso, podem ajudar a pensar em como fornecer pistas aos alunos com dificuldade. Embora provavelmente exista um número ilimitado de maneiras de dividir em parte tarefas e informações difíceis, as seis que se seguem são um bom ponto de partida:

▶ **Dê um exemplo.** Se o aluno ficou olhando o vazio quando você pediu a definição de um número primo, você pode dizer "7 é um deles" ou "7 é um deles e 11 também". Se você quiser dividir ainda mais, você poderia dar outra pista: "7 é um deles, mas 8 não é". Poderia avançar um passo, dizendo: "Os fatores de 8 incluem 2 e 4". A um certo ponto, não há mais muitas pistas para dar e uma técnica como *Sem escapatória* (Técnica 1) pode ser mais apropriada: "Quem pode dizer ao Davi o que é um número primo?". Você também pode dar exemplos adicionais, se a pergunta difícil foi originalmente baseada em categorizar um exemplo de alguma coisa. Por exemplo, um aluno da classe de redação de 5º ano de Jaimie Brillante teve dificuldades para identificar a classe gramatical da palavra *estivador*. Então Jaimie ofereceu outra palavra, dando pistas: "Bom, pela lógica *estivador* pertence à mesma classe gramatical de outras palavras que acabam em *–or. Jogador, nadador, cantor.* O que são essas palavras?", ela perguntou. "São pessoas", disse o aluno. A professora continuou: "E pessoas são..." E o aluno prontamente respondeu: "Substantivos!".

▶ **Dê o contexto.** Outro aluno da classe de Jaimie Brillante empacou quando ela perguntou o significado da palavra *antigo.* Jaimie lembrou que a palavra era parte do vocabulário dado por outro professor. O aluno continuou empacado. "Espero que ninguém nunca me chame de antiga", disse Jaimie, dando a pista. Nada. "Talvez lá por 2080 você possa me chamar de antiga, mas só então seria aceitável", acrescentou. E o aluno lembrou: "Ah, sim, é muito velho". É importante notar que Jaimie usou esta abordagem com uma palavra do vocabulário que ela sabia que o aluno tinha aprendido, mas estava tendo dificuldade para lembrar.

Esta estratégia seria muito menos eficiente se Jaimie não soubesse se o aluno sabia qualquer coisa sobre a palavra. Voltando à definição de número primo, você pode observar que integrais positivos são primos ou compostos. Ou você pode lembrar uma conversa anterior: "Nós falamos de primos e compostos e passamos algum tempo no exemplo do número 8, lembra?". Ou: "Você deve lembrar da aula da semana passada que os fatores são importantes para saber se um número é primo".

▶ **Dê uma regra.** Na aula de leitura de Christy Huelskamp para o 6º ano do Williamsburg Collegiate, no Brooklyn, um distrito da cidade de Nova York, uma aluna chutou incorretamente que *seletivo* era um verbo nesta sentença: "Jaime é um leitor *seletivo;* ele escolhe com cuidado o livro que vai ler na biblioteca". Christy respondeu com uma regra: "Um verbo é uma ação ou um estado do ser. *Seletivo* está descrevendo uma ação?". A aluna rapidamente reconheceu que não, que a palavra estava modificando um substantivo: "É um adjetivo", disse.

- **Dê o passo que falta (ou o primeiro passo).** Quando um aluno da sua aula de matemática para o 5º ano não conseguiu explicar o que estava errado em escrever a fração imprópria 15/6 como resposta, Kelli Ragin deu a pista: "Bom, o que é que sempre fazemos quando o numerador é maior que o denominador?". Imediatamente, o aluno percebeu: "Ah, precisamos transformar em número misto, então eu divido 15 por 6".
- **Volte atrás.** Às vezes, é suficiente repetir a resposta de um aluno para que ele perceba o erro. Muitos de nós reconhecemos instantaneamente nossos erros quando os ouvimos, como em um fita gravada. Se um aluno da classe de Kelli tivesse proposto reduzir uma fração imprópria a um número misto mediante a multiplicação do numerador e do denominador, Kelli poderia simplesmente repetir a resposta de volta: "Você disse que eu multiplicaria 15 vezes 6 para reduzir...". O grau de ênfase colocado na palavra *multiplicaria* seria chave para determinar a distância entre a resposta e o domínio da matéria que a professora estava dividindo em partes (Ênfase em *multiplicaria* torna a dica muito melhor.). A despeito disso, ouvir seu próprio erro nas palavras de outra pessoa é, na maior parte das vezes, revelador.
- **Elimine falsas escolhas.** Quando o aluno de Jaimie teve dificuldades para reconhecer que *estivador* era um substantivo, ela poderia ter eliminado algumas falsas escolhas desta forma: "Bem, vamos examinar algumas opções. Se fosse um verbo, seria uma ação. *Estivador* é uma ação? Podemos você ou eu *estivador?* Bem, e um adjetivo? A palavra qualifica algum substantivo?".

Técnica 17
PROPORÇÃO

Uma de nossas metas mais importantes, como professores, é levar os alunos a fazer o máximo possível do trabalho cognitivo – escrever, pensar, analisar, falar. A porcentagem de trabalho cognitivo que os alunos fazem durante uma aula é chamada de *Proporção* (Que eu saiba, a expressão foi cunhada por David Levin, co-fundador da rede de escolas *charter* Knowledge is Power, ou KIPP, muito conhecidas nos Estados Unidos e de alta qualidade. Para muita gente, David é um dos professores mais perceptivos e eficientes do país.). Ao adotar *Proporção,* você vai descobrir que raramente resolve um problema no quadro sem ajuda de seus alunos: para somar cada coluna ("Quanto é 6 mais 8, Sara?"); para identificar o próximo passo ("O que eu faço com o 1,

Julio?"); para reforçar termos-chave ("O que significa quando eu levo o 1 para o alto da coluna das dezenas, Pedro?"); e, enfim, para conferir o trabalho. Quando seus alunos respondem incorretamente, você vai se ver pedindo a uma aluna que corrija e explique o erro ("A Valéria disse que 6 dividido por 2 é igual a 5. O que ela fez de errado, Raimundo?"). Sua meta é fazer eles praticarem o máximo possível, aplicando o que eles sabem e resolvendo todos os problemas que você põe na lousa, em vez de assistirem você resolvendo.

Meu próprio entendimento sobre esta complexa técnica desenvolveu-se a partir de uma conversa com Jesse Rector, diretor da escola de Clinton Hill da North Star Academy, que achou decepcionante um dos meus vídeos favoritos sobre *Proporção.* Jesse observou que, embora os alunos mostrados no vídeo estivessem participando ativamente, quase intensamente, ele não achava que eles estivessem envolvidos no nível mais profundo de pensamento. Esse comentário levou-me a distinguir entre *"proporção de pensamento"* e *"proporção de participação".* A proporção de participação descreve a quantidade de participação – escrever, responder, falar – dos alunos.

Imagine uma aula em que os alunos estão revendo uma habilidade já quase dominada ou talvez tentando resolver problemas novos e mais difíceis envolvendo um processo com o qual já estão familiarizados. Digamos que estão tentando encontrar o volume de um prisma retangular. Sua meta é dar-lhes o máximo possível de prática, levá-los a aplicar ao máximo tudo o que sabem e a fazerem todo o trabalho cognitivo para chegar a solução dos problemas, em vez de assistir você resolvendo.

Você pode fazer perguntas deste tipo: "Quem pode me dizer o próximo passo?", "E qual é o valor para a largura?", "Boa! E o que eu faço em seguida?", "Com o que mesmo devo tomar cuidado?" ou "Se o comprimento aumentasse uma unidade e a largura diminuísse uma unidade, o volume permaneceria o mesmo?". Esse tipo de pergunta, que força os alunos a aplicar e consolidar seu conhecimento, é muito importante.

Mas também é importante fazer perguntas que forcem os alunos a aprofundar seu pensamento e analisar novos conteúdos. Isso é mais aplicável quando você está abordando um problema sobre volume pela primeira vez ou talvez trabalhando uma pergunta em que a resposta correta é questão de opinião. Nesse caso, as perguntas podem soar mais como "Por que eu teria de multiplicar?", "Em que o volume é diferente da área?", "Quando eu poderia medir o volume?" ou "O que aconteceria com o volume se a largura aumentasse?". Portanto, a proporção de pensamento lida mais com a profundidade de raciocínio do que com um alto índice de participação dos alunos.

IDEIA-CHAVE

PROPORÇÃO

Um aula competente não consiste no professor fazendo um bom exercício intelectual diante da classe. Coloque cada vez mais trabalho cognitivo na mão dos alunos à medida que eles vão ficando prontos. Entenda que o trabalho cognitivo deve ser aplicado a um problema, focado e produtivo.

Professores exemplares usam diversos métodos para aumentar a *proporção*. Seria impossível categorizar todos eles, mas o que se segue são 10 métodos particularmente eficientes nesse sentido. Eles estão organizados a partir do tipo de estrutura de aula que implicam. Ou seja, os primeiros métodos são mais eficientes durante o que pode ser chamado de instrução direta: disseminação de informação dirigida pelo professor. Os últimos seriam melhor aplicados durante discussões com mais participação dos alunos.

1. **Desembrulhe.** Desfaça o "pacote" das perguntas em partes menores para compartilhar o trabalho entre mais estudantes e forçá-los a reagir um ao outro. Em vez de "Quem pode me dizer quais são as três dimensões de um cilindro?", tente uma sequência como esta:

"Quantas dimensões tem um cilindro, Lucas?"

"Bom. Me dê uma dimensão, Sheila."

"Me dê outra, Bárbara."

"E sobra qual, Tiago?"

2. **Meia ideia.** Em vez de expor uma ideia inteira, expresse metade dela e peça a um aluno que a complete.

"Então o próximo passo nessa frase é combinar sentenças com uma... O que você me diz, João?"

3. **E depois?** O jeito mais rápido de dobrar o número de perguntas que os alunos devem responder é perguntar sobre processo tão frequentemente quanto sobre produto, ou seja, abordar tanto o como resolver uma etapa do problema (ou qual é a resposta para uma etapa do problema) quanto qual é a próxima etapa. A propósito, a pergunta mais difícil do tipo "próxima etapa" é relacionada com a primeira etapa de qualquer solução: "Muito bem, e o que devo fazer primeiro?".

4. **Finja ignorância.** Vire a mesa e finja que você não sabe. Faça o aluno brincar de professor e narrar aquilo que, normalmente, você explicaria:

"Bom, e agora? É só somar os numeradores?"

"O tema é um resumo do que acontece na história, certo?"

5. **Exemplos progressivos.** Os professores sempre pedem exemplos: de um termo que estão definindo, da aplicação de um conceito, das características de um personagem. Raramente, porém, pedem um outro exemplo, principalmente um que seja diferente do primeiro. Esta técnica pode ser especialmente rigorosa quando você estabelece os termos para como o segundo exemplo deve ser diferente. Beth Verilli, da North Star Academy, pediu a seus alunos que aplicassem a palavra *explorado* à leitura de *MacBeth.* "Quem é explorado em *MacBeth?*", perguntou e, em seguida, pediu outro exemplo com um personagem diferente. Um professor nesta situação também poderia direcionar um segundo exemplo: "Quem é explorado mais sutilmente? Repetidamente? Sabendo ou sem saber que está sendo explorado?".

6. **Diga em outras palavras – ou diga mais.** A segunda versão de um texto é sempre melhor que a primeira, porque o pensamento mais rigoroso passa a ser aplicado para tornar as ideias mais precisas, mais específicas e mais ricas. Aplique esse princípio à sala de aula ao solicitar a um aluno que responda a mesma pergunta com outras palavras ou pedindo a outro aluno que revise ou melhore a resposta de um colega. Em uma aula sobre *A Revolução dos Bichos*, a diretora (e ocasional professora de leitura) da Rochester Prep, Stacey Shells, perguntou a um aluno porque as rações para todos os bichos da fazenda mítica de George Orwell haviam sido reduzidas, exceto as dos porcos e as dos cães. O aluno respondeu: "As rações dos porcos e dos cães não foram reduzidas porque eles tinham um padrão de vida mais alto. Eles eram os que recebiam melhor tratamento". A resposta era sólida, mas fraca em sintaxe e especificidade de linguagem. "Você tem razão", disse Stacey, "mas tente dizer com outras palavras.". Como o aluno não conseguia, Stacey pediu aos colegas: "Quem pode sugerir a ele uma palavra para ajudá-lo a responder melhor?", e um colega sugeriu tentar a palavra *classe.* O aluno reagiu: "Os porcos e os cães eram de uma classe mais alta do que os outros animais, então suas rações não foram reduzidas".

7. **Como e por quê.** Perguntar como e por quê transfere automaticamente mais trabalho – e mais rigor – para os alunos, forçando-os a explicar o raciocínio que utilizaram para resolver corretamente (ou não) o problema.

8. **Peça provas.** Há muito mais trabalho cognitivo a ser feito para sustentar uma opinião e testar sua lógica do que para ter uma opinião e defendê-la. Este processo de apresentar um argumento e sustentá-lo envolve extenso engajamento cognitivo, o

qual pode elevar sua *Proporção*. Peça sempre aos seus alunos para explicarem como os fatos sustentam suas respostas. Ou dê a eles uma posição ou várias opiniões e peça a eles que reúnam provas para sustentá-las.

9. **Processo em bloco.** À medida que seus alunos progridem nas séries e as discussões se tornam mais abrangentes, o professor pode estrategicamente sair fora da conversa às vezes e não comentar, nem validar, cada comentário de cada aluno. Em vez disso, deixe que uma curta série de comentários seja feita diretamente depois e, de preferência, em resposta a cada comentário anterior. Já me descreveram esse processo como sendo parecido com jogar vôlei, não pingue-pongue. Mas prefiro o termo *processar em bloco,* porque indica que continua sendo seu trabalho processar e comentar as respostas dos alunos. Elas não deixam de ser mediadas por você – só o são em pequenos grupos, em vez de serem mediadas individualmente. Tudo bem se você prefere a analogia do vôlei, mas vou dar três conselhos baseados na observação de professores exemplares:

- *É vôlei, não futebol.* No vôlei, os jogadores do mesmo time passam a bola entre si apenas três vezes antes de jogá-la por cima da rede. Em sala de aula, da mesma forma, seus alunos poderiam fazer um número finito de comentários em série, enquanto você continua a conduzir, responder e processar. Eles têm a bola e, depois de dois ou três toques, você fica com a bola. No futebol, em contraste, o objetivo dos jogadores é manter a posse da bola constantemente. Muitas vezes, isso significa sacrificar o movimento em direção ao gol para manter o adversário longe da bola pelo maior tempo possível. Na sala de aula, seus alunos não mantêm a posse da bola pelo tempo que quiserem. Estruture a coisa de forma que a bola volte para você a intervalos regulares e frequentes. Você pode devolvê-la a eles, mas só o fará quando tiver controle de direção, ritmo e foco do jogo para maximizar a produtividade. Se deixados à vontade, os alunos cairão facilmente no jogo de futebol e vão levar a bola para qualquer direção que lhes permita manter a posse dela – e isso quase sempre significa fracasso no caminho para o objetivo da aula.
- *O processo em bloco pode ser contraproducente até que os alunos estejam maduros e prontos para ele.* Se não estiverem preparados intelectualmente por anos de estudo, eles podem sair dando chutes na bola em todas as direções. Seja cuidadosa com o processo em bloco. Use-o estrategicamente, não como um padrão. A observação dos professores exemplares sugere muito cuidado ao usar o processo em bloco constantemente antes do ensino médio.
- *Ensine hábitos de debate antes.* Os jogos de vôlei funcionam porque todo mundo sabe como passar a bola e quando ela deve ir para o outro lado da

rede. Os jogadores sabem disso porque foram treinados. Os professores e as escolas que eu vi e que eram mais eficientes no uso do processo em bloco ensinam deliberadamente "hábitos de debate", como são chamados pelos meus colegas da North Star Academy, em Newark: procedimentos básicos de interação. Na North Star, os professores trabalham frases para os alunos usarem na interação com os colegas:

- Concordo com João porque...
- Gostaria de dizer mais alguma coisa sobre o que você disse...
- Isso é verdade porque...
- Entendo o que você quer dizer, mas tenho uma opinião diferente (ou um ponto de vista diferente)...
- Em que se baseia sua opinião?

10. **Objetivos do debate.** Perguntas abertas e debates abrangentes parecem ser o melhor caminho para a *Proporção.* Quase por natureza eles parecem aumentar a *Proporção.* Mas com a mesma facilidade podem resultar em *Proporção* improdutiva, ou seja, em muita discussão e raciocínio dos alunos, mas sem o rigor necessário (as pessoas sempre confundem a quantidade de participação dos alunos com *Proporção)*, ou podem resultar em debates sobre tópicos periféricos ou subotimizados. O objetivo é tentar focar o debate nos pontos mais importantes e rigorosos. Professores que fazem isso têm um objetivo muito claro em mente para qualquer debate livre e usam dicas para direcionar seus alunos de volta à tarefa e, especialmente, afastar distrações e tópicos improdutivos. Geralmente afastam as distrações para conseguir colocar os alunos no caminho certo, ou seja, compartilham o objetivo do debate com os alunos, de forma que podem lembrá-los de seu propósito quando eles se afastam dele. Emily Crouch, que ensina na escola *charter* Leadership Preparatory do Brooklyn, na cidade de Nova York, fez isso em uma aula recente. Ela leu uma história sobre uma menina e avisou seus alunos que o objetivo do debate sobre a história era determinar quais das várias características da personagem, sutilmente diferentes entre si, oferecia a melhor descrição da menina. Esse debate foi não apenas rigoroso e baseado em provas textuais, mas também foi eficiente: quando um aluno sugeriu uma característica totalmente diferente, que ele considerava presente no texto, a professora o lembrou de que o objetivo era decidir entre as várias características similares que já tinham identificado no começo da aula – e assim manteve a discussão focada e produtiva.

Antes de colocar essas ideias em ação na sua sala de aula, tenho dois senões. O primeiro é que doses crescentes de trabalho cognitivo devem ser aplicadas tão logo seus alunos estejam prontos, mas não antes disso. Soltar os alunos para resolver um problema que requer uma habilidade que eles ainda não aprenderam ou não dominam, com a esperança de que eles possam deduzir a habilidade por tentativa e erro, resultará em muito raciocínio, mas não muito raciocínio produtivo. Uma vez observei uma professora que disse aos seus alunos de 3º ano para darem uma folheada no livro que deveriam ler para fazer deduções sobre o tema da obra. Ora, ela nunca tinha ensinado a eles como fazer isso. A maioria passou batido por títulos de capítulos, subtítulos e legendas que os poderiam ter informado melhor. Qualquer trabalho cognitivo útil feito por eles na ocasião foi provavelmente acidental.

Meu segundo senão é que doses crescentes de trabalho cognitivo devem ser aplicadas de forma constante e com disciplina vigilante para tornar o trabalho focado e produtivo. Você quer que os alunos façam cada vez mais o trabalho certo. Teoricamente, sua *Proporção* seria perfeita se você simplesmente deixasse os alunos fazerem o debate todo e não atrapalhasse. "Classe, sua tarefa hoje é determinar quem foi a figura histórica mais importante dos Estados Unidos no século 19", você diria. "Espero que vocês discutam o assunto e me tragam suas conclusões dentro de uma hora." Melhor ainda, você poderia dizer o seguinte: "Classe, aqui está um conjunto de dados sobre como vários corpos no espaço reagem entre si. Gostaria que vocês tentassem deduzir os princípios da gravidade. Estarei aqui, se precisarem de mim". Sua *Proporção* seria perfeita: 100%! Mas seus resultados, não. Com certeza, seus alunos não chegariam à resposta correta. E, se conseguissem, não seria da maneira mais eficiente. Eles desperdiçariam um tempo enorme e se privariam de estudar muitos outros tópicos.

Técnica 18
ENTENDEU?

Bons motoristas olham para os espelhos retrovisores a cada cinco segundos. Eles precisam saber o que está ocorrendo ao redor deles o tempo todo, porque esperar até que um acidente aconteça para indicar o que estão fazendo de errado ao volante pode custar caro. Como professor, você deve pensar da mesma forma, buscando oportunidades constantes de avaliar o que seus alunos são capazes de fazer enquanto você ensina e usando esse conhecimento para informar o seu trabalho em sala de aula. Esperar pelo fracasso acidental para descobrir que algo deu errado significa pagar um preço demasiado alto pelo conhecimento.

Decidi usar uma expressão comum para descrever esta técnica, *Entendeu?*, mas foi uma escolha arriscada porque deixa a equação pela metade. A técnica poderia ser descrita com mais precisão como *Verifique a compreensão* e *intervenha imediatamente.* Não é particularmente enxuto, mas captura melhor os dois aspectos-chave de *Entendeu?*: coletar dados e intervir a partir deles.

A técnica poderia ser descrita com mais precisão como Verifique a compreensão *e* intervenha imediatamente. *Não é particularmente enxuto, mas captura melhor os dois aspectos-chave de* Entendeu?: *coletar dados e agir a partir deles.*

COLETAR DADOS

Fazer perguntas é uma forma de coletar dados. *Entendeu?* requer que você pense nas respostas às suas perguntas como dados. Imagine que dois professores pediram a seus alunos para indicar uma causa importante da Segunda Guerra Mundial. Em cada caso, três alunos respondem incorretamente ou dão respostas incompletas até que um quarto aluno dá uma resposta correta. Um dos professores vê as respostas como uma história, uma narrativa sequencial do progresso da classe, que termina em sucesso. Enquanto os alunos tentam responder, ele ouve e, quando consegue uma resposta certa, pensa: "Ótimo. Finalmente entenderam!". O outro professor não vê uma história escrita na sequência de respostas. Ele vê uma série de quatro variáveis independentes, quatro pontos diferentes. A sequência narrativa é irrelevante e os números o deixam preocupado. Ele pensa: "Só um de cada quatro alunos entendeu as causas da Segunda Guerra Mundial. Tenho de revisar a matéria". O segundo professor trata as respostas como dados: ele está de fato verificando o entendimento. Neste caso, a técnica envolve usar um esquema analítico simples, mas poderoso para avaliar as respostas: amostragem. Amostragem significa fazer perguntas semelhantes a um pequeno grupo de alunos e usar as respostas como representações das respostas de um grupo maior. A amostra é um conjunto de dados, cada um interpretado de maneira independente e usado explicitamente para análise. O que quero dizer é que perguntas e respostas podem (às vezes) ser as mesmas em qualquer classe; a técnica está no modo como você as interpreta.

Entendeu? *requer que você pense nas respostas às suas perguntas como dados.*

Aqui estão quatro modos específicos de tornar suas perguntas mais orientadas à coleta de dados:

- *Conjuntos de dados.* Tendemos a pensar em qualquer resposta individual como um reflexo do ponto de entendimento onde está a classe toda. Mas a resposta individual pode vir de qualquer lugar da curva que representa o conhecimento da matéria pelos alunos da classe. Você não tem como saber se a resposta veio do grupo de alunos com menor nível de conhecimento ou do grupo de alunos com maior domínio daquele conceito ou conteúdo. Não apenas isso, mas, mesmo que você soubesse que uma resposta reflete a média da classe, você gostaria de saber quanta informação está sendo escondida pela média. Qual é o ponto mais alto do conhecimento? Qual o mais baixo? Qual a distância entre os alunos em termos de nível de conhecimento? A maioria dos alunos é parecida com o estudante que está na média ou estão muito dispersos no nível de conhecimento? Não há pergunta individual que resolva esses problemas cruciais. Ao contrário, você deve interpretar suas perguntas em grupo e pensar nelas como um conjunto de dados, como fez o segundo professor mencionado anteriormente. Se você fizer perguntas similares a cinco alunos, ou perguntas diferentes sobre o mesmo tópico, avalie o resultado em grupo. Qual é o índice de respostas corretas? Isso lhe dá informação muito melhor do que pensar nas suas perguntas como uma progressão de respostas singulares. Ao pensar em suas perguntas como um conjunto de dados, você se dá conta de que errado-errado-errado-certo é uma sequência ruim, não boa. Você também percebe que errado-certo não oferece dados suficientes. Você deve continuar a perguntar, de forma a descobrir se está lidando com errado-certo-certo-certo ou errado-certo-errado-errado.
- *Amostragem estatística.* Quando você faz conjuntos de perguntas, pense em fazer uma amostragem estatística da sala de aula. Se você faz cinco perguntas à sua classe para testar se eles entenderam como encontrar o mínimo denominador comum, faça as perguntas a uma amostra de alunos ao longo do espectro de habilidade provável: dois alunos tipicamente de baixo desempenho, dois na média e um de alto desempenho. Aí, sim, você terá melhores informações sobre a penetração do conceito que você tem tentado trabalhar em classe. Obviamente, para poder fazer isso é você, e não os alunos, que precisa escolher quem responde, de forma que perguntar *De surpresa* (perguntar a quem você quiser, e não a quem está de mão levantada) torna-se uma técnica crucial para usar aqui (Técnica 22).
- *Confiabilidade.* Toda resposta certa sempre oferece o risco de ser um falso positivo – um golpe de sorte. Portanto, pare de ensinar apenas quando seus alunos respondem certo não só uma vez, mas muitas vezes em seguida. Para garantir

a confiabilidade (a probabilidade de futuras respostas certas para perguntas semelhantes), sempre que puder reaja às respostas certas fazendo perguntas do tipo por quê? e como? *(veja Puxe mais, Técnica 3)*. Assim, você obtém a melhor informação sobre a probabilidade de um aluno responder certo da próxima vez a uma pergunta semelhante. Se ele não conseguir explicar claramente sua resposta, há um alto risco de ter dado um chute e acertado.

- *Validade.* Certifique-se de que a pergunta para a qual você obteve uma resposta correta é mesmo uma medida efetiva daquilo que os alunos precisam dominar para obter o sucesso escolar. Você precisa medir o que diz que está medindo. Portanto, você precisa alinhar cuidadosamente as perguntas que faz para verificar entendimento, com o grau de exigência e o mesmo estilo de perguntas que serão feitas aos alunos no final do processo. As perguntas devem assemelhar-se e ser pelo menos tão difíceis quanto aquelas que os alunos verão na prova, na avaliação do estado ou qualquer que seja sua medida de avaliação final.

Professores que são particularmente orientados por dados muitas vezes inserem um testezinho verbal no tecido de sua aula para aumentar a quantidade e a utilidade dos dados que coletam. James Verilli, diretor da North Star Academy de Newark, no estado de Nova Jersey, chama a isso de "mergulho profundo". Quando dá aula, ele colhe amostras de um amplo leque de alunos com um conjunto de perguntas semelhantes sobre um tópico comum para avaliar o nível de domínio da classe inteira.

Tipos de pergunta

Embora possa usar *"Entendeu?"* sem mudar o formato das perguntas que faz, pensar nas respostas como dados vai provavelmente mudar as suas perguntas. Você possivelmente fará muito menos perguntas do tipo sim-ou-não, já que, por ter só duas respostas possíveis, resultam uma taxa muito mais alta de falsos positivos. Provavelmente terá de aprender a ser mais eficiente em "dar dicas" – embutir as respostas na sua pergunta, como nesta sequência:

Professor: Quem pode me dizer o que significa a expressão *"prestes a explodir"*?

Aluno: Significa que alguém está bravo?

Professor: Bem, está um pouquinho bravo ou muito, muito bravo?

Aluno: Muito, muito bravo.

Professor: Muito bem.

Neste caso, é difícil imaginar um aluno que pense que a resposta é "um pouquinho bravo". Enfim, você provavelmente vai passar a confiar muito menos na autoavaliação do aluno, um método que os professores usam bastante – "levante a mão se você entendeu". Os apaixonados por dados sabem que a autoavaliação sofre de uma não confiabilidade crônica.

Observação do registro do aluno

Observar é um outro jeito de determinar se os alunos entenderam um conceito e também resolve o problema de validade. Quando você testa a compreensão por meio de perguntas, você não leva em conta que, na realidade, os alunos podem muitas vezes responder certo verbalmente e errado por escrito. A observação permite que você veja respostas escritas antes de encerrar a aula. Além disso, a observação, que envolve circular pela sala enquanto os alunos fazem trabalho individual em classe para verificar os níveis de compreensão, requer um investimento maior de tempo, mas permite ver mais dados durante esse tempo. Como as perguntas, esta habilidade não envolve tanto mudar a atividade em si, mas sim olhar para a atividade com as lentes de quem busca dados. Em vez de circular só para ver quanto tempo falta para que os alunos acabem uma tarefa ou se eles estão mesmo trabalhando, você poderia observar o número e o tipo de erro que estão cometendo e, se possível, anotar esses erros brevemente, de maneira que possa organizar os dados mais tarde e usá-los como referência.

Um jeito de aumentar sua capacidade de coletar dados úteis por meio da observação é padronizar o formato daquilo que está observando. Se, por exemplo, você está procurando informação em um mesmo ponto da folha de cada aluno, vai encontrá-la muito mais rapidamente e poderá permanecer concentrado na comparação das respostas de todos os alunos, em vez de avaliá-las individualmente. Distribuir folhas de atividades é um jeito eficiente de fazer isso. Se você planeja antecipadamente o trabalho que deseja que os alunos façam durante a aula, escrevendo os problemas ou perguntas em ordem em uma folha de atividades que cada aluno recebe no início da aula, você sabe que a solução do problema que manda encontrar o mínimo denominador comum de 28 e 77 estará no alto da terceira página da folha de cada aluno. Dessa forma, você minimizou o número de coisas desimportantes que precisa processar, podendo concentrar-se no que é mesmo importante.

Você pode dar um passo adicional ao criar, nas folhas de atividades, espaços claros para fazer contas ou escrever respostas. A propósito, este método funciona em qualquer disciplina, embora de forma ligeiramente diferente. Se a classe está lendo um romance, por exemplo, você pode pedir aos alunos que sublinhem o trecho no qual a motivação do protagonista é revelada e escrever à margem "principal indício de motivação". Aí seria fácil circular pela sala de aula e verificar o entendimento enquanto os alunos leem. Ou, se você não quiser ser tão detalhista, pode pedir aos alunos que escrevam um resumo de cada página com apenas uma sentença, que deve ser escrita no alto da página do livro. Em seguida, você pode escolher uma página relevante e comparar todas as sentenças de sua classe para avaliar melhor os dados.

Um jeito de aumentar sua capacidade de coletar dados úteis por meio da observação é padronizar o formato daquilo que está observando.

Outro jeito de aumentar sua capacidade de reunir dados observáveis é usar "cacos". Você pode rapidamente verificar a compreensão da classe inteira ao dar a seus alunos ferramentas para escrever suas respostas e rapidamente devolvê-las a você. Alguns professores usam papel de rascunho, outros arranjam minilousas para seus alunos. Você pode até usar as folhas de papel almaço ou folhas de atividades e dizer "quero ver", depois circular entre eles para observar. O truque não está tanto na ferramenta usada para reunir dados, mas sim na maneira de os reunir e em como responder à informação. Certifique-se de observar todas as respostas dos alunos. Certifique-se de que os alunos não podem colar. Certifique-se de que suas perguntas avaliam eficientemente – e não superficialmente – o domínio do conteúdo. Uma variação mais simples e eficiente do mesmo tema é pedir aos alunos que usem sinais não verbais para revelar suas respostas a uma série de perguntas: "Levante um dedo se você marcou a resposta A; dois dedos, se marcou B". Só fique alerta para a habilidade de alguns alunos para esconder sua falta de conhecimento e copiar o gesto da maioria.

IDEIA-CHAVE

ENTENDEU?

Para ser eficiente, esta técnica exige coletar dados constantemente e agir imediatamente a partir dos resultados da análise desses dados. A segunda parte (agir imediatamente) é mais difícil de fazer e tão importante quanto a primeira.

INTERVIR A PARTIR DOS DADOS

A segunda parte de *Entendeu?* envolve intervir a partir dos dados coletados. Vale a pena notar que toda observação do mundo não resolve seus problemas se não resultar em ação. Geralmente, os professores são melhores em verificar a compreensão dos alunos do que em agir sobre seus erros, então é imperativo não apenas agir, mas agir imediatamente. Quanto mais curta a distância entre o reconhecimento de uma falha na compreensão do aluno e a intervenção para consertar o problema, mais provável será a eficiência da intervenção. Há exceções: às vezes é melhor identificar um pequeno grupo de alunos para fazer reforço em separado. Não faz sentido trabalhar um material mais difícil, se os alunos ainda não dominaram coisas mais simples. Não faz sentido continuar a ler um romance, se falta compreensão sobre o que aconteceu nos primeiros capítulos. Pare e conserte; depois, continue. Aliás, quanto mais tarde você resolver o problema, mais complicado ele será. Quando um erro é composto de três dias ou três horas de mal-entendidos consecutivos, é provável que se torne complexo e mais difícil de corrigir; vai levar tempo para localizar a causa inicial e você vai precisar de uma aula inteira para ensinar tudo de novo. É muito melhor agir rapidamente e resolver problemas de aprendizado enquanto eles ainda são simples e podem ser abordados com uma pergunta adicional, uma curta atividade ou uma nova explicação que leva três minutos em vez de 35.

> *Quanto mais curta a distância entre o reconhecimento de uma falha na compreensão do aluno e a intervenção para consertar o problema, mais provável será a eficiência da intervenção.*

Há muitas maneiras de intervir a partir de dados. Os professores às vezes esquecem o benefício de ensinar o mesmo material novamente, mas de um jeito ligeiramente diferente do adotado na primeira vez. Repetir o que você fez antes pode funcionar. Só que isso parte da premissa de que todos os alunos que não aprenderam da primeira vez vão aprender da segunda. Isso não significa que você deva tentar um método completamente novo para ensinar divisão com resto, por exemplo. Mas você tem mesmo de pensar num jeito melhor de fazer isso, talvez explicando com palavras ligeiramente diferentes ou com exemplos diferentes.

Aqui estão várias outras ações que você pode adotar em resposta a dados que revelem que o domínio do conteúdo por parte dos alunos está incompleto:

- Ensine de novo, usando uma abordagem diferente.
- Ensine de novo, identificando a etapa problemática: "Acho que o ponto complicado é quando a divisão não é exata, então vamos trabalhar nisto um pouco mais".

- Ensine de novo, identificando e explicando os termos difíceis: "Acho que estamos com problemas com o termo *denominador,* não?"
- Ensine de novo, a um ritmo mais lento: "Vamos ler esta lista de palavras de novo. Vou ler bem devagarzinho e gostaria que vocês prestassem muita atenção na minha pronúncia do som do *r.* Depois vou pedir a vocês que..."
- Ensine de novo, com outra ordem: "Desta vez, vamos tentar inverter a ordem dos principais eventos da história".
- Ensine de novo, identificando os alunos mais preocupantes: "Agora vamos trabalhar nos livros, mas eu quero que uns dois ou três venham trabalhar comigo aqui na frente. Se eu disser seu nome, traga seu livro para cá [ou me encontre no intervalo]".
- Ensine de novo, usando mais repetições: "Parece que já estamos conseguindo identificar os gêneros, mas vamos praticar um pouco mais. Eu vou ler para vocês duas frases de 10 histórias imaginárias. Para cada uma, escreva o gênero a que você acha que ela pertence e uma razão para a sua resposta".

Técnica 19
MAIS UMA VEZ

Muitos anos atrás, em uma escola em que eu dava aula, mandaram-me treinar o time de beisebol, um esporte que eu só jogava de vez em quando. Senti-me desqualificado para treinar. Mas o amigo de um amigo era um mestre como treinador de beisebol e durante um café ele me ensinou a organizar minhas práticas. Seu melhor conselho foi simples e duradouro e é a chave para a técnica *Mais uma vez:* "Ensine a eles o básico de como bater na bola e depois faça-os bater na bola o máximo de tempo que puder. Prática e mais prática, tacada após tacada após tacada: maximize o número de vezes que eles praticam. Deixe-os bater na bola uma vez atrás da outra até que eles possam dar a tacada até dormindo. Essa é a chave. Não mude isso. Não invente moda. Faça-os fazer a mesma coisa de novo e de novo". Afinal entendi: fazer de novo era a chave para aprender a bater na bola em beisebol.

Às vezes, as verdades óbvias são as melhores. De fato, esta verdade é reafirmada pelos dados em quase todos os campos e em toda situação. Quer saber qual é o fator que melhor prevê a qualidade de um cirurgião? Não é a reputação dele, não é a faculdade onde se formou, nem mesmo quão inteligente ele é. A melhor maneira de prever sua qualidade é descobrir quantas cirurgias de um certo tipo ele já fez. É a memória muscular. É a repetição. É *Mais uma vez* – para cirurgias complexas, para bater a bola de beisebol, resolver problemas de matemática, escrever corretamente. A repetição é a chave para um cirurgião não apenas porque significa que ele vai fazer tudo certo se as coisas correrem normalmente, mas também porque, se as coisas derem errado, ele terá o máximo de poder cerebral livre para resolver o problema na hora. Com suas habilidades de corte e sutura no automático, ele vai calmamente aplicar todas as suas faculdades para focar e resolver o problema inesperado.

Quer saber qual é o fator que melhor prevê a qualidade de um cirurgião? Não é a reputação dele, não é a faculdade onde se formou, nem mesmo quão inteligente ele é. A melhor maneira de prever sua qualidade é descobrir quantas cirurgias de um certo tipo ele já fez. É a memória muscular. É a repetição.

Nada melhor do que a técnica *Mais uma vez* para desenvolver e refinar uma habilidade, e assim poder aplicá-la de maneira precisa sob quaisquer circunstâncias. Portanto, as grandes aulas devem ter muito *Mais uma vez*. E, se é verdade que as pessoas aprendem uma nova habilidade na décima ou vigésima vez que a praticam (nunca na primeira vez), então é importante incluir isso nas suas aulas. Quando seus alunos chegam à fase do *"Vocês"*, quando já estão fazendo trabalhos independentes, precisam de muita, muita prática: 10 ou 20 repetições em vez de duas ou três. É importante lembrar disso porque, especialmente em um dia muito cheio, repetir poucas vezes é o mais comum. A gente ensina até a parte onde os alunos parecem ter percebido a nova habilidade e para. Eles tentam uma vez e dizemos: "Muito bem, você entendeu!". Ou pior: "Agora estamos sem tempo. Tente fazer em casa e vê se aprende direitinho!".

Uma aula deve terminar com os alunos tentando mais uma vez e mais uma vez e mais uma vez. Deve quase sempre começar com uns poucos *Mais uma vez* do material precedente (revisão). Aqui estão pontos-chave para lembrar:

- *Siga em frente até que eles possam fazer sozinhos.* No final da prática independente, os alunos devem ser capazes de resolver problemas no nível mais avançado e devem fazê-lo inteiramente sozinhos.
- *Use variações e formatos múltiplos.* Alunos devem saber resolver problemas em formatos múltiplos e em número significativo de variações plausíveis.
- *Agarre as oportunidades para enriquecer e diferenciar a instrução.* Como alguns alunos demonstram domínio mais rapidamente do que outros, certifique-se de ter problemas extras para eles, de forma que avancem para o próximo nível.

Técnica 20
ARREMATE

Termine sua aula com um *Mais uma vez* final, uma única pergunta ou talvez uma curta sequência de problemas para resolver no fim da aula. Ao recolher isso dos alunos e fazer a triagem dos dados, o resultado é o *Arremate*. Não apenas esta técnica vai estabelecer uma expectativa produtiva sobre o trabalho completado pelos alunos no dia, como também vai garantir que você sempre *Entendeu?* de forma a prover-se com dados sólidos e, portanto, percepções cruciais. Qual a porcentagem de seus alunos que respondeu certo? Quais os erros mais frequentes? Ao olhar para esses erros, por que foram cometidos? O que, na sua aula, pode ter levado a essa confusão? Você saberá não apenas como melhorar a próxima aula, mas também não viverá tateando no escuro. Você saberá quão eficiente foi sua aula, de acordo com a medida do aprendizado dos alunos, e não de acordo com o que você acha que fez direito.

Algumas ideias eficientes para *Arremate:*

- *São rápidos: uma a três perguntas.* Honestamente, é só isso. Não é um teste de uma unidade temática completa. Você só quer ter uma boa ideia de como seus alunos absorveram o conceito central de seu objetivo de aula e fazer 10 minutos de análise do resultado.
- *São projetados para gerar dados.* Significa que as perguntas são simples e se concentram em uma parte fundamental do objetivo. Assim, se os alunos entenderam mal, você saberá por quê. (Se você pedir que resolvam um problema com várias etapas, pode ser que nunca descubra qual etapa eles não entenderam!) Essas perguntas também tendem a variar na forma – uma de múltipla escolha e uma de resposta aberta, digamos. Você precisa ter certeza de que os alunos podem resolver um problema dos dois jeitos.
- *Eles podem se transformar em grandes* Faça agora *(Técnica 29).* Depois de examinar os dados, mostre-os a seus alunos também. Comece a aula do dia seguinte pela análise e ensine de novo as perguntas que os alunos responderam errado.

Técnica 21
TOME POSIÇÃO

Esta técnica envolve levar os alunos a se engajar ativamente nas ideias ao redor deles, julgando as respostas de seus colegas. Com isso, você consegue aumentar o número de alunos que participam e processam uma certa parte de sua aula.

Por exemplo, você pode pedir a seus alunos que comentem a resposta de um deles como Bob Zimmerli faz na escola Rochester Prep: "Dois estalar de dedos se você concorda; duas batidas de pé se você discorda". Só um aluno responde à pergunta, mas todos os outros precisam resolver o problema para dar uma opinião. Se for aplicada corretamente, esta técnica pode multiplicar sua *Proporção* por 25.

Técnicas do tipo *Tome posição* podem ser usadas com a classe toda ("Fique de pé se você concorda com o Alex") ou dirigidas a um só aluno ("Ela disse que 9 vezes 9 são 81. Isso não está certo, está, Valéria?"). Podem ser avaliadoras ("Quantas pessoas acham que a Lúcia está certa?") ou analíticas ("Como ela poderia verificar seu resultado para ter certeza que acertou, Adriane?"). Enfim, podem ser verbais ou sinalizadas por um gesto: "Mostrem nas suas mãos o tamanho do resto" ou "Mostrem nas suas mãos o número da resposta certa". (Alguns professores pedem que os alunos abaixem as cabeças, para ter certeza que eles não vão ver as respostas dos outros quando tomam posição ou escrevem em um pedaço de papel ou nas minilousas.)

Tome posição ajuda os alunos a processar mais conteúdo e ajuda você a verificar o entendimento. Quão indicativa do resto da classe foi a resposta do aluno original? Qual resposta errada escolheram os que erraram? Além disso, já que usar as técnicas do tipo *Tome posição* significa pedir explicitamente a um aluno que avalie a resposta de outro – "Está certo, Rodolfo?" ou "Quantas pessoas deram a mesma resposta que o Luís?" –, a técnica destaca as respostas dos alunos. Faz com que elas pareçam tão fundamentais para o trabalho de aprendizado quanto as respostas dadas pelo professor e sublinha o valor dado pelos professores às respostas dos alunos.

Quando você pede aos alunos que tomem posição, tenha cuidado para não deixar o exercício se tornar superficial.

Quando você pede aos alunos que tomem posição, tenha cuidado para não deixar o exercício se tornar superficial. Há muitas salas de aula onde os professores rotineiramente pedem aos alunos para concordar ou discordar ou fazer sinais de positivo ou negativo com o polegar. O segredo para obter o efeito máximo não é tanto pedir aos alunos para concordar ou discordar, mas fazer perguntas adicionais para informar seu trabalho pedagógico e para tornar seus alunos responsáveis por raciocinar em cima das questões em vez de simplesmente participar de forma vazia e obrigatória. Para tornar a técnica eficiente, você precisa, com consistência previsível (talvez não todas as vezes, mas com regularidade), pedir aos alunos que defendam ou expliquem suas posições: "Por que você está fazendo o sinal de negativo, Keila?". É fácil levantar a mão, mas o segredo é ter certeza de que os alunos estão mesmo fazendo trabalho cognitivo quando levantam a mão. Para fazer isso, você tem de verificar as respostas. Também é importante lembrar de pedir aos alunos que tomem posição tanto quando a resposta original estava certa como quando estava errada – e também evitar que o seu método entregue a resposta certa aos alunos. Conheci uma professora que sempre pedia aos seus alunos para "estalar os dedos duas vezes se você concorda; bater os pés duas vezes, se você discorda" quando a resposta estava certa; e "levante a mão se você daria a mesma resposta" quando a resposta estava errada. Isso excluía qualquer trabalho intelectual do exercício.

Para aplicar essa técnica com sucesso também é preciso fazer um certo trabalho cultural para garantir que seus alunos se sentem confortáveis ao expor e discutir seus próprios erros: bater os pés quando todo mundo está estalando os dedos ou mostrar três dedos quando todo mundo mostra quatro, e depois dizer abertamente o que eles acham e por quê. Não esqueça de elogiar e reconhecer os alunos que o fazem. "Obrigada por bater seus pés, Tiago. Eu aprecio muito que você tenha se arriscado para nos desafiar. Agora vamos tentar entender por que você não concorda." Em seguida, depois de tudo esclarecido, saudar a coragem de Tiago: "Vamos estalar os dedos duas vezes e bater os pés duas vezes para o Tiago, que nos obrigou a pensar".

? REFLEXÃO E PRÁTICA

As atividades a seguir podem ajudar a pensar e praticar as técnicas deste capítulo:

1. Abaixo você encontrará algumas habilidades muito simples. Apenas para efeito de exercício rascunhe um plano de aula que siga a estrutura *"Eu/Nós/Vocês".* Na verdade, você pode avançar um passo mais e planejar um processo de cinco etapas: eu faço; eu faço, você ajuda; você faz, eu ajudo; você faz, e faz e faz e faz. Não precisa achar que vai ensiná-los de verdade a seus alunos. É só treino.

   Os alunos serão capazes de:
   - Colocar corretamente o cordão do sapato e amarrá-los.
   - Escrever o nome da escola em letra cursiva.

- Recortar bandeirinhas para festa junina.
- Separar o lixo reciclável na escola.
- Usar o liquidificador de maneira segura.

2. Agora bole um gancho de três a cinco minutos que envolva os alunos e crie o ambiente para a aula.

3. Dê nome aos passos da porção *"Eu"* da aula. Revise esses passos e encontre quatro ou cinco maneiras de fazer com que os alunos fixem esses passos na memória.

4. Identifique dois ou três pontos da aula onde os alunos provavelmente vão errar ou entender mal a lição. Faça um roteiro de perguntas do tipo *Divida em partes* em vários níveis de apoio para cada um desses pontos onde os erros podem ocorrer.

5. Planeje um *Arremate* que permita medir com precisão o conhecimento adquirido pelos alunos durante a aula.

CAPÍTULO QUATRO

MOTIVAR OS ALUNOS NAS SUAS AULAS

Grandes professores conseguem envolver seus alunos para que eles se sintam parte da aula. Faz parte do dia a dia de seus alunos o envolvimento concentrado dos alunos no trabalho acadêmico. Isso é mais fácil dizer do que fazer, especialmente com os alunos mais resistentes, e mais ainda quando se considera que os alunos devem estar motivados não apenas na aula, mas *nas tarefas* da aula. Mesmo assim, é possível motivá-los trocando firulas por conteúdo. O objetivo das técnicas descritas neste capítulo é atrair os alunos, de forma consistente, para o trabalho acadêmico e mantê-los focados no aprendizado.

Técnica 22
DE SURPRESA

Quando você está fazendo perguntas à classe, é natural querer gerenciar quem está participando e pensar: "Como dou uma chance a todo mundo?", "É a vez de quem mesmo?" ou "Quem vai me dar a resposta que eu quero?". No entanto, uma questão mais importante seria esta: "Como posso adaptar minhas decisões sobre quais alunos chamar, de forma a ajudar todos os alunos a prestar mais atenção?". A ideia, claro, é que, se você quer que todo mundo preste atenção, precisa desenvolver um sistema que garanta que todos os alunos pensem que podem ser chamados a qualquer momento. Eles têm de acreditar que é possível que sejam chamados, quer tenham levantado a mão ou não, e, por isso, precisam preparar-se para responder. É necessário um sistema que garanta que, em vez de ter um único aluno respondendo a cada uma de suas perguntas, todos os alunos respondam a todas as suas perguntas na cabeça deles. E você simplesmente escolhe um para responder em voz alta. Esse sistema é o *De surpresa.*

IDEIA-CHAVE

DE SURPRESA

Garanta que em sua aula todos os alunos tenham a expectativa de ser chamados a participar da aula. Para isso convoque para responder a perguntas mesmo aqueles que não tenham levantado a mão.

Quando usar a técnica *De surpresa,* aborde um aluno mesmo que ele não tenha levantado a mão. É simples: você faz uma pergunta e, em seguida, diz o nome do aluno que quer que responda. Se os alunos percebem que isso ocorre com frequência, acabarão por esperar por isso e vão se preparar para responder a pergunta. Escolher quem responde à sua pergunta, independentemente de o aluno ter levantado a mão, também traz outros benefícios importantes para a sua aula.

É fundamental poder checar o nível de conhecimento de qualquer aluno, em qualquer momento.

Em primeiro lugar, esta técnica permite que você verifique a aprendizagem de maneira eficaz e sistemática. É fundamental poder checar o nível de conhecimento de qualquer aluno, em qualquer momento, quer ele se ofereça, quer não. Na verdade, é ainda mais importante quando o aluno não está se oferecendo para responder às suas perguntas. *De surpresa* permite que você teste exatamente o aluno que você quer – e a técnica torna esse processo corriqueiro. Quando os alunos estão acostumados a ser convocados pelo professor a participar, eles reagem como se fosse um evento normal e isso permite que você obtenha uma resposta honesta e focada e verifique a aprendizagem de maneira confiável. Assim, se usar *De surpresa* para ajudá-lo a verificar a compreensão de seus alunos é crucial, é ainda mais importante que você crie o hábito de usar esta técnica mesmo antes de precisar fazê-lo. Seu objetivo deve ser tornar esta técnica uma parte normal e natural da sua aula, e de preferência uma parte positiva.

Em segundo lugar, *De surpresa* aumenta tanto o ritmo da sua aula (tempo psicológico) como a velocidade na qual você consegue cobrir o conteúdo planejado (tempo real). Para entender como isso se dá, experimente gravar o som de uma de suas aulas. Use um cronômetro para medir quanto tempo você passa esperando (encorajando, bajulando, perguntando) por voluntários. Com *De surpresa,* não há mais espera depois da pergunta. "Alguém pode me dar uma das causas da Primeira Guerra Mundial?" Você não precisa mais varrer a sala com os olhos, procurando por mãos levantadas. Não vai mais precisar soltar dicas para encorajar a participação, nem dizer à classe que você gostaria de ver mais mãos erguidas. Em vez de dizer "Estou vendo as mesmas quatro mãos de sempre. Quero ouvir outras pessoas. Ninguém mais sabe isso?", você simplesmente diz o seguinte: "Diga-nos uma das causas da Primeira Guerra Mundial, por favor, [breve pausa] Regiane". Com *De surpresa,* você avança muito mais rapidamente com o conteúdo e desaparece o ambiente tedioso e apático, quando ninguém se habilita a responder. Esses dois resultados vão aumentar seu ritmo: a sensação da velocidade que você cria em sua sala de aula – um fator crucial para o envolvimento dos alunos *(veja Capítulo Três para mais informações sobre ritmo).*

Em terceiro lugar, *De surpresa* permite que todos trabalhem na sala e sinaliza para os alunos não apenas que eles podem ser chamados a participar a qualquer momento – e, portanto, que devem se envolver no trabalho da aula –, mas também que você quer saber o que eles têm a dizer. Você se interessa pela opinião deles. Muitos alunos têm contribuições a dar, mas não o farão se você não solicitar. Eles ficam imaginando que ninguém realmente se importa com o que eles pensam, ou que é melhor guardar suas ideias para si mesmos, já que a mão do Rodrigo é a que está sempre levantada. Pode haver alunos que têm uma ideia potencialmente valiosa, mas arriscada, na ponta da língua, mas ainda não se sentem seguros o bastante para expressá-la. Às vezes, há uma troca de olhares entre vocês como se dissesse: "Devo?". Ou mesmo: "Peça que eu responda, assim dividimos a responsabilidade se eu estiver totalmente errado".

Muita gente acha que chamar um aluno de surpresa é uma atitude punitiva e estressante. A observação de excelentes professores em sala de aula me mostrou que não é assim. Quando aplicada corretamente, esta é uma técnica

Muita gente acha que chamar um aluno de surpresa é uma atitude punitiva e estressante. A observação de excelentes professores em sala de aula me mostrou que não é assim.

extremamente poderosa e positiva para alcançar as crianças que querem falar, mas relutam em levantar a mão. A mensagem dela é "Eu quero saber o que você tem a dizer", mesmo que a mão do Rodrigo esteja erguida pela décima vez em doze perguntas.

Em quarto lugar, *De surpresa* ajuda você a distribuir tarefas pela sala toda, não apenas de maneira mais completa (para além das mãos levantadas), mas com mais autoridade. Um de seus efeitos positivos é que ela estabelece que a sala é sua. Não apenas permite que você alcance certos alunos relutantes, mas também tem um forte efeito cultural, porque estimula o engajamento. Se tenho certeza de que você vai me chamar nas próximas horas ou dias para me manifestar sobre as tarefas da aula, isso é um grande incentivo para que eu me prepare com antecedência para essa probabilidade. Você me tornou responsável – e esta é uma força incrivelmente poderosa. Às vezes, as pessoas se perguntam "Qual destas técnicas eu deveria experimentar primeiro?" ou "Se eu puder ensinar meus professores a usar somente uma técnica, qual deveria ser?". Pelas razões já descritas, acredito que a técnica isolada mais poderosa deste livro seja *De surpresa.* Embora criar o hábito de chamar alunos que não levantaram a mão seja uma das técnicas mais cruciais para universalizar o bom desempenho escolar, *De surpresa* pode não ser igualmente eficiente todas as vezes que for utilizada, pois seu sucesso depende da aplicação de alguns poucos princípios fundamentais:

- **De surpresa *é previsível.*** *De surpresa* é um excelente remédio para prevenir, mas não para curar. É um jeito de manter os alunos atentos, impedidos de se distrair, mas não funciona tão bem quando eles já estão distraídos. É uma estratégia de motivação, não uma estratégia para disciplinar os alunos.

> *Se você usar* De surpresa *por alguns minutos em sua aula quase todos os dias, seus alunos vão esperar por isso e mudar de comportamento com antecedência.*

Quando um estímulo é previsível, ele muda comportamentos com antecedência, não só por reação. Se você usar *De surpresa* por alguns minutos de sua aula quase todos os dias, seus alunos vão esperar por isso e vão mudar de comportamento com antecedência; eles vão se preparar para ser chamados a qualquer momento, prestando atenção e ficando em estado de prontidão. Se os seus chamados *De surpresa* realmente surpreenderem os alunos, eles vão aprender uma lição ("Droga, eu devia ter me preparado!"), mas aí já será tarde demais para ajudá-los. A menos que eles tenham certeza de que haverá uma outra pergunta muito em breve, não haverá razão para que mudem seu comportamento. Se a prática não for previsível, eles também podem se sentir perseguidos, apanhados com a guarda baixa, e, portanto, será mais provável que pensem sobre o passado ("Por que ela pega no meu pé?!?") do que sobre o futuro ("Vou me preparar!").

Se as perguntas *De surpresa* forem previsíveis e os alunos começarem a esperar por elas, o efeito será universal. Não apenas os que devem responder à pergunta, mas todos os alunos são afetados pela possibilidade (na verdade, a probabilidade) de uma pergunta inesperada. Você quer que os alunos reajam antecipadamente à possibilidade da surpresa, não depois de ela ocorrer. O objetivo é que estejam sempre prontos para uma possível pergunta, não que decidam se preparar para a próxima depois de feita a primeira. E você quer que todos pensem assim.

Portanto, *De surpresa* deve ser parte integrante da rotina da sala de aula. Um pouquinho de *De surpresa* todos os dias terá um efeito maior na cultura de classe do que fazer uma bateria de perguntas de surpresa de forma intensa, mas inconsistente ou imprevisível. Em toda aula, deve haver um momento em que os alunos são convidados a participar, quer tenham levantado a mão, quer não.

Além disso, como o propósito de *De surpresa* é engajar os alunos antes que eles se desconectem, muitos professores acham que o começo da aula é o momento ideal para aplicar esta técnica. Isso lhes permite dar o tom para o resto do dia e engajar os alunos antes que eles possam se distrair. *De surpresa* é um medicamento preventivo. Tome diariamente para evitar o surgimento de sintomas.

▶ **De surpresa *é sistemático.*** Os professores que usam *De surpresa* sinalizam que essas perguntas têm a ver com suas expectativas, e não com indivíduos específicos. Esses professores se esforçam para deixar claro que as perguntas de surpresa são universais (são feitas, sem falha, a todos os alunos) e impessoais (o tom, o jeito e a frequência das perguntas enfatizam que as perguntas não constituem um esforço para "pegar" um aluno ou alunos em particular). Quanto menos emoção houver na aplicação da técnica *De surpresa,* menos ela se conecta ao que o aluno fez ou deixou de fazer, à satisfação ou insatisfação do professor com ele ou ao fato de a lição de casa estar feita ou não.

Idealmente, a mensagem deve ser esta: "É assim que trabalhamos por aqui". Os professores entrevistados para este livro usam *De surpresa* com um tom neutro e calmo e escolhem rapidamente o aluno que deve responder, evitando uma aparência de seleção cuidadosa. As perguntas chegam aos alunos rápida, clara e calmamente, em baterias dirigidas a vários alunos, em vários locais da sala, em vez de se concentrarem em um único aluno ou grupo de alunos isolados. As perguntas devem ser distribuídas a todo tipo de aluno – não só àqueles que podem se distrair ou aos que sentam no fundo. Afinal, *De surpresa* não é uma punição: como diz Colleen Driggs, é a chance que o aluno tem de "brilhar".

Alguns professores enfatizam a natureza sistemática da técnica *De surpresa,* mantendo tabelas visíveis de controle sobre quem foi perguntado, onde os nomes vão sendo marcados à medida que respondem. Não há mensagem mais clara do que essas tabelas de controle, avisando que qualquer um pode ser chamado a qualquer momento.

De surpresa *é positivo.* O objetivo de *De surpresa* é estimular o engajamento positivo no trabalho em classe, que, idealmente, é um trabalho rigoroso. Um dos seus benefícios é que, de vez em quando, os alunos se surpreendem com sua própria capacidade. Eles não se apresentam como voluntários porque não acreditam que consigam responder, mas, quando são forçados a tentar, são agradavelmente surpreendidos pelo próprio sucesso. Quando isso acontece, eles também se beneficiam por saber que você acreditou que eles podiam responder à pergunta. Você mostra seu respeito pelo aluno, e sua fé nele, quando lhe pede para participar da conversa. Mas isso só funciona quando as suas perguntas de fato convidam os alunos a participar de uma conversa real, em vez de tentar flagrá-los na ignorância e castigá-los por isso. Este é o aspecto de *De surpresa* que os professores tendem a compreender mal. Muitos de nós têm um lado que quer usar esta técnica como uma espécie de "Te peguei!" – dirigir-se a um aluno quando sabemos que ele está distraído, para mostrar-lhe esse fato ou ensinar-lhe algum tipo de lição ("O que foi mesmo que eu disse, João?" ou "Não é verdade, João?"). Mas isso raramente funciona, já que a humilhação pública de um aluno, sem nenhum benefício potencial em jogo, tem mais probabilidade de levá-lo a se perguntar sobre você ("Por que ela sempre pega no meu pé?") do que sobre ele mesmo.

O objetivo é que o aluno aprenda a resposta certa, não que aprenda uma lição ao responder errado.

Um *De surpresa* positivo é o oposto do "Te peguei!" de duas maneiras. Em primeiro lugar, ele tem conteúdo. "O que foi que eu disse?" não é uma pergunta com conteúdo. É um "Te peguei!", projetado para "ensinar uma lição" que, na realidade, raramente ensina. "Você acha que a abolição da escravidão foi a principal razão da Guerra da Secessão nos Estados Unidos?" é uma pergunta pra valer. "Qual é o sujeito nesta oração?" é uma pergunta pra valer. É o tipo de pergunta que você faria a um colega seu na sala dos professores – e isso mostra o respeito que você tem pelo aluno ao qual faz a pergunta. Em segundo lugar, o objetivo é que o aluno aprenda a resposta certa, não que aprenda uma lição ao responder errado. Você quer que os seus alunos tenham sucesso, sintam-se bem e até mesmo um pouco surpresos com o próprio sucesso, mesmo enquanto estão sendo desafiados e pressionados pela saudável tensão de *De surpresa.* Lembre-se que *De surpresa* é uma técnica de motivação, não uma técnica disciplinar. Ela mantém os alunos concentrados na tarefa em andamento e mentalmente engajados. Quando o aluno já está distraído, a oportunidade para usar *De surpresa* já passou. Aí você teria de usar uma técnica disciplinar.

De surpresa é positiva quando você faz perguntas relacionadas ao tema da aula e quando deixa claro que está genuinamente convidando o aluno a participar de uma conversa. Use *De surpresa* com um tom positivo e entusiasmado, como se nunca tivesse passado por sua cabeça que algum aluno não quisesse participar da conversa.

Um aspecto final de *De surpresa,* que pode levar a um tom positivo, de vez em quando escapa a alguns professores despreparados: a pergunta deve ser clara e também deve ficar claro o que a resposta deve ser. Todo professor já passou pela experiência de fazer uma pergunta que, mais tarde, ele reconhece que não era clara– e que mesmo um aluno engajado e bem informado não saberia como responder. É ainda mais importante evitar esse tipo de pergunta quando você usa *De surpresa;* muitos professores enfrentam esse desafio ao planejar exatamente cada uma das perguntas que vão fazer, palavra por palavra, como parte do processo de planejamento da aula.

De surpresa *é uma escada.* Esta técnica é particularmente eficiente quando você começa com questões simples e evolui para as mais complexas, puxando os alunos para a conversa, engajando-os em termos que enfatizam o que eles já sabem e reforçando o conhecimento básico antes de exigir mais rigor ou aumentar o nível do desafio. Na maior parte das vezes, para fazer isso será necessário "fatiar" ou seja, dividir uma pergunta maior em uma série de perguntas menores.

Considere esta sequência registrada na classe de Darryl Williams, em uma aula em que ele ensina alunos de 3º ano a identificar a oração completa em uma lista com várias opções:

Darryl: Kelly, por favor, leia a próxima sentença.

Kelly: [lendo de uma folha de atividades] "Você viu uma semente de abóbora?"

Darryl: Janaína, nós temos um sujeito nesta sentença?

Janaína: Sim.

Darryl: Qual é o sujeito?

Janaína: "Você".

Darryl: "Você". Muito bem. Temos um predicado, Eric?

Eric: Sim.

Darryl: Qual é o predicado?

Eric: "Semente de abóbora".

Darryl: "Semente de abóbora". Muito bem. Então nesta frase temos sujeito e predicado, Raimundo?

Raimundo: Sim.

Darryl: Então, esta é uma oração?

Raimundo: Sim.

Darryl: Então, continuamos? O que fazemos agora, Sheila?

Sheila: Temos de dar uma olhada nas outras [duas opções de resposta], porque esta parece certa, mas uma das outras duas pode parecer certa também.

A sequência envolve chamar cinco alunos em rápida sucessão e segue uma progressão cuidadosa de dificuldade crescente. A primeira pergunta simplesmente pede ao aluno que leia o que tem diante dos olhos. Baixo nível de dificuldade. Darryl subiu o primeiro degrau: qualquer um pode responder certo. A próxima pergunta ("Tem um sujeito?") é uma pergunta incrivelmente simples, do tipo sim-ou-não, projetada para o aluno acertar. Quando ele acerta, Darryl reage com a pergunta mais difícil ("Qual é o sujeito?"), mas essa pergunta vem logo depois do sucesso do aluno na resposta anterior e depois de Darryl o ter engajado no processo de pensar sobre a estrutura das frases. Depois de fazer uma sequência parecida com outro aluno, ele avança para perguntas mais difíceis, como saber se a frase é uma oração ou qual é o próximo passo. Ao dividir a pergunta básica – "É uma oração?" – em partes menores e ao começar com perguntas mais simples, Darryl consegue engajar os alunos e garante que eles estarão prontos quando fizer as perguntas mais difíceis. Ao distribuir a pergunta básica entre cinco alunos, em vez de um só, ele também garante uma participação mais abrangente e cria a expectativa de que, em suas aulas, a participação é um evento previsível e sistemático.

Um método mais sutil de construir essa escada é permitir que os alunos comecem a responder as sequências *De surpresa* com respostas contidas em tarefas que já fizeram e que estão diante deles. Nesse caso também, é muito provável que eles acertem a resposta da pergunta inicial da sequência. Darryl começou sua sequência *De surpresa* acima ao pedir a Kelly que lesse a próxima opção [de resposta]. Isso já engaja a aluna, mas em um nível em que ela está segura (ou quase) de responder certo. A escada também funciona com esta pergunta *De surpresa:* "Por favor, diga-nos sua resposta para o primeiro problema, Maria". Funciona porque Maria fez a tarefa e sua resposta está bem diante de seus olhos. Ela simplesmente relata o seu trabalho. Claro, uma sequência que começa com perguntas tão simples idealmente progrediria para questões mais complexas, que demandariam raciocínio de Kelly e Maria. Alguns professores têm uma percepção equivocada desta técnica e acham que ela só serve para fazer perguntas fáceis. Mas as perguntas devem ser as mais rigorosas que você puder fazer – e os alunos acabarão tendo orgulho disso, de se verem lidando de improviso com material exigente. Começar simples não obriga a terminar simples, pelo contrário, tende a engajar e motivar as crianças, que são até estimuladas pelos níveis crescentes de rigor e desafio.

Usar *De surpresa* para dar seguimento a comentários anteriores em classe destaca quanto você valoriza a participação e as percepções dos alunos. Também enfatiza que o engajamento de seus alunos com aquilo que os colegas dizem é tão importante quanto o engajamento deles com o que você diz. Há duas variedades a considerar:

- *Dar seguimento a uma pergunta anterior.* Faça uma pergunta simples usando *De surpresa* – pense nela como um aquecimento – e depois faça à aluna uma série curta de outras perguntas (a maioria dos professores faz de duas a quatro), nas quais ela possa desenvolver melhor suas opiniões ou você possa verificar melhor seu entendimento.
- *Dar seguimento ao comentário de outro aluno.* Isso reforça que é tão importante ouvir os colegas quanto o professor: "O Jair diz que o cenário é uma noite escura de verão. Susana, isso nos diz tudo que precisamos saber sobre o cenário?" ou "O que significa 'explorar', Estevão? (...) Muito bem. E quem é explorado em *MacBeth,* Maria Luiza?".
- *Dar seguimento ao comentário anterior do próprio aluno.* Isso sinaliza que não é por já ter falado uma vez que o aluno vai se livrar de novos pedidos de participação. "Mas, Yolanda, antes você disse que a gente sempre deve multiplicar comprimento e largura para encontrar a área. Por que não fizemos isso agora?".

Além destes princípios, há vários outros elementos que os professores exemplares aplicam, variam e adaptam para maximizar os benefícios da técnica *De surpresa.* As principais variações do tema *De surpresa* são estas:

- ***Mãos levantadas, mãos abaixadas.*** Você pode usar *De surpresa* e permitir que seus alunos continuem a levantar a mão, se quiserem, ou você pode instruí-los a manter as mãos abaixadas. As duas versões enfatizam aspectos diferentes da técnica.

Deixar que levantem a mão continua a encorajar e gratificar os alunos que querem participar, mesmo que você de vez em quando chame aqueles que não levantaram a mão. Você decide, ao seu arbítrio, quando escolher a mão levantada ou usar a técnica *De surpresa*. Com isso, você continua a incentivar os alunos que levantam a mão e, ao mesmo tempo, pode sofisticar a sua "escada". Quando você está usando a técnica *De surpresa,* mas também permite as mãos levantadas, pode, por exemplo, fazer três perguntas de surpresa em seguida e guardar a última, que é potencialmente a mais difícil ou a mais interessante, para o aluno que levantou a mão, diferenciando, assim, a instrução, e tornando o desafio acadêmico um prêmio em si mesmo. Um fator a considerar, quando você autoriza os alunos a continuar levantando as mãos enquanto você usa a técnica *De surpresa,* é que isso pode tornar o seu uso menos visível e transparente e, portanto, menos sistemático. Isso porque pode não ficar claro para os alunos se o colega chamado a responder uma pergunta foi pego de surpresa ou estava com a mão levantada. Permitir as mãos levantadas também lhe dá um dado importante: mesmo que você ignore essas mãos, elas são uma informação sobre alunos que acham que sabem o bastante para se voluntariar. Assim, se você quiser tentar a técnica *De surpresa* naqueles cujo domínio é instável, você terá uma ideia mais clara sobre quem abordar.

Você também pode decidir que os alunos devem manter as mãos abaixadas e depois sair usando a técnica *De surpresa*. Isso manda uma mensagem poderosa sobre o seu controle firme da sala de aula e torna o seu uso da técnica *De surpresa* mais explícito, previsível e transparente ("Agora estou chamando de surpresa"). Também tende a tornar ainda mais rápido o ritmo dos seus chamados de surpresa – e, portanto o ritmo da sua aula –, porque não perde tempo percorrendo as mãos levantadas. Finalmente, as mãos abaixadas podem ser mais eficientes na verificação da compreensão por duas razões. Em primeiro lugar, reduzem a probabilidade de os alunos ficarem ansiosos demais para responder. O excesso de entusiasmo pode prejudicar o clima da sala de aula e, principalmente, corroer a sua habilidade de propor questões aos alunos que precisam se engajar mais ou àqueles cujo desempenho você precisa verificar. Em segundo lugar, como os alunos que querem responder não podem levantar a mão, acabam ficando menos visíveis, assim como sua decisão de escolher os alunos mais reticentes para responder, tornando a técnica ainda mais impessoal. Um último senão é que a maioria dos excelentes professores analisados parece ter o hábito de usar tanto mãos levantadas como mãos abaixadas, escolhendo um ou outro conforme a situação. Uma razão possível para isso é que usar só mãos levantadas não é tão dinâmico e usar só mãos abaixadas é um desestímulo a que os alunos continuem a levantar as mãos. Já que esse gesto nunca gera gratificação, com o tempo a professora corre o risco de os alunos pararem de levantar as mãos. Neste caso, é bom que ela goste mesmo de usar *De surpresa,* porque terá poucas mãos levantadas para escolher.

Nome na hora certa. *De surpresa* pode variar em termos de quando você diz o nome do estudante chamado a responder. A abordagem mais comum e, com frequência, mais eficiente é fazer a pergunta, pausar e então dizer o nome do estudante: "Quanto é 3 vezes 9? [pausa] Jairo?". Usar esta sequência – "Pergunta. Pausa. Nome." – garante que todo aluno ouça a pergunta e comece a preparar uma resposta durante a pausa oferecida. Como os alunos sabem da probabilidade de serem chamados de surpresa, mas não sabem qual deles será chamado, todos têm de responder a pergunta em sua cabeça e um deles é chamado para dizer a resposta em voz alta. No exemplo, todos os alunos da sala fizeram a multiplicação durante a pausa entre pergunta e nome. Se você diz o nome primeiro, todos os demais perderão a oportunidade de praticar a tabuada. A diferença entre este cenário (todos os alunos respondem mentalmente à pergunta e um deles dá a resposta em voz alta) e sua alternativa (um aluno responde à pergunta e os outros ficam olhando) é tão dramática que o primeiro deveria ser a abordagem-padrão para a maioria das vezes em que você usa *De surpresa.*

> *Usar esta sequência – "Pergunta. Pausa. Nome." – garante que todo aluno ouça a pergunta e comece a preparar uma resposta durante a pausa oferecida.*

Mas, em alguns casos, pode ser uma boa ideia dizer o nome do aluno primeiro. Muitas vezes, isso pode preparar o aluno e aumentar as possibilidades de sucesso. Funciona particularmente bem com alunos que ainda não foram chamados de surpresa, aqueles que têm dificuldade para processar linguagem ou alunos cujo conhecimento da língua[18] ainda está em desenvolvimento. Na sua forma mais exagerada, isso é conhecido como pré-chamada. Em uma pré-chamada, você diz ao aluno que ele será chamado mais tarde durante a aula. Isso pode ocorrer privadamente (antes da aula, o professor pode dizer: "Paulo, hoje eu vou pedir que você explique o último problema da lição de casa. Prepare-se!") ou em público ("O Paulo vai nos dar a resposta, Karen, mas depois você vai ter de explicar o porquê!).

Também é produtivo dizer o nome primeiro para ter mais clareza. Por exemplo: se você acabou de fazer uma sequência de perguntas com a Técnica *Todos*

[18] Douglas Lemov refere-se aqui ao grande contingente de alunos de escolas públicas estadunidenses cujo língua materna não é o Inglês (por serem filhos de imigrantes). É possível adaptar este exemplo ao caso brasileiro, considerando os alunos que têm dificuldade para entender a norma culta.

juntos (a próxima, neste capítulo), em que toda a classe responde em coro às suas perguntas, dizer o nome de um aluno primeiro e, depois, fazer uma pergunta adicional deixa claro para todos que você já não está usando *Todos juntos.* Assim, evita aquele momento atrapalhado e contraproducente, em que alguns alunos tentam responder em coro a uma pergunta dirigida a um deles.

Misture com outras técnicas de engajamento. *De surpresa* funciona especialmente bem quando misturada a outras técnicas de engajamento. *Todos juntos* é um exemplo perfeito: alternar respostas em coro da classe inteira e respostas individuais a um ritmo rápido e dinâmico pode elevar dramaticamente o nível de energia positiva em sala de aula. Também lhe assegura que os alunos não estão simplesmente fingindo responder durante a aplicação de *Todos juntos.* Para tomar um exemplo simples, você pode rever a tabuada com seus alunos, pedindo respostas em coro a alguns problemas:

Professor: Classe, quanto é 9 vezes 7?
Classe: 63!
Professor: Boa. Quanto é 9 vezes 8?
Classe: 72!
Professor: Muito bem. Agora, Carlinhos, quanto é 9 vezes 9?
Carlinhos: 81!
Professor: Bom. Classe, quanto é 9 vezes 9?
Classe: 81!
Professor: Bom. E, Matilde, quanto é mesmo 9 vezes 7?
Matilde: 63!

Alternando o tempo todo, você força alguns alunos a reverem a matéria ou reforça uma resposta correta, fazendo a classe toda repeti-la.

Bate-rebate (Técnica 24, mais adiante neste capítulo) é outra técnica de engajamento que funciona bem com *De surpresa.* Na verdade, é muito parecida com a Técnica *De surpresa,* já que consiste em uma série de perguntas rápidas, muitas vezes feitas sem prévio aviso. Enfim, *Todo mundo escreve* (Técnica 26, também neste capítulo) é uma preparação para *De surpresa,* já que permite a todo mundo pensar previamente no tópico ou nas perguntas que você fará. A Técnica 26 aumenta a qualidade provável das respostas.

Geralmente, os professores acham que as perguntas feitas utilizando a técnica *De surpresa* devam ser simples. Na verdade, as perguntas podem e devem ser rigorosas e exigentes. Parte de seu poder reside em que os alunos se orgulhem de responder de improviso a perguntas difíceis. Veja, em seguida, uma transcrição de uma seção de *De surpresa* executada por Jesse Rector, na escola de Clinton Hill da Academia North Star. Jesse é um professor de matemática com resultados excepcionais e com muitos admiradores dentro de nossa organização. O rigor de suas perguntas mostra o por quê. Confira quantas destas perguntas, feitas em rápida sequência a um grupo de alunos de 7º ano, você acertaria:

Jesse: Eu sou um terreno quadrado, com uma área de 169 metros quadrados. Qual é o comprimento de um dos meus lados, Janice?

Janice: 13.

Jesse: 13 o quê? [Pedir as unidades a Janice é um exemplo da Técnica 4, *Boa expressão.*]

Janice: 13 metros.

Jesse: Eu sou um terreno quadrado com um perímetro de 48 metros quadrados. Qual é a minha área, Catarina?

Catarina: 144 metros quadrados.

Jesse: Excelente. Eu sou um hexágono regular com um lado que mede 8x mais 2. Qual é o meu perímetro, Pamela?

Pamela: 64x mais 16.

Jesse: Excelente. Sou um triângulo isósceles com dois ângulos que medem 3x cada um. Qual é a medida do meu terceiro ângulo, Ana?

Ana: 180 graus menos 6x.

Jesse: Excelente, 180 graus menos 6x. E quanto é a raiz quadrada de 400, Chico?

Chico: 100.

Jesse: Não, a raiz quadrada de 400 não é 100. Vamos ajudá-lo.

David: 20.

Jesse: Certo: é 20. Diga a ele porquê.

David: Porque, se você multiplicar 20 vezes 20, o resultado é 400.

EM AÇÃO

DE SURPRESA / BATE-REBATE

Quando Jesse Rector utiliza a técnica *De surpresa,* os alunos estão de pé, o que torna óbvio que ele vai usar *De surpresa* ou, na linguagem da técnica, a torna "previsível". Jesse desmente essa ideia. Para provar, basta acompanhar os alunos de 7º ano quando respondem às questões feitas. Este também é um bom exemplo da técnica *Bate-rebate:* uma quantidade expressiva de perguntas (não necessariamente de surpresa, embora neste caso elas sejam) feitas rapidamente sobre um certo número de temas (geometria e raiz quadrada, neste caso), com pouca conversa entre elas. Você pode ler mais sobre a técnica *Bate-rebate* mais adiante, neste mesmo capítulo, e então reler esta intervenção para ver como Jesse coloca as duas técnicas juntas.

Na primeira vez em que usar *De surpresa,* seus alunos vão se perguntar o que está acontecendo – e com razão. Pode ser que eles nunca tenham sido chamados de surpresa antes e que nunca tenham estado em uma sala de aula onde esse tipo de coisa acontecia. Pode ser que não vejam a conexão entre *De surpresa* e, digamos, ter uma aprendizagem efetiva, e até achem a técnica mais negativa do que positiva. Portanto, é uma boa ideia fazer algumas observações antes de usar *De surpresa* pela primeira vez. Em poucas palavras, você pode explicar o quê e por quê. Isso tornará o exercício racional, sistemático, previsível e até mesmo motivador.

EM AÇÃO

DE SURPRESA

Em uma de suas aulas, Colleen Driggs, da escola Rochester Prep, dá uma breve explicação da técnica *De surpresa* a seus alunos. O trecho está transcrito abaixo. Muitos professores acreditam que *De surpresa* é estressante para os alunos, que serão obrigados a participar quando, de fato, não querem. Mas as suas expectativas sobre os interesses dos alunos são, com frequência, profecias que se realizam. Ao ler a explicação de Colleen, faça uma lista das coisas que ela diz e que você poderia usar ou adaptar se tivesse de apresentar *De surpresa* aos seus alunos (e, espero, tentando enfatizar como é bom).

Colleen: "Alguns professores fazem uma atividade chamada: *De surpresa.* Eu também faço. É quando você não levanta a mão para responder uma pergunta, mas o professor pode pedir a você que responda. Não é uma prova. É somente uma forma de fazer uma revisão rápida do que a gente aprendeu. Eu prefiro chamar de "grande momento", porque é a oportunidade de vocês mostrarem o quanto aprenderam. É uma ótima maneira de revisarmos as definições e os termos que aprendemos. Agora, o lado difícil é que vocês devem manter as mãos abaixadas. Eu vou fazer uma pergunta e chamar uma pessoa. Vocês devem seguir essa pessoa com os olhos e depois voltar a prestar atenção em mim. Entenderam?".

Fazer uma breve apresentação de qualquer das técnicas, não apenas para *De surpresa,* é muito útil. Algumas que me vêm à mente são *Certo é certo* (Técnica 2), *Sem escapatória* (Técnica 1), *Controle o jogo* (Capítulo Dez) e *Faça de novo* (Técnica 39).

Nesta sequência, Colleen rapidamente informa seus alunos como agir durante a aplicação da técnica *De surpresa,* explica por que ela usa essa técnica e define a atividade de forma positiva: uma oportunidade para mostrar que o aluno é capaz.

A professora Summer Payne, da escola Elm City College Prep, muda o nome da técnica *De surpresa* ao apresentá-la aos seus alunos de pré-escola. Ela canta, com uma musiquinha alegre: "Um por vez! Ouça o seu nome!". E tanto as crianças de Summer como as de Colleen adoram *De surpresa.* Se você souber apresentar a técnica de forma positiva, seus alunos também vão adorar.

EM AÇÃO

DE SURPRESA E *VOCABULÁRIO*

Beth Verilli, da Academia North Star, demonstra o ensino exemplar de *De surpresa* e *Vocabulário* (Capítulo Onze).

Beth dá aula de literatura para alunos do ensino médio. Ela usa a técnica *De surpresa* para dar continuidade a eventos anteriores, ou seja, ela sempre chama alguém de surpresa para dar exemplos do que foi falado anteriormente ou para comentar a resposta de outro aluno. Isso constrói um alto nível de engajamento dos alunos na aula e uma relação madura entre os próprios alunos, o que é importante no caso de alunos mais velhos. O uso desta técnica também ajuda a aumentar o rigor acadêmico em classe, além de manter o ritmo acelerado da aula.

Na discussão de *MacBeth* de Shakespeare, os alunos usam várias vezes alguma versão da palavra "explorar" e o fazem de maneiras ligeiramente diferentes ("explorar", "explora" e "explorou"), em cenários onde tanto as pessoas (*MacBeth*) como conceitos abstratos (a confiança de Duncan) são explicitados *(veja Vocabulário, no Capítulo Onze)*. Se o objetivo do ensino de vocabulário é que os alunos compreendam o significado profundo da palavra e possam usá-la em múltiplos cenários (tanto em termos de sintaxe como de significado), então os alunos de Beth alcançaram este objetivo muito rapidamente.

Técnica 23
TODOS JUNTOS

O elemento básico de *Todos juntos* é este: você faz uma pergunta e a classe inteira responde em coro. Parece simples, mas, quando é usada de forma eficiente em todas as suas variações, *Todos juntos* pode ser uma ferramenta excepcional, não apenas para envolver os alunos, mas também para ajudá-los a aprender.

O emprego eficiente de *Todos juntos* pode atingir três objetivos principais:

- *Revisão e reforço.* Pedir uma resposta ao grupo garante que todos poderão responder. Quando um dos alunos dá uma boa resposta individual, pedir ao resto da classe que repita essa resposta em coro é um jeito eficiente de reforçar esse conteúdo. A classe inteira repete e reforça, para o aluno que deu a resposta certa, como é importante o que ele disse.
- *Animação. Todos juntos* é uma técnica dinâmica, ativa e espirituosa. Dá uma sensação vívida de ser parte de um grupo de torcedores no estádio ou de um programa de auditório. Geralmente, os participantes gostam de torcer no meio da multidão e gostam de programas de auditório porque são atividades

cheias de energia. *Todos juntos* pode tornar sua aula igualmente revigorante e fazer com que seus alunos queiram estar lá.

- *Medida disciplinar.* Há um extraordinário benefício oculto na técnica *Todos juntos*: os alunos respondem ao estímulo em grupo, exatamente quando solicitados, uma vez atrás da outra. E essa obediência à autoridade docente se torna pública. Todos veem todos os outros fazendo a mesma coisa. Você pede, eles fazem, uma vez atrás da outra. Os alunos não veem *Todos juntos* como forma de manter a disciplina na classe, mas a técnica transforma em hábito a obediência ao comando do professor.

Os alunos não veem Todos juntos *como forma de manter a disciplina na classe, mas a técnica transforma em hábito a obediência ao comando do professor.*

Embora seja uma técnica bem direta, é fácil subestimar *Todos juntos*, focando em suas formas mais simplistas: pedir aos alunos para repetir aforismos e refrões, por exemplo. Na verdade, há cinco outros tipos de sequência *Todos juntos*, listados em seguida, mais ou menos em ordem de rigor intelectual, do menor para o maior:

1. *Repetir:* nestas sequências, os alunos repetem o que seu professor disse ou completam uma sentença familiar que ele começa. O tópico da sentença pode ser comportamental ou acadêmico.
2. *Reportar:* alunos que já terminaram seus problemas ou tarefas são solicitados a reportar seus resultados ("Vou contar até três e vocês me dão a resposta para o problema número três"). Esta versão permite relatar com dinamismo o trabalho acadêmico concluído.
3. *Reforçar:* Você reforça informação nova ou uma boa resposta ao pedir à classe que a repita: "Alguém pode me dizer como se chama esta parte da expressão matemática? Muito bem, Tadeu, esse é o expoente. Classe, como se chama esta parte da expressão matemática?". Todos têm uma interação ativa adicional com um novo conteúdo crucial e, quando é um aluno que provê a informação, *Todos juntos* reforça a importância da resposta ("Minha resposta foi tão importante que o professor pediu à classe inteira para repeti-la").
4. *Rever.* Neste caso, pede-se aos alunos que revisem respostas ou uma informação previamente abordada na mesma aula ou na unidade de conteúdo: "Quem foi a primeira pessoa que Teseu encontrou a caminho da Grécia, classe? Quem foi a segunda pessoa? E a terceira, quem foi?" ou "Qual é a palavra do vocabulário que nós dissemos que significa não ter o suficiente de alguma coisa?".

5. *Resolver:* Esta é a variante mais difícil de executar e também a mais rigorosa. O professor pede aos alunos para resolver um problema e dizer a resposta em coro: "Se o comprimento é de 10 centímetros e a largura é de 12 centímetros, quantos centímetros quadrados terá o nosso retângulo, classe?" Quando se pede a um grupo de pessoas para resolver um problema em tempo real e responder em uníssono, o desafio está em ter quase certeza de que haverá uma única resposta clara, com alta probabilidade de que todos os alunos saibam como resolver o problema. Com esses senões em mente, este tipo de *Todos juntos* pode ser altamente rigoroso – e os alunos acabam se surpreendendo com sua habilidade para resolver problemas em tempo real.

Para ser eficiente em qualquer variante, *Todos juntos* deve ser universal. Ou seja, todos os alunos devem responder. Para garantir isso, pense em usar um sinal específico ("Classe!" "Pessoal!" "Um, dois..." ou mesmo um sinal não verbal, como um dedo em riste) para indicar que você quer todos respondendo em uníssono. Esse sinal deve deixar claro quando você quer uma resposta em grupo e em uníssono ou quando você quer que todos esperem até você identificar um único aluno para responder. Isso é muito importante. Todo aluno deve saber se a pergunta que você fez:

- É retórica: "42 dividido por 7 vai dar 5?"
- Será dirigida a um único aluno: "42 dividido por 7 é igual a... Sheila?"
- Está aguardando um voluntário: "Quem pode me dizer quanto dá 42 dividido por 7?"
- Espera uma resposta em coro de toda a classe: "Classe, 42 dividido por 7 é igual a..."

Se os alunos não souberem diferenciar suas expectativas nesses quatro casos rapidamente e com precisão, você perderá sua capacidade de usar intencionalmente quaisquer dessas técnicas como melhor lhe convier. Em vez disso, cada aluno deverá deduzir por si mesmo qual das quatro expectativas acima é verdadeira. Se isso ocorrer, você perde a possibilidade de escolher entre muitas técnicas de bom ensino, como: checar a compreensão de alunos específicos com *De surpresa*, engajar todos os alunos, valorizar um aluno que vive levantando a mão, escolher um aluno que possa dar a resposta mais interessante, possibilitar aos alunos um tempo para reflexão antes de ouvir a resposta deles, etc. Em resumo, seus alunos precisam saber que tipo de resposta você quer. Além disso, quem não treme só de pensar em estar em uma festa conversando em voz alta e, de repente, alguém desliga o som e você está falando sozinho para uma sala cheia de gente e subitamente silenciosa? Para que um aluno participe com entusiasmo quando você emprega a técnica *Todos juntos*, ele precisa ter certeza de que todo mundo vai falar alto junto com ele, sem medo de ser o único a abrir a boca. Portanto, para que *Todos juntos* funcione, você precisa usar um sinal consistente, que torne uma regra a participação de 100% da classe. Uma boa deixa é a chave para conseguir isso. Então, vale a pena passar ainda mais tempo neste tópico.

Há cinco tipos específicos de deixas usadas por excelentes professores. O primeiro tipo de deixa é baseado em contagem. Por exemplo: "Um, dois, três e já..." ou "Um, dois, agora vocês...". A vantagem dessas deixas é que dão tempo ao aluno para se preparar para responder e, nas salas de aula onde *Todos juntos* é especialmente dinâmico, também dão tempo de respirar e tomar fôlego para responder o mais alto possível. Elas também ajudam a garantir que os alunos respondam em coro e exatamente na deixa, então funcionam para construir um clima eficaz de companheirismo na aula. Deixas baseadas em contagem são altamente eficientes porque podem ser interrompidas se os alunos não estiverem completamente atentos. Em outras palavras, uma contagem de "Um, dois, agora vocês!" pode ser interrompida pelo professor ("Um, dois... não, nem todo mundo está prestando atenção") para mostrar aos alunos que eles não estão atentos, mas mesmo assim manter a expectativa do que virá. Finalmente, você pode acelerar ou desacelerar os alunos segundo a necessidade, para estabelecer o ritmo que você quer.

Professores eficazes podem começar com uma deixa de contagem mais longa e gradativamente reduzi-la para ganhar tempo, à medida que os alunos se familiarizem com ela. "Um, dois, agora vocês!" pode se tornar simplesmente "Um, dois!". A economia de um segundo da aula acelera o ritmo da instrução e aloca mais tempo para o ensino. Pode parecer trivial, mas uma deixa encurtada de um segundo, repetida 10 vezes ao dia por 200 dias, dá ao professor meia hora adicional de tempo de instrução. Em algumas salas de aula, mesmo esta versão mais curta é substituída por uma deixa não verbal para acelerar as coisas.

Um segundo tipo de deixa é a coletiva. Dois exemplos comuns são "Pessoal!" e "Turma!", que podem ser usados em sentenças como "Qual o nome do resultado de um problema de adição, pessoal?" ou "Turma, qual é o maior fator comum de 10 e 16?". Usar um termo coletivo para a classe toda estimula a identidade de grupo e essas deixas lembram os alunos da expectativas do professor. Ao dizer "Turma!", você lembra aos alunos que espera participação universal e, se isso não ocorrer, basta repetir a expressão com uma ênfase ligeiramente maior: "Turma!". Excelentes professores pensam estrategicamente sobre onde colocar a deixa – antes ou depois da pergunta. Dizer "Qual é o nome do resultado de um problema de adição, gente?" dá aos alunos tempo para ouvir e processar a questão antes de responder, especialmente se houver uma ligeira pausa entre a pergunta e a deixa. Há uma diferença sutil com "Gente, qual é o nome do resultado de uma adição?". O primeiro começa com o conteúdo, o segundo, com a expectativa sobre quem deve responder.

Um terceiro tipo de deixa é um gesto não verbal: um dedo levantado, a mão que desce da altura do ombro, um gesto circular com o dedo. O não verbal tem a vantagem da rapidez e não requer uma interrupção do fluxo da aula. Se usados com consistência, podem ser poderosos. Mas também podem ser um desafio, pois o tom não pode resvalar para o de um professor caricatural. (Imagine como pode soar mal se uma professora estala os dedos para indicar que quer uma resposta em coro; por outro lado, tenho visto professores usando esse método com grande sucesso.) É fácil esquecer da consistência de sinais não verbais, uma tendência que pode gerar problemas de longo prazo. Não obstante, muitos professores excelentes conseguem mantê-la.

Um quarto tipo de deixa emprega uma mudança de tom e volume. O professor aumenta o volume nas últimas palavras da sentença e muda o tom para deixar implícita a pergunta; os estudantes reconhecem isso como uma deixa e respondem na hora. Este método é, de longe, a deixa mais difícil de usar e a mais vulnerável a erros. Quase sempre ele só é usado por professores que já dominaram os métodos mais simples por um bom tempo. É rápido, natural e não interrompe a aula, mas provavelmente você não deveria usá-lo enquanto está desenvolvendo essa habilidade. Além disso, se usar, deve esperar um certo número de mal-entendidos. Nesse caso, você deveria ter uma das outras deixas preparada para usar se os alunos não perceberem o que você quer.

O último tipo de deixa é especializado: indica uma resposta específica aos alunos. Em muitas salas de aula que usam este método, há múltiplas deixas desse tipo, cada uma indicando uma resposta diferente. Por exemplo, Bob Zimmerli ensina aos alunos várias canções que listam os múltiplos de todos os números de 1 a 12, com a música de canções populares. Depois de ensinar as canções, ele pode usar deixas especializadas. Ele pode dizer, por exemplo: "Tabuada do sete quando eu contar até três. Um, dois, três e..." e as crianças respondem cantando "7, 14, 21, 28, 35, 42..." com um determinada música. Se ele disser "Tabuada do oito quando eu contar até três. Um, dois, três e...", a música muda e os números também. Este tipo de deixa pode ser especialmente animado tanto para alunos como para professores.

Os professores desenvolveram uma grande variedade de detalhes que agregam valor à técnica *Todos juntos*, tornando-a muito útil em algumas situações particulares. Aqui estão três jeitos especialmente eficazes de adaptar e aplicar esta técnica:

- Combine-a com *De surpresa* e use as duas alternadamente. Ao variar a responsabilidade do grupo e de cada indivíduo pela resposta, você aumenta o nível de atenção e se vale da tensão do inesperado, tornando a aula mais interessante para os alunos.

- Incremente a técnica *Todos juntos*, dirigindo perguntas a subgrupos da turma. Peça aos meninos que respondam em coro, depois às meninas; o lado esquerdo da sala e o lado direito; a metade da frente e a metade do fundo. Estas alterações imprevistas tornam a técnica ainda mais animada e cheia de surpresas, fatores que devem aumentar o engajamento na aula.
- Acrescente um gesto físico. Por exemplo, os alunos cruzam os dedos, imitando um sinal de mais, quando perguntados qual é o nome do resultado de uma soma: "Produto!". Se a pergunta for sobre onde deve ir a dezena durante a solução de uma soma, eles apontam o dedo para o alto e gritam: "Em cima!". Incluir um gesto físico de vez em quando tem duas vantagens para os professores. Em primeiro lugar, oferece aos alunos um caminho para a atividade física em classe, o que os mantém alertas e em movimento e lhes dá algo positivo para fazer, não apenas dizer. É um grande alívio para os alunos que têm dificuldade para ficar quietos no lugar. Com uma deixa visual, principalmente uma deixa relacionada com o conteúdo, não aleatória, o professor também tem uma visão melhor dos alunos que eventualmente estejam se escondendo enquanto os outros participam. Isso aumenta sua habilidade de avaliar o nível de compreensão dos alunos.

IDEIA-CHAVE

TODOS JUNTOS

Use a resposta em grupo: os alunos respondem em uníssono para construir uma cultura de engajamento energizante e positivo.

Quando implementado de forma eficaz, *Todos juntos* engaja todos os alunos de uma vez só em uma atividade animada, dinâmica e motivadora, que energiza a turma. É extremamente útil como parte de uma estratégia mais abrangente de envolvimento dos alunos e ainda tem efeitos colaterais bastante positivos na disciplina da turma. Cria o hábito de seguir comandos de maneira sutil, mas poderosa. Quando participam da técnica *Todos juntos*, os alunos adquirem o hábito de fazer o que o professor pede, uma vez atrás da outra, sem nem se darem conta de que estão praticando essa habilidade. Mas *Todos juntos* tem riscos e aspectos negativos que todo professor precisa saber:

- Permite a carona. Se eu não sei a resposta ou não quero participar, posso simplesmente mover os lábios e fingir. Se você está preocupado com esses caroneiros, pense em acrescentar um gesto à resposta, o que lhe permitirá testar a participação tanto de forma auditiva como visual.
- Não permite um teste eficaz da compreensão. Com toda a excitação de muitos alunos respondendo corretamente, aqueles que estão perdidos podem se esconder facilmente, apenas movendo os lábios ou olhando seus pares e aderindo na segunda ou terceira vez.
- Só reforça a cultura disciplinar da sua sala de aula se for firme e claro. Se os alunos perceberem que podem usar as respostas para testar suas expectativas – arrastando as respostas, respondendo de um jeito bobo ou alto demais ou respondendo fora de sincronia – eles vão fazer isso. Portanto, você tem de priorizar uma execução perfeita do coro. Se você receber qualquer das respostas listadas acima, você deve corrigi-los de forma energética e positiva, dizendo algo assim: "Gosto da sua energia, mas preciso ouvir a resposta certa na hora da deixa. Vamos tentar de novo".

Técnica 24
BATE-REBATE

Por décadas, os jogadores de beisebol aqueceram-se para os jogos e treinos com um jogo chamado *pepper*. Em um grupo de quatro ou cinco jogadores, um deles tem o taco e os outros ficam em círculo ao seu redor, a alguns metros dele, com as luvas de beisebol vestidas. Um jogador joga a bola para o batedor, que rebate imediatamente. Um dos jogadores do círculo pega a bola e joga de volta ao batedor, também imediatamente, que de novo rebate a bola de volta para o círculo ao redor dele, para um jogador diferente. O jogo é rápido e oferece dúzias de oportunidades de praticar as habilidades de rebater e apanhar a bola em um curto período de tempo e em um ambiente cheio de energia e de ritmo. Ao contrário do treino formal, esta brincadeira não se propõe a ensinar novas habilidades ou estratégia de jogo; é apenas um reforço das habilidades.

Bate-rebate, a técnica de ensino inspirada pelo jogo *pepper,* também usa atividades de grupo em ritmo muito rápido, mas para rever informação já conhecida e habilidades fundamentais. O professor "lança" perguntas rapidamente para um grupo de alunos e eles respondem. Normalmente, o professor não reduz a velocidade para discutir uma resposta; se estiver certo, ele simplesmente faz outra pergunta a outro aluno. Se a resposta estiver errada, ele faz a mesma pergunta de novo a outro aluno ou, às vezes, ao mesmo aluno. O importante é não parar. Isso é *Bate-rebate*: uma revisão dos fundamentos muito rápida, imprevisível (você nunca sabe quem vai receber a bola), com muitas oportunidades de participação em rápida sucessão.

Bate-rebate é um grande aquecimento. Muitos professores a incluem logo no começo da aula, como parte do treino oral diário, mas ela também é eficaz como um interlúdio para animar a turma ou como a parte dinâmica de uma revisão, talvez um arremate antes da avaliação. É perfeita para preencher de um jeito divertido, produtivo e envolvente os 10 minutos finais da aula.

Como um desafio comum do uso da técnica *Bate-rebate* é sua confusão frequente com *De surpresa*, vale a pena examinar algumas das diferenças entre as duas, antes de atingir o próximo nível de especificidade desta técnica.

Primeiro, embora *Bate-rebate* muitas vezes envolva *De surpresa*, isso não é imprescindível. Com *Bate-rebate*, você pode chamar quem levantou a mão, se preferir, perguntando aos voluntários rápida e energicamente, seja desde o começo, seja depois de um breve período de *De surpresa*, para engajar os alunos. Esse é o jeito mais comum nas salas de aula: o jogo começa com *De surpresa* e, à medida que os alunos se envolvem, começam a levantar as mãos, cheios de vontade, o professor faz a transição para uma versão de *Bate-rebate* que faz com que quase todos os alunos levantem a mão.

Em segundo lugar, *Bate-rebate* quase sempre faz rápidas perguntas sobre os fundamentos, muitas vezes como revisão. Isso é diferente de *De surpresa*, que pode envolver perguntas de qualquer nível e de qualquer tipo. Tudo bem perguntar de surpresa a um aluno quais foram as causas da Segunda Guerra Mundial, mas não é provável que você cobrisse esse conteúdo com *Bate-rebate*. Como esta técnica é principalmente um meio de revisar, os professores vão de unidade para unidade dentro do jogo. Fazem perguntas sobre as propriedades dos quadriláteros por dois ou três minutos e depois uma série de perguntas sobre geometria analítica. Quase sempre fazem isso mesmo que os tópicos não estejam perfeitamente relacionados. Em uma aula de estudos sociais, por exemplo, você pode passar alguns minutos perguntando sobre mapas e depois passar a perguntas sobre o Brasil Colônia.

Em terceiro lugar, *Bate-rebate* é um jogo. (Os jogadores de beisebol adoram sua versão desse jogo, chamada *pepper,* porque é um intervalo no treino.) Portanto, a *Bate-rebate* em sala de aula usa indicadores que sublinham para sua turma o fato de que eles estão jogando. Em alguns casos, você pode pedir a todos os alunos que se levantem ou pode chamá-los de um jeito único – de um jeito que você não usaria fora do contexto do jogo. Em *Bate-rebate*, o tempo é comprimido e o jogo tem um começo e um fim claros. Os professores usam muitas variações para enfatizar os aspectos divertidos desta técnica:

- Sorteio. Uma marca registrada de *Bate-rebate* é sua imprevisibilidade; ninguém sabe quem responderá a próxima pergunta. Muitos professores vão além e usam dispositivos para aprofundar essa característica aleatória. O método mais comum é com os palitos de picolé, cada um com o nome de um aluno: ao longo do jogo, eles são retirados um a um de uma lata. Mas há outras variações, como a geração de números aleatórios por um laptop. Nesse sistema, os professores estão, na maioria dos casos, dependendo da alocação aleatória de participação. Quer os alunos reconheçam isso, quer não, um professor que sorteia palitos de picolé conserva sua habilidade de distribuir as perguntas como quiser. O conselho de um professor explica o que eu quero dizer: "Lembre-se, só você sabe qual o nome escrito no palito!" Você pode tirar o palito do João e chamar a Suzana. Sortear palitos também tem a desvantagem de demorar tanto tempo quanto o necessário para fazer uma pergunta: reduz pela metade a sua velocidade.

EM AÇÃO

Cara a cara. O professor pede a dois alunos que se levantem para responder a uma pergunta. O aluno que der primeiro a resposta certa continua em pé para competir com o próximo aluno. Embora abra mão da imprevisibilidade, esta técnica ganha os benefícios da competição amigável. Ao usar esta variação da técnica, enfatize os mesmos aspectos da versão convencional: ritmo acelerado, perguntas curtas e simples sobre os fundamentos e pouco envolvimento com as respostas erradas. A competição torna fácil envolver-se em discussões e até arbitrar o certo e o errado. ("Mas eu disse isso!"). Os melhores professores simplesmente continuam e não se envolvem nessas distrações. Senão haverá muita conversa sobre o jogo e pouco jogo propriamente dito.

Sente-se. Esta variação, geralmente usada no início da aula, começa com todos os alunos em pé, recebendo rápidas perguntas sucessivas do professor. Os alunos "ganham seus assentos" (podem sentar-se) ao responder corretamente. O professor não discute as respostas, exceto para sinalizar com um gesto que o estudante já pode se sentar. Também pode ser jogado ao contrário, começando com os alunos sentados, para determinar a ordem de saída da classe para o lanche, por exemplo.

Como *Bate-rebate* trata de velocidade, raramente haverá professores parando para discutir e analisar uma resposta errada. Podem pedir a outros alunos para corrigir os que erraram, mas a meta é quase sempre manter o ritmo acelerado.

TÉCNICA 25
TEMPO DE ESPERA

Outra técnica para estimular aqueles alunos que não são os primeiros a se manifestar quando você faz uma pergunta é *Tempo de espera*. Trata-se de esperar alguns segundos estratégicos quando você termina de fazer a pergunta e antes de escolher um aluno para que responda. Mary Budd Rowe – que foi professora de Educação na Universidade da Flórida até morrer, em 1996 – foi uma pioneira na pesquisa sobre o tempo de espera. Ela demonstrou que o professor típico espera cerca de um segundo depois da pergunta e pode esperar até 1,5 segundo antes de escolher alguém para responder.

Os desafios e as limitações impostos por esse hábito são significativos. As respostas obtidas depois de menos de um segundo de reflexão dificilmente serão as mais ricas, as mais pensadas ou as melhor desenvolvidas que seus alunos podem produzir. Quando se dá só um segundo de tempo, encoraja-se sistematicamente os alunos a levantar a mão com a primeira – não a melhor – resposta que lhes vier à cabeça, se quiserem ter uma chance razoável de participar. Na ausência do tempo de espera, é mais provável que você vá perder muito tempo processando respostas pobres antes de chegar a uma boa resposta. Ironicamente, com a espera, você garante o uso do seu tempo em respostas iniciais de alta qualidade – e isso, no fim, vai poupar-lhe tempo.

A mente trabalha rápido e a quantidade de tempo necessária para melhorar a qualidade das respostas pode ser pequena. Algumas pesquisas demonstraram que, quando os alunos recebem de três a cinco segundos de tempo de espera depois da pergunta, aumenta a probabilidade de acontecer coisas importantes como:

A mente trabalha rápido e a quantidade de tempo necessária para melhorar a qualidade das respostas pode ser pequena.

- Aumento da extensão e da exatidão das respostas.
- Menor número de recusas em responder (os que dizem "eu não sei").

- Aumento do número de alunos voluntários para responder.
- Aumento do uso de evidências nas respostas.

Mas esperar não é tão simples assim. Não basta uma mera pausa ou contar até três mentalmente. É possível que não fique claro como responder diante do tempo de espera, sobretudo se os alunos não têm vivência de escolas nas quais se espera e se ensina a eles uma reflexão rigorosa ou escolas nas quais o comportamento esperado para preencher o tempo entre a pergunta e a resposta seja o da reflexão, não o da participação imediata e impulsiva.

No seu processo de treinar e acostumar seus alunos a adquirir bons hábitos de estudo para que adquiram os comportamentos que levam ao sucesso escolar, você deve considerar a possibilidade de aprimorar seu uso de *Tempo de espera* com a narração desse tempo. Os professores que usam este *Tempo de espera* narrado tornam a técnica mais direta e produtiva – ou seja, aumentam a probabilidade de resultados positivos. Eles orientam seus alunos para aproveitar o tempo de espera de maneira produtiva, explicando-lhes tacitamente por que os alunos estão esperando. Por exemplo:

1. "Estou esperando por mais mãos levantadas."
2. "Gostaria de ver pelo menos 15 mãos levantadas antes de ouvirmos uma resposta."
3. "Estou esperando por alguém que possa conectar esta cena a uma outra peça, idealmente *MacBeth*."
4. "Eu vou dar um monte de tempo a vocês todos, porque esta pergunta é difícil. Sua primeira resposta pode não ser a melhor."
5. "Eu estou vendo gente pensando muito e fazendo anotações. Vou dar uns poucos segundos a mais para todo mundo fazer isso."
6. "Eu estou vendo gente folheando o capítulo, em busca desta cena. Parece uma ideia muito boa."
7. "Estou procurando alguém que possa mostrar o lugar exato da passagem onde está a resposta."
8. "Vou começar a ouvir as respostas daqui a 10 segundos."
9. "Agora, sim, estou começando a ver mais mãos levantadas. Quatro, cinco, sete. Muito bem. Vejo que vocês estão perdendo o medo de se arriscar."

Note as ênfases diferentes nesta sequência narrada. A primeira intervenção apenas sugere que o professor gostaria de ver mais participantes. A segunda estabelece um objetivo grupal para participação e, por meio do uso da primeira pessoa do plural ("ouvirmos"), transforma em projeto coletivo o simples ato de responder a uma pergunta. A terceira dá aos alunos algo específico e útil para refletir: como a cena está conectada com alguma outra coisa que leram. Em outras palavras, como seria uma resposta particularmente útil? A quarta pressiona os alunos para duvidarem de suas respostas e criarem pelo menos uma segunda possibilidade. A quinta descreve formas práticas de atividade produtiva exercida por alguns alunos (anotar ideias) e sugere aos outros alunos que também façam isso. Reparem que esta intervenção reforça a ideia de ser produtivo durante o tempo de espera. A sexta sugere outra atividade produtiva possível para o tempo de espera, com o objetivo de gerar e pesquisar ideias, aumentando, assim, a probabilidade de respostas baseadas em evidências. A sétima tem uma ênfase semelhante, mas pede aos alunos que afirmem seu trabalho produtivo durante o tempo de espera, apontando a resposta. Isso também aumenta a confiabilidade com que o professor pode deliberadamente escolher uma resposta correta ou incorreta. A oitava permite que o professor estenda o tempo de espera (poderia ser até mais longo), estabelecendo um prazo claro. A nona narra comportamentos positivos para normalizá-los (para que pareçam típicos) e encoraja o risco de tentar, mesmo que você não esteja certo da resposta.

Em suma, professores excelentes usam a narração do período de espera para incentivar e reforçar comportamentos específicos, que serão mais produtivos para seus alunos durante esse tempo. Esses professores estão ensinando até quando estão esperando.

EM AÇÃO

TEMPO DE ESPERA

A professora Colleen Driggs, da escola charter Rochester Prep, faz uma pergunta sobre uma história que seus alunos acabaram de ler: "Com qual gênero ela é mais parecida?". Seu objetivo é levar os alunos a pensar ativamente sobre a história e revisar e avaliar uma variedade de opções antes de escolher a melhor resposta. Esse tipo de trabalho leva tempo e os alunos precisam usar seu tempo com sabedoria. Então, além de esperar quase 20 segundos entre o final da pergunta e a chamada de um aluno para responder, ela também orienta a turma sobre como usar esse tempo precioso para ser um bom estudante:

"Você pode revisar e usar suas anotações, se precisar." Mensagem: habitue-se a usar suas anotações para ajudar a responder uma pergunta.

"Vou dar-lhes algum tempo para pensar." Mensagem: esta resposta vai levar algum tempo e requer que vocês pensem sobre o assunto.

Para um aluno: "Boa ideia usar as suas anotações." Mensagem: enfatiza como usar produtivamente o *Tempo de espera*. Este também é um excelente exemplo de um elemento essencial da técnica *Elogio preciso* (Técnica 44, Capítulo Sete): elogiar comportamentos dos alunos que podem ser imitados.

Técnica 26
TODO MUNDO ESCREVE

Recentemente, assisti a uma aula rigorosa de Literatura para alunos do ensino médio na Boston Collegiate High School, uma escola charter altamente bem-sucedida. A professora conduziu uma discussão do conto *"The Man I Killed"* (O Homem Que Matei), uma narrativa complexa do livro *The Things They Carried* (As Coisas Que Levavam), de Tim O'Brien. Na história, o narrador (talvez O'Brien, talvez não) descreve na primeira pessoa sua própria incapacidade para contar aos outros sobre a morte de um soldado inimigo durante a Guerra do Vietnã. Em um dos momentos culminantes da aula, a professora fez uma pergunta astuta e exigente aos alunos: "Por que alguém escreveria uma história sobre sua dificuldade para falar de alguma coisa que fez e, ao escrever, falaria dessa coisa? Por que ele falaria sobre a dificuldade para falar?".

Fiquei chocado com duas coisas: primeiro, com a sorte desses alunos, por estarem em uma classe onde a professora faz perguntas sensíveis e exigentes, com absoluta fé na capacidade de resposta dos alunos. Em segundo lugar, fiquei chocado com a resposta dos alunos, que foi o silêncio. Eles olharam para a professora com um ar vazio e ela, no fim, deu a eles um resumo muito bom do que ela achava que era a resposta. Foi um bom resumo, mas não uma discussão bem-sucedida – e o resultado foi uma proporção muito baixa na distribuição do trabalho cognitivo: a professora fez todo o trabalho cognitivo.

Enquanto observava os alunos lutando com a pergunta, constatei o paradoxo da sincera confusão deles. Nenhum deles ergueu os olhos para o alto, ninguém olhou para a janela, procurando fugir da aula. Eles queriam responder, alguns até se debruçavam sobre a carteira, como se buscassem alguma ideia.

E, depois, abaixaram os olhos, na esperança de que a professora não chamasse o nome deles. Foi um momento crucial: a professora tinha feito exatamente o tipo de pergunta que pressiona os alunos para além de seu atual conhecimento e entendimento de literatura, o tipo de pergunta que exemplifica as altas expectativas de aprendizagem que ela tinha para seus alunos. Mas foi retribuída com um grande silêncio na sala de aula.

Há alguma forma de evitar esse paradoxo? Para responder, preciso considerar como eu mesmo responderia aquela pergunta da professora. Eu precisaria de pelo menos um minuto, talvez meio minuto, para pensar e – mais importante – para escrever: rascunhar meus pensamentos e transformá-los em palavras. Com tempo para pensar e começar a transformar pensamentos em palavras, eu teria melhores chances de estar pronto para participar e, idealmente, participar com algum nível de profundidade, porque minhas ideias seriam melhores e eu estaria mais confiante.

IDEIA-CHAVE

TODO MUNDO ESCREVE

Ponha seus alunos na trilha do argumento rigoroso, dando a eles a oportunidade de pensar primeiro por escrito, antes de discutir. Como diz a autora Joan Didion, "escrevo para saber o que penso".

Como Joan Didion, muitas vezes eu preciso escrever para saber o que penso. Na faculdade, escrevendo artigos no limite do meu entendimento, às vezes eu só entendia minhas ideias depois de as ter escrito. Só quando eu terminava o artigo é que minhas ideias se cristalizavam e se combinavam, de uma forma razoavelmente organizada. Pensando bem, minha participação em discussões literárias teria sido muito melhor depois de escrito o artigo, um fato que reconheci quando um de meus melhores professores pediu a seus alunos uma breve reflexão escrita como bilhete de entrada em cada aula. Nessas aulas em que todo mundo escrevia antes de falar, a conversa começava exatamente onde tinha parado na aula anterior. Outro de meus melhores professores dizia que uma "noção" está a dois passos de uma ideia. Como muitos outros alunos, eu também passava muito tempo na faculdade falando de "noções" – e, insisto, é no escrito que as verdadeiras ideias emergem.

Professores eficazes também conduzem seus alunos a discussões rigorosas, que chegam a conclusões rigorosas, ao dar a eles a oportunidade de pensar por escrito antes do debate. Esta é a lógica por trás de *Todo mundo escreve*, uma técnica em que o professor pede aos alunos que se preparem para argumentar e debater de forma mais rigorosa, pondo, por um breve período, suas ideias no papel.

De maneira mais abrangente, a maioria dos debates em classe é estruturada, erroneamente, ao redor da falsa premissa de que as primeiras ideias a surgir ou os primeiros alunos a levantar a mão serão os principais responsáveis por uma conversa produtiva: faça uma pergunta, escolha uma das mãos levantadas. Mas a primeira resposta nem sempre é a melhor. Alguns alunos precisam de tempo para gerar boas ideias ou para acreditar o suficiente em suas próprias ideias, a ponto de desejar compartilhá-las. Até os alunos cujas mãos levantam automaticamente vão se beneficiar de alguns momentos de reflexão e suas ideias serão melhores.

Há pelo menos seis vantagens no uso da técnica *Todo mundo escreve*:

1. Muitas vezes, a técnica permite escolher a resposta mais eficaz para começar a discussão, pois você pode circular pela sala e ler as respostas dos alunos enquanto eles escrevem.
2. Permite que você chame qualquer aluno de surpresa, simples e naturalmente, já que você sabe que todo mundo está preparado e, para iniciar o debate, pode simplesmente perguntar: "Sobre o que você escreveu, Ariel?".
3. Permite que você dê a todos os alunos, não apenas àqueles que levantam a mão mais depressa, uma chance para participar da conversa.
4. Escrever refina os pensamentos, um processo que desafia intelectualmente os alunos, engaja-os e melhora a qualidade de suas ideias e de sua redação.
5. Você estabelece padrões e conduz os alunos em uma direção que considera especialmente produtiva. Por exemplo: pode pedir que escrevam uma sentença definindo a palavra *imperceptível,* mas pedir também que deixem claro que é diferente de invisível. Ou pode pedir que descrevam o que os Capuletos pensam dos Montecchios em *Romeu e Julieta,* mas, para entender a intensidade do ódio, que escrevam a resposta com as palavras que um membro da família Capuleto usaria.
6. Se escreverem o que aprendem, os alunos lembram duas vezes mais conteúdo.

Com todas estas vantagens do escrever, vale a pena aproveitar toda oportunidade para pedir aos seus alunos que escrevam – não apenas para melhorar a redação deles, mas também para provocar reflexão, contribuindo para os debates em momentos importantes da aula.

EM AÇÃO

TODO MUNDO ESCREVE

O professor Art Worrell, da North Star Academy, faz uma pergunta profunda e instigante: "Quais são algumas das características ou qualidades que um indivíduo precisa ter para mudar a História?". Esta é uma pergunta verdadeiramente rica e importante, mas imagine o que diria o primeiro aluno a levantar a mão, se ele não pensar antes. Como seria a qualidade da resposta e do debate subsequente? Quão preparados estariam os alunos para ancorar seus argumentos em fatos?

Art previu tudo isso e pede aos alunos que comecem a escrever respostas. Pede a eles que alinhem "duas a três características que o indivíduo precisa ter". Esta orientação é crucial e sublinha o poder desta técnica. Se você ouvir as respostas sem pedir a todo mundo que escreva, será como pedir a cada aluno que tenha uma só resposta e que a conserve na cabeça. A técnica *Todo mundo escreve* permitiu que Art aumentasse instantaneamente o nível de rigor da aula e o volume de pensamento produzido pelos alunos, além de passar a mensagem fundamental de que há muitas respostas.

Para fazer isso, o professor estava bem preparado. Nas folhas de atividades distribuídas no início da aula, ele deixou bastante espaço para anotações. Isso reduz o custo transacional da atividade (nada de sair procurando cadernos e papéis soltos para anotar) e garante que os alunos terão um registro de seu pensamento. No fim, o que conta é o resultado: muitos voluntários para responder (e, se não houvesse, o uso da técnica *De surpresa* não traria más surpresas) e respostas de alta qualidade, que levaram a um proveitoso debate.

Estas seis vantagens funcionam de três formas diferentes: aumentam a qualidade das ideias debatidas em sua sala de aula; aumentam o número e o preparo de alunos que provavelmente participarão; e, independentemente de quem fala, o exercício aumenta a proporção de trabalho cognitivo feito pelos alunos, já que obriga todo mundo a responder à pergunta, não apenas aqueles que debatem.

Técnica 27
PLUMAS E PAETÊS

"Toda aula precisa de um pouco de plumas e paetês", observou Dave Levin, fundador das escolas KIPP, de alto desempenho. A técnica *Plumas e paetês* é o brilho, o momento da aula em que você vai ver um pouco de grande produção: música, luzes, ritmo, dança. *Plumas e paetês* envolve os alunos em um pouquinho de mágica. Mas não se engane: *Plumas e paetês* não é pura arte pela arte. Esta técnica reforça não apenas o conteúdo acadêmico em geral, mas também um dos objetivos de aprendizado do dia. É bem animada, mas sempre curta, gostosa e direta ao ponto. E quando acabou, acabou.

> Plumas e paetês *não é pura arte pela arte. Esta técnica reforça não apenas o conteúdo acadêmico em geral, mas também um dos objetivos de aprendizado do dia.*

Plumas e paetês pode ser um interlúdio de 30 segundos, quando os alunos dançam o "*funk* da tabuada", cantam a "canção da divisão" ou competem para ver quem faz a melhor charada com palavras do vocabulário do dia, para ser "campeão do denominador comum" no 5º ano ou para ser coroado "rei da geografia". É um intervalo para lembrar os nomes de todos os estados do Nordeste. É a apresentação de uma peça de teatro sobre a história que a turma acabou de ler ou de discutir animadamente ou – melhor ainda – de ler e discutir. Os momentos *Plumas e paetês* devem ser desenvolvidos e implementados com cuidado. Caso contrário, podem desconcentrar os alunos e fazer tanto mal quanto bem. Aqui estão dois princípios sólidos para projetar os momentos *Plumas e paetês*:

- **Grande produção.** Os artistas variam o tom e o ritmo, às vezes cochichando para dar ênfase, mais tarde falando em voz ribombante, outras vezes falando devagar ou muito rápido. O professor Mike Taubman, da North Star Academy, usa estas técnicas teatrais quando lê e discute uma história com seus alunos. Durante uma discussão sobre o conto do flautista de Hamelin, por exemplo, ele pediu aos alunos que deduzissem a moral da história. Nas mãos de Mike, toda a dramaticidade da história ficou clara, até mesmo o fechamento que ele usou para ajudar a turma a refletir sobre a moral da história. Seu ritmo era rápido e sua voz, alta, e ele coloriu os últimos momentos da lenda: "O flautista pegou as crianças e as escondeu em uma caverna escura". À medida que se aproximava do final, Mike reduziu o ritmo e baixou o tom de voz, pronunciando as últimas palavras em um sussurro teatral lento, enfático: "Para sempre". Quando terminou seu resumo dramático, seguiu-se um momento de silêncio aflito e, depois, quase todas as mãos dispararam para o alto, todo mundo querendo explicar a moral da história. Ele conseguiu atrair seus alunos para o assunto ao usar simples truques de grande produção.

Como uma torneira. O professor David Berkeley, da escola charter Boston Preparatory, incrementou sua aula sobre objeto direto com um truque simples: instruiu os alunos para dizer "ooooh" ou "aaaaaah" sempre que um objeto direto era mencionado. Para esse momento de *Plumas e paetês*, David explicou aos alunos que deveria ser "Como uma torneira: você liga, depois desliga; e, quando eu mando desligar, vocês desligam".

Durante a aula, estudando a sentença "Mamãe pôs o bebê no berço", as *Plumas e paetês* de Berkeley foram mais ou menos assim:

David: Aqui está o verbo, "pôs", e no final vem "no berço". O que temos aí, Carlos?

Carlos: É um adjunto adverbial de lugar.

David: E entre os dois, Sheila? O que é isto?

Sheila: É o objeto direto.

Classe: Oooooh. Aaaaaah.

David: Está certo, Sheila, um objeto direto novinho, fabuloso!

Classe: Ooooooh. Aaaaaah.

David: Celso, diga à Sheila o que é o objeto direto! [pausa aqui para oooohs e aaaahs]

Estácio: É um complemento do verbo.

David: [fazendo um movimento para imitar o fechar de uma torneira e sinalizar o fim dos oooohs e aaaaahs] Perfeito.

A última parte – o gesto da torneira – é crucial. É bacana jogar o jogo, mas se ele não parar acabaria por distrair os alunos do trabalho em classe e interferir na habilidade de David para ensinar, porque seria interrompido a cada vez que dissesse "objeto direto". É importante inventar um jogo divertido que possa ser controlado pelo professor, em vez de gerar um monstro que adquire vida própria. David pode usá-lo de vez em quando ao longo da aula, mas não pode perder o controle dele. Um bom *Plumas e paetês* começa, é divertido e acaba. Ele não ressurge quando você vira as costas, nem a cantoria começa sem você ter mandado. Quando isso acontece, você deve agir rápido e interromper.

- **Mesmo objetivo.** *Plumas e paetês* sempre tem um objetivo específico de aprendizado e deve ter o mesmo objetivo da aula ou – mais ousado – da revisão de conteúdo já dominado, mas relacionado. David escolheu seu *Plumas e paetês* para alegrar seu estudo dos objetos diretos. Mas o objetivo era ajudar os alunos a se concentrar e a reconhecer um objeto direto, quando ele aparece nas orações. O *Plumas e paetês* apoiava essa meta, não distraía dela.
- **Musicais.** Nos musicais, todo mundo canta a mesma música e dança os mesmos passos de maneira sincronizada. Nas salas de aula, todo mundo precisa saber as regras. Se é uma canção, todo mundo precisa saber a letra e os passos. Se é um jogo de tabuada, os alunos precisam saber quando levantar, como jogar, o que fazer se perderem e assim por diante, e todo mundo deve respeitar as regras. Se você deixar que eles cantem o que quiserem ou batam palmas quando quiserem, pode virar uma bagunça.
- **Direto ao ponto.** Em qualquer atividade de grupo, os participantes podem participar de forma negativa para expressar sutilmente seu desdém pela atividade e por quem a propôs: cantar desafinado ou alto demais, exagerar na dança ou fazer um gesto obsceno. O bom uso da técnica *Plumas e paetês* deve ser cuidadosamente gerenciado e corrigido imediatamente, reforçando os padrões de excelência. Para obter dicas sobre como fazer isso, leia as técnicas de gestão de sala de aula: *O que fazer* (Técnica 37), *Faça de novo* (Técnica 39), *Enquadramento positivo* (Técnica 43), *100%* (Técnica 36) e *Voz de comando* (Técnica 38).

? REFLEXÃO E PRÁTICA

Muitos dos professores que conheço acham que, de todas as técnicas apresentadas neste livro, *De surpresa* é a que tem maior capacidade de mudar rapidamente a cultura de sua sala de aula. Por que você acha que eles pensam assim?

Pegue um plano de aula que você aplicará em breve e identifique três momentos em que seria bom usar *De surpresa*. Escreva suas perguntas no próprio plano de aula. Faça algumas anotações sobre quais alunos você vai chamar *De surpresa.*

Pegue esse mesmo plano de aula e assinale os lugares para duas sessões curtas de *Todos juntos.* Repito, escreva suas perguntas. Tente fazer perguntas em todos os cinco níveis de dificuldade e anote também a deixa que você vai usar.

Assinale mais uma vez seu plano de aula, desta vez para identificar em que momento seus alunos terão de escrever as respostas às suas perguntas, antes de debater. Não esqueça de levar em consideração onde eles vão escrever e quais são as expectativas: Você vai recolher o que eles escreverem? Eles deverão escrever orações completas?

Faça uma lista curta daquilo que você quer que seus alunos façam ou pensem a respeito quando você usar *Tempo de espera.* Anote duas ou três frases que você pode praticar e usar durante a aula, como reforço de comportamentos acadêmicos eficazes e para disciplinar você mesmo a esperar o tempo que seja necessário.

CAPÍTULO CINCO

CRIAR UMA FORTE CULTURA ESCOLAR

As técnicas do Capítulo Cinco (assim como as dos Capítulos Seis e Sete) concentram-se na construção de uma cultura que faça da sua sala de aula um lugar onde os alunos estudem bastante, aprendam hábitos de trabalho intelectual e se esforcem ao máximo. Antes de descrever os métodos específicos que excelentes professores usam para construir essa cultura, vale a pena usar umas poucas páginas para entender o conceito e os fatores que a consolidam. É mais complexo do que parece. Além disso, as técnicas sobre as quais vocês vão ler farão mais sentido se estudadas no contexto de uma clara definição do que é cultura escolar.

CULTURA ESCOLAR: CINCO PRINCÍPIOS

Para construir uma cultura escolar que conduza e sustente a excelência, você deve levar em consideração cinco aspectos de sua relação com os alunos. Esses cinco aspectos ou princípios são frequentemente confundidos ou fundidos entre si. No entanto, vale a pena distingui-los para conseguir tirar o máximo de cada um dos cinco princípios na sua aula.

OS CINCO PRINCÍPIOS DA CULTURA ESCOLAR

Disciplina
Gestão
Controle
Influência
Engajamento

Disciplina

A maioria das pessoas usa a palavra disciplina; para se referir ao processo de administrar consequências e punições. É um verbo: "Vou disciplinar você". Prefiro usá-lo como Ronald Morish em seu excelente livro, *With All Due Respect* (Com Todo Respeito): como um substantivo que designa o processo de ensinar a alguém a maneira certa de fazer alguma coisa, ou que se refere ao estado de ser capaz de fazer alguma coisa da maneira certa – "tenho disciplina" ou "ensino disciplina". Este sentido da palavra também ocorre na expressão autodisciplina – a habilidade de se obrigar a terminar as coisas iniciadas – e em disciplina como um conjunto de ideias ou um método de pensamento (como em uma disciplina acadêmica). Tudo isso indica que, no centro desta definição de disciplina, está o ensino – ensinar aos alunos o jeito certo e eficaz de fazer as coisas.

> *Raramente os professores param para ensinar a seus alunos, passo a passo, o que é um comportamento de aprendizado eficaz.*

Ironicamente, muitos professores esquecem este elemento, embora seja central na definição de seu trabalho. Eles esperam ensinar conteúdo, mas não necessariamente os hábitos e os processos necessários para ser um aluno bem-sucedido e um cidadão consciente. Eles criam sistemas de premiação e punição para desenvolver o senso de responsabilidade nos alunos. Exortam os alunos a dar o melhor de si, pressupondo que eles saberão como fazer o que é melhor. Mas raramente os professores param para ensinar a seus alunos, passo a passo, o que é um comportamento de aprendizado eficaz. Em vez disso, pressupõem que os alunos já aprenderam isso em salas de aula anteriores ou são céticos quanto ao valor de aprender um jeito certo de fazer as coisas, como sentar direito, tomar notas e seguir instruções. Como diz meu colega Doug McCurry: "Se eles não estão fazendo o que você pediu, a explicação mais provável é que você não lhes ensinou como".

Ensinar com disciplina implica investimento inicial em ensinar seus alunos a serem alunos. Isso requer uma boa dose de planejamento. Como seus alunos vão sentar, fazer fila, entrar em sala ou tomar notas? Portanto, deve fazer parte do planejamento de sua aula investir nestas práticas, além de avaliar constantemente se a disciplina de seus alunos está atingindo os padrões desejados. Os resultados de enfatizar e investir neste tipo de disciplina podem ser extraordinários, porque, no fim, descobre-se que há muitos alunos excluídos da cultura escolar. Estes alunos estão dispostos a fazer o que se espera deles. Eles estão só esperando que alguém lhes ensine.

Gestão

Em contraste, gestão é o processo de reforçar comportamento por meio de consequências. O que tipicamente se costuma chamar de "disciplinar" é, na verdade, apenas gestão: distribuir consequências. Alguns professores acham que isso basta e, à primeira vista, parecem ter razão. Salas de aula eficazes precisam de sistemas de gestão. Como a gestão é o elemento da cultura escolar que tem resultados mais visíveis no curto prazo, acabamos não reconhecendo que ela depende dos outros quatro elementos e tem limitações sem eles. A gestão torna mais clara e eficiente a operação de uma sala de aula focada no aprendizado, mas não se sustenta sem os outros quatro elementos da cultura escolar. Sem eles, mesmo nos melhores sistemas, a gestão acaba sofrendo de uma progressiva redução de resultados: quanto mais você a usa, menos eficiente ela se torna.

Quando escolas e professores confiam excessivamente na gestão, segue-se uma espiral fatal: os alunos perdem a sensibilidade para as consequências e se tornam maquiavélicos com relação aos prêmios; mais e mais punições e prêmios são necessários para atingir os mesmos resultados ou até menos. Os alunos se tornam cada vez mais insensíveis às doses maiores, e essas doses maiores sinalizam para os alunos que o professor está desesperado ou mesmo que eles são alunos problemáticos, e não bons alunos. No fim, a moeda da gestão torna-se menos racional e demasiadamente negativa.

Uma gestão firme não é apenas uma parte positiva da cultura escolar, mas também uma parte necessária. Contudo, a gestão eficiente precisa operar em combinação com os outros quatro elementos ou vai se tornar, rapidamente, uma gestão ineficiente. Ensine aos alunos como fazer as coisas do jeito certo; não basta estabelecer consequências para quando fazem as coisas do jeito errado. Para conseguir isso, é preciso ser capaz de administrar os alunos, ou seja, convencê-los a fazer as coisas independentemente das consequências, inspirá-los e envolvê-los positivamente nas tarefas escolares. Com isso, você também constrói com eles relações não transacionais, que não envolvem prêmios ou punições, e mostra que se importa muito com eles, a ponto de conhecer cada um como indivíduo. Essas habilidades permitem a você reconhecer que seus alunos são excelentes gestores da sala de aula.

Controle

Controle é a sua capacidade de levar alguém a fazer o que você pede, independentemente das consequências. Para muita gente, controle é um palavrão. Deve haver algo errado em controlar uma pessoa. Não é democrático, dizem, e é coercitivo. A intenção de controlar outra pessoa é especialmente repreensível em um professor, dizem, porque ensinar é ajudar as pessoas a pensar por si mesmas. No entanto, um pouco de contexto deve deixar claro que todos nós exercemos controle sobre as ações de outras pessoas e que o fazemos porque essa é a coisa certa a fazer, especialmente para professores. Em muitos casos, o controle bem-intencionado e esclarecedor é bom: graças ao controle, um professor pode levar seus alunos a se perguntar o porquê e o como de fatos históricos, conseguir torná-los desconfiados de afirmações não apoiadas em fatos e consistentemente ensiná-los a se esforçar ao máximo, a aprender valores importantes e a respeitar seus colegas.

Com efeito, minha definição de controle é "a capacidade de levar alguém a fazer o que você pede, independentemente das consequências". Não implica falta de subjetividade nas pessoas que fazem o que lhes é pedido. Elas escolhem. Controlar envolve simplesmente pedir de um jeito que aumente a probabilidade de que concordem em fazer o que você pediu. Se você já leu alguma coisa na emergente área da economia comportamental – o popular e fascinante *Nudge* (Cutucada), por exemplo, de Cass Sunstein e Richard Thaler –, reconhecerá que não existem escolhas completamente neutras. Olhar alguém nos olhos e falar com firmeza é claramente um exercício de controle. Manter os olhos baixos e usar um tom de súplica não é. Mas não há maneira de pedir alguma coisa que não caia em algum ponto entre esses dois extremos. É importante notar que, neste capítulo, controle refere-se a uma estreita faixa de interações comportamentais e sociais dentro da sala de aula, como sentar quando solicitado a sentar.

O maior paradoxo na questão do controle é que ele vai além de ser um mal necessário. O controle, em geral, garante a liberdade. Sei disso como pai. Eu posso dar liberdade aos meus filhos para correr à minha frente, quando passeamos pela calçada, e explorar por conta própria se consegui ensiná-los bem as regras para atravessar a rua (ou seja, eu os "disciplinei" para saber parar na esquina). Mas, quando se aproximam de uma garagem onde um carro está inesperadamente dando ré e eu peço que parem, também preciso ter certeza de que eles vão parar imediatamente, sem falha. Além de minhas outras ferramentas, também preciso ter controle tanto para proteger meus filhos como para lhes dar oportunidade de crescimento – do contrário, não posso ser um pai eficaz. Quanto mais poder eu tiver para exercer um controle responsável, mais liberdade posso dar aos meus filhos, de preferência uma liberdade realmente relevante.

Professores que exercem um forte controle dão certo porque entendem o poder da linguagem e das relações: eles pedem com respeito, firmeza e confiança, mas também com civilidade e, geralmente, com delicadeza. Eles expressam sua fé nos alunos.

Professores que exercem um forte controle dão certo porque entendem o poder da linguagem e das relações: eles pedem com respeito, firmeza e confiança, mas também com civilidade e, geralmente, com delicadeza. Eles expressam sua fé nos alunos.

Substituem vagos comandos de juízo como "Acalmem-se!" por comandos específicos e úteis, como "Por favor, voltem a seus lugares e comecem a escrever em seus cadernos". Estas ações denotam clareza, firmeza de propósito, determinação e cuidado. Se você conseguir levar os alunos a fazer aquilo que lhe foi delegado, ajudando-os a alcançar o sucesso escolar, você estará fazendo seu trabalho e também economizando consequências para quando mais precisar delas. Portanto, acostumar-se com a responsabilidade de exercer controle é parte da preparação para o sucesso de seu trabalho.

Influência

No mundo ideal, todos os professores conectam-se com seus alunos e os inspiram a desejar para si o que é proposto para o trabalho em classe. Influenciar os alunos é inspirá-los a acreditar, a querer dar certo e a querer estudar por razões intrínsecas às tarefas diante deles. É o próximo passo, para além do controle. O controle leva-os a fazer as coisas que você sugere; a influência leva-os a querer internalizar as coisas que você sugere. Embora seja menos visível do que fazer as crianças se comportarem, fazê-los acreditar – querer comportar-se de forma positiva – é o maior fator de realização e sucesso, porque ocorre quando as próprias crianças querem e quando é real. Acontece na sua ausência, sem a sua gestão direta. A crença, como demonstra a história de toda ideia poderosa, da democracia à fé, é um motivador poderoso e perene. Se a influência é o processo de instilar crença, maximizá-la deveria ser o objetivo deliberado da cultura escolar de todo professor.

Engajamento

Professores excelentes oferecem aos alunos muitas oportunidades de dizer "sim", de se envolver, de mergulhar em um tema. Engajam seus alunos intensamente em tarefas positivas e produtivas, desviando sua atenção do que é contraproducente e concentrando suas energias no que é interessante e relevante.

Não importa o que eles estejam pensando, mas o que estão fazendo é positivo. Isso tem um poderoso efeito colateral. Uma das ideias mais difíceis e mais perceptivas de Karl Marx é a teoria da infra-superestrutura: a ideia de que as crenças e valores das pessoas (a "superestrutura" da sociedade) são um produto da "infraestrutura" (as realidades cotidianas da vida). O que você faz o dia todo acaba definindo suas crenças, e não vice-versa. Isso se aplica ao papel cotidiano de seus alunos na escola. São proprietários? Burros de carga? Servos? Artesãos? Empreendedores felizes? A aparência prosaica de suas interações diárias define aquilo em que acreditam e o que valorizam em sua vida escolar, mais do que o contrário. As pessoas agem (ou são levadas a agir) de certa maneira e, depois, explicam seus atos com ideologia.

"Às vezes, você tem de mudar de fora para dentro!"

Outros críticos sociais defenderam esse mesmo ponto de vista, mas de forma mais sucinta. Por exemplo, no filme *Meu Pequeno Paraíso,* de 1990, um ex-mafioso (Steve Martin) ensina um policial comportadinho (Rick Morani) a encontrar prazer e verve em sua vida diária. Martin empurra Morani para dentro do provador de uma loja, para experimentar um terno chique que ele convenceu o outro a comprar, e, enquanto o policial se troca, diz: "Às vezes, você tem de mudar de fora para dentro!".

É muito comum que as crianças mudem de fora para dentro. Eles se veem entusiasmados e começam a se sentir entusiasmados. Eles se veem concentrados em seu trabalho e começam a pensar que são bons alunos, que são cidadãos conscientes e, então, começam a pensar e agir mais de acordo com essas ideias. Professores excelentes mantêm seus alunos positivamente engajados não apenas para eliminar as oportunidades para fazer bagunça, mas porque, depois de um tempo, eles começam a pensar sobre si mesmos como pessoas positivamente engajadas. É por isso que o engajamento é importante.

A sinergia dos cinco princípios

As técnicas descritas nos próximos capítulos baseiam-se, em graus variados, nestes cinco princípios da cultura escolar. Algumas utilizam alguns princípios mais do que de outros. No entanto, como a sinergia entre os cinco fortalece cada um deles, idealmente as técnicas usadas pelo professor eficaz devem aproveitar todos os cinco. Quem usar apenas um ou dois desses princípios vai, em última análise, falhar na construção de uma cultura escolar vibrante. Um professor que só use controle, mas não use disciplina, por exemplo, vai produzir alunos que jamais aprenderão a fazer coisas por conta própria e precisarão sempre de orientação direta para agir. Uma sala de aula na qual o professor não tem controle e tenta administrar os alunos indisciplinados exclusivamente por meio da gestão de consequências vai usar demais esse recurso, acostumar os alunos às punições e erodir sua eficiência em classe. Aquele que envolve seus alunos e os influencia, sem controle e sem gestão, vai construir uma cultura vibrante, mas ineficaz, pois permite que alguns alunos fujam do aprendizado. E o professor que envolve e influencia, mas não ensina disciplina, não vai preparar seus alunos adequadamente para ser bem-sucedidos quando deixarem o microcosmo de sua sala de aula, porque eles ainda não terão praticado suficientemente nem terão conhecimento sobre como manter bons hábitos de estudo.

Embora a maioria das técnicas neste livro faça uso variado de um ou muitos desses princípios (por exemplo, a Técnica 38, *Voz de comando,* é muito concentrada em controle, enquanto a Técnica 44, *Elogio preciso,* é principalmente voltada para influência), o resto deste capítulo focaliza quase que exclusivamente a disciplina e os sistemas e as rotinas que são o fundamento oculto de toda cultura escolar.

Técnica 28
ROTINA DE ENTRADA

A primeira rotina que afeta a cultura escolar refere-se a como os alunos entram na sala de aula. Como todas as outras, esta é uma rotina quer você se dê conta disso (e lhe dê forma, intencionalmente) ou não. Diferentemente de *Umbral* (Técnica 41), que precede imediatamente a entrada dos alunos na sala e foca na definição de normas e expectativas de comportamento, *Rotina de entrada* trata de criar o hábito da eficiência, da produtividade e do bom estudo bem no começo da aula, depois da saudação e enquanto os alunos se sentam.

Uma rotina ideal começaria com os alunos entrando em sala e pegando materiais de uma pequena mesa logo ao lado da porta. Em alguns casos, especialmente nos níveis iniciais do ensino fundamental, os materiais podem já estar nas carteiras. Alguns pontos-chave maximizam a eficiência desta parte da rotina de entrada:

- É muito mais eficiente deixar os alunos pegarem os materiais da mesa do que você mesmo distribuí-los pessoalmente. Isso só reduz a sua velocidade e lhe força a ser multitarefa, em um momento em que sua mente deveria estar concentrada em estabelecer expectativas de comportamento e construir relações. Também é muito mais eficiente deixá-los pegar os materiais de uma mesa do que tentar distribuí-los mais tarde, enquanto eles esperam sentados.
- Os alunos devem saber onde sentar. Passear pela classe procurando uma carteira vazia, decidir onde sentar ou falar sobre essa decisão ("Posso sentar do lado dele? Será que ele vai pensar que estou paquerando?") são exemplos de desperdício de tempo e energia. Determine onde cada um vai sentar ou permita que os alunos escolham assentos definitivos.
- Seja o que for que os alunos devem fazer com a lição de casa (colocar em um cesto, colocar no canto esquerdo dianteiro de suas carteiras, entregar a um assistente do professor), eles devem fazer exatamente a mesma coisa todos os dias, sem ninguém mandar.
- Um *Faça agora* (a técnica seguinte) deve estar no mesmo lugar todos os dias: no quadro ou no material. Os objetivos para a aula, a agenda do dia e a lição de casa para o dia seguinte já devem estar no quadro, também no mesmo lugar previsível todos os dias.

Técnica 29
FAÇA AGORA

Quando entram em sua sala de aula, os alunos nunca deveriam precisar perguntar-se: "O que eu tenho de fazer agora?". Também não podem alegar que não sabiam o que deveriam fazer. Seus alunos têm de saber o que fazer e não podem ter dúvidas a respeito. Esses dois objetivos – ser claro com os alunos sobre o que devem fazer e eliminar as desculpas que estimulam a distração – compõem a lógica por trás de *Faça agora*, uma atividade breve que estará esperando por eles nas carteiras ou que você terá escrito no quadro antes que eles entrassem na sala.

Faça agora significa que os alunos estarão estudando antes mesmo de você entrar em sala. São produtivos a cada minuto e estão prontos para o ensino assim que você começa a aula. Fizeram o exercício prévio e já estão pensando no que vem em seguida.

Um *Faça agora* eficaz, que pode acarretar uma incrível capacidade de aprendizado para uma sala de aula, deve respeitar quatro critérios fundamentais para garantir concentração, eficiência e eficácia:

1. Os alunos devem ser capazes de completar o *Faça agora* sem nenhuma orientação do professor e sem nenhuma discussão com seus colegas. Alguns professores entendem mal o propósito de *Faça agora* e usam uma versão da técnica que os obriga a explicar aos alunos o que fazer e como fazer: "Muito bem, turma, vocês estão vendo que o *Faça agora* de hoje pede a solução de alguns problemas de área. Lembrem-se de que, para resolver problemas de área, é preciso multiplicar". Esta versão anula o propósito da técnica, que é estabelecer o hábito do trabalho produtivo autogerenciado.
2. A atividade deve ser completada em três a cinco minutos.
3. A atividade deve requerer papel e lápis, ou seja, deve gerar um produto escrito. Isso não apenas torna o exercício mais rigoroso e mais envolvente, mas também permite que você responsabilize os alunos por fazer o exercício, já que você pode ver claramente quem está fazendo e quem não está (e eles sabem que você pode ver).
4. A atividade deve ser uma prévia da aula do dia (vocês estão lendo A *Bolsa Amarela* e o *Faça agora* pede aos alunos que escrevam três sentenças sobre o que fariam se um galo fugido de um galinheiro aparecesse no quarto deles e pedisse ajuda para se esconder) ou deve revisar uma aula recente (você quer que seus alunos pratiquem todas as habilidades que desenvolveram recentemente, para que não as esqueçam).

Além disso, um *Faça agora* funciona por causa de consistência e preparação. Se não houver um *Faça agora* no mesmo lugar todo santo dia, os alunos poderão alegar, com razão, que não viram o exercício naquele dia porque você o mudou de lugar. Dito isto, um *Faça agora* não precisa ser escrito no quadro. Se você preferir o quadro, é melhor preparar com antecedência um grande pedaço de papel com o exercício e afixar esse papel no quadro antes da entrada dos alunos, poupando momentos preciosos que você perderia para copiar o *Faça agora* no quadro.

Por exemplo, uma professora de linguagem do 5º ano pode usar um *Faça agora* para revisar a palavra do vocabulário aprendida na semana anterior. Como o importante aqui é que os alunos possam fazer o trabalho sozinhos, ela já teria estabelecido o precedente de que eles podem e devem usar suas anotações quando necessário:

No seu caderno:

1. *Defina escasso.*
2. *Explique como essa palavra significa mais do que simplesmente ter um pouquinho de alguma coisa.*
3. *Use escasso em uma sentença, falando de um tempo onde alguma coisa escassa afetou você ou sua família.*
4. *Qual é o substantivo de escasso?*

Este outro exemplo é de uma aula de matemática:

1. *Calcule a largura de um retângulo com uma área de 104 centímetros quadrados e um comprimento de 13 centímetros. Mostre seus cálculos.*
2. *Calcule as dimensões possíveis de dois outros retângulos com a mesma área, mas com dimensões diferentes.*

Técnica 30
BREVES TRANSIÇÕES

TRANSIÇÕES PARA ALUNOS

Um aspecto fundamental de qualquer sala de aula altamente eficaz é ter rápidas rotinas de mudança – ou seja, *Breves transições* –, que os alunos podem executar sem necessidade de muita explicação por parte do professor. Por transições entendo momentos em que os alunos se movem de um lugar para outro ou de uma atividade para outra. Por exemplo, quando entram em fila para a merenda. Por ser algo necessário, seus alunos passam muito tempo em transição e, quando estão em transição, não estão aprendendo nada. As transições no ensino médio (guardar os materiais no momento da prova, por exemplo) parecem diferentes das transições no ensino fundamental (mudar das carteiras para uma roda no chão, por exemplo). Mas elas ocorrem em todos os níveis, têm uma enorme influência no cotidiano da escola e, embora não suficientemente reconhecida, também no aprendizado que ocorre antes e depois delas. Se você conseguisse cortar um minuto de cada uma das 10 transições que ocorre em um dia de aula e mantivesse esse ritmo por 200 dias letivos, você criaria quase 35 horas adicionais de instrução ao longo do ano letivo. Na prática, você acrescentaria uma semana inteira ao seu ano letivo.

Você pode passar o dia inteiro lendo e avançar pela noite estudando a necessidade de mais recursos para a educação pública. Mas todo professor tem nas mãos uma oportunidade para aumentar substancialmente o recurso mais importante e mais raro que o dinheiro pode comprar: tempo. O tempo perdido em transições mal organizadas pode significar, muitas vezes, a diferença entre terminar uma aula fascinante ou ficar sem tempo para isso – o que significa não completar atividades essenciais de resumo, como recapitular e revisar a aula ou explicar a lição de casa. Perder os últimos três minutos de uma aula pode solapar a aula inteira. Transições confusas também são um convite para interrupções e conflitos, que continuam a minar o ambiente em sala de aula, mesmo depois que a aula começou. Em suma, o preço das transições confusas é alto e, como só procedimentos consistentemente eficazes podem garantir transições rápidas e suaves, os professores devem tentar organizar as transições sempre da mesma maneira, até que os alunos adquiram o hábito e as façam corretamente sozinhos.

Transições confusas também são um convite para interrupções e conflitos, que continuam a minar o ambiente em classe, mesmo depois que a aula começou.

No final da primeira semana de aulas, todo aluno deve conhecer e entender os procedimentos – deve saber como entrar em fila e como se movimentar de um lugar para outro, sem precisar ser orientado. Em uma sala de aula eficaz, as transições levam menos de 30 segundos e, às vezes, muito menos do que isso. Para planejar transições eficazes na sua sala de aula, comece por mapear a rota. Só há um jeito certo de entrar em fila, um só caminho a ser seguido pelo aluno para chegar à sala de leitura, à porta ou a algum outro lugar. Seus alunos devem seguir o mesmo caminho toda vez. Portanto, devem praticar, até várias vezes por dia, sob a sua supervisão. Seus instintos vão lhe dizer que você está perdendo tempo, mas o contrário é que é verdade. Olhe para isso como se fosse um investimento. Ao investir cinco ou 10 minutos adicionais nos primeiros dias de aulas, você vai poupar horas e horas ao longo do ano.

Quando ensinar os alunos a fazer transições eficazes, divida a transição em etapas, ou seja, ensine-os a seguir a rota passo a passo. Um jeito especialmente eficiente de fazer isso é numerar os seus passos. Você pode fazer um anúncio assim para uma turma de 3º ano: "Quando eu disser *um,* por favor, levantem e encostem sua cadeira na carteira. Quando eu disser *dois,* virem-se para a porta.

Quando eu disser *três,* por favor, façam fila". Tendo feito isto, você só precisa dizer o número para que eles executem o passo apropriado. Mas, ao dizer o número (ou não), você controla o ritmo da transição, reduzindo a velocidade para garantir o sucesso da operação e responsabilizar cada um dos alunos, acelerando quando eles estão prontos e, em última análise, dispensando os números. Aí você pode simplesmente dizer: "Quando eu disser *vamos,* por favor entrem em fila". E observar como seus alunos seguem os passos direitinho. O processo pode levar várias semanas para funcionar perfeitamente.

Outra maneira eficiente de ensinar transições é o método do movimento ponto-a-ponto ou, quando as transições exigem deslocamentos pelo prédio, caminhar ponto-a-ponto. Você identifica um local ou uma ação e os alunos movem-se para esse ponto e param. Por exemplo: "Jason, por favor, ande até o fim do corredor e pare". Quando você instrui os alunos para completar um passo na transição, a chave é determinar não apenas um ponto inicial, mas também um ponto final. Assim, a atividade nunca sai do seu controle. Você sabe que os alunos vão andar somente até o final do corredor. Se não estiverem bastante quietos, você pode chamá-los de volta imediatamente em vez de ficar olhando, enquanto eles dobram a esquina e saem de vista, dificilmente ficando sob sua influência, quanto mais sob seu controle.

Com o ponto-a-ponto e outros métodos para dividir as transições em etapas, seus objetivos são tanto velocidade como ordem. Você precisa que seus alunos sejam rápidos. Esta é uma área que muitos professores esquecem quando o sucesso do controle lhes sobe à cabeça. Eles subdividem cada etapa em outras etapas e aceitam transições ordeiras e lentas, porque assim se sentem em controle. Tanto para desafiar seus alunos como para estabelecer metas para eles e também para disciplinar você mesmo para estar atento para a rapidez, pratique as transições com um relógio, de preferência um cronômetro, sempre tentando fazer seus alunos serem mais rápidos. "Ontem conseguimos fazer isso em 16 segundos – vamos tentar doze segundos hoje!"

Também é bom controlar as conversas durante as transições. Se elas forem bem rápidas, com certeza os alunos não vão falar, evitando assim as distrações advindas de conversas e briguinhas e obrigando-os a se concentrar mais claramente na transição.

A alternativa é fazer como a professora Sultana Noormuhammad na escola *charter* Leadership Preparatory: ela ensina os alunos a cantar durante as transições. Certa manhã, os alunos dela estavam em pé atrás de suas carteiras, acompanhando um aluno que liderava o hino da turma, no qual os estudantes cantam seu desejo de fazer a lição de casa e de estudar bastante. Antes do fim da canção, eles estão marchando para a área de leitura, em fileiras perfeitas, que se vão formando em sentido antihorário a partir dos grupos de carteiras, cantando a plenos pulmões até tomar seu lugar na fila. A canção só acaba quando eles sentam no carpete, encerrando a transição sem distrações, na deixa e com o moral alto. Cinco segundos depois, a instrução começou. E, embora os alunos de Noormuhammad sejam da pré-escola, não pense que crianças mais velhas não cantariam durante uma transição na sala dela.

Finalmente, você vai precisar ser vigilante. Quando os alunos começarem a testar você, para saber se precisam mesmo seguir as regras, eles devem sempre descobrir que sim, que devem seguir as regras. A técnica *Faça de novo* (Técnica 39, Capítulo Seis) é particularmente eficaz para ajudar os alunos a praticar transições corretamente: a transição supõe que se está a meio de algo. Portanto, é importante não quebrar o ritmo da aula com transições ineficientes. Caso você esteja em um momento que permita isso, tente de novo, pois as transições constituem um momento ideal para aprender sobre a responsabilidade de cada um no grupo.

PASSAR MATERIAIS

Assim como no caso de pessoas, o movimento de materiais de um lugar para outro também é uma transição e requer quase as mesmas regras. Desde o começo, ensine o jeito certo de lidar com o movimento de materiais. Trabalhe com um cronômetro e pratique muito. Ganhe tempo para a instrução, tornando os períodos de transição rápidos e quase imperceptíveis. Para distribuir ou recolher papéis, livros e outros materiais para e dos alunos, há duas regras básicas adicionais:

- Em geral, os materiais devem circular ao longo das fileiras, não das colunas de carteiras. Isso evita a necessidade de virar 180 graus nas cadeiras para recolher ou entregar uma folha, ação que gera uma oportunidade de ouro para interações cara a cara em que um dos interlocutores tem as costas para você, o que torna a interação difícil de ver e de gerenciar.
- Distribua materiais em grupos: ao aluno no final de cada fileira, para cada grupo de carteiras.

Técnica 31
CONTROLE DO MATERIAL

Certas liberdades são excessivamente valorizadas: a liberdade para perder o caderno, por exemplo, ou a liberdade de tomar notas em um pedaço amarfanhado de papel, que acabará enterrado no fundo da mochila. Demonstre a importância

Demonstre a importância do que você ensina, preocupando-se com a construção de um sistema de armazenamento, organização e consulta daquilo que seus alunos aprenderam.

do que você ensina, preocupando-se com a construção de um sistema de armazenamento, organização e consulta daquilo que seus alunos aprenderam. A técnica para fazer isso é *Controle do material*. Exija um objeto específico para tomar notas. Exija que esse objeto seja guardado, no caso de folhas soltas em um fichário, que você pode até exigir que fique guardado na escola, para que não se perca, não se estrague e não se desorganize no caminho da escola para casa e vice-versa. Os alunos podem levar para casa o que precisam naquele dia, usando uma pasta para a lição de casa, que pode ter uma cor específica, de forma que tanto você como os pais possam identificá-la facilmente. Todo dia, ao final da aula, os alunos colocam nessa pasta aquilo de que vão precisar para fazer a lição de casa do dia e deixam o resto do material na escola.

Estabeleça um formato adequado para organizar o caderno ou para arquivar os papéis no fichário, de forma que todos usem o mesmo sistema e você possa verificar se todo mundo tem e pode encontrar o que precisa. Você pode, por exemplo, dar um número para todos os materiais que você quer que os alunos mantenham nos fichários e fazê-los montar uma tabela com esses números. Por exemplo:

37: notas sobre concordância de sujeito e verbo;
38: folha de trabalho sobre concordância de sujeito e verbo;
39: lição de casa sobre concordância de sujeito e verbo;
40: folha de trabalho sobre concordância de sujeito e verbo com sujeito composto.

Assim, ao dizer "Se você não lembra, olhe suas notas", você saberá que cada aluno tem as notas e você pode até dizer a eles onde podem encontrá-las no fichário: "Elas devem estar no número 37". Finalmente, você também pode garantir que os alunos terão um pacote completo de informações para revisar antes das provas: "Vocês precisam levar para casa os itens 32 a 45 do seu fichário para se preparar em para o teste".

Para garantir que os alunos sigam essas normas, faça com que eles guardem os materiais durante a aula: "Por favor, acrescente ao índice do fichário o número 37, notas sobre concordância de sujeito e verbo. Arquive estas notas quando eu der o sinal. Vou contar até três e quero ouvir os fichários abrindo".

Técnica 32
POSSO

A aula pode ser sensacional. Mas se os alunos não estiverem alertas, sentados corretamente e ouvindo ativamente, ensiná-los será como colocar água em um balde furado. Muitos professores e escolas praticam fazer fila para os treinamentos de incêndio e se certificam de que todo mundo conheça a rotina para encontrar os pais na hora da saída, mas raramente pensam sobre como ensinar os comportamentos e as habilidades que ajudam os alunos a se concentrar e aprender.

A sigla POSSO[19], usada pela primeira vez nas escolas KIPP, resume cinco comportamentos fundamentais dos alunos para maximizar sua capacidade de prestar atenção:

Pergunte e responda
Ouça
Sente direito
Sinalize com a cabeça
Olhe para quem está falando

Algumas escolas usam variações da técnica *POSSO*. Uma delas é SOPRe[20] (Sente direito, Olhe para quem está falando, Pergunta e responda como um estudante, Respeite quem está ao seu redor), outra é POSSSO – onde o terceiro S corresponde a "sorria".

Um dos melhores aspectos da sigla é que ela é curta. O professor pode lembrar os alunos de prestarem atenção e serem aprendizes preparados com uma única palavra: *POSSO*. O uso de uma sigla consistente é rápido e eficiente. Melhor ainda, *POSSO* pode ser dividido em partes quando necessário. O professor pode lembrar os alunos do "P" de *POSSO* ou do "O". Nas melhores salas de aula, a palavra está profundamente arraigada no vocabulário do aprendizado; por exemplo, o professor pede aos alunos "Quero ver o *POSSO*".

---

[19] A sigla original em inglês é SLANT (posição inclinada) e as letras indicam "Sit up" (sente direito), "Listen" (ouça), "Ask and answer questions" (pergunte e responda), "Nod your head" (sinalize com a cabeça) e "Track the speaker" (acompanhe quem está falando).

[20] A sigla original em inglês é STAR (estrela), cujas letras correspondem a "Sit up" (sente direito), "Track the speaker" (acompanhe quem está falando), "Ask and answer questions like a scholar" (pergunte e responda como um estudante) e "Respect those around you" (respeite quem está ao seu redor).

Como *POSSO* é uma parte tão essencial da sala de aula de alto desempenho, procure criar sinais não verbais para reforçar e corrigir *POSSO* sem interromper o que estiver fazendo: mãos cruzadas na sua frente para lembrar os alunos de sentar direito; apontar seus olhos com dois dedos para lembrá-los de olhar para quem está falando; e assim por diante.

Técnica 33
EM SUAS MARCAS

Nenhum técnico de futebol do mundo permitiria que um jogador entrasse em campo sem caneleiras ou de tênis, em vez de chuteiras. Ninguém ganha uma corrida se não estiver na linha de partida, com seus tênis amarrados, no momento da largada. Você deveria pensar assim também sobre o aprendizado em sua sala de aula: todo aluno deve iniciar a aula com livros e papéis sobre a carteira e caneta ou lápis na mão. Esta deve ser a expectativa em todas as salas, todos os dias. Um técnico não começa o treino pedindo aos jogadores que calcem as chuteiras; todo mundo já aparece calçado. Portanto, não peça a seus alunos que se preparem para a aula. Use *Em suas marcas* para mostrar a eles como se preparar antes de a aula começar e espere deles que o façam todos os dias.

Como garantir que os alunos estejam em suas marcas quando a aula começa

1. *Seja explícito sobre o que os alunos devem ter em mãos para começar a aula.* Faça uma pequena e finita lista (menos de cinco coisas), que não muda nunca:
   a. Papel
   b. Carteira limpa (de tudo que não seja necessário para a aula)
   c. Lápis apontado e sobre a carteira
   d. Lição de casa (no canto direito superior da sua carteira)

   Na Academia North Star, em Newark, o diretor Jamey Verilli chama as carteiras de "estações de trabalho" ou só de "estações". Elas são organizadas como parte da rotina de entrada em sala. Na parede, há um diagrama, mostrando como os materiais devem ser organizados na estação: livros no canto superior esquerdo, lição de casa no canto superior direito, papel em branco no centro. E nada mais.
2. *Estabeleça um limite no tempo.* Seja específico sobre quando os alunos devem ter tudo pronto. Se você não for claro, seus esforços para responsabilizar os alunos

que não cumprem a ordem vão resultar em discussões, porque eles dirão coisas do tipo "Nós vamos arrumar tudo!" ou "Estamos começando agora".

3. *Use uma consequência padrão.* Use uma consequência apropriada e pequena, que você possa administrar sem hesitação – talvez a perda de um privilégio ou fazer algum trabalho extra para ajudar a classe a se preparar. Alunos que não estavam em suas marcas quando a aula começou podem ter de apontar todos os lápis da sala na hora do almoço ou participar do "clube da lição de casa", que se reúne 10 minutos antes da aula começar no dia seguinte, para ter certeza de que têm tudo em ordem para o dia.
4. *Ajude aqueles que reconhecem a necessidade de algum material (lápis, papel) antes da aula, sem consequência.* Há uma diferença entre não ter um lápis e ter um lápis, mas perceber justo antes da aula que a ponta quebrou ou que você o esqueceu em casa. Reconhecer com antecedência que você precisa de alguma coisa é parte da preparação. Dê aos alunos o incentivo para serem responsáveis pelos materiais de que precisam. Basta dar a eles acesso a esses materiais, sem nenhuma consequência, desde que eles reconheçam essa necessidade antes de você iniciar a aula. Seria bom ter uma lata cheia de lápis apontados, que os alunos podem usar, trocando por seus lápis sem ponta, e uma resma de papel solto e limpo no canto de sua mesa. Os alunos podem servir-se desses materiais durante sua *Rotina de entrada*. As consequências por não estar *Em suas marcas* se aplicam assim que começa a aula.
5. *Inclua a lição de casa.* A lição de casa é a coisa mais importante que os alunos farão durante o dia todo, sem a supervisão direta do professor. Não pode ser deixada ao acaso. Entregá-la deve ser parte da rotina seguida pelos alunos para se prepararem para o dia. Deve ser entregue e verificada no início da aula. Deve haver uma consequência separada para quem não fez a lição de casa – normalmente, ir ao "clube da lição de casa", depois das aulas ou durante a aula de Educação Física, para completar o trabalho que não foi feito.

Técnica 34
COMUNICAÇÃO POR SINAIS

O banheiro é o último bastião dos infiéis. Dada a oportunidade, alguns alunos (especialmente os que menos podem se permitir esse luxo) vão encontrar meios criativos de maximizar seu tempo lá, particularmente durante aquela hora do dia em que eles definitivamente não podem estar afastados da sala de aula. Para outros alunos, um longo e lento passeio até o apontador pode ser uma oportunidade para grandes exibições, não necessariamente destinadas a reforçar o aprendizado de seus colegas. Muita distração pode ser criada por intrépidos alunos fora do lugar na hora errada ou quando bem entendem.

Além disso, administrar os pedidos para ir ao banheiro ou coisa que o valha – justificados ou não, autorizados ou não – pode ser uma distração para o professor também: conversas sobre quem é o próximo, e quando, podem ocupar preciosos minutos. E você chega a uma situação em que, no momento crítico de sua aula, quando você faz uma pergunta fundamental, um aluno balança a mão ansiosamente no ar para pedir para ir ao banheiro. Você perde o embalo e o fio da meada. Em suma, você não pode se dar ao luxo de não desenvolver um conjunto de sinais para necessidades comuns, especialmente as que requerem ou permitem aos alunos sair de suas carteiras. Você precisa de *Comunicação por sinais.*

Este sistema deve obedecer aos seguintes critérios:

- Os alunos devem poder sinalizar seus pedidos sem se levantar.
- Os alunos devem poder sinalizar seus pedidos de forma não verbal.
- Os sinais devem ser específicos e inconfundíveis, mas sutis o suficiente para não se tornarem uma distração.
- Você deve poder gerir tanto os pedidos como sua resposta sem interromper a instrução (com um menear da cabeça para "sim" ou "não", por exemplo, ou com a mão aberta para "em cinco minutos").
- Você deve ser explícito e consistente sobre os sinais que seus alunos devem usar, afixando-os na parede da sala, de forma que eles possam vê-los, e disciplinando-se para só responderem quando o pedido é feito por meio desses sinais.

Estes sinais, usados em excelentes salas de aula, tendem a funcionar:

- "Posso ir ao banheiro, por favor?" Mão levantada, dois dedos cruzados.
- "Preciso de um lápis novo": levantar o lápis, esperar pela troca. Normalmente é muito melhor ter lápis apontados que os alunos pegam ao entrar em classe, ou trocam por seus lápis sem ponta, do que deixá-los apontar os próprios lápis; é mais rápido e interrompe menos. Se você quer mesmo deixá-los apontar, use este sinal para "Preciso apontar meu lápis": mãos levantadas em punho, uma delas girando junto da outra, imitando o movimento do apontador.
- "Preciso de um lenço de papel": mão esquerda "assoando" o nariz.
- "Preciso levantar" (para pegar alguma coisa que caiu no chão, por exemplo): levantar a mão e girar o dedo indicador.

Também faz sentido criar certas regras estabelecendo quando os alunos podem demandar certas liberdades que requerem *Comunicação por sinais*. Por exemplo, você não quer lidar com pedidos para ir ao banheiro em momentos críticos de sua aula. Em vez disso, permita visitas ao banheiro somente em certos momentos da aula – os últimos quinze minutos, por exemplo. Ou você pode estabelecer uma ligação com seu sistema de gestão de comportamento. Por exemplo, se você usa cartões coloridos (verde, vermelho, amarelo) para saber o nível de comportamento de cada aluno, você pode oferecer aos portadores de cartão verde o direito de pedir para ir ao banheiro a qualquer momento, a partir dos primeiros quinze minutos de aula, enquanto os portadores de cartão amarelo só podem ir nos últimos 10 minutos.

Se você usa um sistema que limita o acesso ao banheiro, você vai com certeza receber "pedidos de emergência", alguns verdadeiros, outros não. Você precisa estar preparado para isso. Uma boa solução é estabelecer um sinal separado para "emergência de banheiro", que os alunos podem usar quando um pedido para ir ao banheiro não é aprovado. Os alunos teriam de "comprar" o direito de usar esses sinais de "emergência" com alguma compensação razoável – 20 problemas de matemática ou 10 minutos de serviço em sala (limpar mesas, recolher lixo), por exemplo.

Técnica 35
VIVAS!

Sistemas e rotinas eficientes podem também tornar sua sala de aula mais produtiva, pois atraem elogios. *Vivas!* – também chamado de "Grite!" e "Pra cima!" – é um elogio público a alunos que demonstram excelência ou exemplificam virtudes. Todo mundo reage a um bom elogio, ao ulular de um grupo em seu favor ou torcendo por você. Uma das coisas mais produtivas que você pode fazer em sua sala de aula é garantir que esses elogios ocorram na hora certa e inspirem os alunos. Não há melhor prêmio do que o elogio público da classe quando o aluno tenta responder a uma pergunta difícil, persevera, identifica seus próprios erros ou explica a seus pares como resolver o problema. Se você conseguir, de forma consistente, treinar os alunos para fazer sonoros elogios a seus pares em apenas dois segundos, você construirá uma cultura que valoriza as realizações e os esforços sem sacrificar a ordem ou o tempo dedicado a tarefas. Seus alunos ouvem o comando – "Palmas para o Pedro!" – e respondem imediatamente e em uníssono: todos os alunos batem palmas rapidamente e todo mundo volta a aprender.

O importante é investir tempo no começo para ensinar os alunos a dar *Vivas!* do jeito certo: curto, rápido e animado. Para ter sucesso, você precisa se assegurar de que seus alunos vão dar *Vivas!* de acordo com os seguintes critérios:

- *Rápido.* Entre o comando para um *Vivas!* e a resposta a ele não pode haver mais de um segundo. Se você diz "Palmas para o Pedro" e as crianças levam mais de um segundo para bater palmas, pare tudo, faça de novo e ensine seus alunos a fazer mais rápido: "Quando a gente reconhece com palmas, é porque alguém fez alguma coisa muito legal, então eu quero ouvir essas palmas imediatamente. Vamos tentar de novo e ver se vocês conseguem responder em menos de um segundo". Da mesma forma, as próprias palmas têm de ser rápidas, porque você não tem tempo a perder e porque não há nada mais triste do que uma exortação que começa animada e vai morrendo. Seja breve e a brevidade manterá alto o nível de energia. A rotina do *Vivas!* não pode passar de cinco segundos, do começo ao fim. A transição de volta à tarefa em curso é imediata.
- *Envolvente.* Muitos professores acreditam que o *Viva!* deve ser verbal e conter uma mensagem. Pelo contrário, geralmente o *Vivas!* são melhores quando usam movimento ou som, especialmente som percussivo. *Vivas!* que não usam muitas palavras tendem a ser menos cansativos: sua sobrevida é maior, porque não há uma expressão a desgastar. Um simples "Valeu!" funciona, mas algo como "Rumo à formatura!" vai ficar rapidamente velho. Além disso, há algo de engraçado e físico no estrondo de uma percussão em grupo. Os alunos gostam de barulho e de ritmo. Se você deixar, alguns deles batucam em qualquer coisa na sala de aula. Incorpore essa característica. Seus *Vivas!* devem incluir movimento e barulho controlado, mas enfático, como bater os pés no chão ou bater palmas.
- *Universal.* Quando você pede um *Vivas!*, todo mundo adere. Você é que tem de estabelecer e exigir isso.
- *Entusiástico.* O tom é alegre e animado. Deve ser um intervalo – breve e divertido – nas tarefas escolares rigorosas. Resista à tentação de fazer uma coisa adulta: o *Vivas!* não precisa narrar valores, nem expressar um credo pessoal alinhado à missão. O fato de ser um pouco bobo ajuda a reforçar os momentos em que os alunos já demonstraram todas essas coisas. O *Vivas!* é o ponto de exclamação, não a sentença. Simplesmente faça com que seja divertido o suficiente para que os alunos queiram aderir. Um jeito fácil de aumentar o entusiasmo deles é deixar o aluno escolher seu *Vivas!* preferido entre aqueles já criados pela turma.
- *Em evolução.* Deixe os alunos sugerirem e criarem ideias para *Vivas!* Eles vão renovar o sistema constantemente, com ideias novas e malucas, e vão participar com redobrado vigor, porque ajudaram a inventar as saudações. E, se eles estão sempre pensando em novidades, *Vivas!* nunca será cansativo, aborrecido ou obrigatório.

Aqui estão quatro ideias para *Vivas!* (a maioria delas foi "roubada" de excelentes professores, que também pegaram as ideias emprestadas ou inventaram as saudações com a ajuda de seus alunos):

- "Ola". Você diz: "Vamos fazer uma ola para o João". A primeira fileira da classe levanta os braços e começa a "Ola!", como nos estádios de futebol. Seguindo a ordem, todos os alunos da turma levantam e abaixam rapidamente os braços.
- "Batucada". Você diz: "Uma batucada para o Anderson!" e escolhe um aluno para dar o ritmo. O aluno batuca em sua carteira – por exemplo: tum, tumtumtum, tumtumtumtumtum – e os colegas repetem de forma idêntica uma única vez.
- "A motoca". Você diz: "Vamos dar um passeio de motoca com o Emerson." As crianças levantam as mãos para simular o guidão da motocicleta, "aceleram" duas vezes *(vrummm, vrummm)* e partem *(vruuuuuuummmmmm)*. Vão sorrir por uma fração de segundo antes que o *Vivas!* acabe.
- "A montanha russa". Você diz: "Puxa... essa resposta merece uma montanha-russa!" As crianças levantam as mãos lado a lado, a 45 graus, palmas para baixo, imitando um carrinho de montanha russa subindo a última grande ladeira e fazem "tuc, tuc, tuc" (só três vezes). Depois gritam "uau, uau, uau" três vezes, enquanto as mãos imitam o carrinho descendo e subindo três "montanhas" em seguida.

? REFLEXÃO E PRÁTICA

Faça um roteiro dos passos e expectativas para as cinco rotinas mais importantes em sua sala de aula.

Faça um cartaz com uma lista de tudo que seus alunos precisam ter à mão para estarem preparados para o início da aula. Pendure esse cartaz na parede da sala. Adquira o hábito de lembrar os alunos de verificar o cartaz (de forma não verbal, talvez), antes do início da aula.

Faça uma lista dos três pedidos mais comuns dos alunos durante a sua aula. Crie um sinal não verbal apropriado para cada um desses pedidos. Faça um cartaz mostrando os sinais. Lembre-se de apontar para o cartaz e pedir ao aluno para voltar à carteira se ele não pediu e não recebeu sua aprovação não verbal. Não os acostume a receber autorização mesmo quando o pedido vem em um momento-chave da aula.

CAPÍTULO SEIS

ESTABELECER E MANTER ALTAS EXPECTATIVAS DE COMPORTAMENTO

Este livro começou com o estudo das técnicas que professores exemplares usam para elevar as expectativas acadêmicas e para tornar a sala de aula um lugar de aprendizado intencional e rigoroso. Óbvio que esta é e deve ser a meta de toda escola. Mesmo assim, é preciso destacar que nenhuma das técnicas dos capítulos anteriores vai lhe servir se você não consegue estabelecer também expectativas comportamentais elevadas. Implementar ordem e respeito suficientes para garantir o direito de todos os alunos a aprender é uma das responsabilidades do professor. Mesmo que você não queira ser um professor do tipo "chato", acho que você vai se identificar com os aspectos não negociáveis de um ambiente de bom comportamento e reconhecer que qualquer um pode dominar as técnicas deste capítulo, que podem ser adaptadas a muitos estilos pessoais (por exemplo, alguns dos melhores praticantes que conheço são pessoas tanto de natureza quanto de modo quieto e reservado).

Técnica 36
PADRÃO 100%

Só existe um percentual adequado de alunos seguindo uma instrução dada em sala de aula: 100%. Se você não atinge esse percentual, sua autoridade está sujeita a interpretações, circunstâncias e motivações. Os alunos vão se sentir à vontade para perguntar-se: "Será que é pra fazer mesmo? Todo mundo? Não sei se hoje estou a fim de fazer o que o professor manda...".

Afirmar que 100% é o único percentual aceitável na observância de uma instrução significa que 100% deve ser o padrão desde o início. Pode soar terrível e draconiano: um plano sedento de poder para controlar as vontades dos alunos ou uma sala de aula obcecada por obediência, onde o que importa é manter a disciplina férrea. Entretanto, os professores excelentes desmistificam esta percepção. Eles conduzem a busca pelo *Padrão 100%* com um tom positivo e caloroso. São firmes e sistemáticos: os alunos seguem as orientações sem nem parecer pensar sobre isso. Assim, a cultura da observância é ao mesmo tempo positiva e – mais importante – invisível. Estas duas características não só podem, como devem, ser parte de uma sala de aula bem organizada. A disciplina positiva e invisível, que se transforma em hábito, é a única sustentável.

IDEIA-CHAVE

PADRÃO 100%

Há apenas uma porcentagem aceitável de alunos que seguem uma instrução: 100%. Menos do que isso e a autoridade do professor fica sujeita a interpretação, circunstância e motivação.

Enquanto professores excelentes regularmente atingem *Padrão 100%* de forma firme, decisiva e quase invisível, os que não conseguem isso geralmente nem sabem quantos ou quais alunos fazem o que é pedido quando se pede. Muitos professores que não conseguem atingir *Padrão 100%* param de reparar se estão obtendo observância total. Corrigir esta situação é o primeiro passo para atingir as expectativas de bom comportamento: para exercer o poder com justiça, mas de maneira firme, você precisa estar atento a como os alunos respondem à sua orientação. O primeiro passo é reparar neles.

Certa manhã, uma professora de 3° ano queria falar com sua turma. Ela levantou a mão, o sinal combinado para pedir silêncio. Os alunos deveriam também levantar suas mãos, mas nessa manhã só 75% deles o fizeram – e houve silêncio suficiente para que ela falasse e fosse ouvida.

Ela deveria prosseguir?

Muitos professores, talvez a maioria, prosseguiriam. Mas, se o fizessem, eles estariam ignorando os 25% da turma que não responderam a uma orientação explícita. Alguns podem argumentar que "eles não estão atrapalhando, vá em frente", mas essa atitude dá uma aprovação implícita à não observância. A menos que a professora queira mandar a mensagem de que seguir uma orientação é opcional, ela não deve começar a falar até que todas as mãos estejam no ar.

Há uma distinção importante a fazer aqui. Se a professora tivesse apenas pedido silêncio, não seria um problema se ela começasse a falar quando a sala silenciou. Mas ela pediu duas coisas: fiquem quietos e respondam ao sinal. Só alguns alunos fizeram isso, então ela deve esperar e usar os métodos da técnica *Padrão 100%* antes de continuar a aula – e da forma mais rápida e positiva possível.

Mas antes de discutir como, vale a pena pensar no porquê. O perigo de prosseguir sem observância é o risco de permitir o desenvolvimento de uma cultura do tipo "só os bons alunos fazem o que lhes é pedido". Os alunos passam a ver a observância como opcional e a contemplar a escolha entre a obediência ao professor e a liberdade de seus colegas desobedientes. Não é uma boa escolha e, em muitas salas de aula, a cultura da desobediência rapidamente contamina os alunos obedientes. Além disso, quando uma professora permite que o atendimento a seus pequenos pedidos seja opcional, vai ser muito mais difícil obter obediência quando ela de fato precisar. Nesse momento, ela terá de arriscar sua autoridade e suplicar aos alunos para que lhe deem atenção ou estabelecer um confronto aberto com alguns dos alunos – provavelmente os mais difíceis. Chegar a esse ponto não é nada bom, mas muitos professores acabam chegando lá, antes de se darem conta de que estão a caminho.

Escolhi o exemplo da professora com sua mão erguida para pedir silêncio porque é um gesto comumente usado – ou melhor, mal usado – e porque mostra a facilidade com que os professores aprendem a ignorar a não observância.

A professora do exemplo estava pedindo duas coisas diferentes – na verdade, duas coisas que não estão necessariamente relacionadas. Os alunos podem reagir de quatro maneiras diferentes: levantar a mão e continuar falando; parar de falar e não levantar a mão; levantar a mão e silenciar; ou não fazer nem uma coisa nem outra. A inclusão das mãos dos alunos no comando implica mais variáveis e mais resultados possíveis para vigiar. Pode ser que as mãos levantadas ajudem a obter uma atenção silenciosa. Mas a professora deveria pelo menos se perguntar o seguinte: será que existe um jeito menos invasivo de obter uma atenção silenciosa? Será que eu quero usar meu tempo neste momento para gerenciar cuidadosamente duas variáveis de observância? Ela poderia considerar se não seria mais eficaz combinar com os alunos que, em vez de levantar a mão, eles se sentassem direito e olhassem para ela, de forma a demonstrar que estão prontos para ouvir. Isso também daria aos alunos uma rotina de atenção e daria à professora a possibilidade de verificação visual da observância. No entanto, o contato visual – o olho no olho – é mais sutil do que as mãos levantadas e elimina a questão da observância parcial. Pode ser feito mais rapidamente e é uma melhor preparação para o que a vida pede das pessoas atentas: olho no olho e um estado de alerta.

Há, pois, muitas razões pelas quais a seriedade no trato da observância pode levar você a reconsiderar o que você pede aos alunos. Idealmente, o processo de reflexão tornará você mais eficaz nos processos em sala de aula. Mas qualquer que seja sua escolha, você deve levar a sério os seus próprios comandos. Se você pede, eles têm de fazer.

O exemplo levanta uma outra questão sobre a observância. Se a percentagem correta de observância é 100%, então esta também é a extensão correta da observância. Tolerar observância marginal, especialmente quando pública, terá também um efeito perverso. Quando a professora do exemplo começa a ver as mãos dos alunos levantadas, ela estará estabelecendo as expectativas (quer reconheça isso ou não) sobre o que é observância e quanta observância é suficiente. Consciente ou inconscientemente, os alunos vão se fazer perguntas como estas:

- "Será que tudo bem se eu levantar a mão só um pouquinho?"
- "Posso apoiar o cotovelo na carteira?"
- "Será que tem um jeito de fazer isso sem que meus colegas achem que eu estou tentando ser o queridinho da professora?"
- "Será que tudo bem se eu levantar a mão o mínimo possível (só torcendo ligeiramente o pulso, por exemplo) e mostrar aos meus amigos que eu só estou quebrando o galho dessa professora, porque eu gentilmente decidi que não vou perder meu tempo para desrespeitá-la em público?"

A forma mais sustentável de observância é aquela que, tanto para professores como para alunos, consiste claramente em um exercício que os ajudará a atingir os objetivos de aprendizagem, não um exercício vazio de poder por parte do professor.

A resposta a estas perguntas deve sempre ser "não". A mensagem deve ser esta: "Tudo que fazemos deve ser bem feito, porque nos ajuda no caminho do aprendizado de qualidade". Excelência é o hábito: tudo que você faz deve ser bem feito e o caminho mais fácil para fazer bem feito é sempre fazer bem feito. Se a expectativa que a professora estabeleceu for "de mãos levantadas", ela deve mantê-la. É possível que ela queira reconsiderar se quer, de fato neste momento, deixar claro o que seria uma mão levantada do jeito certo. Mas, repito, quanto mais você levar a sério a questão da observância, mais você deve refletir sobre a justeza e a adequação de seus comandos. Em última análise, a forma mais sustentável de observância é aquela que, tanto para professores como para alunos, consiste claramente em um exercício que ajudará estes últimos a atingir os objetivos de aprendizagem, não um exercício vazio de poder por parte do professor. Ocorre que, nas melhores salas de aula, há muito aprendizado sobre como executar rotinas e rituais da forma certa. É preciso um sinal claro para atenção silenciosa – e o professor deve poder ver e ouvir essa atenção silenciosa. Mas o sinal também deve passar no teste de alinhamento com o objetivo final.

EM AÇÃO

PADRÃO 100% E *O QUE FAZER*

A professora Ashley Buroff, da escola Rochester Prep, usa muito bem as técnicas *Padrão 100%* e *O que fazer* (descrita mais adiante neste capítulo). Ela começa com uma orientação simples e clara da técnica *O que fazer*: "Prestem atenção em mim". Em seguida, ela faz uma pausa para, no jargão da técnica *Padrão 100%*, "mostrar que está de olho nos alunos". Quando tem certeza que todos estão olhando para ela, pede aos alunos para levantarem as folhas de atividade e arrancarem a última página: "Agora levantem bem alto, segurando a última página em uma mão e o resto dos papéis na outra". É difícil não entender essa ordem. Ela conclui com uma correção individual, mas anônima: "Ainda estou esperando todo mundo fazer isso" (e, ao fazê-lo, torna a observância dos alunos absolutamente visível para ela), ela dá mais uma série de orientações concretas e observáveis: "Agora coloquem a folha que vocês arrancaram na pasta da lição de casa". A taxa de observância é claramente 100%.

PRINCÍPIOS DA OBSERVÂNCIA 100 %

Há três princípios básicos para garantir uma observância consistente na sala de aula. Estes princípios são cruciais não apenas para assegurar *Padrão 100%*, mas também para garantir um clima saudável permanente, um ritmo de aula vívido e o foco ininterrupto no conteúdo. O primeiro princípio: usando a intervenção menos invasiva possível, serve como uma regra geral para o domínio desta técnica.

Sua meta é atingir 100% de observância para poder ensinar. Portanto, a intervenção deve ser rápida e invisível.

Use a forma de intervenção menos invasiva possível

Sua meta é atingir 100% de observância para poder ensinar. Portanto, a intervenção deve ser rápida e invisível. Obter esta observância ao custo de interrupções constantes, que consomem tempo, para garantir que todo mundo faça o que deve, serve, ironicamente, para interromper a tarefa em andamento e ainda cria a um círculo vicioso: todas as interrupções para manter os alunos na tarefa resultam em nenhuma tarefa; e, assim, todo mundo fica sem fazer nada. Os alunos envolvidos, principalmente aqueles que você mais lutou para engajar, começam a olhar em volta procurando coisas alternativas para fazer. Desastre. Você precisa que a intervenção seja rápida e invisível.

Nas intervenções potenciais descritas a seguir, a meta é usar as do início da lista sempre que possível:

- **Intervenção não verbal.** Gesto ou contato visual com alunos que não estão trabalhando, ao mesmo tempo em que você faz outra coisa, de preferência ensinar os demais alunos. Em várias medidas, os professores interrompem suas próprias aulas mais do que os alunos. Portanto, usar correções não verbais enquanto você continua a ensinar mantém a sua aula nos trilhos.
- **Correção positiva do grupo.** Rápido lembrete verbal ao grupo sobre o que os alunos devem fazer e não sobre o que eles não devem fazer: "Estamos seguindo a leitura em nossos livros" ou "Você deve acompanhar a pessoa que está falando". Frases assim são usadas no momento em que a atenção da turma está a ponto de dispersar.
- **Correção individual anônima.** Rápido lembrete verbal ao grupo, parecido com a correção positiva do grupo, com a diferença de que a correção individual anônima deixa claro que nem todo mundo está onde deveria estar: "Estão faltando dois" ou"Crianças, seus olhos devem acompanhar a pessoa que está falando".
- **Correção individual privativa.** Se e quando você tiver de corrigir alguém específico (isso vai ocorrer muito, especialmente no começo do ano, quando você ainda está estabelecendo as expectativas), trate de o fazer de maneira discreta e silenciosa. Passe ao lado da carteira do aluno que não está na tarefa. Incline-se para chegar o mais perto possível dele ou dela, usando um tom de voz que garanta a maior privacidade possível, diga ao aluno o que fazer rápida e calmamente – na primeira interação, deve bastar algo como "Marcos, eu pedi a todo mundo para me acompanhar enquanto eu falo e preciso que você também faça isso". E logo fale de outra coisa. Se você precisar voltar a esse aluno, então é hora de estabelecer uma consequência. Também neste caso, mantenha a conversa privativa: "Marcos, para poder aprender, você precisa me acompanhar quando eu falo. Eu vou ter de conversar com você no intervalo, [ou dar uma lição extra, pedir para você conversar com a diretora]. Agora, por favor, dê o melhor de si".

EM AÇÃO

PADRÃO 100%

A professora Jaimie Brillante, da escola Rochester Prep, transforma a correção individual privativa em um exercício de propósito, não de poder. Ela usa essa técnica para conversar com uma aluna que não respondeu bem a uma pergunta. Mas deixa claro que a meta não é prestar atenção na professora ou fazer o que ela manda, a meta é aprender. Para falar com essa aluna, ela primeiro concentra a atenção de todos em uma tarefa clara, pedindo aos alunos que copiem algo do retroprojetor em seus cadernos. Até leva lenços de papel para outra aluna, de forma a tornar sua aproximação menos óbvia e mais discreta. Finalmente, usa um tom calmo, firme, sem julgamentos, falando baixinho e próximo à aluna para garantir privacidade: "Eu percebi que você não estava prestando atenção na minha explicação. Além disso, quando eu fiz uma pergunta você não soube responder. Você deve prestar atenção na aula e se esforçar, se quiser aprender. Para isso você deve olhar para mim quando eu estiver falando". A Jaimie é muito cuidadosa: ela sempre indica aos alunos o caminho para resolver o problema.

Correção-relâmpago em público. Às vezes, você será forçada a fazer correções públicas de certos alunos. Ao fazer isso seu objetivo deve ser evitar expor o aluno por alguma coisa negativa que ele fez e se concentrar em dizer a esse aluno como fazer certo. Assim, em vez de dar uma bronca ou explicar o que ele fez de errado, você exalta o comportamento positivo da maioria da classe. "Carlos, preciso que você olhe para mim" é uma frase rápida, confiante e eficaz. Também pode ser assim: "Carlos, preciso que você olhe para mim. Olhando para a frente, turma lá do fundo!". Em casos raros, você deve chamar Carlos à responsabilidade (dele e de seus colegas), adaptando a sequência assim: "Carlos, preciso que você olhe para mim. Olhando para a frente, turma lá do fundo! Obrigada, Carlos. Muito melhor".

Quando as interações acompanham uma sequência, sua narração deve, em geral, criar um momento positivo. Terminam no positivo ("Muito melhor") e permitem que você descreva para a turma o progresso em direção à excelência (Carlos não estava prestando atenção, agora está). Embora esteja fazendo uma correção, sua narração enfatiza que as coisas estão melhorando.

Note a importância da rapidez. Recomenda-se só usar de vez em quando a sequência mais longa apresentada anteriormente e evitar, se possível, qualquer coisa mais longa do que isso. Por último, note a utilidade prática da correção. Apenas dizer o nome de Carlos, como muitos professores fariam, não lhe dá nenhuma orientação sobre como atingir suas expectativas. Este é um ponto crucial, que discutiremos mais adiante, na técnica *O que fazer*.

- **Consequência.** O ideal é resolver um caso de não-observância rapidamente, com sucesso e com a menor perturbação possível dos outros alunos. No longo prazo, um professor se fortalece por usar apenas de vez em quando as consequências externas, porque resolver problemas sem utilizá-las reforça o poder intrínseco do professor. No entanto, se for impossível resolver uma situação rapidamente e com sucesso sem uma consequência, ela deve ser estabelecida de forma a não interromper a instrução. Como em outras intervenções, consequências também devem ser aplicadas rapidamente e da maneira menos invasiva e menos emocional possível. Idealmente, um professor tem uma escala de consequências dentro da qual escolher, de maneira a combinar a resposta com a gravidade da infração. Ao fazer isso, ele assegura sua própria habilidade para aplicar a consequência rapidamente, decididamente e sem hesitação. Discutimos mais longamente este ponto em *Sem aviso* (Técnica 42).

EM AÇÃO

PADRÃO 100%

Na escola Rochester Prep, o professor Bob Zimmerli aplica perfeitamente a técnica *Padrão 100%*. Ao assistir a uma aula dele, notei que ele usa:

- *Correções de grupo positivas:* "Gente, todas as mãos para baixo. Mostrem *POSSO* agora."
- *Correção individual anônima:* "Ainda preciso da atenção de três pessoas. Vocês sabem quem são. Ainda preciso de duas pessoas."
- *Correção-relâmpago em público:* "A Marisa não está comigo, mas a Jasmim está!"

Os alunos de Bob estão fazendo contas. Ou seja, estão aprendendo a fazer somas repetidas com o mesmo número, de forma a aprender e verificar a tabuada. O uso dos dedos para contar permite que Bob veja imediatamente quem está participando e quem não está. Ele tornou a responsabilidade visível. Bob faz a mesma coisa quando pede a seus alunos: "Olhem este papel" – e, em seguida, move-se pela sala de aula com o papel na mão. Se as cabeças dos alunos girarem, então eles estão prestando atenção.

Um mal-entendido muito comum sobre esses seis níveis de intervenção é acreditar que eles representam um processo ou uma fórmula: que os professores sempre progridem metodicamente de um nível para outro, experimentando os cinco tipos de correção em sequência antes de aplicar uma sanção. Nada poderia estar mais longe da realidade. O objetivo é ficar o mais próximo possível do topo da lista, mas você deveria ser fiel àquilo que funcionar, não à lista. Às vezes, você irá direto para o quinto nível, às vezes vai usar todos os níveis em uma só aula e, de vez em quando, fará cinco intervenções junto a um aluno particularmente difícil antes de apelar para a consequência. De fato, o uso dos cinco primeiros níveis significa que os alunos aos quais as intervenções são dirigidas estão fazendo (ou aparentam estar) um esforço de boa fé para cumprir as instruções do professor. Só o comportamento deliberadamente contrário deve receber uma consequência.

Outro mal-entendido frequente é acreditar que ignorar o mau comportamento – ou tratá-lo com elogios aos alunos que se comportam bem – é a forma menos invasiva de intervir. Ignorar o mau comportamento é a forma mais invasiva de intervenção porque torna mais provável que este comportamento não só persista como se amplie. A meta é lidar com ele rapidamente – na primeira vez em que se manifesta e enquanto essa manifestação é ainda pequena e requer uma resposta na mesma proporção.

Ignorar o mau comportamento é a forma mais invasiva de intervenção porque torna mais provável que este comportamento persista e se amplie.

Confie na delicadeza firme e calma

Atingir a observância é um exercício de propósito, não de poder. Os alunos devem seguir os comandos rápida e integralmente para garantirem melhores chances de aprender. Embora esta meta envolva, com frequência, observância absoluta dos comandos, a observância é o meio, não o fim. "Preciso que você olhe para mim, assim você pode entender" é uma afirmação mais eficaz do que "Pedi que você olhe para mim, então faça o que eu peço". É verdade que você deve esperar que seus alunos façam o que pede, mas não se trata de você: trata-se deles e de seu caminho para um aprendizado de qualidade. Exija obediência não porque você pode ou porque você se sente bem fazendo isso, mas porque a obediência serve a seus alunos. Torne esta distinção evidente em sua linguagem, tom e movimentos.

Professores *Padrão 100%* destacam a universalidade das expectativas. Sua linguagem reforça essa universalidade: "Quero todo mundo olhando para mim" reforça a universalidade melhor do que "Teresa, quero você olhando para mim". De vez em quando, usar o nome de Teresa pode ser necessário, mas "Teresa, eu quero todo mundo olhando para mim" é uma abordagem direta de Teresa que ainda mantém o reforço à universalidade do padrão. Da mesma forma, os professores *Padrão 100%* são estrategicamente impessoais. Muitos professores acreditam que devem personalizar cada decisão para atender a necessidades e pessoas específicas em cada situação. No caso de expectativas comportamentais, porém, isso geraria um sentimento de perseguição nos alunos, especialmente quando eles não gostam das decisões. Para lembrá-los de que suas decisões não são pessoais, é bom reforçar expectativas com um tom impessoal: "Não é assim que fazemos isto aqui"; "Na minha aula, respondemos aos colegas com respeito".

Pedir que olhem para você é melhor do que pedir que prestem atenção, porque você pode ver se estão obedecendo. Pedir que coloquem o lápis na carteira e que olhem para você é melhor ainda, porque são duas coisas para você ver.

Enfatize a observância que você pode ver

Você pode enfatizar a observância de várias maneiras:

- **Invente jeitos de maximizar a visibilidade.** Encontre maneiras de tornar mais fácil ver quem seguiu sua orientação. Peça aos alunos para fazerem coisas visíveis. Pedir que olhem para você é melhor do que pedir que prestem atenção, porque você pode ver se estão obedecendo. Pedir que coloquem o lápis na carteira e que olhem para você é melhor ainda, porque contém duas coisas para você ver e porque a segunda coisa que você pediu – lápis na carteira – é muito mais fácil de ver em uma rápida olhada do que os olhos de todos os alunos. Um olhar baixo ou desviado é sutil e dá trabalho para localizar; um lápis na mão em uma sala cheia de lápis nas carteiras é facilmente discernível. Fica mais fácil para você ver a observância – e seus alunos passam a reconhecer que fica muito mais difícil, para eles, não seguir sem sua orientação, o que requereria uma força de vontade que poucos alunos têm.

- **Mostre que está de olho neles.** Quando você pede que observem sua orientação, verifique essa observância consistentemente e seja visto procurando por ela. A cada poucos minutos, dê uma olhada na sala toda com um sorriso calmo estampado no rosto para se assegurar de que tudo está como deveria estar. Quando você dá uma orientação, lembre-se de fazer uma pausa e dar uma olhada na sala toda. Faça uma narração da sua olhada – "Obrigada, Pedro. Obrigada, Marisa. Fileira da frente, olhando para mim" – para reforçar a ideia de que, quando você pede alguma coisa, você tanto olha para ver quem obedeceu como consistentemente vê quais indivíduos obedeceram.
- **Evite observância marginal.** Não se trata apenas de seus alunos fazerem o que lhes foi pedido; trata-se de fazer direito. Alguns deles só vão completar uma tarefa se você deixar claro que quer a tarefa completa. Com razão, eles vão querer saber o que significa exatamente "Olhem para mim". Olhar em volta de você? Manter os olhos nos seus por uns segundinhos? Cravar os olhos nos seus enquanto você estiver falando? A diferença entre estas três interpretações é tão grande como a diferença entre a noite e o dia.
- **Potencialize as oportunidades para a prática inadvertida do bom comportamento.** Os alunos podem ganhar uma prática valiosa quando se comportam de maneira positiva e construtiva sem nem mesmo se darem conta. Por exemplo, eles podem praticar o hábito de seguir as orientações do professor. Em salas de aula onde o professor usa a Técnica 23 *(Em coro)* com graça e energia, os alunos praticam fazer o que lhes é pedido, na deixa, uma vez atrás da outra. Não reconhecem que estão seguindo comandos; só percebem que estão se divertindo junto com seus colegas, o que torna a observância desses comandos um fato normal e corriqueiro da sala de aula. Com o tempo, isso terá um efeito poderoso. Os alunos não apenas aprendem a obedecer no momento da deixa, mas passam a esperar essa observância instantânea em seus pares e a associam com sensações positivas. Eles estão aprendendo a se comportar sem nem se darem conta.

Professores que cultivam oportunidades para que os alunos pratiquem fazer o que lhes é pedido, mesmo quando não estão preocupados com comportamento, garantem uma maior probabilidade de sucesso nos momentos em que estão preocupados com comportamento.

Técnica 37
O QUE FAZER

Uma boa parte da desobediência dos alunos – uma parte maior do que a maioria dos professores imagina – não é causada por desafio à autoridade, e sim por desconhecimento: os alunos entendem mal uma orientação, não sabem como segui-la ou tiveram um breve momento de distração. Reconhecer isso significa dar aos alunos uma orientação que ofereça instruções claras, úteis e suficientes para que qualquer aluno possa seguir o comando facilmente. O nome desta técnica é *O que fazer*. Com ela, as instruções tornam-se sistematicamente úteis e fáceis de seguir.

Na escola, perdemos muito tempo definindo pelo negativo o comportamento que queremos: "Não se distraia"; "Pare de bagunçar"; "Esse comportamento foi inapropriado". Estes comandos são vagos, ineficientes e obscuros. Eles forçam os alunos a adivinhar o que você quer que eles façam.

Quatro características principais de *O que fazer* ajudam a reforçar o senso de responsabilidade dos alunos. Além disso, um princípio orientador central enfatiza a distinção entre desafiar e desconhecer. Fazer essa distinção o tempo todo impactará profundamente a cultura escolar e a sua relação com os alunos.

Logicamente, *O que fazer* começa com você dizendo aos alunos o que fazer – e não dizendo a eles o que *não fazer*. Na escola, perdemos muito tempo definindo pelo negativo o comportamento que queremos: "Não se distraia"; "Pare de bagunçar"; "Esse comportamento foi inapropriado". Estes comandos são vagos, ineficientes e obscuros. Eles forçam os alunos a adivinhar o que você quer que eles façam. O que é o "isso" em "para com isso", por exemplo? Se eu não quero me distrair e você me diz para não fazer "isso", como é que vou saber qual é a alternativa?

Mesmo quando não definimos o comportamento pela negativa, com muita frequência somos de pouca ajuda. Quando você diz a uma aluna para prestar atenção, pergunte-se se ela sabe como prestar atenção. Alguém já ensinou isso a ela? Ela sabe quais são suas expectativas específicas para prestar atenção (Olhe para mim, por exemplo)? Alguém já a ajudou a aprender a evitar as distrações? O comando "Preste atenção" não oferece uma orientação útil, porque ele não ensina.

Uma de nossas funções primárias é dizer aos alunos o que fazer e como fazer. Dizer-lhes o que fazer em vez de lhes dizer o que não fazer é mais eficaz e também contribui para o nosso próprio foco no ensino, mesmo em momentos em que tratamos de questões comportamentais. *O que fazer* expressa a crença no ensino para resolver problemas. No entanto, não basta dizer às crianças o que fazer. Para ser eficaz, a orientação deve ser específica, concreta, sequencial e observável:

- **Específica.** Orientação eficaz é específica. Concentram-se em ações gerenciáveis e descritas precisamente, que os alunos podem executar. Em vez de aconselhar um aluno a prestar atenção, por exemplo, eu posso aconselhá-lo a colocar o lápis na mesa ou manter os olhos em mim. Estas duas ideias oferecem orientação útil, fácil de executar e que requerem atenção. São fáceis de lembrar, orientadas a soluções e dificilmente mal compreendidas.
- **Concreta.** Orientação eficaz não é apenas específica; envolve, sempre que possível, tarefas claras que qualquer aluno sabe executar. Se digo ao meu aluno para prestar atenção, pode ser que ele me atenda, pode ser que ele saiba como fazer isso. Mas, se eu disser a ele para colocar os pés embaixo da carteira, pedi uma coisa que qualquer aluno entende e sabe fazer. Se ele hesita, posso ser mais concreto: "Vire-se para mim. Coloque as pernas embaixo da mesa. Puxe a cadeira mais para perto da mesa." Estas coisas são reais: físicas, simples, lugares-comuns. Não há espaço para interpretações neste tipo de comando; ele não requer conhecimento prévio nem sofisticação para ser cumprido. E a eliminação da ambiguidade permite entender melhor as intenções do aluno.
- **Sequencial.** Prestar atenção é uma habilidade complexa, raramente limitada a uma única ação específica. Por isso, orientações eficazes devem descrever uma sequência de ações específicas e concretas. No caso do aluno que precisa de ajuda para prestar atenção, posso aconselhá-lo assim: "João, ponha seus pés embaixo da mesa, ponha seu lápis na mesa e olhe para mim". Em alguns casos, posso acrescentar: "Quando eu escrevo alguma coisa no quadro, você deve copiar para ter suas próprias anotações".
- **Observável.** Não me limitei a dar ao João uma sequência de passos a serem seguidos. Descrevi ações observáveis: coisas que eu posso vê-lo fazer, claramente. Isso é crucial. Minha orientação concentrou-se em uma série de passos específicos e simples o suficiente para que qualquer aluno pudesse executar e, por isso, o componente observacional de minha orientação deixou muito pouco espaço de manobra para o João escapar. Se eu lhe digo para prestar atenção, não posso verificar se ele fez isso e, portanto, não posso responsabilizá-lo por sua atitude. Ele vai protestar: "Mas eu estava prestando atenção!".

Conscientemente ou não, os alunos percebem e exploram essa impossibilidade de responsabilização. No entanto, se eu disser ao João "Ponha os pés embaixo da mesa, o lápis na mesa e olhe para mim", posso ver perfeitamente bem se ele fez o que pedi. Ele sabe muito bem que eu posso ver se ele fez ou não fez e, portanto, é mais provável que ele faça.

Estudos psicológicos sugerem que a impotência – o processo de desistir de tentar porque você acredita que suas escolhas e ações são irrelevantes – geralmente resulta de uma percepção de que as consequências de seus atos são aleatórias.

O que fazer permite que o professor diferencie quando o aluno o está desafiando ou quando simplesmente desconhece como proceder. A técnica torna os comandos tão específicos que não podem ser mal interpretados e tão objetivos que eliminam quaisquer dúvidas. No entanto, vale a pena considerar mais atentamente a capacidade de distinguir entre desconhecimento e desafio. Se eu pedir a João para prestar atenção ou sentar direito ou fazer a tarefa e ele não fizer nada disso, é fundamental saber se ele não fez porque não quis ou não fez porque não sabe. Se ele não sabe, o problema é desconhecimento. Se ele não quer, o problema é desafio. Respondo de forma diferente a essas duas situações.

Se o problema é desconhecimento, minha obrigação é ensinar o João. Se eu o punir por não obedecer, quando, na verdade, ele não sabe como obedecer, a sanção será injusta: vou puni-lo pelo que ele não entende ou não pode fazer, o que vai minar minha relação com o João; pior, ele vai aprender que as consequências são desconectadas das ações. Se as consequências ocorrem por razões que ele não consegue sequer imaginar, então elas são aleatórias para ele. Estudos psicológicos sugerem que a impotência – o processo de desistir de tentar, porque você acredita que suas escolhas e ações são irrelevantes – geralmente resulta de uma percepção de que as consequências de seus atos são aleatórias.

Mas, se o João não faz o que eu peço porque não quer, então o problema é desafio – e minha obrigação é estabelecer uma consequencia. A menos que eu aja clara e decididamente diante de um desafio à minha autoridade, João vai estabelecer um precedente de impunidade. Ele e seus colegas saberão que o João – e provavelmente qualquer outro aluno que queira – pode me desafiar para o resto do ano que nada vai acontecer. Quando abandono minha autoridade dessa forma, estou abdicando de minha responsabilidade de proteger o espaço em que o resto dos alunos vive e aprende – e, portanto, desrespeito o direito deles a uma educação de qualidade. Responder ao desafio de sua autoridade apenas tentando ensinar ao aluno a maneira correta de agir é tão ruim quanto responder ao desconhecimento do aluno com sanções.

Portanto, é preciso distinguir entre desafio e desconhecimento, respondendo a este com ensino e ao desafio com sanção. Confundir os dois – e muitos professores falham diariamente em distingui-los – tem consequências danosas. É por isso que saber a diferença tem ramificações de longo alcance em sua sala de aula. Distinguir bem é, provavelmente, a parte mais importante de *O que fazer*; é, certamente, uma das ferramentas mais importantes para construir uma cultura escolar. Orientações concretas, específicas e observáveis – bastante simples e claras para que qualquer um que queira possa executá-las – tornam possível fazer esta distinção de forma consistente e justa. Basta dar, a alunos aparentemente hesitantes, tarefas ativas que permitam que você veja a diferença, de forma que possa ensinar quando precisa e exercer sua autoridade quando deve.

O que fazer, versão 2

Quando os alunos não obedecem um comando e você sabe que a causa é desconhecimento ou acha que precisa de mais informação para determinar se é mesmo, rever a primeira orientação dada, desta vez dividindo-a em vários passos, pode ajudar. Vamos supor que eu diga a meus alunos: "Peguem seus fichários. Encontrem a lição de casa. Coloquem-na no canto da carteira". Suponha que dois alunos não fizeram isso. Eles pegam os fichários, mas param por aí. Então, eu digo: "Abram seu fichário e procurem sua lição de casa na pasta à esquerda. Agora fechem o fichário. Muito bem. Guardem o fichário". Este tipo de intervenção ensina novamente a parte da tarefa que foi difícil para os alunos, dando mais orientação nos pontos mais obscuros para eles (talvez não soubessem onde procurar a lição de casa no fichário; talvez não soubessem se eu queria que colocassem a lição de casa ou o fichário no canto da carteira). Mesmo que não seja necessário ensinar novamente, isso reforça, entre os alunos, o senso de responsabilidade por observar meus comandos. Sim, estou mimando os alunos, mas também estou sendo muito claro com eles: estou consciente da não observância, não estou nervoso com isso e vou tratar disso. De qualquer forma, é mais provável que eu consiga que eles completem a tarefa com sucesso ou, se não o fazem, ficará mais claro se estão ou não me desafiando. Daí poderei estabelecer uma sanção, com a confiança de que a decisão foi justa. Portanto, esta técnica me permite ter mais certeza, confiança e consistência na administração das sanções em sala de aula.

A repetição de um *O que fazer* com maior especificidade também pode ser usada em situações de crise. Como coordenador pedagógico, certa vez fui chamado a uma sala de aula onde o professor tinha tentado mandar uma aluna à minha sala. A aluna, brincalhona e muitas vezes desafiadora, tinha se recusado a se mover ou sequer a olhar para o professor quando recebeu a ordem. Em vez de obedecer, ela baixou a cabeça e ignorou todas as orientações. Com a turma inteira me olhando, eu me curvei do lado da carteira dela e disse baixinho, mas com firmeza: "Christina, venha comigo, por favor". Ela não moveu um único músculo. Fiquei contente por ter feito a primeira abordagem em voz baixa, preservando um mínimo de privacidade, mas sabia que estava correndo contra o tempo. Por sorte ou instinto – eu ainda não conhecia a técnica *O que fazer* –, eu disse: "Christina, puxe a sua cadeira para trás e fique de pé ao lado dela". Acreditem se quiserem, foi exatamente o que Christina fez. "Muito bem", eu disse. "Agora siga-me até a porta."

Depois disso, usei esta técnica em várias crises e descobri que ela se tornara uma de minhas melhores estratégias, principalmente quando confrontei grupos de alunos que precisavam de reorientação e que percebiam claramente minha calma e minha disposição para usar minha autoridade. Descobri que essa técnica me ajuda a saber o que dizer em situações onde eu poderia ficar nervoso. Saber que posso confiar em um claro *O que fazer* permite-me abordar situações difíceis calmamente e com uma confiança que aumenta minha probabilidade de sucesso. "Senhores, por favor: parem de conversar por um momento. Eu estou dando aula do lado de cá desta porta. Por favor, peguem suas coisas, andem até o final do corredor, abram as portas e saiam. Vocês podem continuar sua conversa lá fora".

Técnica 38
VOZ DE COMANDO

Alguns professores têm aquele "quê": eles entram em uma sala e estão imediatamente no comando. Alunos que, um minuto antes, estavam na maior bagunça, de repente estão sentados, aguardando instruções. É difícil dizer o que exatamente esse professor tem ou por que alguns têm e outros não. A maior parte desse "quê" é certamente intangível e intransferível, uma manifestação do carisma único do indivíduo e de sua habilidade para granjear respeito e credibilidade, construir relações e exalar confiança e equilíbrio. Não posso dar a receita dessa poção mágica, mas posso descrever cinco táticas concretas que os professores com esse "quê" usam para sinalizar consistentemente sua autoridade. São cinco técnicas que até a professora iniciante mais tímida e meiga pode usar. Usando-as, você estabelece o controle, o comando e a autoridade necessários para evitar o uso de consequências excessivas. Dominar estas habilidades não vai transformar você em um professor com aquele "quê", mas ao usar *Voz de comando* você vai chegar muito perto.

Geralmente, os professores que usam *Voz de comando* seguem cinco princípios em suas interações com os alunos – ou pelo menos nas interações em que estão tentando estabelecer algum controle: economia de palavras, só fale quando todos estiverem ouvindo, não mude de assunto, linguagem corporal e poder silencioso. Em suas interações com os alunos, esses professores também têm um modo-padrão de falar e de se mover, um tom que maximiza o poder dos cinco princípios.

OS CINCO PRINCÍPIOS DE *VOZ DE COMANDO*

Economia de palavras
Só fale quando todos estiverem ouvindo
Não mude de assunto
Linguagem corporal
Poder silencioso

Economia de palavras. Menos palavras são mais fortes do que muitas. Demonstrar economia de palavras mostra que você está preparado e sabe o que quer dizer. Ser prolixo ou faladeiro sinaliza nervosismo, indecisão e falta de seriedade. Sugere que suas palavras podem ser ignoradas. Quando você precisa que sigam sua orientação, use apenas as palavras que mantêm os alunos focados no que é mais importante – e nada mais. Não misture questões urgentes com coisas que podem esperar. Em vez de deixar que os alunos identifiquem a prioridade entre cinco pontos levantados por você em sua orientação, simplesmente levante um único ponto. Aí você pode estar certo de que seus alunos vão ouvir. Evite palavras em excesso, evite iniciar distrações. Quando você precisa se comunicar com eles, seja breve e claro. E, em seguida, pare de falar.

Só fale quando todos estiverem ouvindo. Se vale mesmo a pena ouvir o que você está dizendo, então todo aluno tem o direito e a responsabilidade de ouvir. E se o que você está dizendo não é tão importante assim, talvez você não devesse estar dizendo, pelo menos não para a classe inteira. Quando você precisa que eles ouçam, as suas palavras devem ser, de longe, as mais importantes na sala. Habitue-se, portanto, a mostrar que elas são importantes. Antes de começar a falar, espere até que não haja nenhuma outra conversa ou barulho na classe. Ao garantir que sua voz não tenha de competir por atenção, você demonstra aos alunos que a decisão de ouvir não depende da situação (ou seja, você só ouve se parecer que desta vez talvez seja importante mesmo). Além disso, controlar quem tem o "microfone" é a marca da sua autoridade e uma necessidade para o seu ensino. Se você tiver de repetir 10 instruções por dia, a meio minuto cada uma, você vai desperdiçar dois dias letivos inteiros por aluno ao longo de um ano. Você não pode ser dar ao luxo de falar enquanto os alunos também falam.

Em alguns casos, você vai precisar começar a falar para poder parar no meio de uma sentença e, assim, mostrar que você não continuará até ter a total atenção de todos. Esta auto interrupção, para tornar óbvio que os alunos estão interrompendo você, evita a irônica necessidade de falar mais alto do que eles para dizer que você não falará mais alto do que eles. Tipicamente, um professor pode planejar dar uma orientação como esta: "Turma, vamos abrir as agendas para anotar a lição de casa". Porém, se os alunos estão desatentos ou se o barulho ou as conversas persistirem depois das primeiras palavras, o professor pode interromper-se a si mesmo, de preferência no ponto mais fácil de notar, e ficar quieto por alguns segundos antes de começar de novo: "Sexto ano, abram seus...". Se o murmúrio e as distrações não desaparecerem, ele pode iniciar a frase de novo, desta vez interrompendo-se antes: "Sexto ano, abram...". Durante essas interrupções, o professor pode ficar absolutamente imóvel, para demonstrar que nada pode continuar enquanto a atenção de todos não for restaurada.

De todas as situações em que um aluno poderá tentar mudar de assunto, a mais provável é aquela em que você o responsabiliza por suas ações.

Não mude de assunto. Quando você inicia uma conversa, evite mudar de assunto até resolver satisfatoriamente o tema inicial. Isso é especialmente importante quando o assunto é uma questão de comportamento.

De todas as situações em que um aluno poderá tentar desviar a conversa, a mais provável é aquela em que você o responsabiliza por suas ações. Em geral, o aluno responderá com uma desculpa ou uma resposta evasiva. Suponha, por exemplo, que David está empurrando a cadeira da Margarete com o pé e você lhe diz: "Por favor, tire o seu pé da cadeira da Margarete". Ele pode responder: "Mas é ela que está me empurrando!". Ou ainda: "Mas ela fica invadindo meu espaço!". Muitos professores podem ter problemas com essa situação se entrarem na conversa de David: o que Margarete estava supostamente fazendo. O professor dirá: "Margarete, você estava fazendo isso?". Ou ainda: "Não me interessa o que a Margarete está fazendo". As duas frases concordam em mudar o assunto para o tópico que o David escolheu e o desobrigam de lidar com o tema que você propôs. Uma resposta melhor seria: "David, pedi que você tire o pé da cadeira da Margarete". Ou ainda: "Neste momento, o que eu quero é que você faça o que eu pedi e tire o pé da cadeira da Margarete". Estas respostas são melhores porque fazem uma referência explícita ao fato de que você iniciou um assunto e espera que o aluno trate disso, e não de outra coisa. São melhores também, porque não requerem que você anuncie o seu "desinteresse" pelo que Margarete está fazendo, o que não é exatamente a mensagem que você quer passar.

Outra resposta possível do David é esta: "Mas eu não estava fazendo nada!". Insisto, a melhor estratégia é não se deixar levar pelo tópico proposto por ele. Afinal, você não o teria corrigido se tivesse alguma dúvida sobre onde estava o pé dele. A melhor resposta, neste caso, é: "Eu pedi que você tirasse o pé da cadeira da Margarete. Como já fez isso, não precisa dizer mais nada".

Se você tivesse dúvidas, uma estratégia eficiente seria esta: "David, se o seu pé está na cadeira da Margarete, quero que você ponha o pé embaixo da sua própria carteira e o mantenha aí". Se ele tentar distrair você com "mas ela estava...", sua resposta é simples. Ele admitiu que está com o pé na cadeira dela e você simplesmente repete seu pedido para que ele o tire de lá. Se ele disser "Meu pé não estava na cadeira dela", você pode dizer: "Ótimo. Então não deve ser difícil para você mantê-lo embaixo da sua carteira durante toda a aula". Se você acha que ele poderá desafiá-lo, pode acrescentar isto: "Vou ficar de olho. Se for preciso, vou ajudá-lo a praticar isto durante o intervalo".

Uma orientação inicial melhor para David seria dizer-lhe onde ele deve manter seus pés, em vez de lhe dizer onde não deve manter os pés. Afinal, não há nenhuma garantia de que ele não vá encontrar outro lugar para colocá-los ou de que não vai colocá-los outra vez na cadeira da Margarete. Portanto, o comando inicial ideal seria algo como "David, por favor, ponha seus pés embaixo da sua carteira e fique de frente para mim". Com este comando, você também não fica em uma situação difícil se ele disser "Mas meu pé não estava na cadeira da Margarete" ou "Meu pé não está na cadeira da Margarete". Como o assunto que você abordou foi onde os pés dele devem estar, e não onde não devem estar, você pode simplesmente repetir o pedido: "Pedi que você ponha os pés debaixo da carteira e fique de frente para mim. Quero ver você fazer isso agora".

Apesar de tudo isso envolver sua autoridade, não é apenas disso que se trata. Concordar com o novo tema proposto por Davi permite-lhe ignorar sua própria responsabilidade sobre o ocorrido. É natural que os alunos aproveitem as oportunidades para convencer a si mesmos de que não estavam mesmo fazendo nada errado. Pergunte-se: você quer mesmo que seus alunos entendam que podem mudar de assunto ou culpar outra pessoa quando fazem algo errado ou não fazem o que lhes foi pedido? Você quer que eles se enganem e acreditem que está tudo bem? Portanto, insistir que você controle o tópico das conversas sobre comportamento garante a responsabilidade dos alunos, no seu interesse, no interesse de seus colegas (cujo interesse você representa) e no interesse deles mesmos.

Recusar-se a conversar, quando o aluno muda de assunto, estabelece um senso de responsabilidade na sua sala de aula. Os alunos não podem mudar de assunto. Eles devem agir primeiro e explicar depois. Isso também posterga as questões do tipo quem está incomodando quem para mais tarde, quando não houver instrução em andamento.

Eis um outro exemplo útil:

Professor: [para Fabiano, que estava conversando] Fabiano, você está conversando. Por favor, sente-se nesta carteira aqui.

Fabiano: Não era eu!

Professor: Por favor, sente-se nesta carteira aqui.

Fabiano: Era a Janice que estava falando! Não eu!

Professor: Pedi que você se sentasse nesta carteira aqui. Por favor, levante e sente-se aqui.

Pode ser razoável (ou não) que o professor discuta com Fabiano quem estava falando, mas a expectativa deve ser que a conversa proposta pelo aluno não vá ocorrer até que Fabiano faça o que o professor pediu. Ele pode discordar ou pedir uma reparação. Mas, até que obedeça o pedido inicial, não pode haver outra conversa.

Uma última situação em que é crucial não mudar de assunto é quando os alunos oferecem respostas espontaneamente, sem levantar a mão. Se você reconhecer a resposta, mesmo que diga apenas "Certo, mas, por favor, não fale sem levantar a mão", estará dizendo a seus alunos que as regras não se aplicam se a resposta for interessante o bastante, se for a resposta certa quando ninguém mais parece acertar ou se for gritada e repetida muitas vezes. Em três tempos, todo mundo estará gritando respostas na sala. Não importa quão fascinante seja o comentário ou quão necessária fosse a resposta certa, se você permitir que seja oferecida espontaneamente estará erodindo sua habilidade para controlar futuras conversas na sua sala de aula.

A longo prazo, é melhor lembrar os alunos das regras da sala de aula – "Nesta sala, nós levantamos a mão quando queremos falar" – e não tomar conhecimento da resposta, por mais interessante que seja.

Linguagem corporal. A cada comentário seu, você fala também com gestos, não apenas com palavras. Mostre, com seu corpo, que você está comprometido com cada pedido que faz. Quando você quer expressar a seriedade da sua orientação, vire-se, com os dois pés e os dois ombros, para encarar o objeto de suas palavras diretamente. Assegure-se de fazer contato visual direto. Mantenha-se ereto ou curve-se ligeiramente para aproximar-se bastante (ironicamente, isso mostra seu nível de controle, porque demonstra que você não é tímido nem tem medo; ninguém se agacha na frente de um cachoro se está medo de ser mordido por ele). Se o aluno com o qual você fala está a mais de dois metros, ande na direção dele.

Quando estiver dando instruções que deseja ver seguidas, não se mova e não faça outras coisas ao mesmo tempo. Se você está distribuindo materiais enquanto orienta seus alunos, você sugere que suas instruções não são tão importantes assim. Afinal de contas, você também está fazendo outras coisas ao mesmo tempo. Às vezes, pode ajudar se você fizer uma pose formal: braços para trás, para mostrar que você leva suas palavras muito a sério e que, portanto, eles também, como você, devem ser formal e deliberadamente atentos.

Quando você fala mais alto e mais rápido, você está demonstrando que está nervoso, assustado e fora de controle.

Poder silencioso. Quando você fica nervoso, quando acha que os alunos podem não seguir suas instruções, ou quando você sente que está perdendo o controle, sua reação instintiva é falar mais alto e mais rápido. Quando fala mais alto e mais rápido, está demonstrando que está nervoso, assustado e fora de controle. Você torna todas as suas ansiedades visíveis e manda para seus alunos a seguinte mensagem: eles podem controlar você e suas emoções – podem deixá-lo ansioso e bravo, podem fazê-lo dar um show muito mais interessante do que ler um texto ou estudar Geometria Analítica, por exemplo. Quando fala mais alto, ironicamente você também deixa a sala toda mais barulhenta e fica mais fácil para os alunos cochicharem entre si. Embora seja completamente contra o seu instinto, fale mais devagar e mais baixo quando quer controlar a situação. Abaixe a voz e faça os alunos se esforçarem para ouvir. Exale equilíbrio e calma.

EM AÇÃO

VOZ DE COMANDO

A professora Sultana Noormuhammad, da escola Leadership Prep Bedford Stuyvesant, demonstra muito bem *Voz de comando*. Enquanto ela lê um texto sobre pinguins com seus alunos, há uma interrupção que parece um soluço. Sultana responde com uma auto interrupção, reforçando a expectativa de que ela não falará enquanto alguém conversar ou houver outra distração. Ela enfatiza a importância da atenção dos alunos ao endireitar-se e encarar o lugar de onde veio o ruído, permanecendo absolutamente imóvel por um segundo. Ela economiza as palavras, evitando o sermão que poderia ser sua intervenção. Neste caso, está claro por que ela parou. O exemplo também mostra como é importante identificar o problema logo no começo (o problema é o comportamento inadequado, como foi discutido na Técnica *Padrão 100%*). Quando você identifica logo, você pode corrigir com uma intervenção muito mais curta e menos invasiva, muitas vezes uma intervenção que não requer uma discussão com a classe toda do tipo: "Turma, quando estou falando, vocês devem...". Essa identificação e intervenção curta e precoce pode ajudar a estabelecer as expectativas, mas também chama muita atenção para o comportamento inadequado, transformando a intervenção em regra comum. Pequenos consertos, como o que Sultana faz aqui, geralmente não requerem o uso de palavras.

Sultana tem dois tons de voz completamente diferentes: o formal, no momento de usar *Voz de comando,* e o tom caloroso e expansivo, quando está discutindo conteúdo com seus alunos.

POSE FORMAL: A POSTURA-PADRÃO DOS PROFESSORES QUE USAM *VOZ DE COMANDO*

Imagine três interações entre colegas de trabalho. O local de trabalho pode ser uma escola, mas não precisa ser. Na primeira interação, uma mulher conta para uma colega como foi seu fim de semana. Talvez estejam no refeitório da empresa. "Ai, meu Deus, foi um tremendo fim de semana", diz a primeira. Ela está contando uma viagem para uma cidade próxima. Enquanto ela fala, seus olhos saem da colega e depois voltam a ela, como se ela estivesse olhando alguma imagem do fim de semana projetada na parede. As mãos dela se movem, à medida que vai descrevendo o passeio. “A gente estava nesse barzinho esquisito, com discos velhos pregados nas paredes”, diz ela, enquanto os braços se abrem, indicando a posição dos discos pelas paredes. Ela está de pé, encostada na parede, portanto com os quadris pronunciados para o lado. Ela aperta os olhos ligeiramente. Todo seu peso está em um só pé. As palavras estão coladas umas às outras, em um ritmo quase frenético. Todas essas coisas – o contato visual inconsistente; o uso de gestos amplos, extensos; sua postura assimétrica, relaxada; suas palavras coladas umas às outras, como se cada uma não fosse tão importante por si mesma, mas apenas como parte de uma narrativa mais abrangente – sugerem informalidade, descontração e relaxamento. *Nós só estamos conversando,* ela parece dizer. Você pode interromper a qualquer momento. *Se você tiver que ir embora no meio da conversa para fazer outra coisa, também está tudo bem.*

Tom é a palavra que vou usar para descrever o teor de uma conversa, envolvendo contato visual, posição do corpo, gestos, expressão facial e ritmo da linguagem. O tom da conversa aqui descrita é descontraído – e muitos professores usam algo parecido em sala de aula. Não há problema em fazê-lo, desde que você tenha consciência da mensagem que esse tom transmite: *Estamos só conversando. Você pode ir embora quando quiser. Eu estou contando uma história e você só precisa ter uma vaga ideia do que se trata.* O problema é que os professores, com frequência, transmitem uma mensagem importante em um tom descontraído que compromete a mensagem. Há momentos em que você pode usar um tom descontraído para dizer a um aluno “sente direito”, mas usar esse tom geralmente sugere que o ouvinte pode escolher: você está contando uma história; o ouvinte só precisa ter uma ideia geral do assunto e pode ir embora quando quiser. “Sente direito, se você tiver vontade” – é isto que o tom descontraído diz. E, se há contradição entre aquilo que o professor diz e o tom em que o diz, o tom tende a ganhar.

Agora imagine uma segunda conversa, na qual o personagem que fala adota um tom mais formal. Ela endireita o corpo simetricamente. Ela olha diretamente para sua colega. Ergue seu queixo ligeiramente. Coloca os braços atrás das costas (nada de gestos largos, abrangentes; na verdade, você não consegue nem ver as mãos dela). Você não pode interpretar ou ser distraída pelos gestos dela, mesmo que quisesse, porque não consegue ver as mãos dela. A pessoa que fala poderia estar dizendo qualquer coisa, mas vamos imaginar que ela está recitando algum juramento – o juramento à bandeira, por exemplo. As palavras, agora, são claras, diferenciadas. Cada uma delas é uma parte importante de um ritual solene. Sua articulação das sílabas está mais clara. Ela não pede à colega que coloque as mãos para trás, como ela, mas quando a colega vê isso, percebe que está acontecendo alguma coisa importante e provavelmente também vai ficar em pé e colocar as mãos para trás, em uma emulação inconsciente.

No fim, um tom formal denota a importância da mensagem e provoca uma atenção deliberada no ouvinte. Transplantado para a sala de aula, este fato é poderoso. Agora, imagine a nossa professora aproximando-se do aluno com a as mãos cruzadas atrás das costas. Ela está em pé, perfeitamente simétrica, e se curva ligeiramente em direção ao aluno em questão. Seu olhar é firme. Em palavras controladas, com pausas claras entre elas, a professora diz: "Sente direito, por favor". Ela não faz mais nenhum movimento. Serenamente, seu tom comunica importância, foco e autoridade em apoio à mensagem que está transmitindo. Você já deve ter adivinhado: professores exemplares tendem a usar o tom formal para a maior parte de falas em que buscam controle. Se você os vir em ação, vai vê-los em pé, o corpo simétrico, escolhendo cuidadosamente suas palavras, com breves pausas entre elas, o olhar firme. Se movem a mão, é um gesto controlado e simples, envolvendo apenas um breve movimento. Este tom formal torna *Voz de comando* particularmente eficaz.

E se houver um senso de urgência? Imagine nossos dois colegas em uma terceira conversa. O prédio está pegando fogo. A primeira colega entra no refeitório. Coloca as mãos firmemente nos ombros da amiga e diz: "Ouça. Há uma emergência. Preciso que você venha comigo imediatamente. Largue tudo e me siga. Entendeu? Bom. Então vamos.". Ela está mais inclinada do que estaria em uma postura formal e está pronunciando cada palavra com muita clareza. Na verdade, as pausas são ainda mais claras, embora o natural fosse que ela se apressasse e falasse rápido. Seu olhar não está apenas firme, é penetrante. Ela faz um gesto em direção à saída de emergência, de forma clara, súbita. Não está em pânico, nem apressada – está apenas absolutamente focada.

É este o tom que você quer usar em sua sala de aula para garantir a observância? Talvez sim, talvez não.

Se as coisas estão realmente mal – se o prédio está, metaforicamente falando, em chamas – um tom urgente pode funcionar, mas só se for realmente um tom de urgência (calmo, focado e muito insistente), e não um tom de pânico (emocional, apressado e ansioso). Mas a urgência também pode ser um alarme falso. Deve ser reservada para situações realmente urgentes, enquanto a maioria das interações voltadas para questões de controle deve ser da variedade mais simples: resolvidas no começo do processo, antes que as coisas se tornem urgentes. Se usado excessivamente, o tom de urgência vira fraqueza e descontrole. Mas nas raras situações em que esse tom é necessário, ele pode ser útil. De novo: ele deve ser distinto do tom de pânico – o tom de "Você me deixa louca!" nunca é útil.

Se você observar os professores exemplares por um bom tempo, vai notar que o tom formal é usado em uma grande porcentagem das interações em que o controle está em jogo. Mais uma vez: nem toda interação é no tom formal. Na verdade, como ocorre de forma geral com os cinco princípios de *Voz de comando*, o tom formal não deve ser usado nos momentos em que você está discutindo a Segunda Guerra Mundial, as equações de duas variáveis ou o livro *Reinações de Narizinho.* Esse tom é apropriado para os momentos em que você precisa que os alunos estejam atentos, prontos e concentrados, de forma que você possa ter um debate produtivo sobre a Segunda Guerra Mundial, as equações de duas variáveis ou o livro *Reinações de Narizinho.*

RESUMO DAS TÉCNICAS DE *VOZ DE COMANDO*

Em sua sala de 3º ano, a *Voz de comando* de Darryl Williams constrói uma cultura escolar clara e cativante. Ele consegue usar todas as cinco técnicas em questão de segundos para colocar a turma em ordem, como faz neste exemplo.

Darryl terminou uma explicação sobre prefixos e sufixos no quadro-negro e se vira para a classe, para orientar sobre o que vão fazer em seguida. "Muito bem", diz ele, "vamos ver quem..." Ele para abruptamente, demonstrando sua recusa de falar mais alto do que os alunos. Dois ou três meninos estão sacudindo as mãos no ar enquanto ele fala. Outros dois estão falando com um terceiro aluno. Um aluno deitou a cabeça na carteira. "Bem, alguns de vocês estão trabalhando muito bem hoje", diz Darryl, baixando sua voz para um quase murmúrio. Ele coloca na mesa o livro que tinha nas mãos. Volta-se para encarar a turma e coloca os braços para trás, um exemplo de *Linguagem corporal* adequada para a situação. Silenciosa, lenta e firmemente, ele diz: "Por favor, baixem as mãos". Ele foca a atenção dos meninos em seu pedido com uma economia rigorosa de palavras. Sua recusa em atender às mãos erguidas é mais uma maneira de evitar mudar para o assunto escolhido pelos alunos.

As distrações, agora, cessaram. A sala está quieta. Todos os olhos estão nele. Mas Darryl tem mais um passo a dar: a missão de tornar suas ações transparentes e eficazes. "Obrigado", diz, mostrando-se agradecido pela rápida volta ao estado de atenção. "Neste momento, não posso responder a todas as suas perguntas... Gostaria muito de fazer isso e adoro quando vocês me dizem coisas inteligentes, mas não temos muito tempo. Ainda temos de ler a história e depois..." A força de Darryl não está apenas no controle, mas no cuidado. Sua explicação sobre a lógica por trás de sua autoridade garante sua habilidade de manter o controle com o beneplácito dos alunos – o que tende a durar no longo prazo.

Técnica 39
FAÇA DE NOVO

Muita prática ajuda os alunos a melhorar seu desempenho. Mais prática é a resposta perfeita quando eles estão muito lentos em uma determinada tarefa. Essa é a ideia por trás de *Faça de novo*. Quando os alunos não conseguem completar com sucesso uma tarefa básica que você explicou como fazer – entrar em fila, entrar na sala em silêncio –, fazer de novo e fazer direito ou fazer perfeitamente é a melhor consequência.

Faça de novo é especialmente eficiente por sete razões:

1. *Encurta o tempo de resposta.* A ciência do comportamento já demonstrou que quanto mais curto o tempo entre a ação e a resposta, mais eficaz será esta resposta para mudar o comportamento. Fazer a turma ficar em sala durante o intervalo, três horas depois da ação que gerou essa sanção, é um gesto que tem menor probabilidade de criar um desincentivo para o mau comportamento do que uma resposta que ocorra imediatamente depois da ação – mesmo que seja uma resposta mais leve. Se a reação vem imediatamente depois, enquanto a ação original ainda está clara na mente do aluno, os dois serão mais profundamente associados na memória dele. Fazer de novo encurta o tempo de resposta mais do que qualquer outra sanção.

2. *Estabelece um padrão de excelência, não apenas de observância. Faça de novo* não é adequado apenas para quando os alunos não fazem alguma coisa ou fazem errado: é ideal para quando os alunos fazem algo aceitável, mas que podia ser muito melhor. Dizer "Estava bom, mas eu quero melhor ainda" ou "Nesta sala de aula, nós fazemos tudo da melhor maneira que podemos, inclusive a fila" permite ao professor estabelecer um padrão de excelência, onde "bom" pode sempre ser "melhor" e "melhor" pode sempre tentar ser "o melhor". Na melhor das hipóteses, esta técnica ajuda a construir sua cultura acadêmica ao substituir o aceitável pelo excelente, primeiro nas pequenas coisas e depois em todas as coisas.

3. *Não há burocracia. Faça de novo* é uma sanção que não requer preencher nenhum formulário, nem telefonar para os pais, nem informar os gestores da escola. A sanção acaba assim que o objetivo é atingido. Na vida de um professor ocupado, isto é uma bênção. E, como não requer adotar uma política oficial de sanção ou um sistema escolar de premiação, *Faça de novo* é quase completamente independente. Pode ser usado em qualquer sala de aula.

4. *Cria uma responsabilidade de grupo.* Embora seja fácil pedir a indivíduos que façam de novo, a técnica é especialmente eficiente como sanção de grupo. Um ou dois alunos conversam enquanto a turma está entrando em fila e todo mundo tem de fazer de novo. Assim, o grupo todo é responsabilizado pelo comportamento de todos os seus indivíduos, de forma não punitiva. A técnica incentiva os indivíduos a se comportarem positivamente, já que estarão respondendo a seus colegas, não apenas ao professor.

5. *Acaba em sucesso.* A última coisa que você lembra de um evento vai definir, de maneira geral, sua percepção desse evento. *Faça de novo* não acaba em sanção ou fracasso, mas em sucesso. A última coisa que os alunos fazem em uma sequência é executar direito uma certa atividade. Isso ajuda a reforçar a memória e a percepção do que significa "certo". Fazendo certo, de novo e de novo, os alunos constroem o hábito de fazer certo.

6. *Há consequências lógicas.* Sanções ideais são as que se relacionam logicamente ao comportamento que as precede. A ideia é de que esta conexão ajuda os alunos a entender o que fizeram de errado e o que se espera deles, em termos de fazer melhor ou de forma diferente. Uma sanção que envolve fazer fila de novo e desta vez, corretamente, está logicamente mais relacionada com a falha do aluno ao entrar na fila do que a sanção de ficar em sala durante o intervalo.

7. *É reutilizável. Faça de novo* pode ser reutilizado. Você pode fazer de novo e, em outro momento, usar a mesma técnica novamente. E pode fazer a mesma coisa de novo 10 minutos mais tarde. Usada razoavelmente, esta técnica não perde sua eficiência. Você não precisa ficar inventando novas punições. Você pode ser positivo na administração de uma terceira consequência: "Acho que podemos fazer ainda melhor. Vamos tentar de novo!" Use um cronômetro para algumas rotinas e o desafio do *Faça de novo* torna-se ainda mais poderoso.

CENÁRIOS DE *FAÇA DE NOVO*

- Uma turma em transição da aula de matemática para o recreio
- Uma turma em transição do escrever para o ler em voz alta
- Uma turma em transição da quadra para a sala de aula

- Uma turma que precisa aprender a seguir com os olhos quem está falando
- Uma turma que está deslocando suas carteiras para formar pequenos grupos de leitura.

Uma colega sugeriu que um nome melhor para esta técnica seria Faça melhor, porque capturaria de maneira mais precisa a ideia de que o objetivo da escola é justamente fazer as coisas de novo para conseguir ser tão bom quanto possível.

Considerando essas vantagens, não me admira que os professores exemplares usem *Faça de novo* com tanta frequência. *Faça de novo* deve ser positivo sempre que possível, com um claro foco em fazer melhor e, em uma excelente sala de aula, deve ser constantemente acompanhado por uma narrativa de "bom, melhor, o melhor". Ou seja, simplesmente "fazer" dá lugar ao "fazer bem feito". De fato, uma colega sugeriu que um nome melhor para esta técnica seria Faça melhor, porque capturaria de maneira mais precisa a ideia de que o objetivo da escola é justamente fazer as coisas de novo para conseguir ser tão bom quanto possível. Insisto: o objetivo não é o mero cumprimento de um comando, mas a excelência, mesmo nas pequenas coisas.

Faça de novo pode ser uma ferramenta eficiente para trabalhar com o afeto. Às vezes, as atitudes das pessoas mudam de fora para dentro. Pedir a uma classe que está de baixo astral para repetir alguma coisa com entusiasmo (crucialmente quando você mesmo está mostrando entusiasmo), pode vir a ser uma profecia auto realizada. *Faça de novo* é uma excelente oportunidade para fazer com que os alunos mostrem de maneira positiva o seu melhor em alguma coisa. Dizer "Vamos fazer a fila de novo e mostrar que somos um grande grupo de leitores" é melhor do que dizer "Classe, estava muito bagunçado, então vamos fazer de novo até conseguir fazer perfeito", mesmo que o objetivo seja fazer de novo até fazer exatamente certo.

IDEIA-CHAVE

FAÇA DE NOVO

A melhor sanção é fazer de novo e, desta vez, fazer certo, melhor ou perfeito.

Aqui está uma dica adicional para usar *Faça de novo*. Os professores acham que precisam esperar até uma rotina ou atividade estar completa, antes de pedir à classe que *Faça de novo*. Na verdade, você pode pedir para fazerem de novo assim que perceber que a execução não atingiu o nível que você quer ver. Não espere o fim da rotina. Assim, o estímulo e a resposta estarão melhor conectados. Digamos que os alunos estão entrando em fila para a merenda e a ideia é ficar em pé, em silêncio, empurrar as cadeiras, virar-se para a porta e, depois, seguir o líder do grupo para fora da sala. Se os alunos esquecerem de empurrar as cadeiras, faça-os voltar a sentar e tentar de novo. Não espere até que a turma toda chegue à porta para anunciar que alguns alunos esqueceram de empurrar suas cadeiras. Assim, você poupa tempo e reforça o senso de responsabilidade de maneira instantânea.

EM AÇÃO

FAÇA DE NOVO

A professora Suzanne Vera, da escola Leadership Prep Bedford Stuyvesant, investe em disciplina ao ensinar seus alunos – e praticar com eles – a fazer as coisas do jeito certo. Para garantir que a prática seja bem-sucedida, ela simplifica as primeiras tentativas. A tarefa é arrumar a sala depois da aula de desenho. Ela pratica primeiro sem os materiais ("Finjam que estão desenhando!"), que poderiam distrair as crianças e atrapalhar nas primeiras vezes em que ensina um novo procedimento.

Suzanne usa um tom muito positivo quando diz aos alunos "Foi bom, mas podia ser ótimo", antes de tentar pela segunda vez. Ela também dá instruções específicas sobre como melhorar, ao descrever a solução e não o problema: "Vocês devem olhar para mim"; "Lembrem-se de virar a cabeça se não conseguirem me ver". O retorno sobre a ação é imediato.

Considere só mais duas ideias. Em primeiro lugar, alguns professores podem supor que, naturalmente, os alunos não gostariam de repetir várias vezes uma tarefa básica, só para fazer melhor. Na verdade, como cabalmente demonstram as aulas de Suzanne, em geral os alunos ficam bem contentes de praticar e fazer ainda melhor uma tarefa, especialmente se a prática é enquadrada positivamente, porque eles gostam de acertar e de ser melhores no que fazem. Em segundo lugar, o uso do cronômetro tem um desafio implícito às crianças, que no dia seguinte será explícito: "Ontem nós limpamos a sala em doze segundos. Vamos ver se conseguimos fazer em 10 segundos hoje!"

Você pode entender melhor como professores como Suzanne Vera tornam suas correções tão animadoras, usando *Enquadramento positivo* (Técnica 43).

Técnica 40
CAPRICHE NOS DETALHES

Em qualquer ambiente, inúmeros detalhes aparentemente insignificantes sinalizam as expectativas de conduta e comportamento aos seus usuários, mesmo se esses indivíduos não reconhecem que estão reagindo a essa expectativa. Esta é a ideia básica por trás da teoria de política pública conhecida como "tolerância zero", que prova que ações como manter locais públicos livres de grafites, consertar vidros quebrados e combater pequenos delitos como urinar na rua dão às pessoas a sensação de que estão em um ambiente ordeiro e seguro. Assim, elas agem no coletivo de forma a preservar o ambiente, e não a degradá-lo.

Capriche nos detalhes coloca essa teoria a serviço da sua sala de aula. Para atingir os melhores padrões, você tem de criar uma percepção de ordem. Livre-se da bagunça, mantenha as fileiras de carteiras em ordem, assegure-se de que não tem ninguém vestido de maneira imprópria, como estar de boné dentro da sala de aula. Dessa forma, você reduz a percepção dos alunos de que tais coisas são admissíveis – e, assim, reduz a probabilidade de ter de lidar com questões mais sérias. Se os alunos acharem que até barriga de fora é uma regra difícil de desafiar, é pouco provável que confrontem também regras mais importantes.

A chave para *Capriche nos detalhes* é a preparação. Planejar para a organização significa antecipar a criação de regras que tornem mais fácil e rápido atingir o objetivo.

- *Quer ver as carteiras de seus alunos em fileiras organizadas?* (A resposta deve ser sim.) Tente usar fita adesiva colorida para marcar no chão a posição das carteiras, de forma que você possa dizer aos alunos "Verifiquem as carteiras" e eles simplesmente as movam para a posição correta.
- *Quer ver lições de casa limpas e claras?* Dê a eles uma lista de padrões para a lição de casa e de vez em quando (ou frequentemente), enquanto circula

pela classe, recolha tarefas dos alunos, um por vez, quando eles completam trabalhos independentes em classe, fazendo breves comentários sobre a limpeza e a organização do trabalho. "Não tem um nome aqui, Carlos." "Este é o melhor que você pode fazer, Tânia?" "Daniel, você sabe que não vou aceitar isto com margens coloridas." Isso elimina a entrega anônima de lição de casa e torna os alunos individualmente responsáveis.

- *Quer que seus alunos mantenham seus materiais arrumados e nunca os percam?* Ajude seus alunos a organizar os materiais coletivamente nas primeiras 50 vezes, ensinando os alunos a fazer isso: "Nós vamos colocar estas folhas no fichário, antes da sessão de vocabulário. Preparem-se. Vou contar até três e vamos abrir os fichários. Estão prontos?"
- *Quer que seus alunos trabalhem com cuidado quando têm tarefas para executar em classe, individualmente?* Circule pela sala enquanto eles trabalham, oferecendo breves correções individuais. "Veja bem a ortografia de *de repente*, Jaime." "Uma das suas duas primeiras sentenças está incompleta, Priscila."
- *Quer que seus alunos levantem a mão de maneira silenciosa e clara, de forma a estimular a participação organizada?* Ensine-os a levantar a mão e trate de lembrá-los com frequência "Como levantamos a mão aqui".

Ao planejar estes tipos de ação, você não apenas resolverá pequenas questões que atrapalham as aulas, mas também mudará a percepção de seus alunos sobre sua sala de aula, tornando-a um lugar ordeiro e organizado, onde é difícil sequer imaginar a desordem.

Técnica 41
UMBRAL

O momento mais importante para estabelecer expectativas na sua sala de aula é quando os alunos entram ou, se estão mudando de uma atividade para outra dentro da sala, quando a aula começa formalmente. No primeiro minuto, quando os alunos cruzam o umbral da porta, você precisa lembrá-los das expectativas. É o momento crucial para estabelecer um bom relacionamento, marcar o tom e reforçar os primeiros passos em uma rotina que torna a excelência habitual. Com a cultura, é muito mais fácil fazer as coisas certas ou mantê-las certas do que consertar o que saiu errado. *Umbral* garante a criação do hábito de fazer as coisas certas desde o começo do dia.

Idealmente, você vai encontrar uma maneira de saudar seus alunos, ficando no umbral físico da sala de aula – no meio da porta, aproveitando a oportunidade para lembrá-los onde estão (estão com você agora; não importa quais sejam as expectativas em outros lugares, aqui você sempre vai esperar o melhor deles), o objetivo (aprender) e o que você vai exigir deles (excelência e esforço). Tipicamente, cada aluno que entra aperta sua mão, olha no seu olho e oferece uma saudação civilizada e cordial. (Alguns professores usam variações mais informais, como beijar-se ou abraçar-se.)

Use a saudação para engajar os alunos brevemente e construir um relacionamento com eles: "Adorei sua lição de casa, David"; "Vi você jogar ontem e você estava ótima, Sheila"; "Estou esperando grandes contribuições suas hoje, Sr. Oliveira"; "Caramba! Seu cabelo está demais, Janice!". De vez em quando, ou sempre, você pode saudar a procissão de alunos passando pela porta com uma descrição do que vem por aí ou um lembrete do que você espera: "Temos um pequeno teste hoje. Tratem de preparar os materiais, depois comecem o *Faça agora.* Vai ajudar na revisão. Muito bem, vamos lá!". Você também deve usar *Umbral* para estabelecer expectativas, corrigindo frágeis apertos de mão, roupa desarranjada ou falta de contato visual. Por sorte, isso é fácil de fazer, já que *Umbral* provê sua própria consequência, simples e fácil. Fez errado? Volta para o fim da fila e tenta de novo. Quando o aluno atinge as expectativas da sala de aula, então ele pode entrar, em bons termos com todos. Se um aluno estender a mão e sair andando, de cabeça baixa, sem saudar você, simplesmente segure sua mão até ocorrer o contato visual.

Naturalmente, *Umbral* vai adquirir um tom muito parecido com seu próprio tom e estilo: pode ser extrovertido ou silencioso, caloroso ou firme. Qualquer que seja o nível de afeição, *Umbral* deve sempre realizar duas coisas: (1) estabelecer uma conexão pessoal entre você e seus alunos, por meio de um breve contato pessoal na entrada (idealmente, você tratará cada aluno por seu nome); e (2) reforçar suas expectativas para a aula.

A professora Dacia Toll acrescenta um sabor ligeiramente diferente à saudação matinal dos seus alunos de 6º ano na Amistad Academy, de New Haven. "Bom dia, Cibele", diz ela a uma aluna, ao apertar sua mão. "Que bom te ver de novo, Sandra." Seu ar de convívio expressa para cada aluno seu genuíno interesse e alegria com a presença de cada um. Quando um dos alunos a saúda com uma frase um tanto informal demais – "E aí?" – ela reage, mas de maneira doce: "'E aí?' não é apropriado...". E segura sua mão gentilmente, orientado-o para o final da fila. Segundos depois, ele a saúda com um "Bom-dia!" e, sem comentários, ela acena com a cabeça: "Bom-dia, Jair". O tom permanece suave e gentil. Ela sabe que é normal que ele queira testar os limites e sua reação explica as expectativas, ao em vez de castigar ou punir.

Ter a chance de tentar de novo é a consequência positiva e ele também entra em sala sorrindo.

Na escola North Star Academy, em Newark, estado de Nova Jersey, o professor Jamey Verilli acrescenta alguns detalhes próprios. Enquanto os alunos esperam, do lado de fora da sala de aula, ele faz um pequeno teste sobre as palavras do vocabulário estudadas na noite anterior. "Muito bem, cerzir. Quem faria uma cerzidura e que tipo de trabalho é esse?" A mensagem é poderosa: todo minuto é importante; estamos na escola, mesmo quando não estamos em classe. Jamey faz um breve preâmbulo: "Muito bem, cavalheiros. Quando entrarem, coloquem a lição de casa sobre a carteira. No *Faça agora* de hoje, vocês terão de soletrar algumas dessas palavras que temos estudado. Está claro?". Jamey coloca-se de atravessado na porta. Como Dacia Toll, ele também cumprimenta cada aluno e aperta sua mão. Sua versão é um pouco mais muscular, mas ainda é gentil. Ele trata os alunos pelo sobrenome: "Boa-tarde, Sr. Silva. Boa-tarde, Sr. Coutinho". Um jovem Sr. Dias passa por ele ligeiramente encurvado e olha para o lado. "Endireite as costas e me dê um bom aperto de mão", diz Jamey, e o Sr. Dias faz exatamente isso, com satisfação. Ele parece gostar daquilo que se espera dele, como se sinalizasse para ele sua própria importância. Dois alunos depois, aproxima-se o jovem Sr. Pereira, usando óculos novos. "Tá bonito, Sr. Pereira! Gostei!" – alegra-se Jamey, em tom positivo ainda mais impressionante porque quebra um pouco a formalidade. O Sr. Pereira está radiante e aperta firmemente a mão do professor. As coisas não vão tão bem para o Sr. Souza, que já entrou e está conversando. "Pode sair", diz Jamey, mandando o Sr. Souza de volta ao fim da fila para entrar na classe do jeito correto.

Nessas salas de aula, o clima é ameno mas laborioso. Todos os alunos estão trabalhando duro, apenas alguns segundos após cruzar o *Umbral* da porta. Até o Sr. Souza, que foi rapidamente, corrigido e ficou logo pronto para a aula, prova incontestável do poder de *Umbral* para estabelecer as expectativas claramente desde o começo.

De vez em quando, os professores insistem que é impossível cumprimentar todos os alunos à porta: a escola proíbe os alunos de se reunirem à porta da sala de aula ou o professor acaba se movendo em direção a eles, em vez do contrário. Se esses cumprimentos à porta forem impossíveis, invente um outro ritual para indicar que algo formal começou: os alunos levantam-se e vocês se cumprimentam mutuamente no início de cada aula. O importante não é tanto o umbral da porta, mas o poder do ritual para ajudar as crianças a ver que sua sala de aula é diferente de outros lugares a que vão.

Técnica 42
SEM AVISO

Como professor, quase sempre constatei que, se eu estava bravo com meus alunos, era porque havia esperado demais para lidar com certas questões ou porque não estava usando as punições de forma consistente. A chave para manter o controle e ser respeitado pelos alunos é usar intervenções menores e pequenas consequências, que podem ser administradas de forma justa e sem hesitação, antes que uma situação se torne emotiva. Também pode dar errado confiar no seu charme pessoal, nas emoções ou em aspectos similares de suas relações com os alunos. Não se trata de você. Os alunos não devem se comportar só para agradar você; eles devem se comportar para melhorar eles mesmos, para se tornarem as melhores pessoas possíveis e para extraírem o máximo da escola.

Seu objetivo deve ser agir, em vez de ficar bravo:

- *Aja rápido.* Tente perceber o favor que você faz às crianças ao intervir rapidamente – e estabelecendo uma leve sanção – quando vê um comportamento inadequado, de forma a prevenir uma sanção mais grave, mais tarde. Isso é uma coisa boa.
- *Aja de forma confiável.* Seja consistente de forma previsível, o suficiente para tirar fora da equação a variável sobre como será que a professora vai reagir, e concentre os alunos na ação que ocasionou sua resposta.
- *Aja proporcionalmente.* Comece pequeno, quando a falta é pequena; não use uma bomba nuclear, a menos que a situação seja de guerra nuclear.

O comportamento que, geralmente, atrapalha a ação é o aviso. Avisar ou alertar não é agir; é ameaçar que você pode agir e, portanto, é contraproducente. Avisos dizem aos alunos que uma certa quantidade de mau comportamento será não apenas tolerada, mas é esperada. Na verdade, os professores estão dizendo "Tudo bem, se você fizer uma vez só; se fizer duas vezes, vou começar a ficar chateado; mas, na terceira vez, bom, aí você chegou no limite". Se você fizer isso, pode contar com os alunos tirando vantagem total dos dois passes livres. Se as suas regras ou expectativas são ignoradas deliberadamente e você não age (com uma intervenção que corrige o problema ou com consequências), então não são nem expectativas nem regras.

Não estou dizendo que você deve usar uma sanção toda vez que os alunos falharem em atingir suas expectativas. Como discutido em *O que fazer,* é crucial que você não puna o aluno quando ele não sabe o que fazer (e, portanto, quando não está desafiando sua autoridade). Se o problema é desconhecimento ou incapacidade, sua resposta deve ser uma consequência (um *Faça de novo* ou, talvez "Não temos muito tempo agora, mas vamos praticar isto um pouco mais depois da aula") ou uma orientação clara ("Ponha suas pernas embaixo da mesa, ponha seu lápis sobre ela e olhe para mim"). De qualquer forma, no caso de o aluno não saber fazer, sua resposta deve ser ensinar a ele o caminho para acertar.

É também bom oferecer um lembrete geral a todos os alunos sobre expectativas comuns, quando eles começam a escorregar. Entusiasmo não é desafio. É bom lembrar a uma certa aluna – que provavelmente não percebeu, como você percebeu – que ela está se desviando da tarefa. Alunos que estão tentando de boa fé merecem o benefício da dúvida e podem ser corrigidos por meio de técnicas de gerenciamento (detalhadas, por exemplo, em *Padrão 100%*).

Contudo, uma vez determinado que um comportamento é deliberado e resulta da desobediência, e não de não saber fazer, uma sanção é melhor do que um aviso. Um aviso evidencia o fato de que um aluno desobedeceu você e não sofreu nenhuma sanção. Chama a atenção para o fato de que você reconheceu a situação e não fez nada. E, se o comportamento não é deliberadamente desobediente, uma correção útil também é melhor do que um aviso, já que conserta a situação. Um aviso apenas estabelece o provável resultado de futuros maus comportamentos do aluno em questão.

O segredo para distribuir consequências é criar um sistema escalonado de sanções cada vez maiores, que podem ser utilizadas de maneira correta, justa e sem hesitação. Isso permitirá que você seja consistente, que é o único jeito de eliminar comportamentos indesejáveis. Também vai impedir que se enfraqueça acidentalmente. Se usar sua sanção mais grave imediatamente, não terá outras cartas para jogar até o fim da aula – e seus alunos saberão disso. Eles não terão mais nada a ganhar ou a perder – e o comportamento deles vai refletir essa falta de incentivo.

Use algum tempo para planejar suas respostas com antecedência, até criando uma sequência. Por exemplo, você pode primeiro pedir aos alunos que repitam uma certa ação de forma mais apropriada. Em seguida, pode pedir a eles que se desculpem. Depois, você pode tirar algum pequeno privilégio deles (uma parte do intervalo) ou pedir que fiquem depois da aula. Em seguida, você pode tirar um privilégio inteiro por um certo período de tempo (sem intervalo, hoje; uma hora depois da aula) e pode também telefonar para os pais. Ou você pode escalonar suas respostas usando um sistema de consequências como cartões coloridos de comportamento (com alunos do ciclo I do fundamental), pontos (com alunos do ciclo II do fundamental) ou deméritos (com alunos do ensino médio).

Distribua consequências destas maneiras:

- Com calma, equilíbrio e de forma impessoal, não bravo ou vingativo (veja *Equilíbrio emocional*, Técnica 47). Concentre-se no agora: "Mostre-me o seu melhor daqui para a frente". Prossiga rapidamente.

- Seja incremental. Quando possível, divida as coisas em partes. Mantenha os incentivos, se puder.
- Aja de forma privativa quando puder e de forma pública quando for necessário. Se um comportamento não afeta os outros, trate dele em particular. Se um aluno o desautorizou perante a classe, a turma precisa saber que isso teve consequência. Não precisam saber todos os detalhes, mas precisam saber que alguma atitude foi tomada.

Agindo assim, você provavelmente tornará a necessidade de distribuir consequências cada vez mais rara, o que é, evidentemente, a meta final.

? REFLEXÃO E PRÁTICA

1. Para cada um dos comportamentos listados abaixo, escreva e pratique com um amigo ou em frente ao espelho uma intervenção não verbal que você poderia usar para corrigi-lo, enquanto dá aula:
   - Aluno largado na cadeira.
   - Aluna com a cabeça deitada na mesa, olhando para cima.
   - Aluno com a cabeça deitada na mesa, olhos fechados.
   - Aluno fazendo gestos para outro, ambos distraídos.
   - Aluno olhando com persistência embaixo da própria carteira, em busca de alguma coisa não identificada.
2. Para cada uma das atitudes na lista acima, prepare uma correção de grupo positiva e uma correção individual anônima.
3. Faça uma lista de pelo menos cinco comportamentos positivos dos alunos, que você poderia reforçar com intervenções não verbais. Planeje um sinal para cada um.
4. Revise as afirmações abaixo usando *O que fazer* para torná-las específicas, concretas, observáveis e sequenciais:
   - "Classe, vocês deveriam estar escrevendo isto!"
   - "João, pare de bagunçar."
   - "Não se distraia, Amélia."
   - "Claudinei, você está prestando atenção?"
   - "Classe, por favor, eu gostaria de começar."
5. Da próxima vez que der uma festa, pratique *Umbral*: receba cada convidado à porta com uma pequena saudação personalizada.

CAPÍTULO SETE

CONSTRUIR VALORES E AUTOCONFIANÇA

O significado de uma mensagem pode mudar sutilmente, substancialmente e em alguns casos radicalmente, conforme o tom e o contexto em que ela é apresentada. Em uma escola, o desafio da comunicação eficaz é exacerbado pela grande quantidade de contextos em que você usa a comunicação, sem falar da variedade de tópicos que deve abranger.

Sua conversa com o aluno Bruno depois das aulas de quarta-feira, uma das centenas que você teve esta semana, poderá ser conduzida (dependendo dos detalhes) em particular, quase em particular (ouvida por acaso por outras pessoas) ou em público. Caso haja público, poderão ser muitos ou poucos participantes. Poderão ser adversários, aliados, autoridades ou colegas admirados (seus ou do Bruno). Seu objetivo deve ser corrigir, elogiar, questionar ou instruir. Você poderá mencionar conversas anteriores, explícita ou implicitamente. Poderá preparar o terreno para futuras conversas. Poderá tentar mudar a percepção que ele tem de si mesmo, de você, do trabalho escolar, da educação, de seus colegas, de certos valores, de quem ele poderá se tornar. Você pode tentar fazer isso usando humor, cordialidade, rigidez, sutileza ou franqueza. Tanto você como Bruno podem estar nervosos, eufóricos, decepcionados, impassíveis, defensivos, motivados ou gratos. Podem estar atrasados para a aula. Podem estar precisando urgentemente ir ao banheiro. O Bruno pode não perceber isso e vice-versa. Com esta conversa, você pode afetar as ações de Bruno hoje, amanhã ou no próximo ano. Pode mudar a percepção que ele tem de você ou da escola. Seguramente você irá (e nem ao menos perceberá) mudar as percepções que tem de seu próprio trabalho: Está dando certo? Está influenciando a vida dos alunos? É respeitado? Vale a pena? Você deve simplesmente mudar de carreira e virar corretora imobiliária? Em suma, a conversa com Bruno, como todas as outras, é um ato tenso. Você precisará de algumas regras não apenas para as palavras, mas para o tom que usará ao conversar com ele.

TÉCNICA 43
DISCURSO POSITIVO

As pessoas são muito mais motivadas pelo positivo do que pelo negativo. A busca pelo sucesso e pela felicidade é mais incentivadora que tentar evitar uma sanção. Estudos psicológicos têm mostrado que as pessoas ficam mais estimuladas a agir quando vislumbram um resultado positivo de que quando acreditam estar se protegendo de um resultado negativo. Este fator deve influenciar a sua forma de ensinar. Isso não significa que você não deva ser zeloso ao reagir a um caso de desatenção ou a comportamentos não construtivos. Você deve, sim, procurar melhorar o comportamento de seus alunos, fazer isso de maneira consistente e, quando necessário, com sanções claras e firmes. Mas quando você estiver fazendo isso, a técnica *Discurso positivo* mostra que as suas intervenções serão muito mais eficazes quando apresentadas de forma positiva.

Usar *Discurso positivo* significa fazer intervenções para corrigir o comportamento do aluno de uma maneira positiva e construtiva. Não é o mesmo que evitar fazer as intervenções necessárias, para realçar apenas o comportamento positivo. Quando você faz a intervenção positiva, você ensina as crianças ("disciplinando-as" no sentido de ensinar a forma correta de agir) de uma maneira otimista, bem-humorada e segura. Quando você não faz a intervenção, você abdica de sua responsabilidade. Se o Davi estiver distraído, não basta apenas elogiar a Karen por estar atenta. Você deve corrigir o Davi de maneira positiva.

Alguns professores ainda podem interpretar esta técnica como um conselho para evitar a correção de comportamentos improdutivos e dar atenção exclusivamente ao reforço do comportamento positivo. Reforçar o comportamento positivo é importante e vamos discutir isso na próxima técnica, *Elogio preciso,* mas o elogio do comportamento positivo não basta. O maior poder em *Discurso positivo* é a capacidade de lhe permitir conversar sobre comportamentos não construtivos de forma consistente e corrigi-los positivamente, para a levar os alunos a melhorarem seu aprendizado e seu comportamento. Ser bem-sucedido nesta técnica exige trabalho árduo, mas no final é bastante recompensador.

IDEIA-CHAVE

DISCURSO POSITIVO

Faça correções de maneira positiva e consistente. Descreva o mundo que você deseja que seus alunos vejam, mesmo que você ainda esteja tentando chegar lá.

Discurso positivo corrige e orienta comportamentos conforme as seis regras seguintes:

1. **Viva o agora.** Em público – ou seja, diante de sua turma ou durante a aula – evite insistir em coisas que os alunos não podem mais consertar. Tente falar do que deveria acontecer em seguida. Se necessário, você pode fazer isso de maneira firme e enérgica *(veja O que fazer, Técnica 37)*, mas você deve concentrar as interações corretivas em coisas que os alunos devem fazer agora para serem bem-sucedidos daqui para frente. Há um tempo e um lugar para processar o que houve de errado; evite fazer isso quando você está no meio da sua aula. Dê instruções descrevendo qual é o próximo passo rumo ao aprendizado. Diga "Sente direito" em vez de "Você não está sentado direito". Diga "Kátia, eu preciso que você olhe para frente", e não "Kátia, pare de olhar para trás".

Não atribua à má-fé o que pode ter sido resultado de distração, de falta de prática ou de um genuíno mal-entendido.

2. **Pressuponha o melhor.** Não atribua à má-fé o que pode ter sido resultado de distração, de falta de prática ou de um genuíno mal-entendido. Até que você tenha certeza de que uma ação foi mesmo intencional, a sua discussão pública sobre o assunto deve ser positiva, mostrando que você pressupõe que seus alunos tentaram (e tentarão) fazer o que você pediu. Dizer "Espere um pouco, turma; parece que algumas pessoas acham que não precisam empurrar suas cadeiras antes de fazer fila" ou "Espere um pouco, turma;

eu pedi para empurrar as cadeiras e algumas pessoas decidiram não ajudar" pressupõe que o problema está relacionado a má vontade e características negativas: egoísmo, desrespeito deliberado, preguiça. É mais positivo dizer "espere um pouco, turma; algumas pessoas parecem ter se esquecido de empurrar suas cadeiras" ou "Opa, parece que esquecemos de empurrar as cadeiras, então vamos corrigir isso agora mesmo". Estas frases mostram a sua fé e a sua confiança em seus alunos e não lhe custam nada, já que ainda pode aplicar uma consequência e, na verdade, pode aplicar exatamente a mesma. Você pode ainda continuar pressupondo o melhor mesmo no momento em que estiver aplicando uma sanção. De fato, por não mais fazer da intenção um pré-requisito para a sanção, você desassocia as duas coisas da emoção que elas carregam. Deixa de ser um julgamento ("Você fez isso de propósito e aqui está a minha vingança") e se torna uma ferramenta de desenvolvimento ("Fazemos as coisas da maneira correta e as corrigimos quando falhamos, não importa por qual razão tenhamos errado).

Além disso, pensar o pior faz você parecer fraco. Se você demonstra pensar que seus alunos estão sempre tentando atender os seus pedidos, você acaba reforçando a ideia de que está no comando. A frase "Se você não consegue sentar-se direito, Carlos, eu terei de manter você aqui durante o intervalo" revela a sua suspeita de que Carlos vai desobedecê-lo. Na primeira tentativa, diga "Mostre-me a sua melhor postura, Carlos" e saia dali (por um momento) como se você não conseguisse imaginar um mundo em que ele não se sentaria corretamente. Ou diga algo como "Carlos, preciso que você olhe para mim", uma frase que não faz referência à intenção de Carlos, mas apenas ao que ele precisa fazer.

Uma forma particularmente eficaz de pensar o melhor é agradecer o aluno ao dar o comando. Isso também enfatiza que você presume que eles seguirão seu comando. "Obrigado por sentarem em seus lugares em 1-2-3..."

3. **Permita anonimato aceitável.** Permita aos alunos a oportunidade de se esforçarem para atingir as suas expectativas em um anonimato aceitável, contanto que eles estejam fazendo um esforço verdadeiro. Comece por corrigi-los sem usar o nome deles, quando possível. Se poucos alunos estão se esforçando para atender à sua orientação, tente fazer a sua primeira correção mais ou menos assim: "Verifiquem se vocês fizeram exatamente o que eu pedi". Na maioria dos casos, eles produzirão resultados mais rápidos do que chamando a atenção dos retardatários, a não ser que estes estejam deliberadamente desobedecendo. Dizendo à sua classe "esperem um minuto, pessoal (ou "gente" ou "5º ano"), eu estou ouvindo barulho, preciso de vocês quietos e prontos para começar" é melhor do que chamar a atenção dos bagunceiros da sala. E, ao presumir o melhor, você ainda pode administrar mui-

tas consequências enquanto preserva o anonimato: "Algumas pessoas não conseguiram seguir as instruções completas, então vamos tentar de novo". Quando não há esforço verdadeiro por parte dos alunos, pode não ser mais possível manter o anonimato; mas citar nomes não deve ser a sua primeira opção. Também é importante lembrar que você pode aplicar uma sanção anonimamente e, ao fazer isso, enfatizar a responsabilidade compartilhada entre os alunos. Alguns alunos não estavam cumprindo seu papel e nós todos sofreremos as consequências.

4. **Gere energia e faça descrições positivas.** Gerar energia é gerar o impulso, a força que leva alguns times rumo a grandes conquistas no mundo dos esportes. Todos querem encontrar esse impulso, mas apenas algumas pessoas sabem como fazê-lo aparecer. Compare as afirmações que dois professores fizeram recentemente em suas respectivas salas de aula:

> Professor 1 (Parando antes de dar uma orientação): Ainda faltam três pessoas prestando atenção. Agora faltam duas. Estamos quase lá. Ah, obrigado. Vamos começar.
>
> Professor 2 (Mesmo ambiente): Ainda faltam três pessoas prestando atenção. E mais um aluno parece não ter entendido a orientação, então agora eu preciso de quatro. Algumas pessoas parecem não estar ouvindo. Estou esperando, senhores. Se tiver de castigar todo mundo, vou fazer isso.

Na aula do primeiro professor, as coisas parecem estar andando na direção certa, pois ele narra a evidência de seu próprio comando – os alunos fazem o que lhes é solicitado. Ele chama a atenção de seus alunos para este fato, tornando a observância normal. Provavelmente os alunos da primeira sala de aula não são mais comportados ou responsáveis, mas ninguém nem repara, porque errar, ali, parece muito improvável.

O segundo professor está descrevendo algo que ninguém quer ouvir: desde o início os alunos sentem o medo, a fraqueza e o inevitável final infeliz desta cena. Tudo que os alunos estão fazendo parece estar errado e ficando ainda pior, geralmente sem quaisquer consequências. Os alunos não se sentem responsabilizados quando o professor descreve a impunidade de seus colegas. ("Algumas pessoas parecem não estar ouvindo"). Você não encontrará o *Gere energia* nesta sala.

Considere os mesmos dois professores uma vez mais:

> Professor 1 (Após orientar os alunos para que escrevam em seus cadernos): Certo, aqui vamos nós! Estou vendo alguns lápis se mexendo. Estou

vendo as ideias fluindo. O Roberto está pronto para começar. É isso aí, Marcus!

Professor 2 (Mesma situação): Nem todo mundo começou. Você precisa de mim para ajudá-lo a pensar em um tópico, Roberto? Marcus, eu pedi a você que não parasse. Acho bom lembrar a todos que esta não é uma atividade opcional.

Uma aluna que esteja buscando fazer o que é normal estará mais suscetível a participar na primeira sala de aula. Na segunda sala de aula, sua atenção será distraída pela angústia de seu professor e ela estará suscetível a imitar seus colegas distraídos, que parecem estar convertendo muitos outros.

Se você narra o lado ruim, ele parece normal. Se você diz "Alguns alunos não fizeram o que eu pedi", você tornou a situação pública. Neste caso, você terá de escolher entre a sanção ou

A percepção acaba se tornando a realidade. "Ótimos professores evocam o espírito positivo ao torná-lo habitual: chamam a atenção para o bom e para o que está melhorando. Narrando suas fraquezas, você as torna habituais. Se você diz "Alguns alunos não fizeram o que eu pedi", você tornou a situação pública. Neste caso, você terá de escolher entre a sanção ou controle da situação. "Verifiquem se vocês fizeram o que eu pedi" é uma frase que mantém o "Gere energia" a seu favor. Se alguns alunos precisam de ajuda ou de levar uma bronca, tudo bem. Na medida do possível, faça isso em privado, não apenas para proteger os sentimentos do aluno, como também para manter a energia positiva. Da mesma forma, "Está quase todo mundo trabalhando agora" é melhor do que "Nem todo mundo está trabalhando" ou "Eu ainda estou esperando algumas pessoas". Isso é a mesma coisa que dizer "Eu sou muito fraco e imploro que vocês não me machuquem".

Energia e velocidade andam juntas. Tente usar comandos com múltiplas tarefas. Substitua "Quem pode nos dizer quanto é 3 vezes 5? Davi? Todos, por favor, olhem para o Davi" com o mais rápido e simples "Quem pode nos dizer quanto é 3 vezes 5? Olhem... o Davi".

5. **Desafio!** Crianças adoram desafios, para poderem provar que são capazes de fazer certas coisas, para competirem, para ganharem. Então os desafie: encoraje-os a provar o que eles podem fazer, realizando competições durante o dia. Os alunos podem ser desafiados individualmente ou, geralmente melhor, em grupos, e estes grupos podem competir de várias maneiras.

- Contra outros grupos dentro da sala.
- Contra outros grupos fora da sala (a outra turma).
- Contra algum "inimigo" impessoal (o relógio; o teste, para provar que eles são melhores do que o teste; a idade – "Este trabalho poderia ser aceito para um 7º ano, mas eu quero ver se vocês podem elevar isto à qualidade de um 8º ano).
- Contra um padrão abstrato ("Eu quero ver se vocês conseguem fazer isto!").

Aqui estão alguns exemplos:

- Pessoal, vocês estão muito bons esta semana. Vamos acelerar?
- Estou adorando como vocês estão me seguindo com os olhos. Vamos ver o que acontece se eu vier aqui para o fundo da sala.
- Vamos ver se a gente consegue recolher estes papéis em doze segundos. Prontos?
- Bom não é suficiente. Hoje eu quero ver a perfeição.
- A professora Maria Luísa disse que vocês não conseguem falar a tabuada mais alto que a turma dela. E eles estão na sala do outro lado do corredor agora. Vamos mostrar a eles do que vocês são capazes!
- Vamos ver qual fileira sabe isto melhor! Vamos usar uma pequena recompensa: a fileira em que todos disserem a resposta certa mais rápido não precisa fazer os dois primeiros problemas da lição de casa!

6. **Fale de aspirações e expectativas.** Fale sobre quem os seus alunos vão se tornar e para onde estão todos indo. Use os elogios neste contexto. Quando sua sala estiver ótima, diga a eles que se parecem com "alunos da faculdade" e que você sente como se estivesse sentado em uma sala com futuros presidentes, médicos e artistas. Ao mesmo tempo em que é bom que você esteja orgulhoso deles e certamente é ótimo dizer isso, a meta final não é que lhe agradem, mas que lhe deixem para trás em uma longa jornada na direção de uma meta mais distante e mais importante do que agradar o professor ou a professora. Seria interessante que seus elogios determinassem uma meta para além da sua própria opinião. Em um nível micro, busque oportunidades que reafirmem expectativas em torno de pequenos detalhes. Quando estiver corrigindo, diga "Nesta sala, sempre acompanhamos com os olhos quem está falando" e não "Algumas pessoas não estão fazendo o melhor *POSSO* (Técnica 32) que podem". Finalize uma atividade dizendo: "Se terminarem suas tarefas antes, aproveitem para verificar se está tudo certo – vamos garantir *Padrão 100%* certo hoje". Mantenha os olhos deles na direção da meta, mencionando-a a todo o momento.

Mantenha-se positivo, evitando duas coisas:

- **Perguntas retóricas.** Não faça perguntas para as quais não quer uma resposta. Não finja estar perguntando algo quando você não estiver. Não faça charadas ao perguntar, como em "Você gostaria de se juntar a nós, Davi?". Apenas diga "Obrigado por se juntar a nós na tarefa, Davi".
- **Contingências. Não diga "Eu vou esperar", a menos que você realmente vá.** A questão aqui é que você não vai esperar. Mas, ao dizer isso, você dá poder aos seus alunos, pois torna suas ações dependentes das deles. "Nós (ou eu) precisamos de você conosco" é muito mais produtivo, positivo e forte.

EM AÇÃO

DISCURSO POSITIVO

A professora Janelle Austin, da escola Rochester Prep, inicia a aula com grande eficiência, ao relatar o positivo ("Uau, olhe para todas estas mãos") e depois repeti-lo, mas acrescentando, da segunda vez, um desafio ("Adoro a maneira como estão me acompanhando com os olhos. O que será que aconteceria se eu andasse pela sala?").

Alguns minutos depois, Janelle relata o positivo novamente – "Vejo mãos erguidas que estão prontas para ler" –, desta vez misturando expectativas com aspirações ao descrever a motivação por trás das mãos (eles querem ler), para deixar isso explícito para todos os alunos. O resultado é que muito mais mãos são levantadas.

Mais tarde, Janelle narra o positivo uma vez mais ("Eu gosto muito do entusiasmo que estou vendo. Esta fileira de carteiras aqui está realmente aprendendo!"), desta vez combinando elementos dos dois exemplos anteriores, tornando explícita a disposição por trás da mão erguida ("entusiasmo") e lançando um desafio implícito ao resto da turma ao identificar um grupo particularmente competente ("esta fileira aqui").

Uma aula de Janelle contém talvez uma dúzia de exemplos de *Discurso positivo* em apenas meia hora. Ela acredita que é melhor aplicar a técnica em quantidades pequenas, mas regulares, ao longo da aula. Usando uma analogia culinária, em vez de jogar um punhado de sal de uma vez, é melhor salpicar pitadas. "Sal a gosto" – pense nisso. Acompanhamento refere-se aos alunos acompanhando o locutor com os olhos. Veja a Técnica 32, *POSSO*, para entender o conceito de seguir com os olhos a pessoa que fala.

TÉCNICA 44
ELOGIO PRECISO

O reforço positivo é uma das ferramentas mais poderosas em qualquer sala de aula. Muitos especialistas dizem que ele deve aparecer três vezes mais do que a crítica ou a correção. Contudo, toda ferramenta poderosa pode ser usada de maneira pobre ou insignificante. E com o reforço positivo não é diferente. Ao usar o reforço positivo, siga estas regras básicas do *Elogio preciso:*

- **Diferencie reconhecimento e elogio.** Professores exemplares fazem uma distinção cuidadosa e intencional entre elogio e reconhecimento. Reconhecimento é quando as expectativas foram alcançadas e elogio é quando foram superadas. Crianças que alcançam a expectativa merecem que isso seja notado e o reconhecimento se enquadra nisso, uma simples descrição do que o aluno alcançou – até mesmo um "Muito obrigado" pode ser suficiente: "Você estava pronto para a aula na hora certa, João!" ou "Você fez exatamente como eu pedi, Sheila. Muito obrigado". Crianças que fazem algo realmente excepcional também merecem ouvir que o que elas fizeram estava além e acima do esperado – ou seja, merecem ser elogiadas. O elogio geralmente carrega um julgamento para além da mera descrição: "Excelente trabalho, João!" ou "O que a Sheila fez foi realmente incrível!". Utilizar este tipo de elogio para alunos que não fizeram nada além do esperado é, no fim das contas, não apenas ineficiente, mas também destrutivo. Veja esta frase: "Ótimo trabalho trazendo o lápis à aula hoje, João!". A turma se perguntaria porque o João está sendo elogiado por fazer algo que todos eles sempre fizeram. As regras são diferentes para o João porque ele sempre esquece o lápis? O João é realmente "ótimo", como disse a professora?

Há duas respostas possíveis para esta última pergunta e nenhuma delas é boa. A primeira é "não": a professora não acha sinceramente que é uma grande coisa trazer o lápis para a aula. Ela está apenas tentando ser entusiástica, positiva e encorajadora. Mas quanto mais entusiasmada ela parece ao elogiar o João, mais falsas soam as suas palavras. Seu elogio é barato e vazio. Para ser ótimo basta fazer isso? De fato, o mau uso do elogio, largamente disseminado, tem um efeito perverso já documentado. Pesquisas recentes mostram que os alunos interpretam elogios frequentes como sinal de que eles são fracos e precisam de encorajamento da professora. Eles vêm elogios baratos como uma marca de fracasso e não de sucesso. E muitas vezes eles estão certos ao pensarem assim. Como o elogio genuíno é muito importante, os professores devem ser cuidadosos, evitando a inversão de valores e guardando os elogios para os momentos nos quais os alunos de fato excederam as expectativas.

A segunda resposta possível é "sim": a professora pensa honestamente que é "ótimo" que João tenha trazido seu lápis para a aula. Ela está agradavelmente surpresa. Esta leitura potencial das palavras da professora também cria um efeito perverso: se a professora está surpresa porque João fez o que ela pediu, suas expectativas não são realistas. Ela não espera "realmente" que ele alcance as expectativas. Ela fica surpresa quando os alunos fazem o que ela espera, ou então sabe que seus alunos mais difíceis não conseguirão fazer o que ela espera que o resto da turma faça. Uma tradução do que ela está sentindo seria: "No fundo, não espero que você faça muito ou quase tudo do que eu lhe peço. No fundo, não acredito ser possível que todos os alunos façam o que eu preciso que eles façam".

A longo prazo, um professor que elogia continuamente aquilo que corresponde à expectativa arrisca-se a banalizar tanto o elogio como tudo que ele realmente considera "ótimo".

A longo prazo, um professor que elogia continuamente aquilo que corresponde à expectativa arrisca-se a banalizar tanto o elogio como tudo que ele realmente considera "ótimo". Desgastar a habilidade de dar recompensas verbais genuínas e a de identificar o comportamento que realmente vale a pena notar é uma prática perigosa para um professor.

Em um reconhecimento, o professor descreve o que o aluno fez, geralmente em tom de aprovação e com um agradecimento explícito. Em um elogio, ele faz um julgamento moral exemplar. Isso não significa que um reconhecimento tenha de ser suave ou sem graça. No caso de João e seu lápis, professores excelentes usariam uma mistura de reconhecimentos entusiásticos. Por exemplo: "Hoje o Joãozinho trouxe as ferramentas para trabalhar!".

Elogie (e reconheça) bem alto; corrija baixinho. Críticas ou lembretes sussurrados ou não verbais presumem o melhor a respeito dos alunos: permitem que corrijam a si mesmos, sem exposição pública. O que é também benéfico para o professor, mesmo quando o comportamento é nitidamente desafiador, porque mantém o aluno fora do centro das atenções e demonstra que é o professor quem tem o controle da situação. Mas as boas notícias devem sempre ser públicas, tão públicas quanto possível. Um aluno que excede expectativas demonstra a arte do possível – algo que todos os alunos deveriam tentar. Como demonstra a técnica *Discurso positivo* sobre narrar o positivo, tornar visíveis os alunos que correspondem às expectativas é uma forma de tornar essa situação mais corriqueira e provável.

Pesquisas sobre o elogio mostraram que há uma grande diferença entre elogiar um aluno por ser inteligente ou por ter feito um grande esforço. No último caso, o comportamento está completamente dentro do controle do aluno. Ele sabe que deliberadamente fez algo importante e que pode fazer novamente. O elogio promove o esforço e estimula o aluno a assumir riscos de maneira positiva. Elogiar uma característica do aluno tem o efeito oposto: o aluno elogiado por ser inteligente não é capaz de reproduzir voluntariamente essa característica, e muito provavelmente vai arriscar menos depois do elogio, porque terá medo de parecer menos inteligente. O elogio deve, pois, ser o mais específico possível e se concentrar em comportamentos e ações que você quer ver repetidos.

- **O elogio deve ser genuíno.** Na escola, os alunos aprendem desde cedo a ouvir e descartar falsos elogios. De fato, o livro *Por que algumas pessoas fazem sucesso e outras não,* da psicóloga social Carol Dweck, da Universidade Stanford, mostra que os alunos geralmente entendem o elogio como sinal de que seus trabalhos não atingiram as expectativas, o que sugere uma epidemia de falsos elogios a ser corrigida. Os falsos elogios mais comuns são aqueles destinados a reforçar artificialmente a autoestima e os produzidos na interação com o aluno para corrigir um problema sistemático de falta de controle do professor. Sua conversa com uma criança é sobre o comportamento dela, e não sobre o comportamento da criança ao lado. Está bem dizer "Muito bem, José, você já acabou!". Mas se o objetivo é sugerir este exemplo a Celina, que está ao lado dele e ainda não acabou (ou seja, José não foi verdadeiramente elogiado, ele foi usado para corrigir Celina), então o professor está diminuindo a integridade e a sinceridade de seu elogio. Elogiar o José para atingir a Celina coloca em risco a eficiência de sua relação com ambos. E não resolve a situação de Celina.

TÉCNICA 45
CORDIAL / RIGOROSO

Somos educados para acreditar que a cordialidade e o rigor são mutuamente excludentes: ser muito cordial significa ser menos rigoroso e vice-versa. Não entendo de onde vem esta falsa concepção, mas, se acreditar nela, você estará desvalorizando seu ensino. A verdade é que seu nível de cordialidade não influencia seu rigor e vice-versa. Assim como você pode não ser nem cordial, nem rigoroso (talvez você ensine alunos cujos pais são assim e entenda do que estou falando), também pode ser tanto cordial quanto rigoroso. De fato, como mostra a técnica *Cordial / Rigoroso,* você deve ter as duas características: ser carinhoso, engraçado, entusiasmado, preocupado e estimulante – e também rigoroso, fiel às regras, incansável e, em alguns casos, até inflexível. Não é "Eu gosto de você, mas você deve sofrer as consequências por se ter atrasado", mas sim "Porque eu gosto de você, você deve sofrer as consequências por ter se atrasado".

De fato, o paradoxo *Cordial / Rigoroso* – considerar como opostos dois conceitos que não estão sequer relacionados – vai além. Não basta tentar ser tanto cordial como rigoroso; é preciso ser cordial e rigoroso ao mesmo tempo. Quando você é claro, consistente, firme e incansável e, ao mesmo tempo, é positivo, entusiasta e afetuoso, você começa a passar a mensagem aos alunos de que ter grandes expectativas faz parte do respeito e do carinho por alguém. Esta é uma mensagem muito poderosa.

Você pode tornar esta técnica especialmente eficaz seguindo estes passos:

- *Explique aos alunos por que está fazendo o que está fazendo (veja Explique Tudo, Técnica 48, mais adiante neste capítulo)* e como isso vai ajudá-los: "Priscila, não fazemos isto nesta sala de aula porque nos impede de aproveitar ao máximo o nosso tempo de aprendizado. Vou ter de ajudá-la a se lembrar disto".
- *Diferencie comportamento e pessoa.* Diga "seu comportamento é imprudente", em vez de "Você é imprudente".
- *Demonstre que as sanções são temporárias.* Mostre ao aluno que quando ele tiver lidado com as consequências de um erro, este erro estará imediatamente no passado. Cumprimente-o naturalmente e sorria para mostrar que ele está começando de novo com uma folha em branco. Comente a sanção: "Tomara que você acabe logo, para poder voltar e nos mostrar o seu melhor". Depois de dar a sanção, seu próximo passo é desculpar e esquecer. Lembre-se de que a sanção também serve para você não ter que guardar mágoa. Supere rapidamente o episódio.
- *Use comportamento afetuoso e não verbal.* Coloque seu braço em um dos ombros do aluno e gentilmente diga a ele que você sente muito, mas ele terá de refazer a lição de casa. Você simplesmente sabe que ele é capaz de fazer melhor. Curve-se junto a uma aluna do 3º ano e, olhando em seus olhos, explique firmemente que ela não pode falar com seus colegas de classe naquele tom.

Em proporção e combinação balanceadas, a cordialidade (ser positivo, entusiasmado, afetuoso e atencioso) e o rigor (ser claro, consistente e firme) juntos, podem ajudar os alunos a internalizar contradições aparentes e superar o que Jim Collins corretamente chamou, em seu importante livro *Feitas para Durar,* de "a tirania do ou". Isso lembra que muitas das escolhas entre isso ou aquilo que os alunos têm em suas vidas são construções falsas: "Eu posso ser popular e bom aluno; posso me divertir e trabalhar bastante; posso ser feliz e dizer não ao comodismo".

Técnica 46
FATOR A

Os melhores professores realizam seu trabalho com doses generosas de energia, paixão, entusiasmo, diversão e bom humor – não necessariamente como antídoto para o trabalho pesado, mas porque essas são algumas das maneiras mais básicas de trabalhar bem. Acontece que encontrar alegria na tarefa de aprender – o *Fator A* – é um ponto-chave não apenas para uma sala de aula feliz, como também para uma sala de aula de alto rendimento. Embora não seja nenhuma revelação, é útil que as pessoas trabalhem mais quando gostam do que fazem – talvez não em cada minuto de cada dia, mas quando seu trabalho é pontuado regularmente por momentos de alegria e contentamento. A alegria pode ter diversas formas, dada a diversidade de professores que a empregam e a diversidade de momentos em que é empregada. Os momentos com *Fator A* podem, mas não precisam, envolver dança e canto. A alegria existe para os alunos de todas as maneiras que existe para os adultos: barulhenta ou silenciosa; individual, em pequenos grupos ou em grandes grupos. Todo professor precisa encontrar formas próprias de expressar sua alegria e com ela contaminar a sala de aula. Para alguns, a emoção silenciosa é a forma mais comum; para outros, é o humor; há ainda os que preferem atitudes excêntricas e rumorosas.

Os melhores professores realizam seu trabalho com doses generosas de energia, paixão, entusiasmo, diversão e bom humor – não necessariamente como antídoto para o trabalho pesado, mas porque essas são algumas das maneiras mais básicas de trabalhar bem.

Aqui estão cinco categorias de atividades com *Fator A* que excelentes professores usam em suas aulas de aula:

- **Diversão e jogos.** Esta atividade explora o gosto das crianças por jogos, desafios e brincadeiras. Pode-se fazer os alunos competirem para ver quem consegue "fazer as somas" mais rápido (adição repetida) ou quem consegue colocar mais rápido os estados do país em ordem alfabética pela última letra. Também valem concursos de soletrar palavras, de geografia (nomes de países e suas capitais), corridas de revezamento e jogos baseados em conteúdos diversos (responder perguntas temáticas). Em uma escola, os alunos jogaram o Futebol da matemática contra seus professores: para fazer um gol, eles devem resolver um problema mais rápido do que o professor-goleiro.

Nós (e eles). Como todos nós, as crianças também gostam de participar. Esta é uma das principais funções de todas as culturas, inclusive a escolar: fazer com que os membros sintam que pertencem a um importante "nós", uma entidade vibrante e reconhecível da qual apenas algumas pessoas podem fazer parte. Por meio de uma linguagem própria, nomes, rituais, tradições, músicas etc., as culturas estabelecem o "nós". Em muitos casos, quanto mais misteriosos esses rituais forem para quem está de fora, melhor. O mistério reforça a presença do "eles" que é necessária para a existência do "nós". Professores exemplares usam estas atividades para desenvolver indicadores que lembrem aos seus alunos que eles fazem parte de uma cultura vibrante. Na escola Rochester Prep, por exemplo, o professor de história David McBride inventou apelidos para todos os seus alunos e os usa para chamá-los na sala de aula ou fora dela. Ser cumprimentado com um "Bom-dia, Atleta!" parece mais especial do que ser cumprimentado com um "Bom-dia, Teresa!". Em geral, as pessoas que inventam apelidos são aquelas que conhecem melhor a pessoa – e gostam dela.

Se você entende de futebol, conhece vários apelidos usados pelos comentaristas para se referir aos jogadores (o "Fenômeno", o "Rei" Pelé etc.) e também conhece as gírias típicas dessa área ("jogar na banheira"; "levar um frango"; "dar uma caneta"). Quem assiste regularmente os jogos entende toda essa linguagem específica, porque o espectador também faz parte da brincadeira. Mas quem pergunta o porquê do apelido ou da expressão não faz parte do "nós".

O desenvolvimento de sinais secretos e códigos especiais está relacionado com isso. Os professores murmuram uma música secreta sem as palavras. Fica subentendido que esta *é a nossa música; nós todos sabemos a letra e sabemos porque estamos cantando; ninguém de fora precisa (ou pode) entender isso. Nós somos um "nós"*. Algumas salas de aula chegaram até a criar mitos: histórias criadas pelo professor, para provar um argumento ou ensinar uma lição, acabam sendo compartilhadas como um código secreto. Por exemplo: o professor conta a história de sua prima, Marta, "que desiste por qualquer coisa" e, daí para a frente, basta dizer "não dê uma de Marta aqui".

Teatro, música e dança. Música, peças de teatro e movimento elevam o moral e também estabelecem uma identidade coletiva. É por isso que existem em todas as etnias ou culturas do mundo. A elevação do moral é muito mais poderosa na juventude, sobretudo quando se está preso a uma cadeira. Interpretar textos e cantar podem ser maneiras formidáveis de lembrar uma informação.

Teatro, canto e dança também ajudam a potencializar a memória. Minha professora de espanhol do 7º ano nos ensinou uma versão em espanhol de "Jingle Bells". Muito embora eu quisesse esquecê-la ou evitar que ocasionalmente ela batesse em meu subconsciente, eu não conseguia. Posso esquecer meu próprio número de telefone de vez em quando, mas sempre lembrarei dessa versão de "Jingle Bells". É muito difícil esquecer uma música ligada a um tema – especialmente uma que seja um pouco absurda ou incomum ou uma que você cante frequentemente. O lado bom daquilo que aprendi com minha professora de espanhol é que o poder da música e da dança pode ser aproveitado para instigar e reforçar um conhecimento ou crença específicos. Fico imaginando se eu tivesse uma música batendo em minha cabeça sobre quando usar *ser e estar,* as duas formas do verbo *to be* em espanhol, em vez de uma simples versão de "Jingle Bells". Meu espanhol seria melhorado para sempre (sem mencionar o fato de que eu evitaria muitos momentos de constrangimento). Cantar é lembrar.

◗ **Humor.** O riso é uma das condições básicas para a felicidade e a satisfação, o que o torna uma poderosa ferramenta para construir um ambiente de alunos e professores felizes e satisfeitos. Uma ferramenta tão poderosa deve ser usada, muito embora eu não consiga dar nenhuma receita para isso, apenas um ou dois exemplos.

Um professor exemplar ensinou aos seus alunos do 6º ano uma canção que ajuda a decorar uma dúzia de fórmulas de matemática. Quando a canção já estava incorporada à cultura da classe, ele avisou aos alunos que estava trabalhando em uma nova canção para ajudá-los a determinar a circunferência de um círculo. Mas o que tinha feito até então não era muito legal para cantar, disse ele. E cantou uma pequena parte do que estava compondo: "Dois Pierres apaixonados"[21], com a marchinha de carnaval "Pierrô Apaixonado". Seus alunos riram, e ele os advertiu: "Não contem isso a ninguém. Não há música para a circunferência. Há alguma música para a circunferência? Não, não existe música para a circunferência!". Daí em diante, sempre que estivessem estudando a circunferência, o professor perguntava à classe: "Me ajudem, nós temos uma música para a circunferência?". A turma respondia em uníssono: "Não!". Ele então cantarolava a marchinha "Pierrô Apaixonado" pra si mesmo, criando uma piada interna que tornou impossível esquecer a fórmula da circunferência.

◗ **Suspense e surpresa.** Rotinas são poderosos motivadores de eficiência e previsibilidade. Elas também tornam mais divertidas, surpreendentes e inspiradoras quaisquer variações ocasionais. Se aproveitado com sensatez, o inesperado pode ser poderoso. Juntos, o suspense e a surpresa fazem da aula uma aventura, não importa qual seja o conteúdo.

Uma professora de Artes que conheço pega os trabalhos que normalmente mostra à turma – uma paisagem, uma natureza morta, um entalhe tradicional – e

---

[21] "Dois Pierres apaixonados" faz referência a fórmula da circunferência (2∏r) que pode ser pronunciada como "Dois Pierre".

os embrulha em uma caixa, como se fossem presentes. Ela começa a aula com um aviso: "Tenho uma coisa na caixa misteriosa que é muito legal e emocionante. Mal posso esperar para mostrar a vocês, porque é um bom exemplo do assunto de que vamos tratar hoje". Muitas vezes, durante uma típica miniaula, ela constrói um clima de mistério, andando ao redor da caixa e depois "decidindo" esperar ou dando uma espiada e fingindo uma reação: "Ai, ela me mordeu!". Quando chegar o momento de mostrar o que está na caixa, os alunos estão ansiosos para ver o que é. Um professor de matemática faz algo parecido com suas canções de cálculos matemáticos: "Ei, pessoal, vocês vão amar o último verso da música. É muito legal. Se continuarmos trabalhando assim, logo vocês poderão ouvi-lo".

Uma professora de 3º ano ocasionalmente entrega aos alunos o vocabulário da aula em envelopes fechados, um para cada um. "Não abra, ainda", ela sussurra, "Não abra até eu mandar". E quando ela finalmente manda abrir o envelope, o aluno estará morrendo de vontade de fazer isso e descobrir qual é a sua palavra.

A Técnica *Fator A* é parecida com a Técnica 27 (*Plumas e paetês*) e muita gente pergunta qual é a diferença entre elas. Existem duas diferenças. A primeira é que *Plumas e paetês* é uma ferramenta de instrução, reforçando explicitamente o objetivo da aula e atraindo as crianças para o conteúdo. Em segundo lugar, embora quase tudo em *Plumas e paetês* também seja *Fator A*, esta última técnica envolve uma categoria mais abrangente, que inclui elementos concebidos especificamente para construir a cultura escolar e incluir os alunos nela. Por exemplo: dar apelidos aos alunos não reforça objetivos acadêmicos. Portanto, não é *Plumas e paetês*, mas faz com que eles se sintam bem por fazer parte de um grupo (puro *Fator A*). Mas as duas técnicas estão presentes quando o professor cantarola a "não-música" da circunferência de um círculo.

EM AÇÃO

FATOR A E *BREVES TRANSIÇÕES*

A professora Sultana Noormuhammad, da escola Leadership Prep, em Bedford Stuyvesant, é uma usuária frequente do *Fator A*. Não é apenas a alegria que é trazida à tona quando os alunos cantam durante uma transição das carteiras para o carpete. O hino de "luta" da turma "Indiana" reforça o comportamento escolar dos alunos. Além disso, Sultana brinca de ligar e desligar a música. Portanto, assim que as crianças estão sentadas no carpete, ela "abaixa o volume da música" e a sala fica em silêncio e está pronta para começar a trabalhar. Este também é um excelente exemplo de uso da Técnica 30 *(Breves transições)*.

TÉCNICA 47
EQUILÍBRIO EMOCIONAL

Eis duas coisas a fazer com as suas emoções. Primeira: controle-as. A escola é um espaço de aprendizado para os alunos; eles devem ser capazes de aprender como se comportar, sem que você tenha de estourar. Você deve estar pronto para tudo, então aja como se você já esperasse aquilo e tivesse um plano para lidar com cada situação. Segunda: vincule suas emoções às realizações do aluno, e não ao seu próprio humor ou às emoções de outros alunos. Insisto: tenha a expectativa de que as emoções deles oscilarão e esteja pronto para controlar a sua própria emoção. Tenha a expectativa de que os alunos fiquem chateados de vez em quando e reaja com calma. Reagir às emoções com exagero é típico de adolescente. Não bote lenha na fogueira se exaltando e não guarde mágoa; veja o resultado de uma sanção como uma oportunidade para recomeçar. Apesar de tudo, o objetivo de uma sanção é desestimular um certo comportamento; se apenas isso for suficiente, então ela fez o seu trabalho e o ciclo está fechado; se a consequência escolhida for insuficiente para isso, repense o uso dela em vez de ficar nervoso.

Professores com *Equilíbrio emocional* tomam cuidado com a linguagem, ainda que certas expressões sejam comuns dentro da escola. Eles levam em consideração o que ela pode transmitir a respeito da forma de pensar dos alunos. Por exemplo, muitos professores dizem "estou muito desapontado com vocês" quando a turma se comporta mal. Mas vale a pena perguntar se satisfazer o professor era a expectativa ou o objetivo da regra. Há momentos em que o sentido de conexão e aprovação pessoais do professor deve ser uma preocupação dos alunos, mas esses momentos são muito mais raros do que indica a linguagem usual dos professores. Dizer "Espero mais de vocês" ou "A expectativa nesta sala de aula é que vocês façam o melhor que puderem" tira da equação as emoções do professor e concentra a conversa naquilo que as crianças fizeram ou não fizeram – em vez de concentrá-la nos sentimentos do professor, que, no fim, são irrelevantes.

Em parte, um professor equilibrado emocionalmente ganha a confiança dos alunos porque mostra que está sempre no controle. Acima de tudo, ele sabe que, a longo prazo, o sucesso depende de uma relação consistente entre o aluno e os comportamentos produtivos. O efeito desejado é produção, respeito e ordem, e a meta é reduzir a intensidade das emoções, quando elas ameaçam sair de controle. Ao fazer isso, o professor não apenas limita o efeito daquele tipo de conflito que pode contaminar toda a sala de aula, mas oferece um leme emocional para ajudar seus alunos a retornar à produtividade o mais rápido possível.

TÉCNICA 48
EXPLIQUE TUDO

Em uma sala de aula em que todos aprendem, os alunos entendem a dinâmica da responsabilidade individual e de grupo. Conhecem a lógica por trás das regras e expectativas projetadas para seu benefício; entendem que o sucesso do grupo depende da participação de todos. Entendem estes aspectos do todo porque seus professores deliberadamente fazem com que suas expectativas sejam claras, racionais e lógicas. Lembram seus alunos constantemente do porquê fazem o que fazem e baseiam suas explicações na missão: isso vai ajudá-los a aprender melhor; vai ajudá-los a entender como ser responsáveis. Se há um ritmo a ser mantido para atingir o objetivo do dia, o professor que explica tudo diz aos seus alunos: "Eu adoraria passar mais tempo falando deste assunto, mas ainda temos muito que fazer". Quando fala de mau comportamento, ele usa uma linguagem que explica aos alunos porque aquilo é importante – e como uma ação ou comportamento podem gerar outra ação ou comportamento. Assim, os alunos entendem a lógica por trás das escolhas, passam a acreditar que este sistema visa aos seus próprios interesses e provavelmente vão tomar melhores decisões daí para a frente, sem precisar da intervenção do professor.

Considere esta típica manhã na sala de aula de Darryl Williams. Um aluno do 3° ano pergunta se pode ir até a enfermaria. Antes de responder, Darryl pede ao aluno que considere a lógica da situação: "Você sabe que, se for para a enfermaria, não terá recreio?". O aluno reconhece que sua decisão vai afetar o resto de seu dia. Se ele está muito doente para aprender, então, obviamente, está muito doente para brincar. Mas Darryl o autoriza a ir à enfermaria. Em outro momento, quando as mãos estão ansiosamente erguidas, talvez ansiosas demais, Darryl diz: "Por favor, abaixem suas mãos. Sei que vocês todos têm perguntas e eu adoro quando vocês falam coisas inteligentes, mas nós temos muitas coisas a fazer e não temos tempo. Ainda precisamos ler nossa história e fazer o nosso grupo de discussão". Em uma classe como esta, ficam claras tanto a lógica por trás das decisões tomadas no interesse dos alunos como o modo de os adultos pensarem nas crianças.

Há pelo menos uma sutileza na narração dos porquês da rotina de uma sala de aula, que demanda uma análise mais profunda. Meus colegas e eu descobrimos isto ao assistir ao vídeo de uma aula em que a professora parecia estar explicando tudo, mas ainda assim não estava sendo bem-sucedida. O problema que descobrimos é que ela estava explicando o porquê de estar fazendo certas coisas enquanto se esforçava, com alguma dificuldade, para manter o controle da sala: "Lembrem-se de que quando eu chamo um aluno para responder, todos devemos ficar atentos, ouvir e olhar para ele. [impaciente] Carlos, estamos todos olhando e ouvindo porque estamos aprendendo com nossos amigos, mesmo quando não é a nossa vez". A última frase lembrou aos alunos que a sala não estava atingindo as expectativas e a professora não estava explicando porque eles fizeram o que fizeram, mas sim, e principalmente, tentando fazer com que eles participassem. Sua explicação soava mais como uma súplica. Para ser eficaz, a técnica de *Explicar tudo* é usada tanto em um momento calmo, muito antes de um comportamento que precise ser corrigido ("Quando eu pedir a atenção de vocês, espero que todos me atendam ao mesmo tempo. Assim, estarei certa de que vocês estão prontos para aprender o que precisam aprender hoje"), como depois que a "correção" resultou no atendimento das expectativas: "Obrigada! Eu preciso que todos fiquem em silêncio assim porque...".

TÉCNICA 49
ERRAR FAZ PARTE

O erro seguido de correção e instrução é o processo fundamental da escolarização. Você erra e depois acerta. Errar e depois acertar é normal, os professores devem saber que *Errar faz parte* e responder a ambas as partes da sequência erro-acerto como se fossem completamente normais. Afinal, elas são mesmo.

RESPOSTAS ERRADAS: SEM CENSURAS, SEM DESCULPAS

Evite censurar respostas erradas. Por exemplo: "Não, nós já falamos sobre isso. Você tem de inverter o sinal, Rubens". E não crie desculpas para os alunos que tiverem errado: "Tudo bem, Bianca. Essa era difícil". Claro que respostas erradas são totalmente normais e saudáveis no processo de aprendizado, mas elas não precisam atrair tanta atenção.

IDEIA-CHAVE

ERRAR FAZ PARTE

Errar e depois acertar é um dos processos fundamentais no aprendizado. Reaja a ambas as partes desta sequência, o certo e o errado, com naturalidade.

Na verdade, é melhor evitar gastar muito tempo falando do erro e começar a trabalhar para corrigi-lo o quanto antes. Muito embora alguns professores sintam-se obrigados a corrigir cada resposta, gastar tempo com julgamentos é geralmente uma etapa que você pode pular completamente antes de começar o trabalho. Por exemplo, você poderia abordar uma resposta errada da aluna Eduarda dizendo "Eduarda, vamos tentar novamente. Qual é a primeira coisa que devemos fazer?" ou até "Qual é a primeira coisa que devemos fazer para resolver este tipo de problema, Eduarda?" – Esta segunda situação é particularmente interessante porque Eduarda e seus colegas começam a retrabalhar o problema sem ter certeza se a resposta estava certa ou errada. Há um pouco de suspense e eles terão de descobrir sozinhos. Se e quando você disser que a resposta está errada, faça isso rapidamente e com simplicidade – e siga em frente. Insisto: já que responder errado é normal, não há porque se sentir mal quando alguém responde errado. Na verdade, se todos os alunos estiverem respondendo tudo corretamente, então é porque a tarefa que você está dando a eles é fácil demais.

RESPOSTAS CERTAS: NÃO BAJULE, NÃO FAÇA ESTARDALHAÇO

Elogiar respostas corretas pode ter pelo menos um de dois possíveis efeitos perversos nos alunos. Se você fizer muito estardalhaço, estará sugerindo aos alunos – a não ser que seja muito óbvio que uma resposta tenha sido mesmo excepcional – que você está surpreso que eles tenham acertado. E, como provaram recentemente diversas pesquisas de comportamento, elogiar alunos por serem "inteligentes" os incita de forma negativa a não assumir riscos (se errarem, podem já não parecer tão inteligentes); por outro lado, elogiar alunos por terem trabalhado bastante os incentiva a assumir riscos e aceitar desafios.

Assim, na maioria dos casos em que um aluno acerta uma resposta, reconheça que ele trabalhou corretamente ou se esforçou muito; e siga em frente: "É isso mesmo, Eduarda. Bom trabalho". Ao não fazer estardalhaço em nenhuma das situações, os professores excelentes mostram aos seus alunos que esperam tanto o certo quanto o errado. É claro que, às vezes, você vai querer fazer um elogio mais forte ("Que boa resposta, Carla! Impressionante"). Mas lembre-se de usar o elogio com moderação, para que o ato de elogiar não perca seu efeito.

? REFLEXÃO E PRÁTICA

1. As frases abaixo têm enquadramento negativo. Tente reescrevê-las para torná-las positivas.
   - "Não vamos ter um dia como o de ontem, não é Murilo"?
   - "Espere um pouco, Janete. Só o Emerson e a Bete estão prestando atenção em você."
   - "Preciso que parem com esta batucada."
   - "Jasmim, já pedi duas vezes para você sentar direito!"

2. Considere quais traços comportamentais específicos (por exemplo, esforço, respeito pelos colegas) você mais quer que seus alunos mostrem em sua aula. Para cada um, escreva três ou quatro roteiros que você pode usar a fim de reforçá-los com *Elogio preciso.*

3. Faça uma lista de situações em que você é mais vulnerável a perder seu *Equilíbrio emocional*. Escreva um comentário calmo e equilibrado para fazer às outras pessoas envolvidas nessas situações, de forma que o comentário também lhe ajude a lembrar de manter o equilíbrio.

4. Pense em 10 maneiras de trazer o *Fator A* para sua aula. Use pelo menos quatro dos tipos de alegria descritos no capítulo.

CAPÍTULO OITO

MELHORAR SEU RITMO

Técnicas adicionais para criar um ritmo positivo em sala de aula

Muitos professores estão familiarizados com o termo *ritmo,* mas sua definição não é clara e consistente. A definição óbvia de que ritmo é a velocidade com que se ensina não se sustenta frente a uma análise cuidadosa. A maioria dos professores percebe uma discrepância entre a velocidade em que o ensino ocorre e a percepção da velocidade pelos alunos. Por exemplo, eles podem achar que você está ensinando muito rapidamente a adição de frações com denominador comum, quando, na verdade e ironicamente, você está de fato prolongando o tempo empregado na habilidade para garantir o seu domínio. Você pode dobrar o tempo empregado em um determinado objetivo de aprendizagem, mas ainda assim dar a impressão de que está indo duas vezes mais rápido. Ou você pode usar muito pouco tempo para apresentar certo conteúdo, avançando rápido demais em termos de cobertura curricular, e ao mesmo tempo dar aos alunos a impressão de uma aula extremamente chata e lenta. Portanto, o ritmo é claramente diferente da velocidade com a qual você avança com os conteúdos.

No contexto do ensino e da aprendizagem, *ritmo* pode ser definido, de maneira alternativa, como "a ilusão da velocidade". Não é a velocidade com que o conteúdo é apresentado, mas sim a velocidade com que ele parece ser exposto. Ritmo é a habilidade de criar a percepção de rapidez. Ou seja, uma vez que o ensino eficiente pode lançar mão de uma gama de andamentos – de uma lenta e sólida reflexão à velocidade dinâmica e revigorante –, o ritmo é a ilusão de velocidade criada na medida da necessidade. Os alunos gostam de ter novidades com mais frequência do que você pode oferecer, ou seja, você não pode mudar o tópico curricular na velocidade que seria necessária para agradar a sede de novidade deles. Mas o ritmo se alimenta dessa sede. Quando você maximiza o ritmo, sua aula interessa e engaja os alunos, dando-lhes a sensação de progresso e mudança. Coisas estão acontecendo; os alunos percebem o avanço e nunca sabem o que está por vir.

Independentemente de quão rápido estamos voando, a percepção de velocidade dos passageiros é influenciada pelos pontos de referência que veem (ou não veem) passar.

Um episódio da vida fora da sala de aula pode ajudar a esclarecer a questão. Quando meu filho tinha cinco anos, pegamos um avião para visitar meus pais. No momento em que o avião tocou o solo, meu filho me perguntou se os aviões voam mais rápido quando aterrissam. Ele achou o avião mais acelerado no exato momento em que havia reduzido a velocidade. Eu lhe perguntei por que pensava assim. Ele respondeu: "Na aterrissagem, eu vejo edifícios e árvores passarem. Como passam rapidamente, sei que nós também estamos indo muito rápido.". Essa é uma boa analogia para ritmo. Independentemente de quão rápido estamos voando, a percepção de velocidade dos passageiros é influenciada pelos pontos de referência que veem (ou não veem) passar. Na sala de aula, os momentos em que se muda de atividade, quando uma tarefa termina ou quando uma pessoa nova entra na conversa podem servir como pontos de referência. Quando os pontos de referência parecem passar em uma sucessão rápida, eles dão a impressão de que as coisas estão se movendo com rapidez, independentemente de sua real velocidade.

Este capítulo vai oferecer-lhe seis técnicas para lidar com a ilusão de velocidade na sala de aula.

MUDE O RITMO

Uma forma de se criar a ilusão de velocidade é valer-se de uma série de atividades diferentes para alcançar seu objetivo, passando de uma atividade a outra ao longo da aula – ou seja, usando *Mude o ritmo*. Perceba a diferença entre mudar de tópico a cada 10 ou quinze minutos no decorrer de uma hora, causando distração, confusão e improdutividade, e mudar o formato do trabalho a cada 10 ou quinze minutos, enquanto permanece em um mesmo tópico. Provavelmente a última proposta vai melhorar o ritmo da aula, enquanto a primeira vai apenas distrair e confundir os alunos. Gastar 10 minutos em tópico frasal, quinze em concordância verbal e quinze fazendo revisões gera uma aula desfocada.

Mas uma aula de redação sobre tópico frasal pode ser ao mesmo tempo focada e ter um ritmo acelerado, desta maneira:

- Comece com um rápido *Faça agora,* pedindo aos alunos que comparem diferentes tópicos frasais em parágrafos de um assunto interessante qualquer.
- Passe diretamente a uma miniaula na qual você vai definir o termo tópico frasal e dar bons e maus exemplos de tópicos frasais.
- Se você for habilidoso, faça uma charada, um trocadilho ou uma canção curta sobre os critérios para um bom tópico frasal.
- Oriente os alunos por meio de três ou quatro exemplos nos quais eles escrevam um tópico frasal real para um parágrafo dado.
- Peça aos alunos que escrevam tópicos frasais para cada parágrafo de um texto divertido que você tenha previamente escrito; analise as diferentes sugestões para cada um, assinalando as características e melhorando cada um deles.
- Passe para trabalhos individuais solicitando esboços de tópicos frasais para parágrafos de assuntos diversos.
- Conclua com uma revisão rápida sobre o tema, que pode ser sua canção sobre tópico frasal.
- Coroe com um *Arremate.*

"Nunca passe de 10 minutos", aconselha Ryan Hill, diretor da exitosa escola TEAM localizada na cidade de Newark, estado de Nova Jersey. Pedi orientação a alguns colegas sobre a questão do ritmo e foi Hill que me mostrou uma pesquisa sobre a atividade cerebral de pessoas de diferentes idades, demonstrando que todas elas tendem a perder a concentração após 10 minutos e que precisam de algo novo para atrair sua atenção novamente.

Meu colega Chi Tschang, da escola Achievement First, desenvolveu esta ideia. Ele aconselha os professores a mudarem de atividade em uma mesma aula, baseando-se na regra "idade mais dois", um conceito atribuído a diversas fontes. A regra afirma que a duração da atenção ideal de um aluno corresponde à sua idade mais dois minutos, o que significa que no caso de alunos de 3º ou 4º ano, esta regra não é muito diferente da de Ryan Hill. No entanto, Chi acredita que mesmo se você mudar de atividade no momento certo da aula, algo pode sair errado: ele divide as atividades de uma aula em ativas ou passivas e defende que as atividades devem alternar entre esses dois tipos. "Duas (ou três) atividades cinestésicas seguidas podem subir o nível de energia da classe às alturas e podem fazer as crianças perderem a concentração. Por outro lado, se duas (ou três) atividades altamente passivas em sequência, a classe pode perder totalmente a energia e, também perder a concentração."

Mude o ritmo traz consigo um grande potencial para energizar os alunos, mas é preciso mencionar um contraponto. Ao mesmo tempo em que *Mude o ritmo* é extremamente útil para engajar os alunos em diversos momentos de sua vida escolar, também há o risco de exacerbar um problema: o curto espectro de atenção dos alunos. Pense sobre profissões que requerem espectros mais longos de atenção concentrada do que prevê a regra "idade mais dois": lembro, por exemplo, de médicos, advogados, pilotos de avião e engenheiros. Ainda que pesquisas comprovem sua existência, espectros de atenção curtos são possivelmente fruto de fatores externos – alguns dos quais se pode atenuar. Imagino que pessoas que viveram no século 17 não tinham a necessidade ou a ânsia por tamanha variedade intelectual quanto a média das pessoas de hoje em dia. Isso significa que os professores podem tanto reconhecer a necessidade de lidar com espectros limitados de atenção dos alunos, quanto tentar expandi-los de forma gradual. Um dos maiores presentes que uma escola pode dar a seus alunos é o de expandir a sua capacidade de se concentrar por períodos mais longos de tempo. Dito isto, claramente, a forma mais eficiente de proceder não é submetê-los a uma hora seguida de anotações contínuas no primeiro dia de aula.

MARCAR ETAPAS

Toda vez que você inicia uma atividade em uma determinada aula, tem a oportunidade de *Marcar etapas*: traçar linhas claras e vivas no início e no final de cada atividade. Fazer com que as atividades comecem e acabem de forma clara e organizada em vez de se fundirem umas às outras em um bloco indiferenciado. Isso pode produzir um efeito positivo no ritmo da aula. Inícios e fins que são mais perceptíveis aos participantes têm mais chances de serem apreendidos como pontos de referência e de criarem a percepção de que múltiplas atividades foram realizadas. Isso torna os pontos de referência que você cria mais distintos e visíveis. *Marcar etapas* também pode melhorar o ritmo porque o primeiro e o último minuto de determinada atividade têm o papel de estruturar as percepções dos alunos a respeito dessa atividade. Inicie suas atividades de maneira clara e organizada, e então os alunos vão percebê-las como estimulantes e dinâmicas.

Mas nem sempre um início organizado é um início acelerado. Ele pode ser e, na verdade, um início em ritmo acelerado é geralmente divertido e sedutor. Mover-se com rapidez é uma forma muito boa de criar a ilusão de velocidade. Mas você também pode criar a ilusão de velocidade adaptando a linguagem que você utiliza para apresentar uma atividade tranquila e reflexiva – "Agora vocês terão algum tempo para responder às perguntas à sua frente. Depois, discutiremos o livro." – para algo como isto: "Vocês têm exatamente sete minutos para responder às questões à sua frente. E depois discutiremos o livro". Delimitar cada atividade claramente faz com que ela pareça independente das demais e torna o momento de seu término mais claro; e ao utilizar medidas de tempo não regulares – sete minutos em vez de cinco – você chama a atenção dos alunos para o fato de que não está usando o tempo de forma vaga e imprecisa, mas está ativamente gerenciando cada minuto. Você pode fazer a transição de forma ainda mais pronunciada e visível, sinalizando seu início: "Vocês têm sete minutos para responder às questões. E então discutiremos o livro. Prontos? Já!". Agora a sua atividade tem um momento claro de início e uma duração específica. Os alunos podem ver seus colegas começar imediatamente, como se estivessem todos na linha de largada de uma corrida.

Quando os alunos finalizam seus exercícios, você pode usar uma variação: avisá-los que o tempo acabou pode ajudar a traçar mais uma linha clara e viva. Pode adaptar a situação anterior, por exemplo, dizendo: "Quando eu bater três palmas, quero ver as mãos daqueles que querem compartilhar a resposta da primeira pergunta". As palmas enfatizam que algo acabou e que, rapidamente, outra coisa já começou. Esta linha pode ser traçada de forma individual: "Tiago, já está bom, comece a leitura agora" – ou para grupos: "Muito bem, 5º ano. Vou contar até dois e vocês batem os pés três vezes. Aí nós vamos passar à próxima atividade". Finalmente, olhar adiante, para a próxima atividade, faz com que a transição seja especialmente estimulante. Dizer "Vamos lá!" ao Tiago ou aos alunos do 5º ano dá uma sensação de aventura e animação.

TODOS PARTICIPAM

Você também pode criar a ilusão de velocidade fazendo uma mudança rápida entre os participantes e envolvendo muitos deles, usando *Todos participam*. Isso pode ser especialmente útil quando você não pode mudar de atividade, como fez no caso de *Mude o ritmo*. Digamos que você está lendo e discutindo uma passagem longa por boa parte da aula. Convidando vários alunos a ler pequenos trechos do texto e mudando rapidamente de leitor, você criará a sensação de velocidade. Cada vez que muda de participante, você está estabelecendo um ponto de referência. Algo mudou – algo começou e acabou – e certo suspense é criado (quem será o próximo?). O uso de *Todos participam* pode ajudar você a reagir e energizar uma classe morosa de forma simples e rápida.

Para maximizar sua habilidade de usar *Todos participam*, muitas outras técnicas e habilidades podem ser úteis, especialmente *De surpresa* (Técnica 22), *Bate-rebate* (Técnica 24), *Desembrulhe* e *Meia ideia*, ambas retiradas de *Proporção* (Técnica 17), e *Controle o jogo* (Capítulo Dez). *De surpresa* e *Bate-rebate* permitem chamar todos os alunos, o que significa mais gente sentindo-se parte da ação. Essas técnicas também permitem chamar os participantes de forma mais rápida e sem rodeios linguísticos. Não há pausas para perguntar quem gostaria de se voluntariar ou para pedir, com certo constrangimento, que os alunos participem. Você apenas fala um nome e começa. *Desembrulhe* permite examinar uma pergunta potencialmente ampla, com a participação de mais alunos e em pequenas partes, portanto mais rapidamente. Você transforma uma resposta longa de um aluno em três respostas curtas de três alunos sentados em diferentes cantos da classe. *Meia ideia* permite envolver todos os alunos rapidamente, usando *Em coro,* mas a um custo muito baixo de transação. *Controle o jogo* também cria ritmo.

Uma das barreiras para um bom ritmo é um longo comentário vindo de um aluno, cheio de meandros e na hora errada. Você pode usar *Todos participam* para lidar com este desafio, envolvendo os alunos para que deem respostas sucintas: basta interromper o aluno no momento apropriado com um mote animado, como "Segura esta!", "Tempo!", "Pausa!" ou "Parou!", lembrar aos alunos qual é a pergunta e pedir nova resposta a outro aluno. Aproveite para lembrar a todos que devem se concentrar na pergunta, responder em duas frases ou "economizar a longa reflexão para mais tarde", se necessário. Se agir assim com consistência, os alunos logo vão intuir o ritmo desejado na sua aula e responderão de acordo.

Uma última observação a respeito de *Todos participam* é como gerenciar perguntas, pedidos, comentários fora do contexto ("Você pode deixar para mais tarde, quando discutiremos este ponto?") ou insistência em um assunto quando já é hora de seguir adiante ("Eu também gostaria de ler o que você escreveu sobre o Visconde de Sabugosa, mas temos de seguir adiante"). Tais distrações inocentes representam uma ameaça ao ritmo e até mesmo mãos levantadas para fazer perguntas podem desperdiçar tempo e atrapalhar a energia e o cronograma de uma aula que tinha tudo para dar certo. Os melhores professores parecem dedicar especial atenção a essas interrupções, usando uma versão do princípio *Não mude de assunto*, um dos princípios de *Voz de comando* (Técnica 38), e dizendo aos alunos "mais tarde entraremos neste tema" ou algo do gênero.

CADA MINUTO CONTA

Tempo é água no deserto, ou seja, é o recurso mais precioso do professor, a ser poupado, guardado e conservado. *Cada minuto conta.* E ainda assim, em diversas situações, nos arriscamos a deixar os minutos escaparem por entre nossos dedos. Os últimos minutos de uma aula são muitas vezes jogados fora despreocupadamente. Pensamos: "Não temos tempo para começar algo novo agora" ou "Trabalhamos bastante hoje, então vou lhes dar alguns minutos para relaxar". Digamos que isso só ocorre nos últimos quatro minutos da aula. Somando-se os "últimos minutos" das prováveis seis matérias de cada ano escolar, temos cerca de 13 horas por matéria. Se você fizesse isso todos os dias, abriria mão de 80 horas de instrução – o que equivale a muitas semanas de aula.

Em vez disso, use *Cada minuto conta* e recompense os alunos por seu esforço com uma revisão altamente energizante de tudo o que eles aprenderam ou proponha um problema desafiador. Tenha em mãos algumas atividades curtas de aprendizado, de forma que você esteja preparado quando uma oportunidade de dois minutos aparecer: no final da aula, por exemplo, enquanto esperam bater o sinal. Ler um breve texto inspirador é uma ótima atividade no final da aula, enquanto os alunos estão arrumando as mochilas. Não há melhor forma de evitar que eles se dispersem, enquanto esperam bater o sinal, do que ocupá-los com uma série de problemas de multiplicação e cálculo mental. Sempre é hora de ensinar.

A cada dois ou três meses, busco nova inspiração em um vídeo em que Jamey Verilli aproveita minutos de sua tarde de trabalho na escola North Star Academy. Aguardando com a maioria da turma na porta da sala de aula de História até que os retardatários cheguem do lanche, ele começa a testar os alunos com questões de vocabulário:

- O que significa estar 'comprometido' com uma ideia?"
- "Você pode usar essa palavra em uma frase, João?"
- "Quem estava comprometido com Robespierre durante a Revolução Francesa?"
- "Você se comprometeu a fazer o que agora?"

Os alunos estão em pé em uma fila do lado de fora da sala de aula. A aula ainda nem começou. Não estão na sala de aula, nem no horário de aula, e Jamey parece não se importar: há aprendizado a ser realizado. Enquanto isso, seus alunos estão animados, sorrindo, alegremente engajados na atividade e mostrando que querem aprender.

O QUE VEM POR AÍ

Até mesmo um leve suspense pode criar tensão, estímulo, expectativa. Com *O que vem por aí*, você pode obter isso na sala de aula e fazer com que o ritmo se torne mais vibrante. Ao colocar a rotina na lousa, para uma aula ou uma manhã, você dá início, entre os alunos, a um processo de ansiosa expectativa pelas atividades. Se você escolher nomes instigantes para alguns dos itens de sua rotina, todos vão ficar ainda mais curiosos. Se der a um desses itens o nome de "Atividade Misteriosa", você pode tornar a expectativa ainda mais intensa. E pode ir além, referindo-se ocasionalmente à atividade misteriosa: "Estamos quase na hora. O Carlos acha que sabe qual é a atividade, mas ele não faz a menor ideia...".

Bob Zimmerli certa vez arrebatou uma classe de alunos do 5º ano, durante uma aula sobre valor posicional, ao escrever um número composto de doze dígitos na lousa e anunciar: "Ao final da aula de hoje, alguém virá aqui para ler este número corretamente para toda a classe. Todos serão capazes de fazê-lo, mas um de vocês terá de ser o representante. Você virá até a frente e nos dirá. Esteja pronto. Poderá ser você". Abaixo algumas outras maneiras de anunciar *O que vem por aí*:

- "Mais tarde vamos complicar bastante o assunto, então, preste atenção, me acompanhe, mesmo que pareça fácil (ou difícil) neste momento."
- "No final da aula você conseguirá fazer... [ou você saberá a verdadeira história por trás de...]
- "Este é o primeiro passo para adquirir uma habilidade que você com certeza vai querer mostrar a todos os seus amigos."

Há formas mais simples de se criar expectativa. Considere a diferença entre os exemplos que vimos em *Marcar etapas*, ainda neste capítulo. Já sabemos que "Você tem exatamente sete minutos para responder às perguntas à sua frente e então discutiremos o livro" é melhor do que "Agora vocês terão algum tempo para responder às perguntas e então discutiremos o livro". Mas as duas abordagens são melhores do que "Agora vocês terão algum tempo para responder às perguntas à sua frente", sem referência alguma ao que vai acontecer em seguida. Esta última quase exige uma resposta para: "E depois, o que faremos?", mesmo que seja apenas: "...E então prosseguiremos para a próxima etapa."

TRABALHE COM O RELÓGIO

Os professores entrevistados para este livro constantemente falam sobre tempo em sala de aula e trabalham com o relógio. Eles contam o tempo que têm, e o dividem em partes altamente específicas, muitas vezes anunciando o tempo destinado a cada atividade: "Vocês têm exatamente sete minutos para responder às perguntas à sua frente". Utilizam frequentemente a contagem regressiva para dar ritmo aos alunos no cumprimento das tarefas e enfatizam a importância de cada segundo: "Lápis na mesa e olhando para mim em 5-4-3-2-1". A contagem regressiva dá um sentido de urgência ao tempo da aula, lembrando aos alunos que o tempo tem importância e apressando-os para o próximo passo. Imagine que, no meio de uma contagem regressiva, você notou que Brenda e Bruno já haviam feito exatamente o que você pedira. Você pode reconhecer isso assim: "5-4... a Brenda está pronta!... 3-2... o Brian está sentado e prontinho para a largada!... e 1! Olhem para mim e vamos lá!"). Com isso, você chama a atenção para comportamentos que não apenas cumprem o que foi solicitado, mas vão além das expectativas. Você deu aos alunos tempo até que chegassem ao 1, mas Brenda estava pronta já no 4! Ela fez mais do que obedecer ao seu desejo: ela elevou o padrão. Ao fazer a contagem regressiva, você mostrou a todos que Brenda e Bruno já estavam prontos há mais tempo. Sem a contagem regressiva, chamar atenção à sua prontidão ("Eu estou vendo que Brenda está pronta; Bruno também") pode soar meio ineficiente, quase como se você estivesse implorando aos outros alunos para observar suas expectativas ao elogiar alguns alunos que cumpriram ou pelo menos chegaram perto disto. Afinal, não há outra forma de fazê-los perceber, a não ser por meio da contagem regressiva, se você está reforçando a excelência ou a mediocridade.

Finalmente, a contagem regressiva permite estabelecer objetivos continuamente para que a velocidade de seus alunos atinja as suas expectativas: "Já conseguimos fazer isto em 10. Vamos ver se conseguimos fazê-lo em 6!". Agora os padrões que você está buscando são de aperfeiçoamento constante, e não apenas observância. Recentemente, durante uma aula de leitura, o professor Patrick Pastore, da escola Rochester Prep, começou uma contagem regressiva no número 10. Ao chegar ao número 4, todos os seus alunos já estavam prontos e ele anunciou: "E nós nem precisamos do resto. Vamos começar já!".

? REFLEXÃO E PRÁTICA

1. Analise o plano de aula que você vai usar na semana que vem e, se ainda não faz isso, determine o tempo que você imagina que cada etapa deva durar. Agora que tem parâmetros gerais, dê uma olhada e veja todas as orientações que você vai dar aos alunos durante a aula. Designe o tempo que vai destinar a cada atividade. Escreva um breve roteiro para cada uma das atividades, no qual o tempo de cada uma delas está definido, e dê um início e um fim a cada uma, para *Marcar etapas.*

2. Escolha o bloco de atividade mais longo da aula (medido em minutos) e tente dividi-lo em duas ou três atividades com o mesmo foco, mas com tarefas ligeiramente diferentes. Por exemplo, se planejou uma sessão de exercícios em uma aula de matemática sobre divisão, você pode dividi-la em dois blocos, estabelecendo uma linha clara entre contas e problemas. Então, no meio das duas sessões, para que pareçam três sessões, você pode inserir uma breve reflexão sobre a diferença entre a multiplicação e a divisão.

CAPÍTULO NOVE

ESTIMULAR OS ALUNOS A PENSAR CRITICAMENTE

Técnicas adicionais para fazer perguntas e responder aos alunos

Perguntas feitas de maneira estratégica têm sido o coração do ofício de ensinar desde o advento de professores e alunos. Geralmente, perguntas eficazes são feitas em blocos que tornam o todo mais interessante que a soma de suas partes. Uma boa sequência de perguntas permite a construção do domínio sólido até mesmo de ideias complexas, pois revela e explica – de forma progressiva – cada parte que as constituem. Questionar é a arte de sequenciar perguntas.

O processo de construção é essencialmente o mesmo, sejam três degraus sejam 300. Um objetivo maior não implica degraus maiores, e sim maior número de degraus igualmente firmes e gerenciáveis.

O questionamento em sequência é, portanto, a construção de degraus. Se cada degrau produz uma elevação firme e fácil de gerenciar e se a estrutura organizadora é sólida, a escada é capaz de elevar os alunos a qualquer altura. O processo de construção é essencialmente o mesmo, sejam três degraus sejam 300. Um objetivo maior não implica degraus maiores, e sim maior número de degraus igualmente firmes e gerenciáveis. Ao subir degraus, dia após dia, os alunos se tornam hábeis em escalar e em desenvolver e decompor ideias de maneira sistemática. Em pouco tempo eles se tornam capazes de subir sem olhar para os pés ou contar os passos enquanto se movem com rapidez e habilidade.

Embora o conceito por trás do ato de fazer perguntas seja geralmente o mesmo, em salas de aula produtivas ele pode servir para pelo menos cinco objetivos diferentes:

- *Orientar os alunos para que compreendam um assunto novo.* A meta é construir o conhecimento e o domínio sobre um determinado conceito ou habilidade sistematicamente pré-planejada (o objetivo da aula), o que é geralmente feito partindo de uma ideia simples e antecipando os pontos nos quais os alunos podem vir a ter dificuldade. Por exemplo: "Sabemos que podemos adicionar frações quando elas têm o mesmo denominador comum, que 1/3 mais 1/3 equivale a 2/3. Mas o que acontece quando os denominadores não são iguais? 1/3 mais 1/2 equivaleria a 2/5? Isto é correto? Vamos examinar nossa resposta: 2 é maior ou menor que a metade de 5? Menor. Então 2/5 é mais ou menos que 1/2? Menos. Como podemos adicionar 1/3 e obter uma resposta que é menos do que 1/2. Portanto, nos deparamos com um problema: não podemos simplesmente adicionar os numeradores e os denominadores".
- *Estimular os alunos a realizar a maior parte do raciocínio* (aumentando a *Proporção,* Técnica 17). Supondo que os alunos já têm um conhecimento anterior, que começaram a dominar, o objetivo é fazer com que eles reconheçam essa informação e se apropriem dela, por meio de estímulos para que realizem a maior parte do trabalho. Essa forma de questionar é mais propícia para a seção "Nós" da aula, ou seja, a parte de prática supervisionada da aula, enquanto que a forma citada acima é mais propícia para a parte "Eu" da aula *(veja também Proporção, Técnica 17)*. Exemplo: "Se estou adicionando 1/2 a 1/3, qual é a primeira coisa que eu devo fazer, Karina? E como eu encontro o menor denominador comum? Esta resposta está completa, Jaime? Ela engloba tudo que preciso fazer? O que está faltando? Muito bem, agora que sabemos o que fazer, qual é o menor denominador comum neste problema? Muito bem, então o que devemos fazer agora, Danilo?".
- *Corrigir um erro.* O aluno dá uma resposta errada (mostra de domínio incompleto de determinado conceito) e o professor aproveita para dividir o conceito original em partes menores, adicionando compreensão por meio de mais perguntas, com o intuito de propiciar o domínio do conceito original. Este tipo de questionamento tende a ser uma sequência de perguntas reativas e mais curtas *(veja Divida em partes, Técnica 16)*. Exemplo: "Lembram que o MDC – mínimo denominador comum – é um número que pode ser dividido por ambos os denominadores? Você disse que o MDC era 5. Quantas vezes o número 3 cabe no número 5?".

- *Puxar mais os alunos.* O professor reage a um aluno que aparenta ter domínio sobre um determinado conteúdo – que responde corretamente a uma pergunta ou a uma série delas – propondo que ele aplique o conceito em um nível de dificuldade maior ou em um contexto diferente, de forma a testar a solidez da resposta correta. Este tipo de técnica também envolve sequências de perguntas reativas e mais curtas *(veja Puxe mais, Técnica 3)*. Exemplo: "Muito bom, Marco, você adicionou corretamente 1/2 e 1/3. Agora me diga qual seria o MDC se você quisesse adicionar 1/2 a 1/7?".
- *Verificar o entendimento.* A professora utiliza o questionamento para testar o domínio dos alunos sobre determinado assunto, escolhendo uma amostragem estratégica de alunos para saber quanto eles aprenderam daquilo que ela ensinou *(veja Entendeu?, Técnica 18)*. Exemplo: "Muito bem. Antes de continuar, vamos ver quem aprendeu! Alberto, para obter meu MDC, eu simplesmente adiciono os dois denominadores, certo?".

O tipo de questionamento pode objetivar mais do que uma das intenções citadas. O professor pode ter como objetivo solicitar mais dos alunos e também verificar seu entendimento da matéria dada ao perguntar a um aluno, por exemplo, quem explicou de maneira correta o processo de resolução do problema.

Questionar é uma habilidade complexa e multifacetada, que afeta quase todas as áreas do ensino. Muitos de seus elementos mais importantes foram cobertos em diferentes partes deste livro. Por exemplo, questionar está embutido em *Puxe mais* (solicitar mais do aluno quando ele responde corretamente a uma pergunta), *Proporção* (aumentar a quantidade de trabalho cognitivo que os alunos realizam), *Divida em partes* (trabalhar os erros dos alunos) e *Entendeu?* (testar estrategicamente o domínio do conteúdo). Além desses aspectos, há algumas regras gerais para planejar as perguntas de forma eficaz, independentemente de seu objetivo.

UMA DE CADA VEZ

Já que as perguntas, muitas vezes, estão em sequência, é fácil negligenciar esta regra simples, mas crucial na arte de questionar: faça uma pergunta de cada vez. Ironicamente, os professores correm mais risco de fazer várias perguntas de uma só vez quando estão entusiasmados com o assunto ou quando o conteúdo os instiga a correr. Disciplinar-se para usar a técnica *Uma de cada vez*, especialmente nos momentos em que está mais envolvido e entusiasmado, ajuda os alunos a se concentrarem para que desenvolvam uma ideia por vez e ajuda você mesmo a se concentrar para fazer perguntas com um propósito claro em mente, e não apenas com um desejo vago de suscitar uma discussão qualquer.

Disciplinar-se para usar a técnica Uma de cada vez, *especialmente nos momentos em que você está mais envolvido e entusiasmado, ajuda os alunos a se concentrarem para que desenvolvam uma ideia por vez e ajuda você mesmo a se concentrar para fazer perguntas com um propósito claro em mente.*

Considere uma professora lendo *Reinações de Narizinho*, de Monteiro Lobato, com seus alunos do 3º ano. Ela pode perguntar algo como: "Fábio, qual a diferença entre a casa da Dona Benta, no Sítio do Picapau Amarelo, e o palácio do Príncipe Escamado, no Reino das Águas Claras? Em qual deles você acha que a Narizinho preferiria morar?". Esta é uma pergunta composta de duas perguntas, cada qual com uma intenção diferente: a primeira pede a Fábio que compare e contraste detalhes específicos; e a segunda lhe solicita inferir um ponto de vista sobre determinado assunto. A menos que a professora seja tão disciplinada a ponto de assegurar que as duas perguntas sejam respondidas, Fábio provavelmente escolheria uma das duas para responder (talvez arbitrariamente) e a outra seria negligenciada, sugerindo aos alunos, de forma sutil mas constante, que as perguntas da professora não são especialmente importantes ou planejadas. A mensagem que ela passa não é "Eu tenho algo especialmente importante que quero debater com vocês", e sim "Só quero discutir o livro, tanto faz o tópico.".

Na verdade, se o Fábio for sabido, não vai escolher arbitrariamente: vai escolher a mais fácil ou a que tiver mais vontade de responder – e não necessariamente aquela que seria melhor para ele. A pergunta dupla basicamente transfere para o acaso uma decisão importante de ensino: qual pergunta estamos respondendo. Comparar, examinar e inferir a perspectiva de um personagem são ações cruciais, mas constituem habilidades diferentes de compreensão de texto e, por isso, a professora precisa tomar a decisão sobre qual das duas perguntas é a mais produtiva para Fábio responder naquele momento, e não permitir que ele faça uma escolha aleatória.

Além disso, já que não sabe qual pergunta Fábio vai escolher, ela fica impedida de continuar seu planejamento. Não pode preparar – nem na hora nem como parte do planejamento – uma sequência de perguntas na qual fique claro para os alunos onde ela está querendo chegar, já que neste caso não controla qual pergunta o aluno vai responder. E, mesmo que seja disciplinada e peça a

Fábio que responda às duas perguntas, só conseguirá realizar a sequência de perguntas para uma das respostas. Assim, uma pergunta receberá mais atenção do que a outra.

Um dos motivos pelos quais muitos professores tendem a fazer mais de uma pergunta por vez é porque é fácil repetir inconscientemente, na sala de aula, técnicas de entrevista vistas na mídia em geral. O propósito dessas entrevistas, embora também conduzidas por perguntas, é o de informar e divertir, e não o de ensinar, o que é muito diferente. O entrevistador deseja gerar interesse, revelando ou obtendo informações confidenciais do entrevistado. Tentar diversas perguntas para ver qual delas propicia a resposta mais interessante é uma estratégia eficiente, e por isso os entrevistadores oferecem várias perguntas ao entrevistado ao mesmo tempo, com o intuito de obter uma resposta vibrante. No caso das perguntas no âmbito escolar, oferecer uma série de perguntas vai provavelmente causar confusão e ineficiência. Não fica claro qual pergunta deve ser respondida, facilita pular as mais complicadas e torna mais difícil sustentar uma conversa focada em um tópico específico. Em resumo, as ramificações desta regra empírica têm largo alcance. A solução felizmente é simples: faça uma pergunta de cada vez.

DO SIMPLES AO COMPLEXO

Dá resultado fazer perguntas em uma progressão *Do simples ao complexo*. Da mesma forma que um bom planejamento de aula, perguntas eficazes envolvem o raciocínio dos alunos sobre determinado assunto de forma concisa e concreta em um primeiro momento, para depois solicitar-lhes que pensem de forma mais profunda e ampla. No processo de responder a perguntas mais concisas e focadas, os alunos começam a ativar a memória sobre fatos e detalhes relevantes para embasar sua opinião. Assim eles têm tempo para desenvolver e refletir sobre suas ideias, transformando-as em conhecimento significativo, antes de serem chamados para compartilhá-las em público. Com isso, aumentam as chances de eles responderem a questões mais amplas e profundas levando em conta evidências e demonstrando maior compreensão do assunto. Além disso, devido ao êxito da resposta inicial mais simples, desenvolvem maior confiança e adquirem mais vontade de se arriscar nas perguntas seguintes. Em uma sequência típica sobre um livro ou um certo período histórico, por exemplo, você pode fazer algumas perguntas baseadas em evidências para se assegurar de que seus alunos compreenderam os fatos e os detalhes abordados. Isso deve ser feito do modo mais simples para o mais complicado. Na sequência, você pode começar a fazer perguntas que avaliem e priorizem as informações: "Qual foi o evento mais importante do livro?" "Qual informação mais nos ajudou a compreender o personagem principal?" "Quais foram os eventos mais importantes deste período da história e o que ele lhe diz sobre os valores das pessoas da época?". E depois disso, você pode introduzir perguntas que permitam a aplicação das ideias dos alunos de maneira mais ampla: "Como você compararia o comportamento do personagem principal neste capítulo ao seu comportamento em outro momento do livro?" ou "Quais são as lições mais importantes deste período da história que até hoje permanecem relevantes?".

Embora o último conjunto de perguntas seja provavelmente mais interessante, elas seriam menos profícuas se você iniciasse seu questionamento com elas, sem antes estabelecer e afirmar uma base factual, como se fossem blocos de construção lógica, sobre a qual os alunos pudessem conduzir um raciocínio com maior profundidade.

IPSIS LITTERIS

A maioria dos professores faz uma pergunta, aguarda pelas mãos erguidas e então chama um aluno para responder. No entanto, antes do aluno escolhido responder, os professores refazem a pergunta. Frequentemente é útil e, por vezes, crucial proceder dessa forma, especialmente quando a pergunta é difícil. No entanto, ao repetir a pergunta, é importante lembrar de fazer a mesma pergunta *Ipsis litteris*. Alguns professores, sem querer, fazem uma espécie de propaganda enganosa, modificando a pergunta depois que o aluno levantou a mão e começou a responder. Isso parece inofensivo, mas pode implicar diversas consequências negativas. Em primeiro lugar, o aluno foi voluntário para responder uma pergunta e, agora, a pergunta é outra. Ele não está preparado e, portanto, a qualidade da resposta será inferior. Mesmo uma pequena mudança na sintaxe pode forçar o aluno a revisar a sintaxe de sua resposta, deixando-o confuso ou distraído no exato momento em que entra em cena. Se você pedir a seus alunos que respondam a perguntas cujas respostas eles não dominam 100% (e você deve pedir que se arrisquem), eles merecem saber qual será a pergunta, ter tempo para formular a resposta e responder à pergunta para a qual eles acreditam ter a resposta. Em muitos casos, os alunos ficam perplexos mesmo quando há uma mudança que o professor pode achar insignificante – por exemplo, em vez "Por que você acha que o autor escreveu este artigo?", o professor muda para "Qual é o propósito deste artigo?" .

Se suas perguntas têm relevância, você quer que os alunos as ouçam bem, considerem-nas e participem com base em reflexão ponderada. Torne isso mais fácil para eles, mantendo a mesma pergunta desde o início.

CLARO E CONCISO

Muito frequentemente, o problema da resposta errada não é a resposta, mas a pergunta. Para que seus alunos tenham a oportunidade de responder de forma correta, você deve se certificar de que eles compreenderam o que você perguntou. Seguem cinco maneiras de usar a técnica *Claro e conciso* para aumentar a clareza de suas perguntas:

- *Comece com um pronome interrogativo.* Quando você inicia a frase com quem, quando, o que, por que e como, seus alunos imediatamente saberão que se trata de uma pergunta e começarão a pensar na resposta. Com isso, você também aumenta a probabilidade de que a resposta também seja clara. Perguntar "Você pode dizer mais alguma coisa?" oferece pouca orientação; é pouco provável que você obtenha o tipo de resposta que deseja e os alunos não terão a chance de preparar uma resposta na qual estejam confiantes. Frases que começam com *Será* também podem ser boas, embora frequentemente produzam respostas do tipo *Sim* ou *Não* – respostas curtas, difíceis de conectar a outra pergunta e que geralmente não suscitam grandes debates.
- *Limite suas perguntas a duas frases.* Fazer perguntas rebuscadas, que parecem extraídas de um romance de José de Alencar, pode funcionar com seus colegas professores, mas geralmente confundem alunos que ainda não estão na universidade. Faça perguntas rigorosas e exigentes, mas, em geral, limite-as a duas orações, no máximo. Assim, os alunos terão clareza do que está sendo perguntado.
- *Quando forem importantes, escreva suas perguntas antecipadamente.* A melhor maneira de formular a pergunta exata é por escrito, como parte do processo de planejamento da aula – escreva tanto a pergunta inicial como seu comentário, caso os alunos não consigam responder de acordo com o que você espera. Esse procedimento é uma das forças motrizes de um ensino melhor e talvez a mais negligenciada pelos professores iniciantes.
- *Faça uma pergunta real.* Diga: "Por que a personagem acha isto?" em vez de "Mas a personagem não acha isto". A segunda frase confunde os alunos. Será que você está mesmo fazendo uma pergunta?

- *Parta do pressuposto de que eles sabem a resposta.* Pergunte "Quem pode me dizer..." e não "Será que alguém pode me dizer..." A primeira forma parte do pressuposto de que alguém tem a resposta e um aluno pensa: "Quem consegue? Eu consigo!". Já a segunda expressa dúvida de que alguém saberá a resposta e a dúvida torna menos provável que seus alunos levantem a mão.

ESTOQUE DE PERGUNTAS

Recentemente, mostrei a um grupo de professores um vídeo de uma das melhores questionadoras que conheço, Jaimie Brillante. No vídeo, as perguntas de Jaimie chegam aos alunos com rapidez e firmeza:

Jaimie: "Esta é uma oração?"

Aluno: "Acho que sim."

Jaimie: "Bem, como você saberia?"

Aluno: "Porque ela tem sujeito e predicado."

Jaimie: "Se eu quisesse mostrar o sujeito e o predicado, qual dos dois procuraria primeiro?"

Aluno: "O predicado."

Jaimie: "E você consegue achar o predicado?"

Aluno: "Será que é o *proprietário?*"

Jaimie: "Por que *proprietário* não pode ser o predicado?"

Aluno: "Ele não é um verbo."

Jaimie: "Bem isso *explicaria.* Que tipo de palavra é *proprietário?*"

Aluno: [Sem resposta]

Jaimie: "Pense sobre outras palavras que terminam com *-ário*: *bancário, escriturário, comerciário.* Estas palavras são o quê?"

Aluno: "Todas são pessoas. São substantivos."

Jaimie: "E *proprietário* parece ser do mesmo tipo?"

Aluno: "Sim."

Jaimie: "Portanto, *proprietário* não é predicado, pois o predicado deve ter o quê?"

Aluno: "Um verbo."

Na aula de Jaimie, os alunos trabalham intensa e rapidamente, fazem um verdadeiro exercício intelectual, demonstram conhecimento e corrigem erros. Observar a Jaimie atuando é intimidante para um professor. Como nós, reles mortais, poderíamos um dia almejar pensar com tamanha rapidez e fazer sequências de perguntas tão claras, várias vezes durante uma aula?

Depois disso, perguntei à Jaimie qual era o segredo das suas perguntas. Ela respondeu: "O mais importante é que eu não crio as minhas perguntas na hora. Faço várias versões das mesmas perguntas. Como é mais fácil encontrar o predicado antes do sujeito, eu os ensinei a fazer isso. Então eu sempre lhes pergunto: "Devemos procurar primeiro o predicado ou o sujeito?". E eles sabem que devem procurar primeiro o predicado, porque os verbos são mais fáceis de encontrar. Procuro ter uma abordagem lógica para problemas típicos e repito várias vezes a mesma abordagem. Pode parecer que pensei em cinco perguntas rápidas para fazer em sequência, quando estou apenas decidindo qual será *a sequência* das perguntas".

Em resumo, a forma de fazer perguntas de Jaimie é baseada em um tema e suas variações: sequências semelhantes de perguntas aplicadas repetidas vezes a diferentes panoramas. Obviamente, esse *Estoque de perguntas* não pode ser usado em todos os casos e com todo conteúdo, mas ela está tomando bem menos decisões do que parece. Ela não está decidindo sobre as cinco perguntas, mas sobre uma sequência de perguntas com cinco partes bastante previsíveis. Isso reduz a assustadora demanda intelectual do ato de fazer perguntas e o torna muito mais prático.

TAXA DE ACERTO

Um último aspecto relevante da arte de fazer perguntas é a *Taxa de acerto:* o percentual de perguntas respondidas corretamente (ou de maneira adequada e detalhada), no caso de perguntas em que não há uma única resposta clara e correta. Se sua *Taxa de acerto* for de 100%, isso não é necessariamente uma coisa boa, a menos que você tenha acabado de fazer uma revisão da matéria. Em outras palavras, é bom que sua T*axa de acerto* comece em 100%, mas não deve permanecer assim por muito tempo: quando os alunos acertam tudo, é hora de fazer perguntas mais difíceis. Fazer perguntas mais difíceis quando a taxa de acerto se aproximar de 100% permite-lhe testar a verdadeira extensão do conhecimento dos alunos e manter o rigor adequado. Ao mesmo tempo, uma taxa de acerto abaixo de 70% demonstra que você tem um problema na forma como está ensinando ou em relação à forma como suas perguntas estão alinhadas com a matéria. Seus alunos não estão demonstrando domínio sobre o que foi trabalhado e, portanto, você deve rever seu trabalho.

PARA CONSOLIDAR UM MODO EFICAZ DE PERGUNTAR

Algumas técnicas discutidas neste livro são para desenvolver uma forma eficaz de fazer perguntas. Segue uma discussão breve sobre elas:

Divida em partes

A habilidade de decompor ideias ou perguntas que possam confundir os alunos em perguntas menores ou mais simples é indubitavelmente a habilidade mais importante na arte de questionar. Muitas vezes, os professores reagem ao processo inteiramente normal – e até mesmo útil – do aluno de dar respostas incorretas com uma das seguintes formas ineficientes: repetindo a mesma pergunta, dando a resposta ao aluno ou chamando outro aluno para respondê-la, sem retornar em seguida ao primeiro aluno. Quando um aluno não responde a uma pergunta corretamente, *Divida em partes* (Técnica 16) é a melhor estratégia. Ela ajuda o professor a compreender qual parte da pergunta é mais difícil e faz com que os alunos se valham de seu conhecimento prévio ou possam desenvolvê-lo. Uma variedade de estratégias de *Divida em partes* é discutida no Capítulo Dois.

Sem escapatória

Uma técnica relacionada, discutida no Capítulo Um, é o *Sem escapatória* (Técnica 1). Em suas muitas variações, o professor retorna à aluna que não conseguiu responder à pergunta inicial, solicitando-lhe que repita a resposta correta dada por outro aluno ou que use informação adicional dada por outro aluno para solucionar ela mesma o problema. Perguntas do *Sem escapatória* podem incluir: "Quem pode dizer à Elisa o primeiro passo para solucionar o problema?", "Quem pode contar à Elisa onde ela pode encontrar a resposta?" ou "Quem pode contar à Elisa o que queremos dizer por [um conceito ou termo complicado]?"

Certo é certo e *Puxe mais*

Se *Divida em partes* e *Sem escapatória* são úteis para remediar respostas erradas dadas pelos alunos, *Certo é certo* (Técnica 2) adiciona dois elementos ao conjunto. A parte desta técnica denominada *Vá até o fim* é útil para conduzir mais adiante os alunos que normalmente dão respostas corretas: "Eu acho que você caracterizou corretamente a forma como o personagem principal age em público, mas você teria algo a acrescentar sobre a forma como ele age quando está sozinho?". A outra parte desta técnica chamada *Responda à pergunta* é útil quando o aluno responder a uma pergunta diferente da que você perguntou – um problema bem mais comum do que a maioria das pessoas suspeita.

Puxe mais (Técnica 3), em contrapartida, melhora o seu modo de fazer perguntas ao lembrar que o processo de aprendizado não termina na resposta correta. Estimular os alunos por meio de uma série de perguntas de aprofundamento é uma das formas mais valiosas de aumentar o nível de exigência em sala de aula.

Proporção

Muitos aspectos de *Proporção* (Técnica 17) também são úteis para fazer perguntas. Desmembramento é o processo de selecionar uma pergunta grande, composta de muitas partes e subdividi-la em uma série de perguntas menores, que podem ser distribuídas rapidamente entre os vários alunos de uma sala de aula, geralmente usando a técnica *De surpresa* (Técnica 22). Em vez de perguntar a um aluno qual é a fórmula de um volume, por exemplo, um professor pode desmembrar a pergunta dizendo: "Tânia, quais são os componentes da fórmula do volume? Ótimo. Karen, me dê um dos componentes. Me dê outra, Carlos. E a última, Jandira, qual é? Muito bom". Essa técnica produz o efeito de animar o ritmo da aula e envolver mais alunos. Também força os alunos a ouvir com mais atenção as respostas dos colegas. Carlos não pode dar *comprimento* como resposta se Karen já o fez.

Um segundo aspecto de *Proporção* particularmente útil ao fazer perguntas é fingir desconhecimento, ou seja, pretender não saber a resposta ou cometer um erro proposital – e, assim, pedir aos alunos que o corrijam e expliquem o erro.

De surpresa

De surpresa é especialmente útil em situações que estão além ou aquém do desmembramento da pergunta. É a forma mais rápida e eficiente de fazer com que os alunos permaneçam envolvidos com as perguntas, de manter um ritmo rápido e rigoroso e de assegurar o uso das perguntas para verificar a compreensão. Essa técnica assegura seu poder de, a qualquer momento, direcionar determinada pergunta para o aluno que você quer que a responda.

? REFLEXÃO E PRÁTICA

Converse com alguém em um evento social e tente fazer a esta pessoa uma pergunta clara por vez. O que tornou esta tarefa fácil ou difícil? O que você aprendeu que pode ser aplicado a seu ofício de ensinar?

PARTE 2

Ajudar o aluno a tirar o máximo da leitura: técnicas e habilidades fundamentais

CAPÍTULO DEZ

POR QUE TODOS OS PROFESSORES PODEM (E DEVEM) SER PROFESSORES DE LEITURA[22]

Ler é *a* habilidade. Ensinar os alunos a compreender o sentido dos textos que leem é o resultado mais poderoso que um professor pode obter. Se os seus alunos puderem ler bem, eles podem fazer qualquer coisa.

Incluí este capítulo sobre leitura no livro, para ajudar – não apenas alguns, mas os professores de todas as áreas – a empregar os métodos que os melhores professores de leitura utilizam para estruturar suas aulas de modo a garantir que seus alunos leiam cada vez mais e melhor e a otimizar as oportunidades de leitura existentes. Qualquer que seja a sua disciplina, você tem oportunidade e obrigação de assegurar que seus alunos leiam mais e melhor. Isso tem dois resultados valiosos: os alunos serão melhor informados sobre os conteúdos que você ensina e vão poder assimilar e analisar informação com mais eficiência no futuro – pois serão melhores leitores. É um investimento com resultados de curto e de longo prazo.

[22] Neste capítulo e nos próximos que se seguem, o autor aborda o ensino da leitura. Lemov se baseia no modelo americano de ensino e alfabetização e no debate que se trava naquele país sobre diferentes metodologias de ensino da leitura. Em alguns aspectos, até mesmo pela óbvia diferença de idioma, certos exemplos e referências não encontram paralelo na educação brasileira. Procuramos adaptar os exemplos para a realidade nacional, mas, quando isso não foi possível, optamos por não alterar estruturalmente o texto de Lemov, para que nossos professores possam se beneficiar da discussão proposta pelo autor.

Tenho um amigo que cresceu ouvindo o pai falar do poder da leitura. Para provar seu ponto de vista, o pai o tirou da escola por muitos meses, comprou uma série de livros sobre construção civil – embora até então ele nunca tivesse se dedicado seriamente a trabalhos manuais – e passou a construir uma casa, da fundação ao telhado, com o filho a seu lado. Meu amigo lembra-se de se sentar em uma pilha de tábuas à meia-luz, no início do dia, lendo intensamente com o pai sobre hidráulica ou elétrica, às vezes relendo três ou quatro vezes as passagens mais complexas.

As escolas, porém, passaram a ensinar leitura em um sentido cada vez mais limitado: uma área específica de estudo. Capacitamos nossos professores da área de linguagem e de literatura para trabalhar um assunto adicional chamado leitura. Certamente, há muito valor em pensar na leitura como uma área separada, particularmente no ensino fundamental, onde a instrução específica da leitura é uma alavanca essencial para gerar ganhos duradouros entre os alunos. Mas eu defendo que o valor da leitura também está no ato de ler em si, com os alunos lendo muito e de forma ampla como um objetivo fundamental da escola. Não apenas os programas de literatura e as aulas de linguagem de muitas escolas deixam de incluir a leitura propriamente dita (o ato de ler), mas oportunidades potenciais de leitura brotam por toda parte nas aulas sem serem aproveitadas. Além disso, os professores raramente estão capacitados para aprender a tirar vantagem dessas oportunidades.

O volume de leitura de alta qualidade que poderia ser coberto em um dia escolar típico é igual, ou possivelmente superior, ao volume do que é lido em uma "aula de leitura". Quando você considera quanta leitura de alta qualidade os alunos poderiam ter fora da aula de linguagem ou literatura, esse potencial inexplorado é enorme. Mas, com a prática atual, a maioria dos alunos simplesmente não lê muito.

Pense em quatro das mentes mais brilhantes que já trabalharam e escreveram em inglês: Abraham Lincoln, Fredrick Douglass, Jane Austen e Charles Dickens. Todos foram educados de maneira semelhante, mas de uma forma não usual. Cada um deles recebeu pouca ou nenhuma educação formal. Basicamente autodidatas, em um tempo em que educar-se a si mesmo significava ler, tornaram-se famosos por efeito das habilidades e do conhecimento que suas leituras privadas lhes ensinaram.

Não estou sugerindo que a educação desses quatro personagens seja um modelo para a educação de hoje em dia. Mesmo assim, eles me lembram da capacidade quase ilimitada da leitura diligente como forma de aprender. No caso dessas quatro pessoas excepcionais e muitas outras, a leitura de fruição foi suficiente para estimular e desenvolver raros gênios. E, para o resto de nós também, pois somos todos autodidatas em alguma medida, graças às leituras que fizemos.

Percorrendo em minha memória as ideias que tive por causa de minhas leituras pessoais, sei muito bem que elas me formaram tanto quanto minha educação formal. Somos o que lemos e como lemos. Não há outra atividade capaz de gerar tanto valor educacional. Mesmo assim, em muitas escolas, os alunos passam muito pouco tempo lendo. Provavelmente, leem por menos de uma hora por dia. Mesmo nas aulas de literatura ou voltadas para a leitura, é mais provável que falem sobre leitura ou que respondam a perguntas sobre o que leram (ou não leram) do que efetivamente leiam. Para sua dissertação de doutorado, uma colega acompanhou alunos em escolas públicas de Nova York e constatou que, em média, eles leem cerca de 10 minutos por dia. Pior: 40% deles simplesmente não leem.

Somos o que lemos e como lemos. Não há outra atividade capaz de gerar tanto valor educacional.

Tornar a leitura altamente produtiva e eficiente em sua sala de aula é uma habilidade essencial, independentemente da disciplina ou do ano que você ensina. Este capítulo explica como fazer isso, tanto na prática (como você pode assegurar-se de que os demais alunos estão lendo junto com aquele que lê em voz alta) como em termos de pedagogia (quais perguntas você deveria fazer e como e quando fazê-las). O capítulo também contém orientação especialmente útil para professores das áreas de linguagem e literatura, cuja meta é usar essas técnicas como "estratégias" para tornar os alunos "leitores" para além do domínio de um texto específico.

Embora tenha tentado prover orientação tanto para professores em geral como para professores de linguagem e literatura, chamo a atenção para duas premissas fundamentais deste capítulo: todos os docentes de uma escola devem ser professores de leitura, e as técnicas que servem para professores de todas as áreas podem ser ainda mais produtivas para os que lecionam linguagem e literatura. Estes, em muitos casos, são altamente capacitados na arte da interpretação e da análise de texto, mas pecam por falta de preparo para ensinar alguns aspectos elementares da leitura. Em outras palavras, podem cair na armadilha que ameaça muitos especialistas (cirurgiões cardíacos ou analistas de dados, por exemplo): perder a visão do básico. Este capítulo propõe trazer o básico de volta à cena. Como me disse um excelente professor: "Sou formado como professor de linguagem e literatura e sou muito bom para ensinar as crianças a interpretar o que leem. Mas não tenho ideia do que fazer se a criança não consegue ler uma única palavra".

Os capítulos da Parte 2 oferecem abordagens para ajudar todos os alunos a melhorar sua leitura. Cobrem um conjunto de habilidades que é óbvio para alguns, mas a abordagem adotada pelos melhores professores dá uma orientação que é importante para todos. Essas habilidades são:

- Decodificar – processo de decifrar um texto escrito para identificar as palavras faladas que ele representa.
- Fluência – é a automatização, ou seja, a habilidade da competência de ler rapidamente, incluindo a expressão, que é, por sua vez, a habilidade de agrupar palavras em frases para refletir significado e tom.
- Vocabulário – a base de conhecimento de palavras de um aluno: quantas palavras conhece e quão bem as conhece.
- Compreensão – quanto o aluno entende daquilo que lê.

A compreensão tem uma posição peculiar nesta lista, porque requer não apenas um conjunto de habilidades intrínsecas a ela, mas também o domínio das outras três habilidades anteriores: você ensina decodificação, fluência e vocabulário para possibilitar uma compreensão sólida. No entanto, quando a compreensão não funciona, pode ser que os alunos não tenham conseguido fazer certas inferências ou distinguir detalhes triviais dos essenciais; mas também é possível que eles simplesmente não consigam ler uma passagem automaticamente e com fluência suficiente que lhes permita usar sua capacidade de raciocínio para entender suas sutilezas. Eles podem estar mobilizando tanta capacidade mental para simplesmente decodificar as palavras que não conseguem lembrar o começo do parágrafo (ou da oração) quando chegam ao fim. É importante lembrar que todos os alunos enfrentam esse desafio. No primeiro ano do mestrado em literatura, meus colegas e eu estávamos tão ocupados tentando entender o vocabulário específico da área e decifrar a sintaxe impenetrável da escrita acadêmica que a nossa capacidade de compreensão desabou – não porque não conseguíssemos entender as ideias, mas porque a apresentação delas – as características do gênero e o léxico específico – impunha barreiras à fluência, à decodificação e ao vocabulário. A forma como as palavras são apresentadas pode impor tais barreiras a qualquer leitor, não importa quem, e às vezes os autores o fazem deliberadamente (os romances de William Faulkner e de Gabriel Garcia Márquez são bons exemplos).

A informação na Parte Dois deste livro concentra-se de forma abrangente em tornar a leitura mais eficiente e rigorosa em qualquer sala de aula e para qualquer propósito – quer se esteja lendo *Cachinhos Dourados e os Três Ursinhos*, Platão, o capítulo sete do livro de ciências, as instruções para um problema de matemática ou a carta de Pero Vaz de Caminha ao rei de Portugal. A orientação, aqui, também serve para os professores que ensinam leitura como uma área ou disciplina específica. Como a arte de ensinar compreensão de leitura como uma habilidade intercambiável, que os alunos devem aprender a dominar e aplicar em qualquer futura situação, é a área dos professores de linguagem e literatura, a Parte Dois também contém uma discussão dos aspectos de uma aula com foco na leitura que são mais especificamente (mas não exclusivamente) relevantes para esses professores. Em particular, discuto nesta seção as estratégias de leitura já usadas por muitos professores dessas áreas.

CONTROLE O JOGO: TORNE A INSTRUÇÃO DE LEITURA PRODUTIVA E RESPONSÁVEL

Como professores já tão ocupados poderão integrar a instrução de leitura em suas salas de aula de forma produtiva ao mesmo tempo que garantem a verificação efetiva do seu aprendizado? Este desafio envolve um conjunto de habilidades que são muitas vezes desprezadas e que, no entanto, são essenciais.

Imagine, por um momento, uma escola hipotética. Essa escola valoriza a leitura acima de todas as outras atividades – de forma exagerada. Em suas aulas de linguagem, provê instrução direta e deliberada em leitura: fonética e compreensão nos níveis mais baixos; concentração intencional em termos e conceitos importantes, como caracterização de personagens e tema, no ciclo II do ensino fundamental; aulas de literatura no ensino médio; e vocabulário em todos os níveis. Recentemente, essa escola resolveu que os alunos deveriam ler quase todo o tempo que passam na escola. Nas aulas de ciências, eles leem capítulos de livros científicos e manuais. Nas aulas de história, leem materiais de fontes primárias e secundárias, muitas vezes durante toda a aula. Os alunos escrevem, mas geralmente escrevem resumos e análises do que leram. Em matemática, eles complementam a solução de séries de problemas com leitura e novos conceitos são frequentemente introduzidos por meio de textos descritivos curtos. Imagine também que os professores dessa escola conseguem garantir, de forma consistente, que os alunos, quando solicitados a ler, de fato leem – e leem eficientemente e com atenção. O resultado é que os alunos dessa escola hipotética leem por seis a sete horas diárias, além de fazerem a lição de casa.

Ofereço esta ideia como um modelo hipotético, não como proposta para programas educacionais reais. Não quero dizer que seria um modelo escolar viável; o que quero é levar você a pensar nos resultados que essa escola poderia obter. Será que quatro a cinco horas diárias de leitura nos 200 dias do

Será que quatro a cinco horas diárias de leitura nos 200 dias do ano letivo, supondo que se pudesse garantir uma leitura de razoável qualidade, seria capaz de levar uma escola a atingir melhores resultados do que muitas atingem hoje?

ano letivo, supondo que se pudesse garantir uma leitura de razoável qualidade, seria capaz de levar uma escola a atingir melhores resultados do que muitas atingem hoje? Obviamente, não há meio de responder de maneira precisa a esta pergunta. O fato é que provavelmente a resposta seria "sim" e que deveríamos ter sempre em mente a pergunta: "Se tivéssemos segurança de que os alunos têm boa capacidade de leitura, seria melhor ler do que realizar outras atividades em uma dada situação de aula?". Se uma professora tiver certeza de que seus alunos podem ler bem, ela pode realizar atividades de leitura a qualquer momento e por qualquer período de tempo, garantindo em sua aula essa atividade de alto valor agregado – a mais importante habilidade de um cidadão educado. Ao conseguir fazer isso, essa professora terá estabelecido uma *taxa mínima de retorno* para seu tempo de aula. Ela terá escolhido investir seu tempo de aula em uma atividade de valor agregado maior do que outras.

Para explicar a importância da escolha do uso do tempo em sala de aula, vou-me permitir fazer um pequeno paralelo com escolhas financeiras. A expressão *taxa mínima de retorno* (do inglês *hurdle rate*) vem da área financeira. Se é possível prever um ganho de 10% para cada real investido em uma certa aplicação, por exemplo, e se esta aplicação está sempre disponível, naturalmente você evitará qualquer outro investimento com retorno inferior a 10%. Para avaliar qualquer outro investimento potencial, a sua pergunta não seria "Vai dar dinheiro?", mas sim "Vai dar mais dinheiro do que aquela minha *taxa mínima de retorno*?" Ou seja, você se perguntaria se qualquer outro investimento poderia dar um retorno melhor do que o melhor investimento que você conhece. As empresas fazem esse tipo de pergunta o tempo todo.

Por definição, recursos são (como o tempo de aula) limitados. Assim, os donos de uma empresa de informática jamais se perguntariam: "Será que vale a pena construir uma fábrica nova para fazer telefones celulares?" Porque se investirem milhões de reais para fabricar celulares terão de tirar esse dinheiro de algum outro investimento – por exemplo, a expansão de sua fábrica de computadores. Em vez disso, diante da possibilidade de ganhar algum dinheiro com celulares, os donos da empresa se perguntariam se esse investimento excederia a *taxa mínima de retorno* que já tem: "Será que o investimento em uma nova fábrica de celulares renderia mais do que usar o dinheiro para expandir a nossa fábrica de computadores?" A decisão é entre o retorno que você já conhece (de sua fábrica de computadores) e o potencial de um novo projeto (celulares). Se você tivesse uma taxa de retorno de 8% na fábrica de celulares, ainda assim não teria sentido investir nela se a sua taxa de retorno para a expansão da fábrica de computadores fosse 10%. Só porque você seria capaz de ganhar algum dinheiro investindo em celulares, isso não significa que você deva fazê-lo.

Como professores, nós também gerenciamos recursos finitos – neste caso, o tempo –, mas raramente pensamos dessa forma. Perguntamo-nos se nossas atividades resultaram em aprendizado. Mas esta não é a pergunta certa. A pergunta certa é se as atividades que propomos em classe oferecem um retorno que exceda nossa *taxa mínima de retorno* – ou seja, dão mais retorno de aprendizado por minuto investido do que a melhor alternativa de uso do tempo em classe. Só que raramente perdemos tempo em estabelecer a melhor e mais confiável *taxa mínima de retorno*. Nas salas de aula de muitos dos professores em que este livro se baseia, a *leitura produtiva* (que vou definir daqui a pouco) oferece uma *taxa mínima de retorno* excepcionalmente boa e confiável. É uma atividade de alta qualidade (quando realizada eficientemente), que pode ser conduzida em qualquer sala de aula, a qualquer tempo e com muito pouca preparação adicional. Você sempre pode investir qualquer período de tempo, curto ou longo, em leitura produtiva e colher um retorno bom e previsível. Além disso, sabendo que pode sempre fazer algum tipo de leitura produtiva – com qualquer turma, a qualquer hora –, você pode examinar criticamente seus outros investimentos do tempo: eles excedem o valor de leitura? Será que oferecem um retorno potencialmente melhor, mas com mais riscos e, portanto, deveriam ser equilibrados por investimentos mais confiáveis? À medida que você se faz essas perguntas, é bem capaz de descobrir que a leitura supera alguns de seus outros investimentos de tempo. Com certeza, não todos; mas provavelmente alguns deles não excedem a sua taxa mínima de retorno (ou seja, você não pode confiar que terão uma produtividade maior do que a leitura). Seria mais inteligente deixar os alunos lerem de maneira produtiva.

Antes de continuar, é melhor eu fazer uma pausa aqui e definir o termo leitura produtiva mais especificamente, porque é essencial para esta discussão. Neste livro, defino leitura produtiva como leitura que é verificável, moderadamente expressiva e altamente potencializável. Por verificável quero dizer que os professores conseguirão avaliar de forma confiável se os alunos estão de fato lendo (em vez de olhar figuras, por exemplo, ou olhar pela janela, sonhando acordados, no momento em que deveriam estar lendo) e lendo eficientemente (lendo as palavras correta e diligentemente, por exemplo, em vez de cometer erros sem serem corrigidos, como ignorar sufixos ou pular as partes mais difíceis do texto). Muita atividade de leitura nas escolas não consegue satisfazer este requisito. Em um programa muito usado, *Drop Everything and Read* (DEAR)[23], por exemplo, algum tempo é dado aos alunos para sentar com livros que se espera que eles leiam. É uma linda ideia, mas, se você observar os alunos durante o programa, invariavelmente verá alguns deles com o olhar perdido pela sala ou olhando pela janela. Alguns folheiam as páginas do livro, olhando as figuras, enquanto outros leem sem muita vontade ou mal, praticando e reforçando maus hábitos de leitura. Infelizmente, os alunos que leem menos costumam ser os que mais precisam da leitura. Assim, essa atividade não pode ser considerada verificável. Aprender a investir uma alta dose de verificação nas atividades de leitura é um foco importante deste capítulo.

Por *moderadamente expressivo*, quero dizer que os alunos demonstram a capacidade de atribuir significado às palavras que leem, usando uma mudança no tom de voz que indica que eles estão processando as palavras para além do nível elementar. Não estamos falando de interpretações do nível da Fernanda Montenegro ou do Lima Duarte – só do básico: uma leitura não mecânica, com claro reconhecimento (indicado pela ênfase) de palavras importantes em um dado período. Embora a leitura expressiva seja insuficiente para completar a tarefa final de entendimento completo e rico de um texto, ela pode indicar um entendimento básico. Expressar o significado e o tom das palavras na maneira como você lê pode ser a demonstração da compreensão, que é a meta final da instrução de leitura.

Muitos professores desprezam a ideia de deixar um único aluno ler em voz alta durante a aula. "O que os outros alunos farão?", perguntam. Em leitura produtiva, a resposta é que eles também estarão lendo – para si mesmos, ao mesmo tempo que o aluno que lê em voz alta. Eu chamo de *potencializável* o grau em que os demais alunos também estão lendo, e este é o terceiro elemento crucial da leitura produtiva. Se um aluno está lendo em voz alta e seus colegas estão ouvindo passivamente, o fator de potencialização é 1, o que indica uma atividade altamente ineficiente. No entanto, se um aluno está lendo em voz alta e 25 alunos estão lendo junto com ele silenciosamente, e de maneira verificável, o fator de potencialização é 26. Quando se tem 26 pessoas lendo em uma sala de aula, isso corresponde a uma atividade altamente eficiente, que vale a pena. Se 26 pessoas estão lendo ao mesmo tempo, sua taxa mínima de retorno

[23] Largue tudo e leia. Em inglês, a sigla significa "querido" ou "prezado".

é muito, muito maior. A próxima pergunta, claro, é como garantir que os 26 alunos estão mesmo lendo. As habilidades da técnica *Controle o jogo* explicam como atingir e manter regularmente altas taxas de potencialização nas atividades de leitura: quando em atividade de leitura, todo mundo lê junto e de uma forma que pode ser verificada. O resultado disso é uma taxa mínima de retorno especialmente alta e, com o tempo, atividades de valor cada vez mais alto em sala de aula, já que uma alta taxa mínima de retorno eleva todos os critérios de investimento do tempo.

Os céticos sobre a eficiência de colocar um único aluno para ler em voz alta podem se perguntar qual texto seria apropriado para a classe toda ou se a atividade não seria ofensiva à autoestima do aluno, caso ele tivesse dificuldade para ler em público. Sem querer iniciar um vasto debate filosófico, eu diria que não há nada intrinsecamente ofensivo à autoestima no fato de se cometer um erro, especialmente se os alunos aprendem, com o tempo, a fazer corretamente o que fizeram errado. Nesse caso, o resultado é provavelmente o oposto. A despeito disso, como Roy Baumeister demonstrou em seu excelente artigo[24] sobre o assunto, há poucos fatos para apoiar a ideia de que promover a autoestima é um bom objetivo escolar. O melhor que se pode dizer é que a autoestima está relacionada com o desempenho acadêmico, mas não é uma causa do desempenho acadêmico. Ou seja, quando os alunos obtêm um bom desempenho acadêmico, eles acreditam em si mesmos e a autoestima deles é melhor – não o contrário. Quanto aos textos acessíveis à classe toda, muitas, senão a maioria, das escolas *charter* que conheço ignoraram a crença ortodoxa em classes heterogêneas e resolveram o problema agrupando classes mais homogêneas. Dito isto, mesmo que você não possa agrupar seus alunos de forma homogênea, um pouco de avaliação prévia ajudará você a escolher certas partes do texto para os leitores apropriados ou mesmo preparar leitores com dificuldade, apresentando com antecedência a eles algumas frases e palavras.

---

[24] "Re-Thinking Self-Esteem: Why Non-Profits Should Stop Pushing Self-Esteem and Start Endorsing Self-Control" (Repensando a autoestima: porque as ONGs deveriam parar de se preocupar com autoestima e começar a promover o autocontrole), publicado na *Stanford Social Innovation Review*, edição do inverno de 2005.

Uma vez dominada a técnica *Controle o jogo,* e com você conseguindo estabelecer leituras totalmente potencializadas e produtivas, você pode passar a usar essa habilidade como seu padrão de taxa mínima de retorno e rigorosamente avaliar se suas atividades em sala de aula excedem esse valor. Tenho certeza de que você vai achar muitas. Você vai fazer muito mais do que simplesmente leitura, mas sempre levará em consideração a sua taxa mínima de retorno comparando-a com a de outras atividades. Daí para a frente, à medida que os alunos amadurecem e se tornam mais proficientes, a definição de leitura produtiva pode mudar: leitura individual silenciosa, não verificada explicitamente, pode se tornar mais frequente, por exemplo.

As habilidades descritas neste capítulo são essenciais, porque podem ajudar você a levar seus alunos a um ponto em suas vidas escolares em que a leitura independente de alto valor se torna possível e, portanto, passa a ter sentido aumentar o valor dessas sessões. Além disso, a maioria das escolas públicas provavelmente não consegue levar os alunos a esse ponto em que sua leitura independente é totalmente significativa e produtiva. Nessas escolas, a leitura é vítima de problemas logísticos causados por verificação pobre e baixa potencialização. Espero que sua sala de aula atinja o ponto em que a técnica *Controle o jogo* torna-se desnecessária e menos produtiva do que a simples leitura silenciosa. Será um dia feliz quando mais salas de aula não precisarem gerenciar a leitura desse jeito. Mas é melhor você não partir da premissa de que você já tem essa sala de aula, sem antes ensinar esse comportamento leitor a seus alunos.

HABILIDADES DE *CONTROLE O JOGO*

Mantenha as durações imprevisíveis

Quando você pede a um aluno para ler em voz alta durante a aula, esse aluno é o leitor primário. Como esta designação sugere, ele não é o único leitor na sala. Embora a prática desse leitor seja crucial, as ações e o nível de concentração de todos os outros alunos também é crucial: eles devem se tornar leitores secundários. Assim, quando você identifica seu leitor primário, não diga por quanto tempo ele terá de ler antes de começar. "Fernando, por favor, comece a ler para mim" ou "Continue, Fernando, por favor" são frases muito melhores do que "Fernando, por favor, leia o próximo parágrafo para mim". Isso garante que os outros alunos na sala não saberão quando um novo leitor será solicitado a continuar a leitura e, portanto, dá um grande incentivo a eles para seguirem a leitura cuidadosamente. Dessa maneira é muito mais provável que se tornem leitores secundários.

Além disso, manter a duração imprevisível permite que você trate do problema criado por um mau leitor primário de maneira não invasiva. Um leitor primário com dificuldades para ler um longo parágrafo põe em risco o engajamento e a concentração de todos os leitores secundários, que podem perder o fio da meada ou o curso da narrativa. Isso reduz a potencialização. Se você tiver pedido a ele para ler um parágrafo inteiro, não poderá interrompê-lo no meio do parágrafo e, mais tarde, pedir que leia um trecho mais fácil, sem que isso fique óbvio. Se você não especificar a duração da leitura, você pode encurtá-la ou alongá-la na medida das necessidades, no interesse tanto do leitor primário como do resto da classe.

Mantenha imprevisível a identidade do próximo leitor

Se você passar rapidamente de um leitor primário para outro, os alunos vão se concentrar com mais atenção para seguir a leitura. Você dobra a concentração se eles não souberem quem será o próximo leitor. Uma professora que anuncia que vai circular pela sala de maneira previsível está entregando essa parte de sua capacidade de potencialização. Os alunos podem se desligar da leitura até chegar perto de sua vez. Manter a sua habilidade de escolher o próximo leitor também permite que você combine alunos e trechos do texto de maneira mais efetiva. Manter a imprevisibilidade resulta em melhor potencialização e melhor leitura.

Mantenha a duração curta

Ler pequenos trechos maximiza a concentração do leitor primário. Permite que os alunos invistam uma quantidade expressiva de energia na leitura e concentrem-se deliberadamente em sustentar a fluência e até uma leitura dramática. Isso resulta em leitura oral de melhor qualidade e torna a aula mais envolvente. Mudar rapidamente de leitores primários também mantém o ritmo vivo. O resultado é que a aula parece rápida e cheia de energia, em vez de lenta e tediosa. Para os leitores secundários, saber que os segmentos de leitura são curtos e podem terminar a qualquer momento, porque não são previsíveis, também reforça a ideia de que eles serão chamados a ler em breve – e isso evita que se distraiam. Quando você diz "Continue, Carlos" e Carlos lê a sentença seguinte, sem perder uma única palavra, você saberá que Carlos estava lendo sozinho, junto com o leitor primário anterior. Idealmente, você quer esse tipo de transição todas as vezes que troca o leitor primário; trocá-lo frequentemente permite que você consiga esses dados com maior frequência e os gerencie de forma mais abrangente. Quanto mais dados você tiver, mais informação e ferramentas você terá para ajudar a garantir a potencialização.

Reduza os custos de transação

O custo de transação é o volume de recursos necessários para realizar uma troca; pode ser econômico, verbal ou de qualquer outro tipo. Se você precisa de três dias para percorrer lojas diferentes e encontrar o televisor mais barato, seu custo de transação é alto (três dias de seu tempo) – possivelmente mais caro do que o dinheiro que você pouparia por comprar o televisor mais barato. Quando você gerencia recursos finitos, como tempo e atenção, como é o caso dos professores, os custos de transação são extremamente importantes, mas fáceis de esquecer. Um consumidor que gasta três dias procurando uma economia de 50 reais na compra de um televisor pode achar que fez um grande negócio; mas, se ele passasse um desses dias trabalhando e depois comprasse um televisor mais caro, ele ganharia mais de 25 reais e ainda teria dois dias de folga.

Um custo de transação está implícito em toda transição na sala de aula, especialmente as transições mais comuns, como mudar de um leitor primário para outro.

Um custo de transação está implícito em toda transição na sala de aula, especialmente as transições mais comuns, como mudar de um leitor primário para outro. Mesmo assim, muitos professores deixam de reconhecer seu significado. Uma transição que leva mais do que alguns segundos rouba tempo de leitura e corre o risco de interromper a continuidade do que os alunos estão lendo, afetando quão bem os alunos seguem e compreendem o texto.

Fazer a transição de um leitor primário para outro rapidamente e com o mínimo de palavras – idealmente, de maneira consistente – deve ser seu objetivo. "Daiane, continue" é muito mais eficiente como transição do que "Obrigada, Rodrigo, você leu muito bem; Daiane, você pode continuar, por favor?". A primeira opção é mais de três vezes mais rápida e, portanto, reduz em três vezes a quantidade de tempo em que os alunos não estão lendo. Também mantém a linha da narrativa vibrante e viva na mente dos alunos, já que está sujeita a menos interrupção. Porque a transição é rápida, também permite que você interrompa e mude o leitor primário quase a cada pausa natural do texto, o que lhe dá mais controle sobre quem escolher como leitor primário.

Use pontes para manter a continuidade

Ao usar pontes, o professor lê um pequeno trecho do texto – uma ponte – entre os leitores primários. Em uma sequência típica de pontes, um professor deixa Eduardo ler três sentenças e lê uma. Em seguida, ele pode deixar Maria ler quatro sentenças e lê duas antes de pedir a João para ler as próximas seis sentenças, ler uma e passar a bola para Clara. O benefício deste método é que a história avança rapidamente e mantém a linha da narrativa viva, enquanto intercala trechos de leitura dos alunos com a leitura do professor, de melhor qualidade expressiva, maximizando a compreensão. Defendo o uso discricionário de pontes quando é importante manter viva a linha da narrativa e criar oportunidades para emulação. Em geral, quanto mais difícil o texto, mais você deve considerar o uso das pontes. Mas você não precisa, necessariamente, usar pontes o tempo todo.

Preencha oralmente as lacunas

Aprendi essa técnica de preencher oralmente as lacunas ao observar o professor Roberto de Leon dar uma aula de leitura para meninos de 3º ano na escola *charter* Excellence, na cidade de Bedford Stuyvesant. Em um exemplo, Roberto começa a ler *O Fantasma da Ópera* e para logo na primeira sentença: "Carlota tinha o...". Ele marcou bem o artigo "o" para sinalizar a seus alunos que eles deviam continuar lendo o que faltava. Nesse dia, só um punhado de meninos respondeu "papel principal" exatamente na deixa. Então Roberto começou de novo. "Ah, alguns meninos não estavam acompanhando a leitura. Vamos tentar de novo. 'Carlota tinha o...'" e todos os meninos responderam com "papel principal", demonstrando que, agora, eles estavam seguindo a leitura. Esse mecanismo simples, que Roberto usa ao longo de todas as suas aulas, permite que ele avalie a potencialização da leitura de maneira rápida e simples.

Confie no marcador de lugar

Quando os melhores professores de linguagem ou literatura alternam entre ler e questionar seus alunos sobre o que leram, usam deixas rápidas e confiáveis para garantir que seus alunos reconheçam a transição e reajam prontamente. Eu chamo essa deixa de "marcador de lugar", porque é usado para garantir que os alunos marquem onde pararam no texto, de forma que possam fazer uma transição rápida e imediata de volta à leitura depois de uma discussão. "Marquem o lugar e olhem para mim", anuncia o professor Patrick Pastore, mostrando a alunos de 6º ano como marcar o lugar onde pararam de ler *Esperanza Rising*, fechar seus livros parcialmente e olhar para ele, indicando que estão prontos a debater. Depois de uma breve discussão sobre por que Esperanza e Miguel reagem de forma diferente a um passeio de trem, ele instrui: "Continue lendo, Mônica, por favor". Em menos de dois segundos, ela e seus colegas retomam a leitura sem praticamente nenhum custo de transação.

"Dedo no livro: feche o livro", diz Roberto, quando prepara seus alunos para discutir *O Fantasma da Ópera*, preparando-os também para voltar eficientemente ao livro quando a discussão acabar. A escola Leadership Prep's Hannah Lofthus usa uma expressão similar ("dedo congelado") com seus alunos de 3º ano, mostrando a eles como marcar o lugar em que a leitura foi interrompida.

EM AÇÃO

CONTROLE O JOGO

A professora Hilary Lewis, da escola Leadership Prep, na cidade de Bedford Stuyvesant, demonstra bem a técnica *Controle o jogo*. Enquanto salta imprevisível e rapidamente de leitor para leitor, todos os seis alunos que ela convoca (usando apenas seus nomes para sinalizar a mudança, o que resulta em um custo de transação ultrabaixo) conseguem continuar a leitura imediatamente. Os dados nos dizem que a alavancagem de Hilary é muito alta: os alunos estão lendo junto com o leitor primário. Além de usar exemplarmente os elementos de *Controle o jogo*, a professora também assinala erros de decodificação (por exemplo, "Tente essa parte de novo, por favor").

CAPÍTULO ONZE

O ESSENCIAL

Ensinando decodificação, desenvolvimento de vocabulário e fluência

Quando você tiver dominado as habilidades do Capítulo Dez e seus alunos estiverem lendo com mais frequência e com maior potencialização, você poderá aumentar a qualidade e a produtividade da leitura em classe, ao dominar também os métodos de professores exemplares no que se refere a três elementos essenciais da alfabetização: decodificação, vocabulário e fluência. Isso vai torná-los leitores mais atentos e mais expressivos, construindo a base para o aumento de sua compreensão leitora, independentemente do gênero textual ou conteúdo do texto lido.

DECODIFICAÇÃO

Decodificar é o processo de decifrar o texto escrito para identificar as palavras faladas que ele representa. Embora a decodificação possa parecer à primeira vista uma habilidade prosaica, de ordem inferior, seu domínio é um pré-requisito para a autonomia de leitura e, portanto, para quase todo aprendizado. É a fundação. O domínio incompleto da decodificação pode persistir muito além do ciclo I do ensino fundamental e aumenta as chances de fracasso escolar até de alunos aparentemente avançados. Se um aluno de 3º ano tem dificuldade em decodificar duas ou três palavras em uma oração, concentrando toda sua energia em juntar cada letra, provavelmente vai sobrar pouca memória para absorver o sentido da frase ou mesmo para lembrar o começo dela quando chegar ao fim. Se um aluno do ciclo II do fundamental, na aula de história, lê uma passagem sobre as causas da Segunda Guerra Mundial, mas lê o "am" no final da palavra "ataca**ram**" (paroxítona) como "ão" (oxítona), pode provocar um problema de compreensão, já que o verbo no passado se transformará em verbo no futuro do presente. Se uma aluna usa muito de sua energia mental para pronunciar novos termos em um trecho sobre a república brasileira – proclamação, abolicionismo, constituição, federalismo –, pode ser que ela não consiga prestar atenção em mais nada e talvez nem registre o significado das palavras. Se ela entender mal as palavras ou expressões, ou se as ler correndo e mal, ela pode não as reconhecer em uma discussão futura, uma conversa ou uma outra leitura.

Devido à importância fundamental da decodificação em todos os níveis, os professores devem se esforçar para corrigir erros de decodificação sempre que possível, independentemente da disciplina ou do nível que ensinam. Como esses erros muitas vezes indicam uma falta mais generalizada de conhecimento ou de habilidades, os antídotos são o ensino das principais regularidades da língua portuguesa e a prática da decodificação. No entanto, muitos professores que corrigem os erros de decodificação não usam esses antídotos, optando pela simples correção do erro e pedindo ao aluno que repita corretamente a palavra lida, sem provocar uma reflexão. Há momentos em que a repetição é necessária, mas só quando ajuda o aluno a ler a palavra, para resolver uma situação de imediato; e é preciso lembrar que a repetição não garante o sucesso da próxima vez que o aluno encontrar essa palavra em um texto.

Que tipo de ação é melhor do que a simples repetição? Se uma aluna não consegue ler *enredo*, o melhor jeito de corrigir esse erro de decodificação é melhorando seu conhecimento sobre as regras. Afinal, ela provavelmente também terá dificuldade para ler *enrustida* e *honra*. Em vez de dizer "a palavra é *enRedo*", fazendo o som do "r" forte, o professor pode dizer: "Lembre-se de que, entre uma consoante e uma vogal, o *R* tem som forte. Tente de novo essa palavra". Essa solução traz dois benefícios: requer que a aluna incorpore a nova informação e decodifique a palavra com sucesso, e reforça a regra que ela poderá aplicar não somente a essa palavra, mas a todas as demais que tenham essa estrutura (consoante/*R*/vogal). Da próxima vez que o professor corrigir, ele poderá apenas pedir à aluna que lembre e aplique a regra: "Como devemos ler o *R* entre uma consoante e uma vogal?" Na maioria dos casos, é muito bom pedir a alunos que se autocorrijam por meio da aplicação de uma regra ou de nova informação. Com isso, você aborda a causa do problema, não apenas seu sintoma – e, portanto, contribui para uma solução de longo prazo.

CUSTOS DE TRANSAÇÃO E DECODIFICAÇÃO

O custo de transação é o volume de recursos empregado para realizar uma troca – seja econômica, seja verbal ou de qualquer outro tipo. Lembre-se do exemplo do Capítulo Dez, sobre a "economia" de 25 reais na compra de um televisor. Os custos de transação são ainda mais importantes nas interações que ocorrem com frequência, já que a frequência multiplica a importância da eficiência. Por isso, o gerenciamento de custos de transação é particularmente relevante no caso de erros de decodificação.

Corrigir erros de decodificação regularmente é importante para ajudar seus alunos a construir hábitos fortes de leitura. Mas acho que reduzir o custo da transação de suas correções é o fator mais importante para que você obtenha sucesso – não apenas melhorando as habilidades de decodificação de seus alunos, mas garantindo uma boa aula de modo geral. Exceto nos casos em que o objetivo de sua aula concentra-se nas habilidades de decodificação em si, você deve buscar o menor custo possível de transação quando fizer correções. Isso requer uma rigorosa economia de palavras. Por exemplo, um aluno lê "coreto" em vez de "correto". Considere estas duas correções do erro de decodificação:

Professor 1: Você disse "coREto". Por favor, volte ao começo da oração e leia esta palavra de novo.

Professor 2: CoREto?

A diferença entre estas correções pode parecer trivial, mas, na verdade, é enorme. Cronometre quanto tempo você leva para dizer cada uma dessas afirmações em voz alta. O tempo que leva para fazer a primeira afirmação – o custo de transação – é pelo menos cinco vezes maior do que o custo de transação da segunda. Toda palavra adicional do primeiro professor consome tempo e interrompe o fluxo da concentração dos alunos no texto. Portanto, toda palavra adicional interrompe a compreensão. Se usasse a segunda afirmação para corrigir, você poderia usar o tempo que sobrasse para fazer outras três ou quatro intervenções. Embora você deva sempre corrigir para ajudar os alunos a decodificar eficientemente, fazê-lo de forma rápida e transparente é a única maneira de tornar a correção viável. Você deveria tentar criar o hábito de usar as intervenções mais simples e rápidas, como o Professor 2, do exemplo acima. Se você for consistente na maneira de fazê-lo, seus alunos vão adquirir o hábito de se autocorrigir rápida e eficientemente.

Dois dos métodos mais eficientes de correção em termos de custo de transação são "Repita o erro" (repetir rapidamente a palavra mal lida para o aluno, mudando o tom para que soe como uma pergunta) e "Marque o lugar" (lendo de novo três ou quatro palavras anteriores à palavra que o aluno errou, indicando com o tom de voz que o aluno deve continuar a leitura do ponto em que você parou).

Uma repetição tem um custo de transação muito baixo. Mas, como já observei, não requer que o aluno pense sobre as regras, podendo generalizá-las para a leitura de outras palavras. Ela só é adequada quando você está lendo uma parte especialmente importante do texto e não pode se dar ao luxo de distrair a turma. Caso contrário, esse tipo de correção só serve para palavras que desafiam as regras e a lógica da decodificação.

Lide com os erros de decodificação mesmo quando os alunos "sabem" as regras

Uma certa porcentagem dos erros de leitura deve-se a descuidos, pressa ou maus hábitos de leitura. Por exemplo: alguns alunos habitualmente omitem o "s" ou outros sons no final das palavras, mesmo quando sabem que devem ler esses sons. É importante corrigir esses erros, pois podem interferir na compreensão. Parafraseando Mark Twain, o aluno que não lê as palavras corretamente tem poucas vantagens sobre o aluno que não sabe lê-las corretamente. Em muitos casos, o principal não é tanto dar uma nova informação ao aluno, mas lembrá-lo de voltar ao começo e reler com mais cuidado, um importante hábito a ser construído.

Técnicas para lidar com erros de decodificação

Ao observar professores exemplares de leitura em ação, pude desenvolver o que espero seja uma lista clara e útil de métodos específicos que eles usam com mais frequência para corrigir erros de decodificação. Esses métodos permitem corrigir erros regularmente, com um mínimo custo de transação e que estimula a autocorreção pelos alunos. Como essas abordagens são relativamente simples, você vai poder adotá-las de forma regular e confiável só com um pouco de prática.

Em muitos casos, os exemplos das várias técnicas de correção oferecidas nesta seção têm mais palavras (maior custo de transação) do que teriam quando em uso na sala de aula. Fiz isso de propósito, porque queria esclarecer as técnicas muito bem, mas os professores devem sempre tentar enxugar o discurso. Nos dois exemplos de "Repita o erro", em seguida, sugiro abandonar as sentenças "Você entende a última parte?" e "Tente de novo" tão logo os alunos venham a entender que essas partes da orientação estão implícitas.

Repita o erro

- Repita a palavra que o aluno leu errado, enfatizando a parte em que o erro ocorreu. Exemplos: O aluno lê a palavra *gagueira* sem pronunciar o dígrafo consonantal *gu* da sílaba *gue*. "A palavra é ga-GEI-ra?"

- Quando a aluna faz um erro de decodificação, repita ou descreva a parte da palavra que ela leu certo. Exemplos: A aluna lê *empressa* em vez de *empresa*. "Você pronunciou corretamente as duas primeiras sílabas" ou "*empre*... até aqui está correto. Você pode ler novamente a última sílaba?"

Marque o lugar

- Releia as três ou quatro palavras imediatamente anteriores à palavra que o aluno não conseguiu decodificar, modulando sua voz para mostrar que o aluno deve continuar de onde você parou. Exemplo: se o aluno leu "Ele foi ao banco fazer um *deposito*" em vez de "Ele foi ao banco fazer um *depósito*", o professor corrige com "Ele foi ao banco fazer um..."

Dê nome ao som[25]

- Identifique o som que uma determinada letra representa na palavra e peça aos alunos para repeti-lo e aplicá-lo.
- Identifique os sons representados pela letra c: quando as vogais que seguem essa letra são *a*, *o* ou *u*, ela representa o som /k/, como em *carro*, *colega* e *cupido*. Quando as vogais que a seguem são *e* ou *i*, o som representado é o /s/, como em *cedo* e *cilada*.
- Identifique os sons representados pela letra *g*: quando as vogais que seguem essa letra são *a*, *o* ou *u*, ela representa o som /g/, como em *gato*, *gol* e *gula*. Quando as vogais que a seguem são *e* ou *i*, o som representado é o /ʒ /, como em *gelo* e *giz*.
- Identifique os sons representados pela letra *x*: /ʃ / como em *caixa*, *peixe* e *enxuga*; /s/ como em *trouxe*, *texto* ou *explicação*; /z/ como em exame e exato; ou ainda / kS/ como em *táxi*, *fixo* ou *tórax*.
- Identifique os sons representados pela letra *s*: /s/ como em *pássaro*, *passeio* e *ensacado*; ou /z/ como em *casa*, *presunto*, *posição*.
- Identifique os sons representados pela letra *r*: /R/ como em *carroça*, *parreira*, *enrugado* e *desrespeitado*; ou /r/ como em *pera*, *expirado*, *coroa*, *primeiro*, *pronto*.
- Identifique os sons representados pela letra *l*: /w/ (semivogal *u* em final de sílaba na maioria das variedades linguísticas do português), como em *calça*, *colchão*, *mal*; /l/ nos demais contextos, como em *lua*, *leite*, *flor*, *classe*, *louco*.
- Identifique o som que uma vogal representa em uma determinada palavra. Na língua portuguesa, temos cinco letras para representar doze sons vocálicos, o que pode provocar muitas dúvidas e equívocos na decodificação.

---

[25] Os exemplos desta seção foram totalmente modificados para adaptação à língua portuguesa e baseiam-se no livro *Princípios do Sistema Alfabético do Português do Brasil*, de Leonor Scliar-Cabral (Editora Contexto).

- Explicite que, quando receberem o acento circunflexo, as vogais *a*, *e* e *o* devem ser lidas de forma mais intensa e "fechada", como em *âmbar*, *têmpora* e *ônibus*.
- Explicite que, quando receberem acento agudo, as vogais devem ser lidas de forma mais intensa e "aberta" como em *hábito*, *réplica*, *cínico*, *cócegas*, *útil*.
- Explicite que, quando recebem o til, as vogais *a* e *o* devem ser anasaladas, como em *mamãe* e *mamões*, e que as demais vogais também são pronunciadas de forma nasal, se forem seguidas das consoantes nasais /m/, /n/ ou /ɲ/, como em *cama*, *banana* ou *amanhã*.

Acelere nas exceções

- Quando uma palavra não se encaixa nas regras, identifique a pronúncia correta rápida e diretamente. Exemplo: "Esta palavra se lê *bela* mesmo que a letra *e* não tenha recebido o acento".
- Também é importante usar reforço positivo rápido e simples quando os alunos leem uma palavra corretamente, não apenas porque é encorajador, mas também porque especifica o que eles fizeram certo. Como, na melhor das hipóteses, a correção de má pronúncia ou má leitura é inconsistente na vida deles, pode ser que eles não saibam quando leram uma palavra corretamente. À medida que os alunos leem, vá dizendo "Isso mesmo", "Certo", "Muito bem" e assim por diante. Isso também aumenta a eficiência, porque reduz a quantidade de tempo desperdiçado pelos alunos quando fazem uma pausa e se perguntam se leram corretamente uma palavra difícil. Claro que você quer que esse método acelere a leitura, não que reduza sua velocidade. Você pode minimizar o custo da transação com frases de reforço rápidas e similares (variação demais chama muita atenção para suas palavras).

Mobilização de conhecimento prévio

Com frequência, bons leitores começam a ler uma palavra incorretamente, mas chegam à pronúncia correta ao usar seu conhecimento prévio sobre as letras e os sons, a gramática e a sintaxe, além do contexto em que a palavra foi utilizada. Os especialistas chamam isso de mobilização de conhecimento prévio.

Professores experientes, principalmente na área de linguagem e literatura, devem sempre encorajar os alunos a mobilizar seus conhecimentos prévios tanto sobre as relações entre letra e som quanto sobre os aspectos gramaticais e de sintaxe, minimizando assim os erros de decodificação.

Relações entre letra e som

Diz o texto: "Ele residira em São Paulo desde a infância".

O aluno lê: "Ele ressidira em São Paulo desde a infância".

O professor diz: "A letra *s* entre vogais representa o som /z/. Leia novamente lembrando dessa regra".

Aspectos gramaticais e de sintaxe

Diz o texto: "Os meninos vestiam casacos".

O aluno lê: "Os meninos vestiam casaco".

O professor diz: "Todos os meninos vestiam um só casaco? Isso está certo?"

Embora seja útil usar o conhecimento de gramática e sintaxe dos próprios alunos, os professores devem evitar instruí-los a usar o que "soa certo", já que o que soa certo para leitores que ainda não internalizaram as regras de gramática nem sempre pode corresponder ao que realmente é correto.

Aspectos do contexto

Diz o texto: "Eu selo os cavalos para os hóspedes".

O aluno lê: "Eu selo [pronunciando a vogal e fechada] os cavalos para os hóspedes".

O professor diz: "Faz sentido selo [repetindo da forma como o aluno leu] nessa frase?

VOCABULÁRIO

Os alunos precisam de um rico vocabulário para entender o que leem, e a importância do conhecimento de palavras dobra pelo fato de que o efeito é composto a longo prazo, como lembra E. D. Hirsch, cujos livros sobre letramento levaram ao desenvolvimento do programa Core Knowledge[26]. Se uma aluna

---

[26] Literalmente, "conhecimento básico". O programa foi desenvolvido pela Fundação estadunidense Core Knowledge e inclui currículos, materias didáticos e cursos de capacitação para professores. É baseado no trabalho acadêmico de E. D. Hirsch, professor emérito da Universidade de Virgínia que postula que "conhecimento gera conhecimento".

aprende a palavra *taiga* ao ler um texto sobre climas subárticos, pode depender, em parte, de saber o que significa *tundra*. Em seu livro *Knowledge Déficit* (Déficit de Conhecimento), Hirsch define esse caso como Efeito Mateus. Aplicado a vocabulário de forma simples, significa que os ricos ficam mais ricos e os pobres ficam mais pobres. A expressão foi cunhada pelo sociólogo Robert K. Merton em 1968, que se inspirou em uma passagem do Evangelho de Mateus:

Porque a todo o que tem se lhe dará, e terá em abundância;
mas ao que não tem, até o que tem lhe será tirado.

Alunos que sabem mais palavras, aprendem mais palavras. De fato, pesquisas sugerem que, ao chegar ao 1º ano do ensino médio, uma criança de nível socioeconômico alto conhece 10 mil palavras mais do que uma criança de nível socioeconômico baixo. Só essa disparidade já poderia explicar uma parte significativa da desigualdade escolar.

Mas, embora o ensino de vocabulário seja de alta importância, os métodos de ensino de vocabulário não são iguais. A boa instrução de vocabulário começa com o entendimento de uma definição simples e clara. Ainda que alguns professores acreditem que entender a definição é o objetivo do trabalho com vocabulário, os professores exemplares começam pela definição e, depois de os alunos terem aprendido o significado básico, usam seu tempo para fazê-los praticar o uso das novas palavras de maneira abrangente e profunda. Eles reconhecem que saber a definição não significa saber usar a palavra corretamente por escrito ou em pensamento. Eles reconhecem que é mais forte perguntar aos alunos "Como você usaria essa palavra? Quando você usaria?" do que pedir que adivinhem ("o que você acha que essa palavra quer dizer?"). De fato, um chute correto sobre o significado da palavra pode ser um perigoso falso positivo, sugerindo que o aluno sabe o que a palavra significa, quando, na realidade, ele apenas a conhece no nível mais básico e, portanto, insuficiente.

Muitos professores também usam o modelo do sinônimo para ensinar vocabulário: definir uma palavra por meio de um sinônimo viável. Porém, essa técnica pode gerar falhas (*Bringing Words to Life: Robust Vocabulary Instruction*, de Isabel L. Beck, Margaret G. McKeown e Linda Kucan). Mesmo que duas palavras tenham significados muito parecidos, elas não são as mesmas – e o que importa é a diferença entre as duas, a intenção do autor ao escolher uma ou outra, os efeitos que o autor desejou produzir com suas escolhas. Considere *ironia* e *sarcasmo*, duas palavras que poderiam ser ensinadas como sinônimos. A ironia, porém, pode ser engraçada, enquanto o sarcasmo é uma ironia amarga e insultuosa. Essa diferença responde por uma parcela desproporcionalmente grande do significado que qualquer das duas palavras dá a uma passagem de texto. Uma cena em que Pedro ironiza o professor compõe uma história muito diferente daquela em que Pedro é sarcástico com o professor. Um aluno que considere as duas palavras intercambiáveis perderá o sentido subjacente não só das palavras, mas do próprio texto. Ensinar o profundo significado das palavras é ajudar os alunos a entender como uma palavra pode ser semelhante, mas diferente de outra parecida, e a descobrir camadas de significado nas palavras escolhidas pelo autor. Ou seja, concentrar na diferença prepara os alunos para usar o vocabulário de maneira funcional e aumenta sua compreensão da leitura.

Embora a habilidade de deduzir o vocabulário a partir do contexto apareça frequentemente nas avaliações padronizadas, ensinar vocabulário somente a partir de pistas do contexto pode, no longo prazo, não ser muito eficiente. Contextos podem ser vagos, não direcionados ou mesmo erroneamente direcionados. Mesmo que, na maioria das vezes, os alunos consigam deduzir o significado das palavras corretamente, eles podem estar chutando e, algumas vezes, chutando errado. O profundo conhecimento das palavras, que muitas vezes não pode ser deduzido a partir do contexto, pode ser importante para a vida escolar do aluno. Portanto, um bom vocabulário deve ser ensinado sistemática e diretamente.

Finalmente, como a boa instrução de vocabulário requer um investimento significativo de tempo, é importante escolher em quais palavras investir. Algumas valem um investimento maior do que outras. Geralmente, os professores deveriam investir tempo em palavras de média incidência na língua, que são relevantes para a vida dos alunos, que podem aparecer novamente e que respondem bem à instrução. Palavras de alta incidência na língua, como *chave* ou *massa*, são basicamente palavras que os alunos de um certo ano já sabem. E as palavras de baixa incidência, como *micróbio* e *oboé*, têm uma baixa frequência de uso e tendem a ser usadas mais em áreas específicas. Vale menos a pena investir nelas, porque elas têm baixa probabilidade de reaparecer em outros momentos da vida do aluno.

Se houver demasiadas palavras de média incidência para ensinar (e sempre há), invista em palavras que se relacionam melhor com o que você está ensinando (o conteúdo ou o que a classe está lendo ou outras palavras do vocabulário). Se vocês estão lendo uma passagem sobre a Segunda Guerra Mundial, a palavra honraria (militar) permite incluir palavras como honradez e integridade, já que as três podem ser comparadas, contrastadas e até usadas em grupo, tornando o todo maior que a soma das partes.

Como a abordagem descrita aqui envolve o ensino intencional de vocabulário – ou seja, ensinar palavras novas regularmente, sistematicamente e quase sempre antes (ou mesmo a despeito) de elas aparecerem em um verdadeiro texto –, vale a pena examinar um possível roteiro para introduzir palavras do vocabulário.

Seis técnicas para reforçar um bom vocabulário

Ao observar excelentes professores de leitura em ação, pude desenvolver o que, espero, seja uma lista clara e prática de métodos específicos usados por eles para reforçar vocabulário, especialmente profundidade do conhecimento da palavra. Esses métodos permitem reforçar conhecimento de palavras em vários cenários. Como todas essas abordagens são relativamente simples, você deverá ser capaz de aplicá-las de forma confiável e regular com um pouquinho de prática.

1. **Uso múltiplo**. Para introduzir uma palavra na memória funcional dos alunos, eles devem ouvi-la (inclusive sua pronúncia) múltiplas vezes. Depois de introduzir uma nova palavra, tente expor os alunos a ela rapidamente inúmeras vezes.

- Faça com que pratiquem o uso da palavra em diferentes cenários e situações. Dê um exemplo de quando eles podem precisar dela.

  "Que animal você gostaria de ter por *companheiro*?"

  "Qual é a coisa mais *nutritiva* que você comeu hoje?"

  "Você lembra de algum personagem de filme ou da televisão que use um *disfarce*?"

  "Quando é que seria muito importante ser *preciso*?"

- Volte a palavras que você ensinou ontem, na semana ou no mês passado.

  "Quem lembra de uma palavra do vocabulário que estudamos este mês e que significa cair estendido no chão?" [*estatelar-se*]

- Dê aos alunos o início de uma oração com uma palavra do vocabulário e peça que eles a terminem.

  "Minha mãe olhou para mim com perplexidade; ela nunca imaginara que eu..."

- Pratique com os alunos a pronúncia correta das palavras.

  "Pronuncia-se pu-di-co, não 'púdico'."

"Qual é a palavra do vocabulário que significa cheio de pudor?"

2. **Compare, combine, contraste.** Cuidado com o "modelo do sinônimo". É a diferença entre palavras semelhantes que cria significado em um texto.

- Peça aos alunos que comparem ou diferenciem duas palavras: concentre-se nas nuances de significado.

  "Alguém pode explicar a diferença entre *indiferente* e *apático*?"

- Peça aos alunos que descrevam se e como combinariam palavras do vocabulário.

  "Um *tirano* pode ser *humilde*?"

  "Que tipo de *disfarce* pode ser *eficiente*?"

- Peça aos alunos para trocar uma palavra por outra semelhante e discutir o que mudou.

  "Em *O Primo Basílio*, como mudaria o significado do que o Jorge disse se o autor tivesse usado a palavra *furioso*?"

  "Quão diferente o protagonista da história seria se ele tivesse sido sarcástico com sua esposa, em vez de irônico?

  "O que o *sarcasmo* tem em comum com o *desprezo*?"

3. **Suba de nível.** Encontre ocasiões para usar palavras mais complexas e mais específicas, sempre que possível.

- Peça aos alunos que usem, nas discussões em classe, as palavras aprendidas recentemente.

  "Quem pode fazer um resumo do primeiro capítulo do livro, usando a palavra *desolado*?"

- Peça explicitamente uma palavra melhor.

  "Dá para usar outra palavra em vez de *grande*?"

  "Mario está muito chateado com Andreia. Que palavra pode substituir *muito chateado* para expressar o estado de espírito de Mario?"

4. **Destaque a sintaxe.** Com frequência, os alunos têm dificuldade para usar palavras novas em cenários diferentes. Eles conhecem "humilde", mas não sabem usar "humildemente". Eles dizem coisas do tipo "eu pedi humilde".

- Peça aos alunos para identificar ou mudar o lugar da palavra no discurso.

  "Você sabe usar *marchou* como substantivo na mesma sentença?"

  "Como transformaria *humilde* em advérbio?"

- Peça aos alunos para identificar ou mudar o tempo verbal.

  "Pense em uma sentença que usa *agachar* no pretérito perfeito."

  "Tente colocar esta sentença na terceira pessoa do plural."

5. **De volta às raízes.** Aponte as raízes das palavras, de forma que os alunos possam usar esse conhecimento para novas palavras.

- Peça aos alunos para identificar raízes, sufixos ou prefixos e descrever como eles se relacionam com o significado da palavra.

  "O que *laranja*, *laranjada* e *laranjal* têm em comum?"

  "O que será que *monólito* e *litografia* têm a ver com pedra?"

- Peça aos alunos para identificar outras palavras com a mesma raiz.

  "*Telepatia* é a capacidade de receber enviar pensamentos e emoções a distância. Que outras palavras com *tele-* na frente também têm a ver com distância?"

6. **Imagine isso.** Crie uma imagem multidimensional de cada nova palavra, usando fotos e ações.

- Ajude os alunos a visualizarem as palavras, dando a eles uma foto que exemplifique uma palavra que eles acabaram de aprender. Ou peça que desenhem sua própria imagem de uma palavra nova.
- Peça aos alunos para interpretar ou personificar uma palavra.

  "Mostre-me como você seria se estivesse *furioso*."

  "Quem pode me mostrar o que é se *pavonear*?"

- Estimule os alunos a desenvolver gestos para lembrar das palavras. Dê a palavra e peça o gesto. Dê o gesto e peça a palavra. Por exemplo: para a palavra *idílico*, os alunos podem dar um passo para representar um passeio pelo bosque, que é um jeito exageradamente idílico de passar uma tarde.

Métodos de vocabulário para professores de linguagem ou literatura

Professores de linguagem ou de literatura enfrentam o desafio adicional de introduzir a instrução de vocabulário mais sistematicamente em suas aulas. Os professores de uma escola de alto desempenho, do ciclo II do ensino fundamental, usam a sequência abaixo para introduzir novas palavras. A sequência utiliza muitas das técnicas acima e requer 10 a quinze minutos no início de cada aula para ensinar um ou duas novas palavras desta forma:

1. Ofereça a definição e um texto com a nova palavra do vocabulário.
2. Ofereça uma palavra semelhante, idealmente uma palavra com a qual os alunos estão familiarizados, e explique como a palavra do vocabulário é parecida mas diferente. Peça aos alunos que sugiram momentos em que poderiam usar a palavra em questão e expliquem por quê.
3. Mostre aos alunos uma imagem que retrate a palavra em questão. Explique por que a imagem representa a palavra.
4. Crie uma sentença, escrita pela turma com sua orientação, que reflita o significado da palavra em um pensamento completo.
5. Faça uma lista das variações da palavra e discuta essas variações, identificando sua posição no discurso: "*Apático* pode ser também um substantivo: *apatia*. Ou pode ser um advérbio, se eu acrescentar um sufixo. Que sufixo eu acrescentaria para transformar *apático* em advérbio?".
6. Desenvolva atividades e jogos de reforço de vocabulário, com *Uso múltiplo* e com *Compare, combine e contraste*.
7. Cada aluno deverá escrever uma sentença individualmente (normalmente como lição de casa), usando a palavra corretamente e de acordo com os padrões da norma culta.

FLUÊNCIA

Na definição padrão, fluência consiste em automatismo (a habilidade de ler rapidamente e sem erros) e expressividade (a habilidade de agrupar palavras em sentenças para refletir significado, enfatizar palavras importantes e expressar tom e volume). Pode-se argumentar, porém, que a fluência consiste em automatismo somado à expressividade e à compreensão. Ou seja, para ler um texto de forma expressiva, o leitor deve compreendê-lo. Como são o estilo e o tom de voz, e o espírito da leitura? Quais palavras merecem ênfase especial? Como a pontuação define o significado? Em suma, fluência é mais do que apenas leitura rápida; fluência é ler com o significado audível.

A verdadeira leitura expressiva e fluente evidencia compreensão – e geralmente de forma mais eficiente do que simplesmente conversar sobre o entendimento. A leitura fluente já inclui o entendimento. E, embora muitos professores pensem em fluência como uma habilidade relevante apenas nos anos iniciais da escolaridade, é possível que o oposto seja verdadeiro. O desenvolvimento da habilidade dos alunos para compreender toda a informação contida em um texto depende de um "ouvido expressivo", que possa extrair significado do subtexto, do tom, do estilo, das alusões e da analogia. Esses elementos de enredo são ainda mais relevantes para a compreensão de livros para o público adulto. Portanto, compreender essas formas do significado deve ser uma prática contínua, sobretudo nos últimos anos da escolaridade. Especialistas dizem que a melhor maneira de verdadeiramente entender Shakespeare – ou qualquer outro texto – é ser capaz de ler rápido e eficientemente e ainda dispor de algumas células cerebrais para pensar sobre outras coisas que não sejam as palavras.

Quatro técnicas para reforçar boa fluência

Ao observar excelentes professores de leitura em ação, pude desenvolver o que, espero, seja uma lista clara e prática de métodos específicos usados por eles para reforçar a leitura fluente e expressiva. Esses métodos permitem reforçar tanto o automatismo como a compreensão, de um jeito que a maioria dos alunos achará divertida. Como todas essas abordagens são relativamente simples, você deverá ser capaz de aplicá-las de forma consistente com um pouquinho de prática.

- **Ouse.** Leia alto para seus alunos regularmente. Quando o fizer, dê o exemplo fazendo uma leitura com voz firme, pausas longas nos lugares certos, marcando a pontuação, e usando a entonação para expressar ênfases. É um pouco arriscado, especialmente se você não tem inclinação para o teatro, mas é uma forma de demonstrar o uso da expressividade na linguagem e de indicar para seus alunos que ler com expressão e vigor não é nenhum "mico". Assim, eles vão se sentir seguros para também correr o risco de ler com espírito e vigor. Isso é importante, quer você esteja lendo *A Moreninha*, *Sítio do Picapau Amarelo*, "Resumo do ciclo do oxigênio" ou as instruções para um jogo de palavras. É possível que os alunos estejam muito menos familiarizados com as técnicas para extrair significado destes dois últimos textos e, portanto, nesses casos é que os alunos vão aproveitar ainda mais a sua leitura em voz alta.

Um momento especialmente importante para mostrar ousadia é no começo de uma longa sessão de leitura em voz alta ou quando se recomeça a aula, depois de um intervalo para discussão. Você mesmo deve ler as primeiras sentenças do texto, demonstrando e tornando a expressividade natural e também ajudando a sustentar o interesse e a engajar os alunos no texto, por meio de um início estimulante. A verve e a energia da sua leitura oral será emulada na leitura oral (e silenciosa) de seus alunos.

Mas falar de demonstrar a leitura eficiente levanta questões sobre o que exatamente demonstrar e como. Proponho duas ideias. A primeira é agrupar palavras. Ler é como cantar. As notas e as pausas têm comprimentos diferentes, tanto na forma como são escritas como nas sutilezas com que são tocadas ou cantadas. Na sentença "ler é como cantar", por exemplo, as palavras "como" e "cantar" ficam mais juntas do que as outras, para a maioria dos leitores. Os leitores tendem a agrupar essas palavras para dar ênfase e ritmo, e o resultado é que o significado da sentença se altera sutilmente. Como com a música, parte do significado torna-se visível graças à pontuação; outros aspectos são menos óbvios. Quando você lê, ajude os alunos a reconhecer como a música da leitura é tocada por meio do agrupamento deliberado de palavras. Procure mostrar como se amarram palavras juntas em grupos fluidos – quanto mais longos, melhor. Por exemplo: procure manter juntas as palavras das orações subordinadas e apostos; quando houver uma frase entre parênteses, baixe um pouco a voz e fale ligeiramente mais rápido.

Outra técnica a seguir na leitura em voz alta é identificar especialmente as palavras importantes em uma passagem e enfatizá-las. Um dos benefícios dessa técnica é que, quando os alunos a implementam, precisam usar toda a sua capacidade intelectual para decidir quais palavras são, de fato, as mais importantes. Suas escolhas serão tópicos muito produtivos para debate e uma fonte valiosa de dados sobre o nível leitor de seus alunos. Um especialista em Shakespeare que conheço diz que a melhor maneira de ler o autor é encontrar e enfatizar palavras de contraste e enfatizar também a tensão entre elas. Uma maneira mais simples de começar é pedir aos alunos que procurem enfatizar as palavras de transição (*depois, em vez de, de repente*) e os adjetivos comparativos e superlativos (*mais escuro, mais rápido, tristíssimo, feiíssimo*).

▶ **Peça leitura teatral.** Assim como a sua leitura expressiva é boa para os alunos, também é bom pedir a eles que leiam expressivamente. Isso os obriga a praticar a busca da profundidade do significado das palavras. Para tornar a leitura em voz alta mais expressiva de forma sistemática, tente o seguinte:

- Identifique (dizendo aos alunos ou ajudando-os a deduzir) o tipo de expressão que devem aplicar ao trecho. "Wilson está bravo, Débora. Tente ler de um jeito que mostre isso." Você também pode pedir aos alunos para, primeiro, deduzir o humor de Wilson e depois pedir que o demonstrem: "Como o Wilson está sentindo agora? Que emoção ele sente? Muito bem. Você consegue mostrar isso?".

- Chame a atenção dos alunos para as marcas do diálogo e seu papel como rubricas. "O trecho diz: 'Eu não quero, disse o Sr. Souza claramente'. Leia de novo, de maneira que as palavras dele sejam bem claras." Você pode tornar essa técnica ainda mais efetiva ao aplicar o tom certo quando ler a marca do diálogo e pedir aos alunos que o apliquem também à sentença que estão lendo. Em outras palavras, você diria a palavra *claramente* em um tom de voz muito claro, para que os alunos copiem quando lerem a sentença.
- Peça aos alunos para identificar as duas ou três palavras mais importantes de uma sentença (ou as duas ou três ideias mais importantes em um trecho) e peça que apliquem ênfase especial a elas.
- Peça aos alunos para acrescentar algum detalhe ao texto, ou extrair dele, escolhendo uma palavra-chave descritiva do trecho em questão ou mesmo uma palavra do vocabulário, e pedindo aos alunos para ler a passagem de um jeito que enfatize essa palavra. Por exemplo: durante uma aula na escola Excellence Charter, no bairro do Brooklyn, em Nova York, o professor de 3º ano Roberto de Leon ouviu um aluno ler um trecho do *O Fantasma da Ópera* e disse: "Pare. Repita essa fala e leia como se ele quisesse que ela o obedecesse". *Obedecer* foi uma das palavras do vocabulário da aula e, enquanto dava sua instrução, Roberto mostrava uma ficha com a palavra *obedecer*. O aluno releu a fala, prestando atenção para incorporar a ênfase que o professor sugerira. Em outro exemplo, uma professora pediu a seus alunos para ler em voz alta uma cena de *Prince Caspian*, de C. S. Lewis. Depois da primeira leitura, ela observou: "Volte atrás algumas sentenças. Diz que as crianças estavam macambúzias enquanto esperavam o trem. Você pode ler de novo e mostrar que as crianças estavam mesmo macambúzias?". Claro que esta técnica pode ser particularmente rigorosa quando o tipo de pergunta que você faz obriga os alunos a deduzir, a partir de dicas sutis, qual o tom que as palavras devem ter. "Quem pode dizer à Daniela que tom deve ser usado para ler estas falas? Por que você diz isso?" Você pode até perguntar "Todo mundo leu deste mesmo jeito?" antes de pedir à Daniela que demonstre o tom em sua leitura.
- Peça aos alunos que ofereçam outras interpretações possíveis de uma fala que um aluno leu. O professor Roberto é mestre nisso. "Ah, adorei!" foi seu comentário à leitura expressiva de um aluno. "Quem mais gostaria de ler este trecho com expressão? Talvez de um jeito ligeiramente diferente?"

EM AÇÃO

FLUÊNCIA

O professor Roberto de Leon, da escola Excellence Charter em Bedford Stuyvesant, demonstra exemplarmente o ensino de fluência. Ele começa usando a técnica de *Preencher oralmente a lacuna*, de *Controle o jogo* (Capítulo Dez), para testar a reação. Rapidamente ele percebe que precisa recomeçar para garantir que seus alunos não se limitem a ouvir, mas também leiam junto com ele (ou com o leitor primário). A partir daí, trata apenas de fluência.

Roberto aplica *Ouse* para mostrar para seus alunos o tipo de leitura expressiva que incorpora significado e demonstra compreensão. Ele dá o tom da carta que pediu ao aluno para ler e, em seguida, pede que continue a partir do meio da sentença. Assim, o aluno pode tentar praticar o tom que León aplicou à sua leitura – basta continuar a leitura, o que o aluno faz com grande sucesso. O aluno provavelmente não se arriscaria a ler com tanta expressão se Roberto não tivesse feito isso antes. *Ouse* e *Peça leitura teatral* estão intrínseca e permanentemente conectadas!

Finalmente, o professor Roberto também usa *Ensaboe, enxágue, repita* com grande eficiência, dando muito retorno positivo, mas também pedindo ao aluno que releia com uma nova ênfase, incorporando a aplicação da palavra *obedecer*, estudada no vocabulário.

Roberto não apenas desenvolve o "ouvido de leitura" de seus alunos, mas também lhes ensina a usar a leitura para demonstrar compreensão. Isso, por sua vez, tornará mais eficiente a avaliação da compreensão deles. O professor poderá ouvir essa compreensão.

- **Verifique a mecânica.** Os alunos podem ver a pontuação, mas não entender o que ela diz em termos de significado ou inflexão de voz. Faça referência explícita à pontuação e peça aos alunos para demonstrar que entenderam quando lerem em voz alta. "Tem um ponto aqui. Você parou?" "Quero que você faça uma pausa e respire sempre que vir uma vírgula." "Aqui, alguém está falando, não é?" Partes críticas da leitura eficiente são a ênfase na importância da sintaxe – a relação entre as peças da sentença e seu efeito no significado, que sempre se perde com maus leitores – e a ideia de que *embora* coloca o resto da sentença em contraste com a frase inicial.

Peça aos alunos para identificar quais palavras informaram que se tratava de uma pergunta ou quais palavras permitiram saber que os dois homens eram diferentes.

Ensaboe, enxágue, repita. Não se limite a fazer os alunos lerem frequentemente; faça-os reler frequentemente. Uma vez que tenham entendido basicamente as palavras de uma sentença, peça-lhes que releiam para adquirir fluência. Aqui estão três boas razões para reler:

- *Para melhorar uma leitura inicial truncada ou que precisou de correções.* "Muito bem, agora que você entendeu as palavras, vamos voltar e ler de novo com energia. Este é um trecho fascinante do livro!"
- *Para enfatizar algum aspecto do significado ou incorporar comentários.* "Bom. Agora leia essa sentença (ou trecho) de novo e tente mostrar como eles estavam assustados." "Você pode voltar e dar uma ênfase especial às palavras que mostram que eles estavam assustados?"
- *Por puro divertimento ou porque a leitura inicial estava particularmente boa.* "Puxa, estava muito bom! Será que você leria de novo? Assim podemos todos ouvir como você fez esse trecho soar ranzinza, como sugere o autor!"

EM AÇÃO

FLUÊNCIA

A professora Hannah Lofthus, da escola Leadership Prep, em Bedford Stuyvesant, demonstra exemplarmente o ensino da fluência. Pode-se ouvir, nos alunos leitores, o claro resultado do uso consistente de *Peça leitura teatral*. Ao ver Hannah em ação, pode-se constatar quão poderosa é a técnica *Ensaboe, enxágue, repita* quando é usada para dar retorno positivo e também construtivo. Ela pede a um aluno para reler o trecho novamente porque ele mostrou "uma expressividade fantástica", de forma que ela celebra e analisa junto com a turma uma bela leitura de um aluno. A expressividade da última aluna a ler naquela aula não pode ter sido só coincidência.

CAPÍTULO DOZE

COMPREENSÃO

Como ensinar os alunos a entender o que leem

Compreensão – o entendimento da relevância e do sentido completo de um texto – é o objetivo supremo da leitura, mas é muito difícil de ensinar diretamente, porque depende do domínio de diferentes habilidades. Mesmo assim, neste capítulo vamos refletir sobre a importância de testar a premissa de que, muitas vezes, quando os alunos não conseguem responder a perguntas sobre o sentido completo e a relevância de um texto, o problema é que não entenderam os conceitos mais abrangentes que essas perguntas estão abordando. Na verdade, os alunos muitas vezes não conseguem responder a perguntas mais complexas porque não entendem completamente o que leram e tentam dar saltos cognitivos sem ter os conhecimentos prévios necessários – e não porque não sabem pensar de maneira abrangente ou abstrata.

Observei que professores exemplares fazem perguntas mais complexas e rigorosas para avaliar o nível de compreensão de um texto, mas eles também se concentram intensamente nas barreiras não visíveis a esta compreensão. Uma boa forma de testar essas barreiras são as perguntas sobre frases ou palavras contidas no texto. É comum que alunos que chegam à classe com habilidades de leitura pouco desenvolvidas não entendam determinadas expressões ou aspectos relacionados à coesão referencial (a quem se refere um certo pronome, por exemplo). Assim, perguntas como "Quem é o sujeito desta sentença?" ou "O que o autor quis dizer quando escreveu João deixou entrever um sorriso? e o que isso lhe diz sobre João?" são muito eficientes, não apenas porque asseguram uma compreensão sólida dos fatos básicos do trecho, mas principalmente porque são necessárias para compreender de forma mais profunda. Há uma cena fundamental em *O Leão, a Feiticeira e o Guarda-roupa*[27], de C. S. Lewis, por exemplo, em que Aslan, o leão heróico, "voltou-se para" a bruxa. Um leitor que não entenda que "voltar-se para", neste contexto, é mais do que simplesmente girar sobre si mesmo e também embute a intenção de atacar, vai perder toda a tensão em crescimento na cena e não poderá entendê-la. Não estou defendendo um foco exclusivo em perguntas sobre palavras e expressões, mas sim o reconhecimento de que tais perguntas são tão necessárias para entender as lacunas na compreensão dos alunos quanto perguntas mais abrangentes e profundas, que parecem avaliar melhor o conhecimento deles sobre o tema geral do texto.

A observação de professores exemplares demonstra que o ensino da compreensão leitora deve ser pensado de acordo com o nível de habilidades já adquiridas pelos alunos nessa área.

A observação de professores exemplares demonstra que o ensino da compreensão leitora deve ser pensado de acordo com o nível de habilidades já adquiridas pelos alunos nessa área. Ao ensinar compreensão de texto a alunos do ensino fundamental, muitos de nós presumem a existência prévia das necessárias habilidades de leitura, como, de fato, ocorre no ensino superior (e, muitas vezes, também no ensino médio). O resultado é que muitos professores saltam etapas, para chegar logo a discussões "mais profundas" sobre o lugar que uma certa obra ocupa no mundo, presumindo que tais discussões são mais rigorosas academicamente do que verificar a compreensão de frases e eventos-chave no texto. Mas isso não é necessariamente verdadeiro. Salas de aula que trabalham sólidas habilidades de compreensão não as utilizam apenas para interpretar o texto, mas também para estimular o uso do próprio texto como base para as opiniões.

TÉCNICAS PARA TRABALHAR A COMPREENSÃO DE TEXTOS[28]

Descrevo, aqui, alguns dos métodos-chave que os professores exemplares usam e adaptam para ensinar compreensão de texto. Agrupei-os em três categorias, segundo o momento do processo de leitura em que ocorrem: antes, durante ou depois da leitura.

---

[27] Técnica de instrução usada nos Estados Unidos para sistematizar os conhecimentos prévios dos alunos sobre determinado tema e dar significado ao aprendizado. Cada uma das letras da sigla KWL gera uma lista do que os alunos já sabem (K, de *know* = saber), o que os alunos querem saber (W, de *want* = querer) e, no final, o que os alunos aprenderam (L, de *learn* = aprender).

[28] Aulas de linguagem ou literatura nos Estados Unidos geralmente envolvem a leitura de textos em sala de aula – leitura colaborativa ou compartilhada – desde os níveis iniciais da escolarização até os mais avançados (ensino médio).

Técnicas para usar antes da leitura

Os melhores professores de leitura sempre começam o processo de leitura trabalhando anteriormente com os alunos o contexto e alguns fatos básicos, informações de que precisarão para entender e, assim, dar sentido ao texto que vão ler. Se os alunos não souberem o que é um nazista quando começam a ler, certamente não extrairão do Diário de Anne Frank o que devem extrair. Mobilizar o conhecimento prévio é, em geral, mais eficiente do que parar e dar uma explicação detalhada durante a leitura, porque previne mal-entendidos antes que apareçam, em vez de remediá-los depois. Embora as razões para fazer isso pareçam óbvias, a maneira como professores exemplares o fazem é diferente da adotada pelo professor "típico" e carrega mais ênfase em eficiência e intenção.

Por exemplo, quando eu comecei a ensinar, éramos orientados, como muitos professores são hoje, a extrair informação contextual dos alunos com a metodologia KWL[29]. Nós listávamos a informação em duas colunas: (1) coisas que os alunos disseram que já sabiam; e (2) coisas que eles disseram que queriam aprender. Percebi que a coluna "coisas que eu sei" pedia aos alunos para dar chutes sobre coisas que eles julgavam saber e, no fim, nos levava a desenvolver uma ampla lista de "fatos" com diferentes graus de importância e precisão. Já a coluna "quero saber" era fundada em falta de conhecimento. Muitas vezes incluía assuntos idiossincráticos ou que distraíam daquilo que de fato era importante e que os alunos precisavam dominar. Muito do que era listado nessa segunda coluna não seria jamais abordado em aula, obrigando-me a fingir estar aberto para falar de qualquer coisa que meus alunos quisessem – o que é ilógico e impossível. Foi com alívio, portanto, que descobri que a observação dos melhores professores sugere que o ideal é oferecer a informação preliminar necessária logo no começo, de forma direta, clara e organizada, e guardar a lista do que eu quero aprender para mais tarde, durante e depois da leitura. Dez minutos de fundamentos apresentados pelo professor, seguindo imediatamente para a leitura, valem mais de uma hora de "Quem pode me dizer o que é um nazista?". A eficiência é importante.

O problema está menos no conhecimento de contexto, que muitas vezes você sabe que seus alunos não dominam, e mais no conhecimento que eles não dominam e você nem percebe. Provavelmente, todos nós já experimentamos alguma

---

[29] Técnica de instrução usada nos Estados Unidos para sistematizar os conhecimentos prévios dos alunos sobre determinado tema e dar significado ao aprendizado. Cada uma das letras da sigla KWL gera uma lista do que os alunos já sabem (K, de *know* = saber), o que os alunos querem saber (W, de *want* = querer) e, no final, o que os alunos aprenderam (L, de *learn* = aprender).

variação deste problema. Lemos um texto em busca de palavras difíceis antes de o ler com a turma, por exemplo, e depois percebemos, durante a leitura compartilhada, que deixamos escapar uma palavra que é uma barreira óbvia para a compreensão. Em retrospectiva, nos perguntamos: como pude não ver essa palavra? E é claro que a mesma coisa acontece com outros tipos de conhecimento prévio também importantes. Nem sempre reconhecemos as lacunas dos nossos alunos. Você sabe que eles não sabem o que é um nazista, mas não se dá conta de que eles também não sabem quase nada sobre a Segunda Guerra Mundial, não conhecem a proximidade ou o tamanho relativo da Dinamarca e da Alemanha e nem sequer sabem que dinamarqueses e alemães falam línguas diferentes.

O que se segue são alguns meios de garantir que o trabalho anterior à leitura estabeleça uma sólida base de conhecimento.

Contextualização. A abordagem mais básica, para ajudar alunos a compreender um texto, é dar-lhes o contexto – oferecer-lhes metodicamente as informações-chave que vão ajudá-los a iniciar a leitura como leitores informados. Por exemplo: qualquer coisa que eles precisem saber em história, ciências, beisebol ou Japão antes de começar a ler. A contextualização pode ocorrer antes da introdução de um texto ou antes da leitura de uma seção específica, como um capítulo. Assim fez recentemente Lisa Delfavero, da escola Rochester Prep, ao preparar uma turma de 5º ano para ler uma das cenas fundamentais do romance Hatchet (Machadinha), de Gary Paulsen. Ela começou exibindo aos alunos três ou quatro slides de um alce na primavera, ou seja, com a galhada completa. "Eu não quero contar a história toda, mas vocês precisam saber como um alce pode ser bravo e assustador", disse ela. Sabiamente, ela reconheceu que seus alunos, muitos dos quais nunca saíram de Rochester, precisariam desse contexto para entender a cena-chave do livro (um encontro cara-a-cara do protagonista com um alce) e cumpriu a tarefa em menos de 30 segundos. Grandes professores buscam ser eficientes na hora de contextualizar, oferecendo a informação necessária diretamente e deixando que a própria leitura propicie um engajamento mais profundo. Ao mesmo tempo, eles são muito ousados na busca de estratégias de contextualização que possam funcionar. Como disse E. D. Hirsch, falta de conhecimento prévio é uma das principais barreiras à compreensão de textos, principalmente por alunos de famílias com baixo grau de instrução e afeta todos os aspectos da leitura, até fluência e decodificação, já que a luta com as lacunas absorve toda a capacidade de processamento do cérebro: "Conhecimento prévio sobre o assunto acelera a compreensão básica e deixa a memória livre para fazer conexões entre o novo material e a informação já aprendida, para fazer deduções e para ponderar implicações. Uma grande diferença entre um leitor iniciante e um leitor mais experiente – na verdade, entre um sujeito mais experiente e um iniciante em qualquer área – é a habilidade de perceber aspectos básicos muito rapidamente, deixando a mente livre para se concentrar nos aspectos realmente importantes"[30].

Foco. Ler um texto interessante é como visitar uma feira ou um circo, com ação em todas as direções e cheio de detalhes sensoriais, vozes, eventos e imagens – talvez detalhes demais para que um leitor possa notar todos. Na faculdade e até mesmo no final do ensino médio, muitos de nós descobrem que esta é a parte mais interessante da interpretação de textos, com cada leitor descobrindo uma versão única dos fatos e focando em diferentes aspectos para chegar a um significado diferente.

Portanto, muitos professores, ao planejar suas aulas, acabam focando na compreensão leitora com abordagens semelhantes às que eles mesmos apreciaram tanto na faculdade. Mas esse tipo da leitura geralmente é um desafio para leitores iniciantes. O aluno só aprende a determinar o que merece atenção com tempo e prática. Sem anos de prática, leitores acabam tomando decisões questionáveis ou não estratégicas com relação ao que merece atenção. Eles reparam em detalhes de relevância marginal e perdem o momento crucial. Os trapezistas estão em pleno ar e eles não conseguem parar de olhar para o vendedor de algodão-doce. Eles veem várias coisas, mas não conseguem conectá-las umas às outras.

Para ajudar os alunos a lidar com a complexidade de um texto, professores exemplares apontam, com antecedência, as ideias a seus alunos, conceitos e temas fundamentais que eles devem procurar no texto: "Quais personagens acabarão se revelando como os mais importantes?" ou "Que ideia será mais relevante para discussão da história?" Além disso, esses professores também aconselham os alunos sobre o que é secundário, nem tão importante assim ou que pode ser ignorado por enquanto. "Há muita discussão sobre a roupa dos personagens", diz o professor. "Isso nos diria muita coisa sobre eles no século 18, mas nós não vamos nos preocupar muito com isso."

Em uma aula que observei, um professor leu o conto *The Substitute*[31] (O Professor Substituto), de David Lubar, para seus alunos de 5º ano. O fim da história

---

[30] Hirsch, E. D., *Reading Comprehension Requires Knowledge of Words and the World* (Compreensão de Leitura Requer Conhecimento de Palavras e do Mundo), artigo publicado na revista *America Educator,* primavera de 2003, p. 13.

[31] Este conto está no livro infanto-juvenil *In the Land of the Lawn Weenies*, publicado por David Lubar em 2003. Todos os contos dessa coleção têm em comum o final inusitado. O livro não foi traduzido para o português.

é inesperado e requer muita inferência para ser compreendido. Antes de ler e mesmo durante a leitura, o professor começou a chamar a atenção dos alunos para passagens importantes e para detalhes que os ajudariam a compreender o final: "A palavra condutividade será muito importante para entender o que acontece na história, então vamos defini-la com cuidado agora mesmo"; "Este trecho é superimportante. Vamos grifá-lo. O fato de que o professor foi provocado por seus alunos vai ser muito importante no final". Quando a leitura chegou ao fim, os alunos não sabiam qual seria a surpresa, mas tinham prestado uma atenção especial a trechos fundamentais e estavam perfeitamente preparados para fazer a dedução que o entendimento da história exigia.

Em uma aula para sua turma de 3º ano na escola Excellence Charter, de Bedford Stuyvesant, Roberto de Leon preparou seus alunos para um estudo de *Akimbo e os Elefantes*[32] com uma ótima introdução, que usou vários pontos focais. Primeiro, Roberto avisou seus alunos que o livro os surpreenderia. "Uma bela coisa que vocês vão descobrir sobre os livros, à medida que os forem lendo, ao longo de sua vida, é que eles mudam seu modo de pensar", disse Roberto. "Este livro vai mudar seu pensamento sobre os elefantes, sobre caça predatória e sobre a ideia de bravura." Em seguida, para acentuar não apenas um tema como a bravura, mas também a própria mudança de opinião dos alunos, o professor pediu a eles que respondessem a algumas perguntas antes de lerem o livro, expressando suas opiniões sobre assuntos propostos pelo texto (por exemplo: "É correto fazer qualquer trabalho remunerado com o objetivo de alimentar sua família, mesmo que isso envolva maltratar animais?"), de forma que, mais tarde, eles pudessem constatar sua mudança de opinião, causada pela leitura.

Trailers. Além de apresentar ideias-chave antes que os alunos as leiam, os melhores professores também apresentam cenas-chave antes que os alunos as leiam. Para garantir o sucesso de suas apostas multibilionárias, os grandes estúdios cinematográficos também mostram partes dos filmes no formato de trailers, uma série de cenas fascinantes, excitantes, misteriosas ou intrigantes. As cenas mostradas nem sempre seguem a ordem da narrativa. São sempre rápidas e desconectadas, programadas para estimular nosso interesse ou despertar o suspense, não para oferecer um resumo lógico da história. *Trailers* antecipam nossa exposição às cenas mais importantes, de maneira que nos sentimos conectados à história antes de ela começar e acabamos dando uma atenção es-

[32] Neste livro, um menino chamado Akimbo, filho de um guarda florestal em uma reserva africana, tenta impedir que contrabandistas de marfim matem os elefantes da reserva para vender suas presas, deixando os filhotes para trás, sozinhos e sem meios de sobreviver.

pecial a essas cenas quando elas aparecem. Nós fomos avisados de que elas são especialmente importantes e dramáticas. Um professor de leitura também pode antecipar cenas para aumentar o interesse e a compreensão, tornando a narrativa mais familiar em certos pontos-chave. Quando você encontra, no meio do filme, uma cena que já viu no *trailer* e tem a sensação de já ter visto isso antes ou reconhece que a cena é muito importante, novos significados surgem, como quando se vê um filme ou se lê um texto pela segunda ou terceira vez.

Como no caso do *trailer* no cinema, você não precisa necessariamente antecipar as cenas na ordem em que vão aparecer no livro, nem precisa explicar exaustivamente; um pouco de mistério também ajuda. O que você quer é que o aluno, ao ler *A Moreninha* pela primeira vez, chegue à cena em que Augusto conta uma história sobre haver conhecido aos treze anos uma menina na praia, e de como os dois ajudaram uma família pobre, e diga: "Ah, olha só! Meu professor me falou desta cena!" E que, então, leia o trecho com redobrada atenção.

Aqui estão alguns exemplos de antecipação *(Trailer)* e do uso de *Foco*:

- "Vocês vão encontrar o crocodilo mais malvado e esperto que já viram. Ele é ruim, mal-humorado e tem uma hora que ele resolve se disfarçar de palmeira!"
- Vocês vão ouvir as pessoas falando de 'mãos sujas de sangue' e eles não querem dizer literalmente sangue – estão falando do inescapável peso da culpa. Essa expressão foi cunhada por Shakespeare há 400 anos nesta peça de teatro. Então, quando lerem Macbeth falando do sangue em suas mãos, vão saber que estão lendo uma cena que as pessoas acharam inesquecível por séculos."
- Neste capítulo, tem uma terrível tempestade. E as crianças vão ficar com medo. Mas prestem atenção na reação da Sara. É um dos momentos em que ela mostra seu caráter, então é muito importante."

Retomada. Resumos podem ocorrer antes, durante e depois da leitura. Incluí este tópico aqui porque a retomada do que foi lido anteriormente é especialmente eficaz como ponto de partida para a continuidade de qualquer leitura. Se usar a retomada de capítulos ou seções já lidas para preparar os alunos para a leitura de um novo capítulo ou seção do texto, tente combinar perguntas e narrativas de maneira dinâmica. Comece a resumir a leitura você mesma, cobrindo as partes mais importantes rapidamente. Pare em pontos-chave e faça perguntas bem focadas: "Então, os dois heróis travam uma batalha sangrenta. Em que lugar eles lutam, Juliana? Quem ganha a batalha, Paulo? E o que acontece com o derrotado, João?". Obviamente, estas perguntas não são tão rigorosas nem profundas quanto as que você faz logo depois da leitura, mas seu objetivo é diferente: apenas refrescar a memória antes de continuar com o texto.

Essas retomadas são, geralmente, muito mais eficazes quando são quase dramatizadas, de maneira enérgica, capturando a emoção e a energia do texto original. Use um tom que reflita a emoção dos eventos, interprete a alegria quando os personagens estão alegres ou a raiva, quando estão zangados.

EM AÇÃO

TÉCNICAS PARA USAR ANTES DA LEITURA

Quando a professora de leitura Dinah Shepherd, da escola Roxbury Prep, em Boston, preparou seus alunos para a leitura de *A Revolução dos Bichos*, ela leu um artigo sobre a Revolução Russa e o comunismo (*Contextualização*). Conversaram brevemente sobre como o idealismo inicial das revoluções comunistas foi rapidamente cooptado pelo sistema. Dinah conduziu seus alunos a prestarem atenção especial às características de Trotsky, Lênin e Stalin, que teriam sido alegoricamente retratados em *A revolução dos bichos*. Enquanto fazia isso, ela também fazia referências intrigantes a cenas do livro: "Quando vocês virem os porcos passeando e conversando... quando virem o cavalo sacudindo a crina cheia de laços de fita azuis... vocês vão perceber que esta não é uma fazenda comum. Essas cenas indicam que isto é uma alegoria" *(Trailer)*. Quando os alunos começaram a ler o romance, já tinham uma expectativa sobre o que viria.

Técnicas para usar durante a leitura

Embora o trabalho anterior à leitura seja importante, o tipo de pergunta que você faz aos alunos durante a leitura também é crucial. Elas não devem ser, exclusivamente, como pensam muitos professores, perguntas complexas ou que exijam inferências. Os professores exemplares são cuidadosos na manutenção do equilíbrio no nível de complexidade das perguntas usadas durante a leitura.

Não espere. Um dos fatos mais importantes sobre os professores exemplares é que eles estão regularmente verificando a compreensão de leitura, fazendo perguntas aos alunos para saber se eles entenderam as passagens lidas em classe. Eles leem algumas sentenças, talvez alguns parágrafos, e param para fazer uma ou duas perguntas rápidas, avaliando se os alunos estão seguindo a narrativa e, assim, protegem-se contra barreiras inesperadas à compreensão. Suas perguntas são relativamente diretas. Será que os alunos entenderam um detalhe-chave, fizeram uma dedução fundamental, entenderam uma certa palavra? Ao fazer perguntas, esses professores tomam muito cuidado para limitar possíveis digressões, já que, na verdade, o objetivo das perguntas não é abrir discussões, mas confirmar o entendimento. Assim, os alunos são solicitados a guardar suas impressões e pontos de vista até o momento propício de discussão propriamente dita.

Talvez soe óbvio, mas, se você assistir a muitas aulas, verá com frequência que os professores passam batido por várias páginas, segurando suas perguntas para o final sem parar para verificar se os alunos ainda o estão acompanhando. A propósito, um efeito colateral de *Não espere* é que esta técnica permite reconhecer lacunas de compreensão em seu nascedouro, de forma que você pode coletar dados melhores sobre as causas básicas das dificuldades de compreensão de seus alunos. Se esperar até o final de um trecho grande, pode ser que nunca descubra a raiz de um problema. Além disso, pegar uma falha de compreensão assim que acontece é muito mais eficiente; neste caso, é melhor que ocorra tão logo uma sentença é mal compreendida, em vez de vários minutos depois ou no final do parágrafo, quando já podem existir mais três sentenças mal entendidas. Para cumprir essa tarefa, basta fazer perguntas a cada poucas sentenças em vez de esperar até o fim da seção. Lembre-se de que paradas frequentes para fazer perguntas podem interromper o fluxo da narrativa, tornando-a fragmentada e interferindo a compreensão – portanto, elas devem ser extremamente breves. É crucial voltar à leitura rapidamente.

Para usar esta técnica com eficiência, combine a frequência das perguntas com brevidade. Pergunte rapidamente, para garantir compreensão e atenção, e volte imediatamente a ler. Enquanto lê, muitos intervalos para discussões rápidas e focadas maximizam a compreensão no momento. Não significa que não haja lugar para discussões mais abrangentes e profundas. Esses intervalos são simplesmente diferentes daqueles em que você faz perguntas para garantir que os alunos captaram todos os detalhes e a profundidade do que estão lendo, no momento em que leem.

Aqui está um exemplo de como fica *Não espere* durante a leitura de uma seção curta do primeiro capítulo de *Uma Dobra no Tempo*[33], de Madeline L'Engle. O exemplo foi adaptado da observação de aulas de vários professores exemplares. O texto do livro, reproduzido abaixo, foi lido em voz alta pelos

---

[33] *Uma Dobra no Tempo* é um livro infanto-juvenil que conta a história de duas crianças (os irmãos Meg Murry e Charles Wallace Murry) e um amigo (Calvin O'Keefe) que procuram pelo seu pai, o cientista Alex Murry, por meio do tempo e do espaço. Nessa busca, as crianças interagem com os seres angelicais: Dona Que-é-isto, Dona Quem e Dona Qual.

alunos e está entremeado pelas intervenções do professor. Se você não conhece Uma dobra no tempo, este trecho ocorre logo depois que a protagonista, Meg Murry, desce de seu quarto em um estado de ansiedade e medo, no meio de uma noite escura e tempestuosa. Ela encontra seu irmãozinho, Charles Wallace, esperando por ela na cozinha.

Na cozinha, a luz já estava acesa, e Charles Wallace estava sentado à mesa, bebendo leite e comendo pão com geleia. Ele parecia pequenininho e indefeso sentado ali sozinho na cozinha antiga e espaçosa, um menininho loiro num pijama azul desbotado, os pés balançando a uns bons quinze centímetros do chão.

– Ei! – disse ele, alegremente. – Estava esperando você.

Professor: O irmão da Meg é mais jovem ou mais velho do que ela? Quando ele diz que esteve esperando por ela, o que isso revela sobre o menino?

Lá debaixo da mesa, deitado aos pés de Charles Wallace, à espera de uma ou outra migalha, Fortinbras ergueu a estreita cabeça negra e sacudiu o rabo saudando Meg. Fortinbras aparecera na porta da casa deles certa noite de inverno, ainda filhotinho, esquelético e abandonado. Segundo o pai de Meg, ele era meio setter Llewellyn, meio galgo inglês, e tinha uma beleza esbelta e negra toda sua.

– Por que você não subiu até o sótão? – perguntou Meg ao seu irmão, como se ele tivesse pelo menos a sua idade. – Eu estava morrendo de medo.

– Venta muito lá naquele sótão seu – disse o menininho. – Eu sabia que você iria descer. Botei pra você um pouco de leite pra esquentar no fogão. Já deve estar quente agora.

Professor: Quem está mais calmo agora, a Meg ou o irmãozinho?

Como é que Charles Wallace sempre sabia tudo sobre ela? Como é que ele sempre adivinhava? Ele nunca sabia – ou parecia não se importar – o que Dennys ou Sam pensavam. Eram os pensamentos da sua mãe e de Meg que ele sondava com assustadora precisão.

Professor: Quem é "ele" nessa oração? [E depois da correta identificação de "ele" como sendo Charles Wallace:] Charles Wallace sondava com assustadora precisão os pensamentos de sua mãe e de Meg. O que significa isso?

Será que não era por terem um pouco de medo dele que as pessoas fofocavam sobre o filho caçula dos Murry? Pois as más línguas espalhavam que ele não era muito inteligente. "Dizem que pessoas inteligentes muitas vezes têm filhos retardados", ouviu certa vez Meg. "Os dois meninos parecem crianças boas, normais, mas aquela menina feiazinha e o caçula certamente têm algo de errado."

Professor: O que significa dizer que "tem algo errado" com Meg e Charles? Eles não são "normais"?

Depois de ler a sequência anterior, você provavelmente perguntará como equilibrar *Não espere* com outros métodos para desenvolver habilidades de leitura mencionados em capítulos anteriores, como *Fluência* ou *Controle o jogo*. Embora essa sequência possa ser integrada com essas abordagens, também pode ser coordenada por meio de duas leituras separadas: uma para fluência e outra para perguntas.

Use diferentes níveis. Perguntas sobre o texto podem se referir a pelo menos quatro níveis de significado:

- Nível da palavra ou da expressão: "O que significa a palavra *desamparado* aqui? Por que o autor teria usado essa palavra?" "A autora diz: 'Era a pior coisa imaginável'. Do que ela está falando?" "O que significa dizer que Aslan 'voltou-se para a bruxa'? O que mais, além de simplesmente virar o corpo para ela?"
- Nível da frase: "Você consegue simplificar a linguagem dessa frase?" "Como poderíamos expressar essa ideia hoje em dia?"
- Nível do trecho: "Qual parte deste parágrafo revela que Mobi está mal-intencionado?"
- Nível do texto : "Qual é o objetivo deste texto?"

É fácil presumir que o objetivo é chegar ao nível do significado do texto o mais rápido possível e que se deve fazer o maior número possível de perguntas nesse nível. Na verdade, os primeiros níveis de significado (palavra e frase) são fundamentais para garantir um entendimento consistente do texto. Mal-entendidos sobre grandes questões quase sempre começam com mal-entendidos sobre pequenos detalhes: quem são "eles" em uma sentença, por exemplo. Os alunos terão mais sucesso na discussão sobre a história se tiverem uma compreensão firme dos significados de algumas palavras e frases. Lembre-se de perguntar constantemente sobre os primeiros níveis e se assegure de que o significado seja construído solidamente a partir das pequenas unidades.

Aqui estão as perguntas da transcrição da leitura de que incluí na técnica *Não espere*, com cada uma delas identificada de acordo com o nível que aborda. O professor deve fazer mais perguntas sobre o texto e sobre trechos somente após ter feito muitas perguntas nos níveis de palavra, expressão e frase durante e mesmo depois da leitura.

O irmão da Meg é mais jovem ou mais velho do que ela? [Nível de trecho]

Quando ele diz que esteve esperando por ela, o que isso revela sobre o menino? [Nível de expressão]

Quem está mais calmo agora, a Meg ou o irmãozinho? [Nível de trecho]

Quem é "ele" nessa oração? [Nível de palavra]

Charles Wallace sondava com assustadora precisão os pensamentos de sua mãe e de Meg. O que significa isso? [Nível de expressão]

O que significa dizer que "tem algo errado" a Meg e Charles? [Nível de expressão]

Eles não são "normais"? [Nível de trecho]

Perguntas baseadas em evidência. Os melhores professores de leitura constantemente enfatizam as evidências do texto, mesmo em questões subjetivas ou de opinião, ao fazer perguntas cujas respostas devem se referir a fatos ou eventos do texto. Uma das principais vantagens é que as perguntas baseadas em evidências são suscetíveis a "teste", já que você pode avaliar muito mais claramente se os alunos leram o texto ou se o entenderam. É fácil saber se, e quão bem, uma aluna entendeu o que acabou de ler se a pergunta a obriga a mencionar algo concreto no texto. É possível produzir a resposta a uma pergunta sobre o tema da história; basta ouvir a discussão e fazer um resumo vago. Dá para opinar ("Qual você acha que foi a cena mais interessante, Sara?") com o mínimo envolvimento na leitura. Mas não dá pra inventar uma resposta para "O que aconteceu na página 157?", "Que palavras nestas sentenças indicam que vem encrenca por aí?" ou "Encontre a sentença que prova quem pegou o relógio do Carlos".

É importante observar que perguntas baseadas em evidências não precisam ser limitadas ou concretas. Você também pode, por exemplo, pedir aos alunos que encontrem uma sentença ou uma passagem que provem que o tema da história é uma certa ideia. Além disso, evidências podem ser usadas de duas formas: para induzir e para deduzir. Você pode pedir aos alunos para encontrar três indícios de que os personagens da mitologia grega são punidos por se excederem ou você pode citar três exemplos de personagens da mitologia grega punidos por se excederem e, em seguida, pedir aos alunos que tirem as conclusões relevantes.

Como exemplo, revisei as perguntas sobre *Uma Dobra no Tempo* para mostrar como ficariam caso fossem baseadas em evidências.

Original: O irmão da Meg é mais jovem ou mais velho do que ela?

Revisada: Quem pode ler uma sentença do texto que mostre que o irmão da Meg é mais novo do que ela? Quem pode encontrar mais evidências, desta vez com um exemplo que nos ajude a adivinhar a idade dele?

Original: Quando ele diz que esteve esperando por ela, o que isso revela sobre o menino?

Revisada: Quem pode encontrar outros exemplos no texto, onde Charles Wallace parece saber o que Meg está pensando?

Original: Quem está mais calmo agora, a Meg ou o irmãozinho?

Revisada: Que detalhes desta cena ajudam a mostrar que Charles Wallace está mais calmo que sua irmã? Quero que vocês encontrem as palavras exatas.

Original: Charles Wallace sondava com assustadora precisão os pensamentos de sua mãe e de Meg. O que significa isso?

Revisada: Vimos que Charles Wallace sondava com assustadora precisão os pensamentos de sua mãe e de Meg. Na página seguinte, vamos ver a Dona Que-é-isto ler os pensamentos de Meg. O que se pode concluir sobre as relações entre os personagens a partir desses dois trechos?

Técnicas para usar depois da leitura

Uma experiência positiva com um texto não acaba quando a leitura termina. Aqui estão algumas observações sobre os tipos de pergunta que os professores exemplares fazem quando terminam de ler um texto (ou depois de um dia de leitura), estimulando a discussão de assuntos mais abrangentes ou analíticos.

Resuma. Resumir é especialmente importante como ferramenta para processar a informação no final de cada sessão de leitura e é mais eficaz quando obriga os alunos a priorizar informação, separando o importante do periférico e reescrevendo e condensando ideias-chave, para garantir que eles dominam o material. Geralmente, quando o resumo não é eficiente é porque o professor não explicou claramente a diferença entre recontar a história (reescrever ou enumerar os detalhes) e resumir (recontar condensando e priorizando as partes mais importantes). Quando ensinar os alunos a resumir, faça perguntas assim: "Quem pode resumir o capítulo, destacando seus três eventos mais importantes?" ou "Você pode resumir os dois principais argumentos do autor para defender sua tese?". Estas perguntas são boas porque exigem que os alunos priorizem a informação. Até que os alunos entendam perfeitamente as nuances do resumo eficaz, uma das melhores técnicas de ensino é fazer perguntas que exijam elementos específicos de um resumo, como, por exemplo, priorizar.

Outra estratégia particularmente eficaz é estabelecer um limite de palavras cada vez menor para os resumos (por exemplo: "Resuma este capítulo em 50 palavras. Agora, resuma este capítulo em uma única sentença, com menos de quinze palavras"). Isso é sempre um desafio: encurtar um texto de forma precisa e eficiente é muito mais difícil do que simplesmente encurtar o texto, porque requer uma verdadeira compreensão e percepção para poder priorizar informação. Até onde sei, há duas maneiras de encurtar um resumo: reduza o número de tópicos que você está tentando incluir e reduza o número de palavras usadas para descrever os tópicos incluídos. Estas dicas podem ajudar os alunos a fazer resumos eficientes e efetivos:

- *Peça aos alunos para reler seu resumo inicial e eliminar toda palavra que não seja absolutamente necessária.* À medida que eles se tornarem melhores nisso, sugira que eliminem adjetivos para substituí-los por verbos mais fortes e potentes, reduzindo "subiu agarrado à encosta da montanha" a "escalou a montanha". Um passo além seria sugerir palavras a serem eliminadas (e assim expandir a concepção deles sobre como reduzir a verbosidade) ou pedir que eles mesmos sugiram palavras a serem eliminadas nos resumos dos colegas.
- *Peça aos alunos para priorizar os eventos.* Além de pedir que escrevam descrições cada vez mais curtas de todos os eventos de um capítulo ou seção do livro, você deve pedir no final que eles escolham alguns eventos para deixar de fora. Fazer uma lista dos principais eventos, por ordem de importância, auxilia esse processo. (Discutir a ordem de importância também pode ser uma conversa eficaz.) Jackie Robinson disse, certa vez, que uma vida só é importante pelo impacto que tem em outras vidas. Você pode usar o mesmo critério para decidir quais eventos devem entrar no resumo: "A importância de um evento varia com seu impacto (ou impacto potencial) em outras cenas da história. Se você sabe ou acha que esse evento vai afetar o final da história, inclua-o em seu resumo; senão, deixe-o de fora".

MELHORES CONEXÕES

Quando pedem aos alunos que façam conexões para além do texto, os professores exemplares reconhecem que há certas perguntas geralmente mais complexas e rigorosas (e mais capazes de reforçar a compreensão da leitura) do que outras. A seguir, listo os tipos de perguntas, ordenadas segundo seu nível de complexidade e rigor relativo, começando pelas mais rigorosas e complexas (note que esta ordem pode ser o oposto do que muitos professores esperam ou presumem):

- **Texto-a-texto.** Conexões de um texto a outro são preferíveis a conexões do tipo texto-ao-mundo ou conexões ao próprio leitor (texto-a-si), porque reforçam ideias que podem ser provadas ou não pelo próprio texto, em vez de depender de julgamentos, opiniões e histórias que os demais alunos talvez não possam comprovar pessoalmente ("Isso aconteceu com minha mãe uma vez!"). Podem incluir perguntas de dentro do próprio texto ("Em que outro lugar do livro vimos alguém se comportar assim?") e relativas a outros textos ("Alguém lembra de um personagem parecido em outro livro que lemos?" ou "O suspense deste capítulo parece ou não parece com o suspense no final do *Fantástico Sr. Raposo?*").

- **Texto-ao-mundo.** É um exercício válido pedir aos alunos para relacionar uma questão de uma história com algum evento ou pessoa do seu cotidiano. É especialmente válido quando se pede aos alunos para conectar aspectos específicos do texto a aspectos específicos do mundo em geral; o que é bem mais produtivo que permitir que discutam qualquer conexão que vejam com qualquer evento de seu cotidiano. Algumas das conexões texto-ao-mundo mais comuns são as conexões texto-à-mídia, nas quais os alunos conectam o texto com programas de televisão ou filmes que viram. As conexões texto-à-mídia podem levar a discussão para longe do texto – portanto, devemos tomar cuidado com essas conexões. No entanto, supondo que a conexão texto-à-mídia do aluno seja boa, a melhor pergunta a fazer em seguida é algo assim: "Como esta conexão que você fez, entre o herói da história e o Homem-Aranha, pode nos ajudar a entender melhor o texto?" ou "O que, especificamente, o Sr. Raposos da nossa leitura tem de parecido com o Homem-Aranha?"
- **Texto-a-si.** Este tipo de pergunta é inevitável e válida, mas é também mais limitado em termos de sua relevância para os outros alunos, ou mesmo para a compreensão do texto. Embora envolventes, essas perguntas podem desandar rapidamente em distração. As melhores conexões devem focalizar elementos específicos do texto que está sendo lido ("Como você se sentiria no lugar de Donovan, Leandro?"), em vez de estimular generalidades ("Alguém mais teve medo alguma vez?").

Tenha em mente que as conexões não são um fim em si mesmas. Por exemplo: durante a leitura de uma história sobre uma festa de aniversário, um aluno poderia dizer "Eu fui à festa de aniversário do meu primo na semana passada". É importante não aceitar esta conexão sem mais perguntas: "O que aconteceu na festa do seu primo que lhe lembra dessa história?" ou "O que aconteceu na festa do seu primo que poderia também acontecer aqui?". Você deve encorajar os alunos a usar suas conexões para desenvolver o entendimento do texto. Para fazer isso, você deve sempre trazer a conexão de volta ao texto: "Então, como isso nos ajuda a entender o que está acontecendo na história?".

Para ajudar os alunos a fazer boas conexões, é especialmente produtivo ensinar estruturas e convenções literárias. A ideia básica é que as convenções descrevem as formas como as histórias normalmente (ou quase sempre) funcionam: o grau de conformidade da história a uma dada convenção é profundamente produtivo em termos de conexões. Mas, para fazer isso, os alunos precisam de muito estudo de outros textos e da ideia de estruturas e convenções. Diga a eles que podem e devem buscar conexões a outros textos, particularmente conexões texto-a-texto e conexões baseadas em estruturas, convenções e métodos. Uma boa maneira de possibilitar essa atividade é garantir a existência de uma boa coleção de livros, que toda a turma ou toda a escola tenha lido.

PERGUNTAS ALINHADAS AOS PADRÕES CURRICULARES[34]

A maioria dos referenciais curriculares para o trabalho com leitura estabelece um conjunto de domínios ou competências fundamentais que os alunos devem desenvolver para compreender e interpretar um texto. Se não fazem isso explicitamente, muito provavelmente as avaliações usadas pela sua escola (testes padronizados estaduais e nacionais, como Prova Brasil e Enem ou qualquer outra avaliação que você use) devem fazê-lo implicitamente. Por exemplo, o estado de Nova York pede basicamente que o aluno seja capaz de responder a quatro tipos de pergunta no estudo específico de personagens: transformação do personagem ("Como o Fulano mudou ao longo da história?"), perspectiva do personagem ("Com qual dessas afirmações o Fulano provavelmente concordaria?"), motivação do personagem ("Por que o Fulano decidiu voltar a pé da escola para casa?") e características do personagem ("O Fulano pode ser descrito como...").

Embora seja fácil para os professores adquirir o hábito de fazer sempre as mesmas três ou quatro perguntas, os alunos precisam praticar vários tipos de perguntas tanto para assegurar seu sucesso em avaliações acadêmicas como para serem capazes de demonstrar uma ampla gama de habilidades. Discipline-se para fazer perguntas que espelhem os tipos de pergunta de compreensão que os alunos devem dominar, praticando assim todas as habilidades e reforçando a diversidade nos alunos e em você mesma. Professores exemplares fazem isso

---

[34] No Brasil, algumas diretrizes ou orientações curriculares municipais e estaduais recentemente desenvolvidas também buscam definir um conjunto de expectativas que o aluno deve alcançar na aquisição da competência leitora. Por exemplo, no Referencial de Expectativas para o Desenvolvimento de Competências Leitora e Escritora no ciclo II do ensino fundamental da Secretaria Municipal de Educação da Prefeitura de São Paulo, há a orientação de que sejam feitas questões que impliquem a localização e recuperação de informações no texto (ler nas linhas); a compreensão e interpretação (ler entre as linhas); e a reflexão (ler por trás das linhas).

deliberadamente de várias maneiras, em geral fazendo uma lista exaustiva de perguntas, que serão incluídas em seus planos de aula, de forma que sempre estarão focalizando um tipo diferente de pergunta. Eles também estudam os diferentes formatos de pergunta usados nas avaliações, para entender melhor como elas são feitas e garantir que suas próprias perguntas sejam pelo menos tão rigorosas quanto aquelas que abrem as portas da universidade.

EM AÇÃO

VOCABULÁRIO E COMPREENSÃO

O professor Roberto de Leon, da escola *charter* Excellence, de Bedford Stuyvesant, demonstra exemplarmente o ensino de vocabulário e compreensão. Ele ensina previamente palavras do vocabulário que são essenciais para a história. Os alunos têm múltiplas oportunidades para usar e ouvir *Chamariz* em vários contextos, inclusive um que deliberadamente antecipa cenas da história que vão ler, permitindo assim que eles apliquem seu vocabulário para explicar o livro e reagir a ele. Roberto toma muito cuidado para diferenciar palavras iguais ou semelhantes. Apontar as sutis diferenças entre as palavras é pelo menos tão importante quanto discutir suas semelhanças.

ESTRATÉGIAS DE LEITURA E AS TÉCNICAS DOS PROFESSORES EXEMPLARES[35]

Na introdução a este livro, expliquei a diferença entre técnicas e estratégias. Ao fazer essa distinção, reconheço que muitos professores de leitura usam o que chamam de "estratégias de leitura" para guiar seu ensino. Essas estratégias são inspiradas pelo trabalho de vários autores, que propõem conceitos parecidos para as estratégias de que os alunos precisam para chegar à compreensão total do que leem. Geralmente, incluem um grupo de habilidades como estas: observação, conexão, imaginação, reflexão, previsão, inferência e resumo.

Dada a proeminência do ensino baseado em estratégias no discurso dos professores de linguagem e literatura, vou mostrar como as técnicas aqui

[35] Esta seção está inscrita no debate sobre metodologias de ensino de leitura nos Estados Unidos, onde o uso de estratégias mais gerais de interpretação de texto se contrapõe ao ensino com foco em habilidades básicas de leitura.

descritas interagem com as abordagens mais comuns das "estratégias de leitura". Embora muitos autores escrevam sobre estratégias de leitura, vou usar nesta discussão o livro de Nancy Boyles, *Constructing Meaning Through Kid-Friendly Comprehension Strategy Instruction* (2004), porque é um dos mais claros e eficazes.

Nesta análise, sou francamente crítico de alguns aspectos do ensino por meio de estratégias e da maneira equivocada como tem sido aplicado. No entanto, quero deixar claro que acredito que, se bem implementado, este tipo de ensino pode dar certo. Além disso, o trabalho de autores como Boyles ajudou a melhorar substancialmente a qualidade do ensino de leitura nos Estados Unidos. Ao mesmo tempo, uma série de armadilhas importantes pode erodir a eficácia deste método, e existe uma grande disparidade em eficácia entre as diferentes estratégias. Dito isto, faço algumas observações gerais sobre as estratégias e, em seguida, examino individualmente as mais comumente utilizadas.

Riscos e desafios do ensino baseado em estratégias

Confiar demasiadamente no ensino baseado em estratégias de leitura impõe riscos e desafios. Um dos desafios é que as estratégias envolvidas são, quase sempre, definidas de forma muito genérica. Um exemplo é a estratégia "observação", que Boyles define como "dar deixas para indícios verbais importantes: palavras, sentenças e parágrafos que oferecem evidência do significado do texto" (p. 10). Por essa definição, qualquer comentário sobre um texto, mesmo remotamente relacionado a ele, não seria um exemplo de "observação"? E, porque quase toda resposta a um livro requer o ato de observar *alguma coisa*, os professores arriscam-se a reforçar a ideia de que qualquer observação vale a pena ou de que todas as observações são igualmente significativas. Mas nem todos os comentários podem ser igualmente úteis. Portanto, a pergunta necessária e nem sempre resolvida passa a ser esta: como os professores podem identificar e ajudar os alunos a entender as coisas mais relevantes em um texto e como os aspectos podem ser sistematicamente identificados e modelados?

Um segundo desafio no ensino de leitura baseada em estratégias é uma confusão entre correlação e causa. Isso se reflete no argumento básico por trás do ensino baseado em estratégias: a de que, se bons leitores fazem *X*, então os que fizerem *X* vão se tornar bons leitores. Bons leitores podem compor uma imagem mental do que estão lendo enquanto leem, mas isso pode ser apenas um efeito e não uma causa da boa leitura. Será que isso é mesmo importante? Com certeza, um estudo de leitores proficientes revelaria que todos os grandes leitores gostam de se sentar em uma poltrona confortável quando leem. Nesse caso, haveria uma forte correlação entre conforto e leitura. Mas, se presumirmos uma relação causal (como a teoria das estratégias às vezes recomenda), certamente seria alta prioridade sentar os alunos em cadeiras mais confortáveis – o que seria claramente um erro (e um erro caro!). Da mesma forma, sugerir que a prática de criar imagens mentais fará de você um leitor melhor é um salto lógico ainda maior do que parece. De fato, dois exemplos dados por Boyles sugerem como esta premissa é frágil. No primeiro exemplo, Boyles escreve:

> Para ajudar os alunos a entender o valor da estratégia da visualização enquanto se lê, peço que recordem algum momento em que receberam grandes notícias, boas ou más. "Onde você estava quando recebeu a notícia?", pergunto. "Como estava o tempo nessa hora? Quem estava com você?" Você provavelmente consegue responder a todas essas perguntas. O conteúdo da mensagem, a grande notícia recebida, está profundamente enraizado no contexto em que você a recebeu, um contexto feito de muitas impressões sensoriais diferentes. (p. 8)

Ironicamente, o exemplo de Boyles prova apenas que os alunos já têm a capacidade de visualizar. Ela parte da premissa de que, se lhes pedir para recuperar uma memória intensa, eles terão uma forte imagem visual dela. Pode ser que visualizem naturalmente ao ler, se entenderem tudo e se tiverem capacidade de processamento sobrando para decifrar palavras e os fatos básicos da descrição. A premissa de Boyles parece ser que a mente do aluno faz isso naturalmente. Nesse caso, é mais eficaz ensinar-lhes a ler fluentemente e a prestar muita atenção em simples detalhes do que deliberadamente investir tempo no ensino da visualização, algo que eles parecem saber fazer. Eles só precisam ter uma ideia clara sobre o que visualizar.

Em outro exemplo semelhante, Boyles escreve:

> "Os leitores percebem diferentes tipos de coisa quando leem", digo a meus alunos (...). "Por exemplo, o autor pode escrever que um certo personagem xinga as pessoas e chateia crianças mais novas, e também que ele vive brigando. O autor quer que a gente imagine que esse personagem é... Como você completaria esta frase?", pergunto aos alunos.
>
> "Um encrenqueiro!", respondem todos, em coro. "Ele é um encrenqueiro." (p. 12)

O fato de que Boyles parte do princípio de que seus alunos já têm a capacidade de visualizar a história antes de ela lhes ensinar estratégias (desde que a narrativa básica lhes seja apresentada de forma simples e clara) sugere que o problema pode não ser a capacidade deles para visualizar, e sim a capacidade deles para entender detalhes suficientes da história para exercer completamente suas habilidades de "visualização". Em suma, bons leitores podem "visualizar", mas o problema dos maus leitores não é que eles não saibam fazer isso; o problema é que eles não entendem suficientemente o que leram para poder usar essa habilidade.

Outro desafio do ensino por meio de estratégias, um desafio ao qual as técnicas deste livro não estão imunes, é que quanto mais fácil for o uso de uma estratégia, tanto mais os professores vão usá-la. No entanto, algo fácil de usar não é necessariamente mais eficaz para melhorar a aprendizagem do aluno. Conectar, visualizar e prever os acontecimentos são estratégias especialmente tangíveis e específicas. Sua clareza pode tacitamente estimular os professores a usá-las com mais frequência. O que não se justifica, até porque essas estratégias têm problemas, que serão discutidos mais adiante nesta seção (particularmente com relação à estratégia de visualização, que pode ser facilmente utilizada além da conta, tornando-se uma distração). Além disso, as estratégias de leitura podem ser usadas para promover tanto o engajamento como a compreensão, que são objetivos diferentes, e os professores às vezes não reconhecem a diferença entre os dois. Boyles diz que "se tentarmos muito pensar em como uma história se conecta conosco e com nossas vidas (...) é mais provável que permaneçamos concentrados na história. Esta é uma das razões pelas quais é tão importante procurar conexões. Fazer conexões com o texto vai nos ajudar a continuar a lê-lo" (p. 7). Embora certamente valha a pena engajar os alunos com os textos, para que eles queiram ler, também é importante notar que fazer os alunos quererem ler um livro e garantir que eles o entendam são duas questões diferentes. Visualizar pode engajar os alunos e levá-los a persistir na leitura, mas esta é uma questão diferente de saber se eles estão entendendo o que leem. Pode ser que o que visualizem esteja errado! O ensino baseado em estratégias pode muitas vezes deixar de fazer essa distinção.

Enfim, há uma grande ressalva a fazer com relação à fluência, que em geral não é completamente reconhecida nas discussões sobre ensino por meio de estratégias. Boyles escreve que "ensinar estratégias de compreensão do texto pode beneficiar praticamente todos os alunos operando a um nível razoável de fluência em leitura (do 2º ano em diante)" (p. XIV). Vale a pena notar que muitos alunos em escolas de áreas extremamente carentes não estão nesse nível. Parece arbitrária a afirmação de Boyles, de que o nível de fluência do 2º ano é a fronteira para determinar a eficácia do ensino baseado em estratégias. E se for o 5º ano? E se for "suficiente para o nível do livro que você está tentando ler" e o livro é difícil? Com qualquer técnica, a pergunta não é se o seu uso pode ajudar os alunos a aprender a ler, mas sim se pode ajudar os alunos a ler melhor e de maneira mais eficaz. Se esse é o caso do ensino baseado em estratégias, ainda não se sabe. Com certeza o é em algumas instâncias e não o é em outras.

A consequência não desejada de qualquer abordagem de ensino é a tendência a tratá-la como um fim em si mesma (e não como um meio para chegar à compreensão do texto, no caso da leitura). Por exemplo, um aluno faz um comentário útil, mas o professor diz: "Você não está visualizando. Pedi que você visualizasse". Trata-se de um risco especialmente grave no ensino por meio de estratégias, porque as estratégias são ações que esperamos que os alunos executem – e este aspecto significa que pode haver um incentivo para aplicar mal a abordagem. Isto também é verdade com as técnicas deste livro. Ben Marcovitz, diretor da bem-sucedida escola *charter* Sci Academy, em Nova Orleans, certa vez fez uma apresentação em que descreveu como pensar sobre esse paradoxo: "Meus professores são responsabilizados pelos resultados de aprendizagem. As técnicas podem ajudá-los. Já ajudaram outros. Mas o objetivo é o aprendizado dos alunos – não é usar as técnicas haja o que houver. Se eles puderem encontrar algum outro jeito de obter bons resultados de aprendizagem, não faço objeção alguma".

ESTRATÉGIAS ESPECÍFICAS E SUA RELAÇÃO COM AS TÉCNICAS DESTE LIVRO

Nesta seção, discuto cada uma das várias estratégias de leitura mais comuns e analiso tanto as áreas controversas como sua conexão às técnicas descritas neste livro.

Observar

Ao descrever a estratégia de observar, Boyles escreve: "Quando encontramos pistas em um texto, devemos arquivá-las cuidadosamente na memória para poder usá-las mais tarde e ver como elas todas se encaixam – como ideias centrais e temas" (p. 11).

Embora observar as coisas seja fundamental para se tornar um leitor eficiente, essa estratégia é definida de maneira demasiadamente vaga e abrangente para poder ser útil como uma ferramenta de ensino. Qual comentário, observação ou momento de atenção engajada não seria um exemplo de observar algo em um texto? Como toda reação a um livro requer o ato de observar alguma coisa, os professores correm o risco de reforçar a ideia de que qualquer observação é válida ou que todas as observações são igualmente significativas.

Ou ainda correm o risco de orientar os alunos para prestar atenção, sem lhes dizer em que exatamente devem colocar sua atenção. A questão é: quais coisas os alunos devem observar mais e como elas podem ser sistematicamente identificadas e modeladas?

Se há um ponto em que as técnicas que descrevi nesta seção podem ser especialmente úteis é justamente em ajudar os alunos a observar melhor. Que tipo de observação os alunos podem fazer para usá-las da maneira mais produtiva possível?

- Observações que são relacionadas às ideias mais importantes do texto e que avançam o entendimento delas. Parece óbvio, mas pode ser muito aprimorado com um pouco de disciplina e planejamento antecipado. Use os pontos focais, por exemplo, para chamar a atenção dos alunos para alguns temas ou ideias críticas do texto e peça que tentem notar esses detalhes enquanto leem. Que notem, por exemplo, as coisas que levaram a ambição de MacBeth a destruí-lo, as que mudaram a bondade de Charlotte ou as que fizeram Wilbur amadurecer. Em suma, não faça os alunos simplesmente lerem; faça-os ler em busca de alguma coisa. Uma alternativa, especialmente se você prefere um estilo menos prescritivo em termos de definir os temas importantes, é usar um *Trailer* do livro para chamar a atenção dos alunos para cenas de especial importância, de forma que possam discutir momentos cruciais da história com profundidade.

- Observações relacionadas às habilidades que você está trabalhando no momento (ou seja, seus objetivos curriculares e expectativas de aprendizagem) e que podem ajudar os alunos a ampliar seu entendimento. Usar um questionamento alinhado às expectativas de aprendizagem é especialmente eficaz para desenvolver nos alunos as habilidades de observação de uma grande variedade de coisas importantes no texto. Se você está estudando os personagens, por exemplo, peça-lhes que observem como os personagens mudam ao longo da história ou como são descritos ou como falam. Muitos alunos tendem a observar de maneira natural e intuitiva. Pedir-lhes que usem habilidades específicas para observar tira-os da zona de conforto e desenvolve sua capacidade de observar de maneiras diferentes.

- Observações baseadas em evidências. Notar a evidência que suporta a opinião é tão importante quanto a própria opinião – talvez mais importante. "Que detalhes no texto fazem você desconfiar dele?" é, em geral, uma pergunta melhor do que "Você acredita que o protagonista inspira confiança?". Use o questionamento baseado em evidências para reforçar esse aspecto da observação.

- **Observações em diferentes níveis.** Por definição, normalmente você não percebe que não notou alguma coisa. Uma técnica simples pode levar os alunos a notar mais sistematicamente: basta praticar a observação de diferentes aspectos em um texto. Examinar o significado de uma frase sutil ou como o autor concebeu uma sentença de maneira a tornar o sujeito obscuro é tão importante quanto notar que o protagonista não inspira confiança. Com certeza, os alunos precisam praticar a observação em todos esses níveis. Faça perguntas, depois tente notar coisas sobre as frases coloquiais usadas pelo autor; as palavras que escolhe; ou como gosta de começar ou terminar seus capítulos; ou, idealmente, como as palavras que escolhe e o uso de certas expressões mostram como ele está tentando fazer alguma coisa específica no começo dos capítulos.

Conectar

Ao fazer conexões, os alunos são acostumados a pensar em maneiras como o texto que estão lendo é análoga a uma experiência prévia ou familiar. Os leitores podem fazer a conexão com um outro texto (uma conexão texto-a-texto), com o mundo (texto-ao-mundo) ou com eles mesmos (texto-a-si). Um dos benefícios da conexão, segundo Boyles, é que ela engaja os alunos no texto. "Se tentarmos mesmo pensar em como a história se conecta a nós e a nossas vidas (...), é mais provável que continuemos a ler essa história" (p. 7). Isto é certamente verdade e é importante, mas também vale a pena observar que, embora o engajamento dos alunos seja um objetivo importante e compensador, é também um objetivo diferente de compreender.

Conexões bem elaboradas são, com frequência, o começo de inferências sobre o texto. Elas podem ajudar os alunos a começar a entender um texto, recorrendo ao que eles já sabem sobre um determinado assunto.

Conexões bem elaboradas são, com frequência, o começo de inferências sobre o texto. Elas podem ajudar os alunos a começar a entender um texto, recorrendo ao que eles já sabem sobre um determinado assunto. Conexões eficazes também podem ajudar os alunos a ver a história do ponto de vista de um personagem, por meio de sua própria experiência análoga. Mas eles não fazem isso necessariamente e, em muitos casos, as conexões que eles mais provavelmente farão ("Ei, isso é igualzinho ao que aconteceu na minha família!") são as menos rigorosas e as menos úteis para engendrar compreensão de leitura significativa. ("Ei, isso é igualzinho à introdução daquele outro livro que lemos!" é provavelmente uma conexão mais útil a longo prazo do que qualquer conexão do tipo texto-a-si.). Além disso, os alunos (e os professores) podem deduzir que se trata simplesmente de fazer qualquer tipo de conexão com o texto. E este não pode ser o objetivo. As conexões não são intrinsecamente valiosas; só as boas conexões são valiosas. Uma boa conexão serve para ajudar os leitores a entender algo sobre o texto, não sobre aquilo a que o texto se conecta – na maioria dos casos, basta ter disciplina para usar o mundo para entender o texto e não o texto para entender o mundo. De vez em quando, os alunos também acabam projetando suas conexões no texto, ou seja, substituindo detalhes reais por detalhes imaginários, contraditórios ou confusos: certa vez, uma aluna que havia perdido uma peça de roupa e ficara furiosa com isso, deduziu que a personagem (que perdera um suéter) também estava furiosa, embora o texto indicasse que a personagem ficara, na verdade, feliz por perder o suéter. Finalmente, as conexões tendem a desviar da tarefa e disperdiçar tempo, enquanto alunos "espertinhos" podem usá-las para criar digressões para tópicos convenientes e mais fáceis.

Também pode ser que as pessoas façam conexões naturalmente. Portanto, essa habilidade não precisa ser ensinada tanto quanto precisa ser gerenciada e guiada. A verdadeira habilidade é tornar as conexões eficazes e focalizadas. Em vista disso, você deve ser muito clara em termos de ligar as conexões ao texto, para entender como a conexão ilumina o que está sendo lido.

Estes e outros aspectos do desafio de fazer conexões eficazes são discutidos na seção Melhores conexões.

Montar imagens mentais do que se lê

De acordo com Boyles, quando se usa a estratégia da visualização, os alunos são ensinados a usar pistas do texto para criar uma imagem mental do que está sendo descrito. Isso ajuda os alunos a lembrar do que eles leram e a se engajar no texto. "As imagens que temos em mente nos ajudam a responder ao texto em um nível emocional" (p. 8), escreve Boyles, e isto é certamente verdadeiro.

Em geral, porém, a visualização é uma das estratégias mais usadas no ensino de leitura – e mais mal usadas – e por isso mesmo pode estar entre as mais nocivas ao ser mal aplicada. Como estratégia para a compreensão, a visualização pode ser entendida por alguns professores como uma validação do letramento visual e, por isso, é comum o uso de imagens para ajudar na compreensão, o que parece benigno. Mas o resultado é uma estratégia compensatória para a leitura real. Ao ensinar os alunos a visualizar, alguns professores animam-se a mostrar imagens, de um jeito que elimina a leitura. Quando uma professora diz "O que vocês acham que vai acontecer? Olhe este desenho se precisar de ajuda", ela permite que os alunos "leiam" a história por meio das imagens e, com isso, não precisem ler as palavras propriamente ditas. Tudo isso pode resultar, para os alunos, no aprendizado de uma forma de contornar suas frágeis habilidades de leitura em vez de aprimorá-las.

Outra razão pela qual os professores tendem a superutilizar a estratégia da imagem é a sua disponibilidade. Como resultado, pode ser que eles passem um tempo valioso tentando visualizar o texto em vez de ler o texto cuidadosamente para poder fazer perguntas mais rigorosas e produtivas. Já se tornou uma realidade entre os professores pedir a seus alunos que visualizem uma simples passagem do livro para poder entendê-la. "'Ele foi à escrivaninha, abriu uma gaveta e tirou uma caneta.' Turma, vamos tentar visualizar isso. O que estava na gaveta? Como ele caminhou pelo quarto?" Pode ser útil. Mas também vale a pena notar que essa poderia ser uma cena em que o autor nem pensou que fosse importante criar uma imagem sensorial. E mais: visualizar essa imagem pode ser incorreto. Quando se pede aos alunos que imaginem uma cena, eles podem introduzir detalhes errados. Neste exemplo, o aluno poderia criar uma falsa imagem de quando ou por que o personagem abriu a gaveta e o que ele encontrou lá.

Finalmente, também é possível que a visualização deliberada não ajude tanto assim os alunos a compreender o que leram. Como Boyles observa em seu livro, as pessoas parecem visualizar naturalmente quando entendem alguma coisa. Portanto, é cabível perguntar se esta é uma estratégia que causa a compreensão ou é um resultado dela, com melhores imagens resultando da melhor compreensão.

A aplicação mais produtiva do uso de imagens que vi em sala de aula é quando o professor pede a seus alunos para desenhar ou pensar em uma cena, para esclarecer qualquer confusão a respeito dela. Por exemplo: um professor que observei, enquanto dava uma aula sobre *Macbeth*, mostrou duas fotografias, uma da Floresta de Birnam e outra da colina de Dunsinane e depois desenhou como os soldados cortaram os galhos e marcharam para Dunsinane, provando, assim, que a impossível profecia do sonho de Macbeth[36] era verdade. Isso é muito diferente de pedir aos alunos que contem o que estão visualizando. Outro uso eficaz de

A aplicação mais produtiva do uso de imagens é quando o professor pede a seus alunos para desenhar ou pensar numa cena, para esclarecer qualquer confusão a respeito dela.

[36] Macbeth sonha que será derrotado por uma floresta que anda. Na verdade, ao atacar Dunsinane, os soldados acampados na Floresta de Birnam cortam árvores e as carregam como camuflagem. A distância, a floresta parece mover-se.

imagens é pedir aos alunos que criem uma imagem, usando detalhes que leram no livro. Trata-se, no fundo, de uma versão da pergunta baseada em evidências e, quando fazem isso bem, os professores pedem aos alunos que identifiquem aspectos específicos da história e/ou onde, no texto, encontraram certos detalhes usados no desenho.

Reflexão

Na estratégia da reflexão os alunos devem fazer perguntas sobre o texto enquanto leem. Exemplos, escreve Boyles, podem incluir "O que vai acontecer em seguida ou como a história vai terminar" (p. 9). Esta técnica também é, às vezes, chamada de *Fazendo perguntas*. Como no caso da observação, porém, a técnica pode ser vaga. Pensar no quê? Qualquer coisa? Todas as coisas do mesmo jeito? Pedir aos alunos que façam perguntas sobre o que estão lendo estimula-os a ser leitores ativos e pode motivá-los a saber mais sobre o texto. Além disso, reflexão e curiosidade são, normalmente, coisas boas. O problema é que há muitas formas de refletir e elas não têm inerentemente o mesmo valor. O aluno pode fazer sua própria reflexão, uma experiência privada, em que ele mesmo determina sobre o que vai refletir. Mas a experiência pública, em que um grupo de pessoas escolhe algumas reflexões para discutir, é outra história. Há ocasiões para as duas experiências. Na pública, uma turma de alunos deve receber critérios para decidir em quais reflexões deverão engajar-se mais: "Estas são as coisas sobre as quais vamos falar e refletir hoje, para melhorar nosso entendimento da história [ou nossas habilidades para entender histórias]". Eu percebo que isso pode soar excessivamente direcionado (alguns leitores poderão perguntar: será que ele está nos dizendo para calar a imaginação das crianças?), mas é uma falsa premissa acreditar que refletir, independentemente do conteúdo dessa reflexão, é uma das coisas mais valiosas que os alunos podem fazer.

Refletir pode ser especialmente eficaz quando definido por um professor, especialmente na forma de monólogo. "Estou aqui pensando por que será que o Donald quer dar seu cachorro. Estou pensando nos capítulos anteriores e sei como Donald adora esse cachorro. O autor disse que 'ele nunca faria nada que pudesse ferir o cachorro'. Então penso assim: por que um menino daria um cachorro que ele adora?" Embora essa estratégia de tornar o pensamento visível possa mostrar aos alunos como pensar efetivamente sobre os textos, também pode resultar em que o professor faça a maior parte do trabalho de reflexão. Em vez de engajar os alunos e tentar transferir as habilidades de pensamento para eles, os professores acabam simplesmente fazendo uma análise literária em público.

Previsão

Boyles escreve que "prever ajuda os alunos a monitorar seu próprio entendimento do texto" (p. 10). Em sua forma mais básica e comum, esta estratégia envolve perguntar aos alunos o que eles acham que vai acontecer em seguida. Seus benefícios incluem engajamento, porque leva os alunos a prestarem muita atenção no que vão ler em seguida, para ver se suas previsões se confirmam. Quando bem feito, esse processo também ajuda os alunos a monitorar seu próprio entendimento do texto, com base na taxa de acerto de suas previsões. Esse é o melhor resultado possível da estratégia de prever, mas, para que seja eficaz, você precisa adquirir o hábito de voltar atrás e deliberadamente discutir se as previsões se realizaram e por quê. Este último passo torna a previsão uma atividade relativamente produtiva, mas, infelizmente, este último passo raramente acontece, talvez porque muitos professores não reconhecem o valor específico deste aspecto da previsão. Ao usar esta estratégia, você pode aumentar sua eficácia com a técnica das perguntas baseadas em evidências. Com ela, você vai fazer perguntas mais significativas de forma consistente. Logo depois de cada previsão, você pode perguntar: "Por que você acha que é isso que vai acontecer?" e "O que, no texto, te levou a fazer essa previsão?". Depois de ler o texto subsequente à previsão, você pode perguntar: "Por que você previu isto?", "O que lhe enganou?" e "O que lhe permitiu saber que isso iria acontecer?"

Outros dois desafios dificultam o uso da estratégia da previsão e podem, muitas vezes, torná-la ineficiente. Em primeiro lugar, os alunos podem fazer as previsões mais malucas, sem relação alguma com o texto ou mais relacionadas às suas vidas ou experiências do que ao texto. Por outro lado, eles também podem narrar o óbvio e, assim, banalizar toda a estratégia da previsão. A melhor defesa contra esses dois obstáculos é, insisto, fazer com que todo questionamento seja baseado em evidência. Isso forçará os alunos a ancorar suas previsões no texto.

Percepção e inferência

A última estratégia comum a quase todos os professores de leitura pode ser chamada de percepção ou inferência. Boyles define percepção como conduzir os alunos a "ir além da construção do significado básico até um entendimento profundo do texto" (p. 12). Essa estratégia tenta focalizar no peso-pesado da compreensão: entender o que está nas entrelinhas, o não dito, o insinuado. Em suma, essa é a estratégia que pede aos alunos para ir além do entendimento literal básico do texto e aplicar um pensamento de ordem mais elevada. Mas sua importância enfrenta a dificuldade de aplicá-la. Obviamente, não basta pedir a um aluno que faça uma dedução. Você não pode dizer ao aluno: "Leia esta página e deduza alguma coisa que você possa compartilhar com o resto da turma". Inferências acontecem, mas não podem ser comandadas.

Para tornar a estratégia da inferência bem-sucedida, você precisa preparar o cenário, em geral com um trabalho meticuloso com as técnicas *Use diferentes níveis* e *Não espere*. Quando seus alunos estão aprendendo a deduzir, você pode reunir subrepticiamente as peças de que eles precisam para dar esse salto, parando com frequência para discutir e examinar as peças-chave de orientação nas páginas ou falas anteriores. Pare e peça a um aluno para reler uma fala, decifrar uma expressão importante, definir uma palavra, sublinhar uma evidência fundamental. Focalize palavras e expressões; os tijolinhos que constroem ou destroem a dedução sempre começam no nível mais banal. Ironicamente, o bom ensino do sentido literal de um texto, inclusive ensinar vocabulário e a observar detalhes importantes, não distrai do pensamento mais complexo. Torna-o possível.

Resumo

Alguns defensores do ensino baseado em estratégias incluem também o resumo como uma estratégia-chave. Neste caso, constato que há total concordância com as técnicas deste livro. Para saber mais, veja *Padrão 100%* (Técnica 36).

CONCLUSÃO

O FIM É O COMEÇO

Na introdução deste livro, abordei as diferenças entre técnicas e estratégias. A estratégia, vocês lembram, é uma decisão e a técnica é algo que se pode praticar, aperfeiçoar e adaptar ao longo da vida. Artistas, atletas, músicos, cirurgiões e profissionais de mil outras áreas só atingem a grandeza por meio de sua atenção aos detalhes da técnica que utilizam. Seu refinamento constante desta técnica renova perpetuamente sua paixão pela profissão e lhes permite buscar o ápice do bom desempenho, a habilidade de fazer a maior diferença possível. Este foco na técnica e seu constante refinamento também é o que leva os professores à excelência.

O caminho para o sucesso é encarar o ensino como arte, ou seja, uma atividade difícil, que requer refinamento e discernimento em sua prática, uma dedicação artesanal e um cuidadoso desenvolvimento da técnica para dominá-la. Este caminho é diferente para cada professor. As técnicas desenvolvidas por professores exemplares e descritas neste livro podem pertencer a qualquer docente que incorpore o conceito de refiná-las de forma cuidadosa e constante. Só com esta abordagem, associada à sabedoria dos professores reunida neste livro, será possível mudar a equação da oportunidade em nossas escolas e fechar o fosso da desigualdade em escala. Adaptadas, refinadas, melhoradas e, talvez em alguns casos, ignoradas (porque nem tudo neste livro pode ser adequado para você), estas técnicas podem transformar sua sala de aula.

Um colega meu, Ben Markovitz, recentemente fundou uma escola em Nova Orleans. Em seu primeiro ano de vida, a Sci Academy atingiu resultados exemplares com alunos do ensino médio que, antes, não estavam indo bem. Essa escola usou as técnicas deste livro de forma focada e extensiva, com dúzias de reuniões da equipe e sessões de treinamento. Mesmo assim, quando perguntei ao Ben recentemente como ele verificava se os professores estavam usando as técnicas, ele disse que não verificava. Ele administra seus professores pelos resultados e provê estas técnicas para ajudá-los a chegar lá. Eles podem usá-las ou não. Todos usam, com uma energia e um vigor que me comovem, mas Ben insiste em que as ferramentas são um meio para chegar aos resultados, não são um fim em si mesmas. Concordo plenamente. Com efeito, gostaria que este fato distinguisse este livro de tantos outros: ele se justifica pelos resultados que ajuda os professores a atingir, não pela fidelidade a algum princípio ideológico. O resultado a buscar não é a adaptação fiel destas técnicas por si mesmas, mas sim sua aplicação a serviço da melhoria do aprendizado do aluno. Muitas ideias, mesmo as boas ideias, acabam por se perder quando se tornam um fim em si mesmas – em vez de um meio.

As técnicas sobre as quais escrevi foram observadas em salas de aula de professores excepcionais. Mais interessante ainda é como este livro mudou ao longo dos anos em que estive a escrevê-lo. Durante esse tempo, evoluiu de um documento informal dentro das Uncommon Schools para um guia mais explícito de instrução, que compartilhei com colegas e usei em sessões de treinamento, até chegar a este livro que você leu. Mudou, evoluiu e ganhou a profundidade que, espero, tenha feito valer a pena o tempo que você usou para lê-lo. O que dá foco e profundidade a este livro é a aplicação incessante de suas ideias por professores notáveis. Minhas primeiras anotações eram um esqueleto do que aparece agora; as técnicas eram descritas parcamente em curtos parágrafos. Só quando outros professores usaram essas técnicas, experimentaram com elas, aplicaram-nas, adaptaram-nas e, com isso, melhoraram-nas (e me deixaram filmá-los fazendo isso), só então emergiram as partes realmente úteis deste livro. Em suma, tudo que é bom neste livro só o é por causa do processo de refinamento e adaptação constante das técnicas, na inquieta e incessante busca pela excelência. Esta observação parece adequada para terminar.

O autor

Doug Lemov é diretor-executivo da organização não governamental Uncommon Schools, para a qual supervisiona a rede de escolas True North, nas cidades de Rochester e Troy, que ficam ao norte do estado de Nova York. Ele também capacita professores e gestores escolares tanto internamente, nas dezesseis Uncommon Schools, quanto nacionalmente. Anteriormente, Lemov foi presidente da School Performance, uma organização que ajuda escolas a usar dados para tomar decisões, e vice-presidente de Responsabilização *(Accountability)* no Instituto de Escolas *Charter* da Universidade Estadual de Nova York. Foi também fundador e diretor da escola *charter* Pacific Rim Academy, em Boston. Ele ensinou inglês e história na universidade e nos ensinos médio e fundamental. Formou-se no Hamilton College, fez mestrado na Universidade Indiana e MBA na Escola de Negócios da Universidade Harvard. Visite Doug Lemov em www.douglemov.com.